诺贝尔经济学奖得主[印] 阿马蒂亚·森文丛

अमर्त्य कुमार सेन

Amartya Sen

正义的理念

The Idea of Justice

[印] 阿马蒂亚·森（Amartya Sen）著

王磊 李航 译　刘民权 校译

中国人民大学出版社

·北京·

阿马蒂亚·森的名字出自印度的、也是亚洲的第一位诺贝尔奖获得者泰戈尔。“阿马蒂亚”是“另一个世界”的意思，具有智力的或想象中的未来世界的意蕴。泰戈尔的《吉檀迦利》中有一首诗，描述了这个彼岸世界，其意境酷似森的追求。

在那里，心是无畏的，头也抬得高昂；
在那里，知识是自由的；
在那里，世界还没有被狭小的家国的墙隔成片段；
在那里，话是从真理的深处说出；
在那里，不懈的努力向着“完美”伸臂；
在那里，理智的清泉没有沉没在积习的荒漠之中；
在那里，心灵是受你的指引，走向那不断放宽的思想与行为——进入那自由的天国，我的父呵，让我的国家觉醒起来罢。

——泰戈尔的《吉檀迦利》诗35

（引自冰心译：《泰戈尔诗选》，长沙，湖南人民出版社，1982）

中文版序

* * *

很高兴看到《正义的理念》中文版的正式出版。出版方中国人民大学出版社是我的老朋友，之前已经出版了多部我的作品，感谢他们为将关于正义和非正义的讨论介绍给广大中国读者所作的努力。我从孩提时代起的所思所想——这也贯穿了我的一生——一直受到中国历史和源自中国的许多思想的影响。巧的是，我最早的朋友是一位名叫谭利（音）的中国人，他生于1934年，并于1936年与其父亲，著名学者谭云山先生一道抵达印度。谭云山教授是圣地尼克坦国际大学（印度诗人拉宾德拉纳特·泰戈尔所创建的进步教育中心）中国学院的首任院长。我7岁时与谭利结识，我们的友谊已保持了70多年。谨将《正义的理念》中文版献给谭利及其父亲谭云山先生。

中国对我的思想产生了影响，我也十分乐意将自己的作品展现给中国读者，希望他们感兴趣。对于我的作品在中国受到欢迎，我深感荣幸。中国所发生的事情不仅对中国重要，对于包括我的祖国印度在内的整个世界也是如此。2011年12月，一位印度记者问我：过去的一年中最让你高兴的事是什么？我说我不能完全确定，但或许是有一次一名北京大学的学生在我演讲之后的讨论中说，她深受我的作品的影响。她的评价得到了北京大学讲堂内周围同学的认同，那一刻，我深感欣慰。

中国的学生知道有许多研究正义理论的视角和方法，我所采用的只是其中之一。如果他们能在阅读我的作品的同时，也参阅其他视角和方法，我将甚为欣悦。

* * *

那么，这本书的内容是什么呢？当代政治哲学关于正义的各种主流理论之间在许多方面存在差别，但是它们都沿袭了一个共同的方法——"社会契约"方法。"社会契约"方法由托马斯·霍布斯于 17 世纪开创，从 18 世纪开始至今都是正义问题中最具影响的思想。尽管有各种不同的具体路径，但这种思考正义的方法始终围绕着一个虚构的"社会契约"——一个假想的关于社会组织的，由某个主权国家中的公民共同准许和接受的契约。这种方法的突出特征是将对某个社会的"公正的制度"的描绘作为正义理论的主要使命。

契约方法在当代政治哲学中一直占据着主导地位，其代表人物当属当今最伟大的政治哲学家约翰·罗尔斯。在其 1971 年出版的经典著作《正义论》（*A Theory of Justice*）中，他运用社会契约方法，提出了一个将产生深远影响的关于正义问题的理论，也就是"作为公平的正义"。当代政治哲学中基本的正义理论——不仅来自罗尔斯，还来自罗伯特·诺齐克（Robert Nozick）、罗纳德·德沃尔金（Ronald Dworkin）、戴维·高蒂尔（David Gauthier）以及其他学者（尽管他们彼此之间在社会契约的内容上看法各异）——都将建立理想的社会制度所需的社会契约作为其核心。德沃尔金的理想社会制度与罗尔斯的不同，而罗尔斯的又与诺齐克的有所区别，但他们都将正义理论视为一套"理想的社会制度"。由于必须使这样一套制度的建立具有可操作性，因此这些理论都需要一个主权国家来与社会契约一道完成这项使命。对于主权国家的依赖使得研究正义问题的社会契约方法被局限在单个国家的范围内，而全球性的正义则无实现的可能。

然而，在其他启蒙思想家的作品中，同时还存在另一种研究正义问题的方法。这些学者并没有致力于建立一个完美的正义理论框架，而是阐发了一系列重要的思想理念，并从中产生了一种不同于社会契约方法的基本要素，从而形成了对于正义要求的不同认识。这些思想家——包括 18 世纪的亚当·斯密、孔多塞（Condorcet）、玛丽·沃斯通克拉夫特（Mary Wollstonecraft），19 世纪的卡尔·马克思、约翰·斯图尔特·穆勒（John Stuart Mill），以及其他人——采取了各种不同的路径，但都是在人们不同的生活方式之间进行比较，而这些生活方式又受到制度、人们的实际行为及其社会互动，以及其他因素的共同影响。我提出的正义理论可以看作沿着这条道路所作的探索。

具有高度解析性——相当数学化——的“社会选择理论”的起源可以追溯到 18 世纪的法国数学家，尤其是孔多塞，以及波达（Borda）等人所作的研究，在当代又为肯尼斯·阿罗等人重新表述并复兴。这一理论毫无疑问是属于上述第二条路线的。多年来我一直致力于发展社会选择中建设性的可能性（这些可能性相当广泛），并提出了关于社会集合的一系列成果。我在此领域中的一些作品已被译成中文，供广大中国读者阅读。尽管本书完全没有涉及数学，但我还是在其中非正式地运用了社会选择理论的内容。

* * *

我在本书中提出的正义理论，与社会契约的方法相比有三个主要的不同之处。第一，我主张应沿着孔多塞和斯密的道路，在理智思考的基础上，就明显的非正义达成共识，而不是寻找绝对的正义（即使是非常理智的人，对此的答案也可能存在很大的差别）。例如，孔多塞和亚当·斯密都曾呼吁废除奴隶制，在这个问题上，他们并不需要首先就什么是绝对公正达成共识。

第二，我们关注的焦点不必仅仅局限于制度（社会契约方法主要关注寻找“公正的制度”)。相反，我们可以考察人们实际能够过上的生活，这当然有赖于所选择的制度，但也并不仅仅取决于制度。我们可以直接关注人们的生活和自由，包括他们选择生活的自由（本书中的“可行能力”一词即指这种自由)。

第三，与社会契约方法要求必须建立在一个主权国家的基础之上不同，本书中的方法可以包括来自世界各地的人们，因为我们关注的是理智的思考，以及在此基础上可能达成的一致，而不是一个由主权国家来执行的基于国家的社会契约。这就使得“全球性正义”成为可能，而这是解决诸如全球变暖、全球性经济危机等问题，或者预防和控制艾滋病等全球性流行疾病的关键。在跨境讨论的基础上可以产生许多全球性的一致认识，而这是以某一个国家作为决策的基础，将其他地区的看法排除在外的做法所不可能达成的。例如，由于之前全球性的相关的公开讨论很少，2009 年的哥本哈根环境峰会以失败告终，这表明，在处理世界事务时，忽略全球性对话是行不通的。欧洲与诸如中国、印度、巴西等新兴工业化国家之间，在视角上存在差异，而这些差异又未能事先通过公开和互动的公共讨论得以消除。

以上诸点都与以下问题的答案有关，那就是：我们需要一个什么样的正义理论来认识正义的要求，我们又会理由充分地采取哪些行动。《正义的理念》一书致力于讨论推进世界上的正义和消除不可容忍的非正义。其应用范围着眼于全球，而不仅仅只是某个国家或某一地区。我非常希望中国读者能和我一样，看到这里所讨论问题具有的令人兴奋不已的意义和价值。

阿马蒂亚·森

2012 年 4 月

Foreword to the Chinese Translation

* * *

I am delighted that a Chinese translation of *The Idea of Justice* is being published. The publishers, China Renmin University Press, are old friends, since they have published my writings before, and I am grateful to them for making my attempts at understanding the ideas of justice and injustice available to Chinese readers. My thinking from my childhood days—but stretching throughout my life—has been strongly influenced by Chinese history and by many ideas originating in China. As it happens, my oldest friend is a Chinese called Tan Lee, who was born in China in 1934 and arrived in India in 1936, with his father, Tan Yun-Shan, an outstanding Chinese scholar. Professor Tan Yun-Shan was the founding Director of "China Bhawan," the Institute of Chinese Studies in Santiniketan (the progressive educational centre established by the Poet Rabindranath Tagore). I first met Tan Lee when I was seven years old. We still remain close after seven decades, and it is to Tan Lee and to the memory of his father, the great Tan Yun-Shan, that the Chinese version of *The Idea of Justice* is being dedicated.

Aside from the Chinese influence on my thinking, I have also been keen on presenting to the Chinese readers my own writings, hoping that they would find them to be of some interest, and I have always been very happy with the reception that my works have been fortunate to receive in China. What happens in China is not only important for China, but also for the rest of the world, including my own country, India. When I was asked by an Indian journalist last year, in December 2011, what was the most pleasing moment for me in the year that was ending, I said that I was not absolutely certain, but perhaps it was the moment when a student from Peking University said at a meeting, in a discussion following my lecture, that she had been strongly influenced by my writings. Since her kind assessment received assent from students sitting around her in this Peking University hall, it was a remarkably happy moment for me.

Chinese students know that there are many approaches to the theory of justice, and mine is no more than a contender in the arena of ideas. I would be very satisfied if they read my offerings on the subject along with studying other approaches to justice.

* * *

So, what is this book about? Mainstream theories of justice in contemporary political philosophy differ from each other in many different ways, but they have a general approach in common—the approach of "social contract" theory. The "social contract" approach was pioneered by Thomas Hobbes in the seventeenth century, and it has been the most powerful influence in the analysis of justice from the eighteenth century to our own time. This way of seeing justice is woven in different ways around the idea of an imagined "social contract" —a hypothetical contract about social organization that the people of a sovereign state can be seen to have endorsed and accepted. The distinguishing features of the approach include taking the characterization of "just institutions" for a given society to be the main task of the theory of justice.

The contractarian approach has remained the dominant influence in contemporary political philosophy, led by the most prominent political philosopher of our time, John Rawls, whose classic book, *A Theory of Justice* published in 1971, presents a far-reaching statement of the social contract approach to justice in the form of what he calls "justice as fairness." The principal theories of justice in contemporary political philosophy—coming not only from Rawls but also from Robert Nozick, Ronald Dworkin, David Gauthier and others (though different from each other in terms of the diagnosis of exactly what the social contract demands) share in common the idea of a social contract that identifies ideal social institutions. Dworkin's ideal social institutions are not the same as those of Rawls, nor are the Rawlsian ideal institutions the same as those of Nozick's, but they have all tended to see the theory of justice as being engaged in identifying a particular set of "ideal social institutions." Since these institutions have to be implemented, they all need a sovereign state that does the work in line with the identified social contract. And that dependence on a sovereign state makes the applicability of the social contract approach to justice confined to individual countries, disallowing the very idea of global justice.

There was, however, another approach to justice that also emerged at about the same time in the works of other Enlightenment theorists. These theorists did not erect a fully developed structure of a theory of justice, but a cluster of important ideas from which the ingredients of a different approach—different from the social contract approach—can be developed, for an alternative understanding of the demands of justice. These thinkers—the list here will include Adam Smith, the Marquis de Condorcet and Mary Wollstonecraft in the eighteenth century, and Karl Marx and John Stuart Mill in the nineteenth, among many others, took a variety of approaches that differed in many ways from each other, but shared a common interest in making comparisons between different ways in which people's lives may go, jointly influenced by the working of institutions, people's actual behaviour, their social interactions, and other factors that significantly impact on what actually happens. My attempt at advancing a theory of justice can be seen as a development based on that alternative approach.

The analytical—and rather mathematical—discipline of "social choice theory," which had its origin in the works of French mathematicians in the eighteenth century, in particular Condorcet but also others like Borda, and which has been revived and reformulated in our times by Kenneth Arrow, belongs robustly to this second line of investigation. I have been particularly involved in developing constructive possibilities in social choice (these possibilities are quite extensive), presenting a series of results about social aggregation. Some of my writings in this area have been translated in Chinese and are available to Chinese readers. While this book, *The Idea of Justice*, is entirely non-mathematical, I have made informal use of the discipline of social choice theory in the arguments presented here.

* * *

There are three principal departures in the theory of justice I am presenting, in contrast with the social contract approach. First, rather than beginning with asking what is perfect justice (a question in the answer to which there could be substantial differences even among very reasonable people), I argue for following Condorcet and Smith in asking about the identification of clear cases of injustice on which agreement could emerge on the basis of reasoning. In arguing, for example, for the abolition of slavery, as both the Marquis the Condorcet and Adam Smith did, they did not have to seek an agreement on the nature of the perfectly just society.

Second, our focus need not be only on institutions (as in the social contract approach, which is interested primarily on the identification of "just institutions"). We can examine, instead, the nature of the lives that people are actually able to lead, which will of course depend partly on the institutions chosen, but not only on them. We can take direct note of people's lives and freedoms, including what they are able to do with their lives (the term "capability" is used to represent these freedoms).

Third, unlike the social contract approach which, by construction, must be confined to the people of a particular sovereign state, the alternative approach can involve people from anywhere in the world, since the focus is on reasoning and, when possible, reasoned agreement, rather than on a state-based social contract to be implemented by a sovereign state. The departure makes reasoning on "global justice" possible, which is essential for addressing such problems as global warming, or global economic crises, or prevention and management of global pandemics, such as the AIDS epidemic. There can be many agreements that globally emerge on the basis of cross-border discussions, but they cannot be presumed on the basis of decisions taken in one part of the world, excluding arguments coming from different quarters. The failure, for example, of the Copenhagen Summit on the environment in 2009, which was preceded by very little open public discussion across the globe, illustrates the futility of omitting global dialogue in running the affairs of the world. There were differences of perspectives between, say, the Europeans and newly emerging industrial countries, such as China, India and Brazil, and these differences were not sorted out on the basis of open and interactive public reasoning.

Each of the departures relate to answering the questions: what kind of a theory of justice do we need for understanding the demands of justice, and what actions do we have good reasons to undertake? *The Idea of Justice* is an attempt to discuss the discipline of enhancing justice and remedying intolerable injustices in the world. Its application is aimed to be global, and not just national or local. I very much hope that my Chinese readers will find the problems discussed here to be as exciting as I have found them to be.

Amartya Sen

译者前言

一

阿马蒂亚·森是一位百科全书式的学者，著述甚丰。他因对福利经济学所作的重要贡献而被授予 1998 年诺贝尔经济学奖，其著作在那之后被陆续介绍到中国。已经出版的汉译专著就有商务印书馆的《贫困与饥荒：论权利与剥夺》、社会科学文献出版社的《论经济不平等：不平等之再考察》、上海科学技术出版社的《集体选择与社会福利》、上海三联书店的《惯于争鸣的印度人：印度人的历史、文化与身份论集》，以及中国人民大学出版社的《以自由看待发展》、《理性与自由》和《身份与暴力：命运的幻象》等。这些作品大都横跨经济学、社会学、法学、文学、历史、哲学等多个领域，不仅体现了森的广泛涉猎和深厚积累，更表明了森对于贫困、饥荒、剥夺、不平等等世界范围内普遍存在的社会现象，以及与此相关的自由、人权、民主与正义等理论问题的深切关注和严谨思考。

在本书中，森对以往所作的研究进行了全面的总结和提炼，并系统地将其纳入关于正义问题的理论框架，那就是：我们为什么需要一个正义的理论，以及需要一个什么样的正义理论。关于为什么需要一个正义的理论，即为什么需要超越，而不只是停留在对于不公正的直观感受上这一问题，他的回答是：这是因为我们必须通过理智的审思来对感官信号进行批判性考察，才能确定我们目睹的悲剧是否可以成为谴责的依据，才能将不可抗阻的天灾与本可预防而未能阻止的人祸区分开来，才能将我们的视野由对于惨状的单纯观察和施救，转向对于其中不公正现象的深刻分析和解剖。森同时承认，这个世界上存在诸如歧视、迷信等非理智，但理智的运用可以消除或减少这些仍然以某种理智的形式表现出来的非理智。而回避理智的人，往往都是手握公权的卫道士。这也与森的正义思想（即我们并非寻找绝对的正义，而是致力于减少明显的非正义）相一致。

关于需要一个什么样的理论，森明确指出，正义问题所需要的是这样一个框架，即：关注实际的生活与现实，而不只是停留在抽象的制度和规则之上；关注如何减少不公正，而不是局限于寻找绝对的公正；可以遍布全球，而不只是局限于某个国家的边界范围以内；允许多种不同的正义缘由同时存在，而不是只允许一种正义缘由存在。基于此观点，森选择从现实切入，通过公共理性的视角在全球范围内来界定正义的原则。事实上，这种基于理性来认识正义的方法论与世界观并非仅源于西方世界的传统，在诸如古印度等世界其他地方早已有之；也不是人类思想史上仅有的一次选择，因为纵观古今，都可以看到着眼于制度安排的先验主义与着眼于现实的比较主义这两种观念之间的并存与对抗。

下面将对本书的要点进行归纳和阐发，以便读者更好地把握和理解本书的主旨与逻辑。最后将对译文中的某些表述作必要的说明和诠释，以方便读者的阅读。

二

本书共分四个部分。第一部分内容是正义的要求，即推进正义所需要的理智是什么这一问题。森指出，对公正与非公正问题需要进行客观的思考，而这种客观性需要依靠理智来进行道德评判。选择理智的审思并不在于它必然能保证作出正确的判断，而在于它能使我们尽可能地客观。亚当·斯密提出的“中立的旁观者”为理智提供了一种实现方式，即需要引入远近不同经历的多种观点和视角，通过站在“一定的距离之外”，来审视自己的感受。这就使得公正的原则可以具有多样性，而不必根据刚性的单一原则来确定；也使得我们可以通过理智来审视包括情感在内的许多不同缘由，以寻求尊重与包容，从而避免理智沦为草率且不当的自负，或者局限于冰冷无情的算计。由于所有人都能通过开放地接纳信息反思来自不同地方的观点，并采取互动的思辨来讨论如何看待背后隐藏的问题，以此达到理智，因此无论是一般地对于民主政治而言，还是具体地对于追求社会公正而言，不受限制的公共理性都是非常重要的。

正是由于理智的实践性和开放性，森在肯定了罗尔斯正义论的重要贡献后，也对这一正义理论的奠基之作提出了批评。第一，在罗尔斯作为公平的正义理论中，几乎只对抽象的“公正制度”予以直接的关注，却不那么关心具体的“公正社会”，而后者同时取决于有效的制度和实际的行为方式。长久以来，人们在经济与社会分析中都将实现公正等同于寻找正确的制度结构。然而，事实表明，这些宏伟的制度方案都未能实现其愿景，它们能否产生好的社会结果完全有赖于各种社会、经济、政治及文化状况。如何把公正原则的运作与人们的实际行为结合起来，正是对社会公正进行实践理性思考的核心，而将制度本身视为公正的体现，只会使我们陷入某种形式的制度原教旨主义。第二，罗尔斯所采用的社会契约方法，无可避免地将追求公正的参与者限定在某个既定的政体或“民族”之内，而正义要求无偏颇的中立与客观。因此，罗尔斯所采用的是“封闭的”中立性，即将观点与关注所涉及的范围圈定在一个主权国家的成员之中，由某个社会或国家的成员作出中立的判断。相反，“开放的中立性”指的是，由于彼此之间无论远近所负有的相互义务、通过各种渠道形成的相互依赖，以及为了避免地域性的偏见，中立的评价应该包括来自所关注的群体之外的判断。因此，我们无疑需要超越国家的边界，在全球范围内评价一国内部的公正。

在此基础上，森进一步提出了他所主张的社会选择理论。社会选择程序采取的形式是：从某种“社会视角”出发，根据相关主体的评价，对不同的社会状态进行比较。因此，社会选择理论关注事物之间的比较，而不是先验的制度；允许存在不完整的排序，而并非寻求面面俱到的完美方案；认识到存在多种合理的，而不是唯一正确的判断原则；强调公共理性和反思，而不是一成不变的公理性答案。这就与霍布斯、罗尔斯以及诺齐克等人基于契约方法的公正理论具有根本的不同，因为契约方法实际上是在寻找一种并不存在的“公正制度”，并假设一旦契约达成，人们的实际行为将会遵循契约运转所要求的规范。

三

本书的第二部分内容是推理的形式，也就是上文所提及的理智思考可以怎样进行。首先是理智思考的视角。既然我们所能看到的事物，与我们站在何处、想要看到什么是相关的，并且也将反过来影响我们的信仰、认识和决定，那么在政治和道德评价中，就需要特别注意所处位置对于我们所作的判断可能产生的潜在影响。寻找某种客观中立的的认识，是探讨道德伦理问题的核心所在。尽管我们对世界的整个认识都建立在现有的感知和所产生的思想上，而我们的感知与思想完全依赖于我们有限的生理感官，但这并不意味着我们不能以更全面的视野来部分或者完全克服位置所带来的局限。我们一方面可以通过合理地选择比较对象，而不是先验主义的乌托邦理想，来尽可能地避免位置产生的局限对我们判断的影响；另一方面通过开放的中立性，来最大限度地拓宽我们的视野。

其次，理智思考的内容究竟是什么。理性选择理论将行为的所有动机都归于追求自身利益，这或是与他人完全无关的自利，或是关注了其他人的利益但也间接提升了自己的福利。对此，森认为，我们可以以更广阔的视野和更有说服力的方式来描绘理性选择，即将我们的选择置于一种可持续的理智思考的基础之上。当某个选择的缘由是头脑中已有的经验或习惯时，我们通常完全可以合理地采用这种选择。因此，理智思考，或者说广义的理性实际上是一种相当包容的准则，它可包括多种不能“合理地拒绝”的缘由，这不仅限于有意识的自利，而且包括并非完全符合自身利益的目标，如对于合理的行为规则的尊重，考虑他人的愿望与追求，抑或公平地对待他人的行为准则，等等。

正是因为理智思考可以包容多种缘由，所以即使是在基于现实后果的考量中，也并不意味着对于结果的责任感和对于人与人之间关系的考量就完全被排除在外。通过对于古梵文史诗《摩诃婆罗多》中一个战役的分析，森认为，一个人不仅有充分的理由去注意某个具体选择会带来的后果，而且有足够的理由从一个充分宽广的角度来看待与之相关的各种社会现实，包括相关的主观责任感、所采用的过程以及人与人的关系，这也是考虑到各方面相关因素的“全面结果”与只着眼于最终结果的“终极结果”之间的区别。而无论是完全着眼于最终结果的缘由，还是涉及上述责任、过程与关系的缘由，对其相关性和重要性的评价都需要接受个人或者公共理性的审思。

四

第三部分在对理智，这一推进正义所必须具备的要素进行了分析之后，森开始进入正义的实质层面。他分别从自由，以及与自由相联系的可行能力一方，和以资源与幸福为代表的另一方，来考察它们各自对于正义的标准，也就是进行政治和道德评价的意义。森指出，在评价生活的时候，我们有理由不仅对能过上什么样的生活发生兴趣，而且关注在不同生活方式之间进行选择的自由。自由之所以重要，至少是出于机会和过程两方面的原因。第一，更大的自由使我们有更多的机会去获得所珍视的事物。第二，更大的自由也意味着我们可以不受他人施加的限制，而决定自己要去获得的事物。因此，我们必须在这个背景下来研究，即仅从一个人事实上的最终选择，也就是“终极结果”的角度，还是应同时考虑到更宽广的选择过程，尤其是考虑到他可能作出的其他选择，也就是“全面结果”，来对一个人能过上他所珍视的生活的能力进行评价。

可行能力就这样与自由和正义联系在了一起。由于可行能力的概念是以自由和机会，即人们选择不同类型的生活的能力为导向的，而不是仅仅着眼于最终的选择或结果，因此可行能力视角能够反映人与人之间在各自所具有的优势上的明显差别，而这种差别可以帮助我们认识到一个人真正的弱势所在，从而进行相应的政治和道德评价。此外，可行能力视角必然会涉及我们的生活和我们所关注的事物的多种特征，而不单单只是一些容易计算的收入和商品，因此可行能力是不可通约的，但这并不会打乱对于不公正的评价或者公共政策的制定。正如前面指出的那样，我们面临的主要任务是通过个人和公共理性都可以触及的比较判断来使事情处在正确的轨道上，而不是必须对所有可能的比较进行逐一评价。

反观资源视角，由于它着眼于手段而非目的，因此它与贫困的关系并非如通常想象中的那么简单，而是很大程度上取决于具体的人与其所处的自然和社会环境。例如，世界上的六亿残障人口不只受到低收入的困扰，各种不同的情景都使得他们失去了获得体面生活的自由。尽管罗尔斯也注意到有必要对以基本品为核心的资源方法加以修正，以更好地把握人的实际自由，但是他对于这个带有普遍性的问题的处理方法却有重大局限，以至于并没有对其业已建立的基本制度产生任何影响。同样，幸福与否有助于判断人们是否获得了他们所珍视的和认为值得珍视的事物。但这不意味着幸福就是我们珍视事物的唯一缘由。我们可以通过自身的反思和相互之间的公开讨论，来对我们内心深处的信念和对事物的反应的可靠性进行辨别，从而保证我们没有被直觉所误导。对于适应了剥夺状况所产生的满足和幸福，我们应该进行更多的思考，只有这样，已经适应了剥夺状况的人们才会具有反抗的自觉。

因此，森指出，把与主观能动性自由相联系的可行能力，仅仅看作一种资源或者福利意义上的个人优势是错误的。人与人之间优劣势的比较不能局限于效用、资源或者幸福。对于所遭受的剥夺而产生的适应性，会通过幸福或愿望实现的方式，导致对效用的扭曲，从而使得长期受剥夺的人并未对其实际遭遇的困境给予应有的重视。因此，在评价社会制度的时候，对于自由的考量应被给予实质性的关注。然而，我们需要将赋予自由某种优先性的诉求，与在任何情况下都必须给自由标上字典式的优先这种极端要求区分开来。此外，我们还需要从多个侧面，而不只是从一个角度来看待自由。例如，菲利普·佩迪特的自由观就捕捉到了自由不受依附的一个方面，而这是可行能力视角下的自由所不能的。这种多元性本身也正是正义理论的一部分。

五

本书的最后一部分内容是正义的实现方式，即作为公共理性的民主和作为自由主张的人权在全球范围内的实现。当我们从公共理性这一更为广阔的视角，而不仅仅从公共投票这一具体形式来看民主时，可以看到民主不仅只是西方的传统，而且在其他几个文明古国都曾经存在。作为公共理性的民主，其效用与力量不仅依赖于对历史传统和信仰的继承，也依赖于相关制度和实践所提供的讨论与互动的机会。而推进世界上的公共理性所需要考虑的一个突出问题是支持自由和独立的新闻媒体，以赋予受剥夺的弱势人群表达的机会，敦促统治者在自然灾害面前采取救援措施，以及通过帮助人们更好地认识自己的多元身份，进而形成包容的价值观。在民主的所有这些方面，积极而又充满活力的媒体至关重要。

人权是一种关于自由而非利益的道德主张。如果权利只是建立在利益而不是“自由”的基础之上，那么我们将不得不思考，参与游行示威是否符合个人的利益，示威是否可以包括在人权的范畴内。而一项可持续的道德主张所要求的，是当其他人在中立的基础上对这些权利主张进行审思时，普遍认识到支持这些权利主张的道理之所在。这样，在公共理性和民主一方，与自由和人权一方之间，就产生了紧密的内在联系。因此，与作为公共理性的民主一样，推动人权道德的方式和手段并不仅仅局限于制定新的法律。基于沟通、倡导、报道，以及信息充分的公众讨论的重要性，人权无须依赖于强制性立法就可以产生影响。

因此，人权也可以是一种不完全义务。如果自由被认为是重要的，那么人们就有理由问，他们应该做些什么来帮助彼此捍卫和推动各自的自由。这里的基本义务是，一个人必须认真思考在考虑到他人自由的重要性与影响力，以及自己的情况和可能的效果的前提下，可以做些什么来帮助他人实现其自由。与这种考量相关的行为选择，必须根据优先选择、权重以及评价框架来考虑很多不同的情况。因此，关于义务的具体内容可以存在一些模糊性，而这与法定权利的明确性形成了鲜明的对比。然而，不完全义务的特点并未降低道德主张的地位，因为一个规范性的理智思考的框架可以合理地允许各种不同情形的存在，而这些是难以置于明晰的法律框架之中的。

无论是作为公共理性的民主，还是作为自由主张的人权，都必须通过超越国界的开放审思来获得客观性，而这也是本书正义理论的核心特征。从这个意义上说，实现民主和人权的全球性就不再是遥遥无期的事情，也不再需要以一个全球性国家的存在作为其产生的前提。而这不可避免会带来多种“不能合理拒绝”的缘由，也使得理性的结论完全可以以部分排序的形式出现。开放的中立性、缘由的多元性，以及方法的比较性，就这样共同构成了一个既包容又严格的正义理论的基本框架，而不同的正义理论之间，同样也会因为这种基于开放性、多元性和比较性的对话和思考，推动人类对于善、真和正义的不懈追求。

六

在本书的翻译过程中，我们深深体会到森对于社会现实情状的充分关注，这也是他研究社会选择理论以及政治和道德哲学的出发点和落脚点。由于森的研究涉猎多个学科领域，且目前国内围绕这一主题展开的系统研究尚不多见，因此对于某些概念的译名尚未统一，也难免会产生理解上的差异。这里就几个翻译中比较常见的术语略作说明，虽难以覆盖全书所有内容，但希望能对读者的阅读和研究提供些许帮助。

1. 关于 rationality 和 reason。这两个词是森在其著作中最常用到的概念，也是罗尔斯正义理论中的两个关键概念。根据罗尔斯的观点，与它们对应的两个形容词 rational 和 reasonable，共同构成个人的两种基本道德力量，即具有一种关于“善”的观念和某种正义观的能力。

在国内，rationality 一般被译为“理性”，而在主流经济学著述中，它又常常特指“自利”，以至于在不少人的理解中，“理性”即指“自利”。但对“理性”的一种宽泛理解则是个人根据其追求的目标或遵循的准则作出选择（这也符合罗尔斯关于 rationality 意味着个人具有关于善的观念的能力的说法）。所以，严格地说，“理性”不一定就是“自利”的。reason 在英语中作为名词是指“缘由”、“道理”，作为动词则指“说明理由”、“讲道理”等，在汉语中缺少一个与之直接对应而又简洁的词，只有“理智”一词与它甚为接近。

本书一般将 rationality，以及由此派生出的 rational 等词译为“理性”、“理性的”，意指实际利益上的权衡考量，而在多数地方将 reason，以及由此派生出的 reasoning、reasonable 等词译为“理智”或“理智思考”、“理智的”，意为在考虑利益、习惯、社会关系、行为准则以及其他诸多动机后，所作出的合理评价与选择。

在对理性选择理论进行批判之后，森明确指出，人类所拥有的“理性”实际上应该包括更广泛的“理智”意义上的内涵。此时所用的“理性”显然也就超越了狭义层面上对于 rationality 的诠释，而包括了 reason 意义上的内容。而在少数其他的地方，出于语言表达习惯的需要，reason 和 reasonable 也被译为了“理性”和“理性的”。因此，除了上述的一般翻译原则外，读者也应在具体的语言环境中，注意到“理性”一词的实际所指。

2. 关于 primary good 和 original position。两者都是罗尔斯正义理论中的基本概念。前者意指权利、自由与机会、收入，以及财富与自尊的社会基础。现有的几本相关的中文译著都将其翻译为“基本善”，而罗尔斯则更多地将 primary good 看作个人作为一社会合作成员所需要的基本物品或条件。出于批评罗尔斯理论的需要，森在其著作中更多地是将其作为实现优势的一系列工具和手段，并指出这种通过手段而不是目的，来进行政治和道德评价的做法无疑是褊狭的。因此在这一意义上，同时也为了让更广泛的读者群体便于理解，本书将其译为“基本品”，即实现优势所需的资源。

关于 original position，目前有多种译法，包括“初始位置”、“原初状态”、“原始状态”、“初始状态”等。鉴于它指的是假想中的一种初始平等场景，其中相关各方并不了解自己在群体中的身份和自身的既得利益，由他们的代表在这样一种无知状态中进行选择，因此，original position 并不意味着通常意义上的“原始”，也并非指通常意义上的“位置”。本书采用“初始状态”这一译法。

3. 关于 realization、agency 及其他。与森关注社会现实而非抽象制度的思路相一致，本书中的 realization 指的是社会的现实状态，而并非字面意义上的实现过程。因此，本书采用“现实”这一译法。而 agency 一词是在本书的第 10 章中讨论后果论与道义论之间的区别时出现的，指的是来自行为主体自身的自由意志，而并非行为后果所引致的考量，所以本书译为“主体性”。第 13 章中的 agency achievement 和 agency freedom 也因此而被译为“主体性成就”和“主体性自由”。

最后，需要指出的是，为了最大限度地保持原著的内容与风格，在不影响中文语义的前提下，本书尽可能采用了原著的句法和修辞，以求在信、达、雅之间达到平衡。对于正文中涉及的诸如人名、书名等专有名称，以及原著中以斜体突出强调的字词，在提供中文翻译的同时，也标注了对应的原文。脚注和章末注释中涉及的作者、文章、期刊、著作等内容，则基本采用英文原文。

在本书即将付梓之际，我们首先要感谢北京大学经济学院的刘民权教授，他对本书的引进、翻译工作的组织，以及最终的校对倾注了大量的关怀并付出了诸多的辛劳，即使在出国访问期间也从未间断。同时，特别感谢武汉大学经济与管理学院的博士研究生，现就读于南京大学—约翰斯·霍普金斯大学中美文化研究中心的李子明同学，她对本书的初稿进行了仔细的修订，并提出了许多有益的建议。特别感谢中国中部发展研究院的博士研究生宋哲、硕士研究生鲁燕芳等同学，他们对于厘清本书的思想内容作了大量的背景资料搜集和讨论工作。我们还要感谢中国人民大学出版社的编辑费小琳、钱伟、蒋霞、唐奇，她们伴随了本书从开始翻译到最终付印近两年的全部历程，对译稿进行了多次认真的审阅，并对本书的发行工作提出了宝贵的意见。尽管由于水平和时间的限制，书中难免会有瑕疵和遗漏，但是我们希望，在推动森的学术思想的普及，以及促进中国公平与正义事业发展的道路上，本书能发挥应有的作用。

译者　王磊

2012 年 4 月于武昌珞珈山、北大燕园

序

在查尔斯·狄更斯（Charles Dickens）的名著《远大前程》（*Great Expectations*）中，主人公皮普（Pip）曾经这样说过："在儿童艰难度日的小小世界中，再没有比不公正更容易让人感受至深的了。"[1]我认为皮普说得很对。他在屈辱地遭遇了艾丝黛拉（Estella）后，清楚地回想起小时候被他那喜怒无常的姐姐欺凌的惨况。其实即便是成年人，也会对不公正有强烈的感受。说实在的，让我们难以接受的，并不是意识到这世上缺乏"绝对的公正"——几乎没有人会这样指望，而是意识到在我们的周围存在着一些明显可以纠正的不公正。我们希望去消除它们，却难以如愿。

在日常生活中，当我们遭受到有理由去愤恨的不平等或欺压时，这种感受是很明显的。然而在我们所生活的这个世界中，当在更为广泛的范围内存在不公时，也会有同样的情况。我们完全可以作以下假设：如果不是认识到这世上存在明显的但可以纠正的不公正，巴黎市民或许不会起义攻占巴士底狱，甘地或许不会质疑大英帝国的殖民统治，马丁·路德·金或许也不会在号称"自由和勇敢者家园"的土地上奋起反抗白人种族至上主义。这些人并不是在追求实现一个绝对公正的社会（即使他们对那样的社会有普遍的共识），但他们的确更希望尽其所能地消除那些显而易见的不公正。

认识到这世上存在可以消除的不公正，并非仅仅只是推动我们思考公正与不公正的问题。在本书中我将说明，这其实也是正义理论的核心内容。

本书的研究是以探究不公正为起点来展开批判性论述的。[2]也许有人会问，如果这是一个合理的起点，为何不能也将之作为一个合理的终点？为何需要超越我们对于公正和不公正的感受？为何我们必须构建一套正义理论？

认识这个世界不能仅靠直觉。理性思考是不可或缺的。我们需要"解读"自己的所见所闻，探究这些感受意味着什么，以及如何才能既考虑这些感受，又不为其所左右。这就涉及感受和印象的可靠性问题。对不公正的感受可以被视为触动我们的一个信号，但我们需要对该信号进行批判性考察，并审思由此得出的结论是否合理。亚当·斯密坚信道德情操的重要性，但这并未妨碍他构建起"道德情操论"（theory of moral sentiments），也并未影响他坚持以下看法，即必须通过理智的审思来对负罪感进行批判性考察，如此才能确定它是否可以成为不断谴责的依据。当我们想称颂某人某事时，也同样需要进行类似的审思。①

我们还必须思考以下问题：当评判诸如公正或不公正这类道德与政治概念时，应采用哪些推理方式？以哪种方式来分析不公正问题，或者采取什么措施来改善或消除不公正会比较客观？这是否要求某种意义上的中立性，如抛开某人的既得利益？是否需要对某些与既得利益无关却反映了地域性成见和偏见的态度进行考察，因为这些态度也许经不起与其他无同样地域狭隘性的观点的对照？在理解正义的要求时，理性（rationality）与合理性（reasonableness）扮演了什么角色？

在本书的前十章中，我将探讨上述诸方面以及一些与之密切相关的理论性问题。然后我会谈到应用方面，包括批判地考察人们评价公正问题的依据（自由、可行能力、资源、幸福、福利等），以平等和自由的名义出现的各种考量的相关性，公正与民主之间的明显联系，即协商式治理（government by discussion），以及人权的本质、可行性及其可及的范围。

---

① 斯密的经典著作《道德情操论》（*The Theory of Moral Sentiments*）最初出版于1759年，距今已有250多年。最后的修订版（第6版）出版于1790年。最新的纪念版则由企鹅出版社于2009年末出版。我将在引言中论述斯密的道德与政治参与这一思想的本质，以及它对于当今世界的持久影响。

什么样的理论？

本书提出的是一个广义的公正理论。其目的在于阐明，我们如何才能回答关于促进公正和消除不公正的问题，而不是为关于绝对公正的本质这样的问题提供答案。从这个意义上说，该理论与当代道德和政治思想中的主流公正理论有显著区别。以下三方面的差异尤其需要读者注意，引言部分将作进一步阐述。

第一，一套能作为实践理性（practical reasoning）基础的公正理论，必须包括对如何减少不公正和促进公正进行评价的方法，而并非仅仅致力于刻画一个绝对公正的社会。绝对公正是当今政治哲学中探讨公正理论的一大主题。描绘某些绝对公正的制度安排，或者判断某一社会变革是否有利于促进公正，这两种做法在目标上有着密切联系，但在分析上却是迥然不同的。本书关注的是后一个问题，因为它是作出关于制度、行为和影响公正的其他因素的决策的关键。这些决策是如何制定的，对于一套致力于指导应做些什么的实践理性的公正理论而言至关重要。也许有人认为，假如不先明确绝对公正的要求，后面的比较分析就无法展开。这一假设将被证明是完全错误的（第 4 章“声音与社会选择”将对此加以论述）。

第二，尽管众多关于公正的比较问题能得到成功解决，而且能以合理的方式达成一致见解，但其他的不少比较尚存争议。本书认为，可以存在多个不同的公正的缘由，尽管它们都能经得起批判性审思，但结论却大相径庭。①经历和文化背景迥异的人可能会持有截然相反的观点，

① 以赛亚·伯林（Isaiah Berlin）和伯纳德·威廉斯（Bernard Williams）对价值多元的重要性作了全面而权威的论述。在同一个社群内或同一个人身上，都可能存在多元性，它未必一定是不同社群价值观的反映。当然，不同社群中，人们的价值观差异也会比较明显（迈克尔·沃尔泽（Michael Walzer）、查尔斯·泰勒（Charles Taylor）以及迈克尔·桑德尔（Michael Sandel）都从不同的角度对这一点作了重要论述）。

尽管这些观点听起来都合乎情理。有时候，即便是来自同一社会的人，甚至同一个人，都会出现上述情况。①

在处理争端时，需要持有经得起推敲的观点，而不能以“消极宽容”（disengaged tolerance）的方式对待，比如为了图方便而提出这样一个懒惰的解决方案，即“你在你的圈子里是对的，我在我的圈子里是对的”。理智的思考与中立的审思是必不可少的。然而即便是最严格的批判性考察，也可能会留下无法被中立的审思所消除的争议和对立。下面我将更多地论述这一点。我在这里强调的是，尽管某些相左的观点可能会在争论后依然存在，但这绝不意味着可以因此而免除必需的理智和审慎的思考。最后剩下的多种观点是理智思考的结果，而非回避理智思考的产物。

第三，可纠正的不公正的存在很可能是与行为上的僭越，而非制度缺陷相关（在《远大前程》中，皮普关于他蛮横的姐姐的回忆即是如此，那并不是对作为制度的家庭的控诉）。公正最终是与人们的生活方式相关，而并非仅仅与周遭的制度有关。许多主流的公正理论却用大量笔墨关注如何建立“公正制度”（just institutions），而行为特征只是被赋予了派生和辅助的功能。比如，约翰·罗尔斯著名的“作为公平的正义”（justice as fairness）理论产生出一套独特的“公正原则”（principles of justice），这些原则所关注的仅仅是建立“公正制度”，同时要求人们的行为完全符合这些制度的要求。[3]本书认为，过于关注制度方面（假定行为处于从属地位），而忽略人们的实际生活，是有严重缺陷的。研究公正问题时，关注实际的生活对理解公正理念的本质和影响范围具有深远的意义。②

---

① 例如，马克思对下述两种冲突情况作过详细论述：消灭劳动剥削（关乎能否公平地按照劳动所得进行分配）和按需分配（与分配公正的要求有关）。他在其重要著作《哥达纲领批判》（1875）中详细谈到了上述两者之间存在的不可避免的冲突。

② 新近提出的“可行能力视角”，就与从人们可以过上的实际生活和享受的自由的角度来理解公正，十分契合。见 Martha Nussbaum and Amartya Sen (eds), *The Quality of Life* (Oxford: Clarendon Press, 1993)。该视角的意义与局限性将在本书第 11～第 14 章予以分析。

本书所探讨的不同于以往的公正理论之处对政治和道德哲学有直接影响。同时，本书也尝试将书中的一些观点与当前关于法律、经济和政治的讨论联系起来。乐观地讲，这些观点甚至会对关于实际政策和方案的辩论和决策具有针对性。①

采用比较视角，跳出有限的以及有限制性的社会契约论的框架，将会是富有成效的。我们将就公正的改进加以比较，或反抗压迫（如奴隶制度、妇女压迫），或抗议普遍存在的医疗服务不完善（如亚非部分地区的医疗设施缺乏，以及包括美国在内的全球多数国家的全民医疗保险的缺乏），或抵制酷刑（在当今世界中依然被频繁使用，有时使用者甚至是世界秩序的维护者），或不再对常年的饥饿继续保持沉默（比如在印度，尽管已成功消除了饥荒）。②人们往往认为改变某些现状（例如废除种族隔离）有助于减少不公正，但即便所有被认为需要改变的现状都得以改变，我们也期盼不到"绝对公正"。出于对实际问题的关注，而不只是理论推理的需要，似乎要求我们在对公正的分析中取得重大突破。

公共理性、民主与公正的全球性

尽管本书采用的视角不是从制度角度来界定公正原则，而是从人们的生活与自由方面入手，但制度因素在寻求公正方面依然扮演着重要的角色。经恰当选择的制度，将与个体及社会行为的决定因素一道，对推

① 例如，本书中所称的"开放的公正"，即允许来自多个地方的各种声音来诠释法律的公正性（正如亚当·斯密在其著作《道德情操论》和《法理学讲义》（*Lectures on Jurisprudence*）中所说的，这样做的目的不仅是对他人体现公平，而且能避免地域狭隘性），这一说法与当前美国最高法院的一些议题密切相关，这将在本书结尾处谈到。

② 我很荣幸受邀于2008年8月11日在印度议会发表题为"The Demand of Justice"的演讲。这是第一届希伦·穆克吉纪念讲座（Hiren Mukerjee Memorial Lecture）的内容之一，印度已决定将此发展为一项年度性活动。该演讲的全文登载于印度议会刊发的相关手册，缩略版则登载于*The Little Magazine*，vol. 8，issue 1 and 2（2009），题为"What Should Keep Us Awake at Night"。

动公正具有重大意义。制度以各种不同的方式发挥作用。制度能直接有助于让人们按照其珍视的方式生活。在增强人们对能够纳入考量的价值与优先性进行审思的能力方面，制度，尤其是在公共讨论的机会方面（这包括对言论自由、知情权，以及对支持这些讨论的具体设施的安排），也扮演着重要的角色。

本书从公共理性（public reasoning）的角度来看待民主（见第15～第17章）。这使得民主被诠释为“协商式治理”（约翰·斯图尔特·穆勒对推动这一概念做了大量的工作）。同时，我们也需要从更广泛的角度，即通过加强信息可得性与加强互动讨论的可行性，来丰富合理参与的内容，进而考察民主。民主不仅要从现有的正式制度这一角度，而且要从来自不同阶层的呼声是否都能被倾听来加以评判。

此外，这种民主观会有助于促进全球范围，而非某一国家内部对于民主的追求。如果不将民主简单地视为设立一些具体的制度（貌似一个民主化的全球政府或全球选举），而是视为能有多大可能、在多大的范围内体现公共理性，那么推进——不是追求完美的——全球民主与全球公正将会极容易为人们所接受，由此也将有效地鼓舞和促进跨国范围的实际行动。

欧洲启蒙运动与全球性遗产

我在本书中提出的方法是否有其渊源？对于这个问题，我将在引言部分作更全面的讨论。这里需要指出的是，本书对于公正的分析沿袭了欧洲启蒙运动时期的那些对现实不满的知识分子所探索出的思路。但这里我需要说明几个问题，以免读者产生误解。

第一点需要说明的是，本书与欧洲启蒙运动的传统具有联系，这一点并不意味着本书的思想背景是“欧洲中心论”的。事实上，与其他关于公正理论的著述相比，本书的突出特点之一（有人可能会认为是怪异的）是，我从非西方社会中汲取了大量的思想，尤其是从印度的思想史，当然还包括其他地方。在印度及其他许多非西方社会中，理性的论辩，而非依赖于宗教和非理性信仰的思想，源远流长。我认为，当代——很大程度上是西方的——政治哲学，尤其是在关于公正诉求的问题上，由于一直将注意力放在西方著述上，因而多有局限，从某种程度上说甚至是褊狭的。①

但是我并不是说，在这些问题上，西方和东方（或一般地讲，非西方）之间存在根本差异。西方和东方各自内部的各种推理也大相径庭，把西方作为一个同质的整体与"典型东方的"价值观对立起来完全是主观臆想。②这种臆想在当代讨论中并非鲜见，但与我的看法相去甚远。相反，我认为，一些相似的或紧密关联的理念，如公正、公平、责任、义务、善良和正直，在世界上许多不同的地方都为人们所追求，而这也意味着西方著述中常常出现的一些观念实际上源于更广阔的地域，但这些观念在全球范围内存在的事实却往往为当代西方的主流思想所忽视或边缘化。

例如，在公元前 6 世纪的印度，释迦牟尼（"知识路径"（path of knowledge）的不可知论拥护者）或顺世派学者（Lokayata school，对任何传统信仰持怀疑的审思态度）的一些观点，听起来可能与许多欧洲启蒙运动思想领袖的重要论著不但没有矛盾，而且高度一致。但我们也不必因此而拘泥于探究释迦牟尼是否应该被归类为欧洲启蒙运动阵营的先驱，尽管他的名字在梵文里有"开明"（enlightened）之意，我们也

① 考提利亚（Kautilya）是古印度的一位政治策略家与政治经济学家，在现代著述中有时被称为"印度的马基雅维里"。这一称谓并不奇怪，因为考提利亚与马基雅维里之间在战略与策略方面的观点确有相似之处（尽管在其他更为重要的方面有明显的不同）。有意思的是，生活在公元前 4 世纪的印度政治分析家被比作 15 世纪的欧洲学者。当然，这反映出的并不是原始的地理等级，而是西方学者——事实上，由于西方教育在全球范围的主导地位，导致现代世界的所有知识分子——对非西方著述缺乏了解。

② 事实上，正如我在别处谈到过的，并不存在什么典型的东方价值观或印度价值观，因为即使在这些东方的思想史上也存在许多不同的论调（见本人著作 *The Argumentative Indian*（London and Delhi：Penguin，and New York：FSG，2005）和 *Identity and Violence：The Illusion of Destiny*（New York：Norton，and London and Delhi：Penguin，2006））。

不必去理会那些牵强的论调，即认为欧洲启蒙运动可溯源至遥远的亚洲思想的影响。不同的历史阶段会在全球不同的地区出现相似的思想，这一点并不奇怪。既然在论述相似问题时会出现不同的观点，那么如果我们只将视野局限在某个地区，就极有可能在阐述公正问题时遗漏一些可能有用的线索。

一个有趣且相关的例子是，早期印度法理学中存在两种截然不同的公正观——正义（niti）和正理（nyaya）。前者强调组织上的得体和行为上的正确，而后者关心的是会出现什么和如何出现，具体而言就是人们实际上能过上怎样的生活。在引言中我会详细讨论这一区别的意义。此处要说的是，两者的区别让我们清楚地看到，存在两种截然不同但相互关联的正义理念。因此，关于正义的理论需要对此予以关注。①

第二点需要说明的是，启蒙运动思想家的论调也并非完全一致。正如我将在引言中谈到的，在启蒙运动时期怀有激进思想的两派主流哲学家之间，关于公正问题的推理截然不同。其中一派着眼于寻找绝对公正的社会安排，并将描绘“公正制度”作为正义理论的首要并且往往是唯一的任务。他们以不同的方式围绕着假设的“社会契约”（social contract）展开论述，主要人物有 17 世纪的托马斯·霍布斯，以及后来的约翰·洛克（John Locke）、让-雅克·卢梭和伊曼努尔·康德等。契约论一直对当代政治哲学有着决定性的影响，尤其是自 1958 年约翰·罗尔斯发表其开创性的论文《作为公平的正义》（*Justice as Fairness*）以来。之后，罗尔斯又在其经典著作《正义论》一书中对该观点进行了全面的表述。[4]

与此相比，许多其他的哲学家（斯密、孔多塞、沃斯通克拉夫特、

① 正义和正理之间存在的差异并非仅仅对某一政体有重要意义，对多个国家也是如此。这一点我在“Global Justice”一文中已有论述。该文于 2008 年 7 月在维也纳召开的 World Justice Forum 论坛上宣读。该论坛由美国律师协会、国际律师协会、美洲律师协会、环太平洋律师协会以及国际律师联盟等机构主办，也是美国律师协会 World Justice Program 的一部分。这篇文章将收录于 *Global Perspectives on the Rule of Law* 一书。

边沁、马克思以及约翰·斯图尔特·穆勒）尽管研究方法各有不同，但都对人们在受到制度、实际行为、社会互动和其他重要因素的影响下所能过上的不同生活进行了比较研究。本书将主要采用这一视角。①极具解析性且高度数学化的“社会选择理论”属于上述第二种思路，其来源可追溯至18世纪孔多塞的思想，其现代形式的发展则归功于20世纪中期肯尼斯·阿罗的开创性研究。正如我将要谈到的，如能对这一研究视角进行恰当的调整，它将在解决如何推进公正、消除不公正这一问题上发挥巨大的作用。

理智的位置

尽管启蒙运动的两个传统——契约主义（the contractarian）和比较主义（the comparative）之间存在差异，但它们也具有许多相似点。其共同特征是，两者都依赖理智（reasoning），都要求公共讨论。尽管本书主要采用上述第二种视角，而非康德等人发起的契约论，但本书的许多内容还是深受康德基本思想的启发，诚如克里斯蒂娜·科斯加德（Christine Korsgaard）所言：“将理智带予世上，成为道德的使命，而非形而上学的任务，而这也正是人类的事业与希望。”[5]

当然，理智究竟能在多大程度上成为公正理论的坚实基础，这一问题本身已成为一个备受争议的话题。本书的第1章即将探讨理智的作用与影响范围。我反对那种看似有理的观点，即把情感、心理、直觉等因素，而不是理智的思考作为独立的评判因素。然而冲动或心理态度的确有其重要性，我们在看待公正与不公正的问题时，也的确应该考虑到这些因素。我认为，理智和情感之间没有不可调和的冲突，我们有理由去考虑情感因素的作用。

① 当然，我也会采用第一种视角，借鉴启蒙运动时期的霍布斯和康德以及当今时代的罗尔斯等人的著述。

然而针对依赖于理智，还存在另一种批评。这种观点认为这世上充满着非理智（unreason），因此假设世界将为理智所主导是不现实的。克瓦米・安东尼・阿皮亚（Kwame Anthony Appiah）对我的相关著述善意而尖锐地批评道："无论你按森的方式来对理智作多么深刻的理解——我对这种兴趣表示赞赏——也不会使你认识到全部。由于采取理智的个体的视角，森不得不无视随处可见的非理智。"[6]作为对现实世界的描述，阿皮亚无疑是正确的。他的批评之语并非针对构建正义理论，却为某些人怀疑在思想混乱的人们之间理智地讨论社会问题（如身份政治）能有多少实际效果提供了很好的理由。普遍的和顽固的非理智会使得针对困难问题作出理智解答的努力收效甚微。

这种质疑理智作用的论调并未——也并不意在（诚如阿皮亚所言）——为下述观点提供依据，即不必全力使用理智来探讨公正或其他社会概念，如身份。[①]它也未推翻我们应当严格要求每个人认真审思各自结论的观点。值得指出的是，有时候在他人看来是不合情理的事，其实却未必如此。[②]理智的讨论能包容冲突的观点，这一观点在他人看来也许是不合情理的偏见，然而事实并非如此。正如人们有时认为的那样，我们并不需要将所有其他的选择都予以排除，只留下唯一的一个理智的选择。

处理上述问题的关键是，偏见通常都会以某种合乎情理的形式表现出来，尽管可能会是很脆弱和武断的。事实上，即便是蛮横专断的人也会以某种理智，尽管可能是比较粗糙的形式来支撑他们的信条（种族歧视、性别歧视、阶层歧视、种姓歧视即为此例，还有其他众多基于粗糙

① 事实上，有相当多的证据表明，互动式的公共讨论能促使人们理智地思考问题。相关经验材料请见我的《以自由看待发展》（*Development as Freedom*，New York：Knopf，and Oxford：Clarendon Press，1999）和《身份与暴力：命运的幻象》（*Identity and Violence*：*The Illusion of Destiny*，New York：Norton，and London：Penguin，2006）。

② 正如詹姆斯・瑟伯（James Thurber）所言，迷信的人会避免从梯子下走过，信仰科学、挑战迷信的人则会去找梯子并从其下面走过。但长此以往也会真的碰上麻烦（James Thurber，"Let Your Mind Alone!" *New Yorker*，1 May 1937）。

的理智的偏执)。非理智多数时候并非完全缺乏理智，而是依赖过分原始的、不够完善的理智。但这还是有希望的，因为我们可以用更好的理智来对照糟糕的理智。所以进行理智对话的可能性是存在的，尽管很多人即使面临这样的挑战，一开始也会不愿意参与其中。

就本书所表述的观点来说，重要的并不是要求当下每个人的思维都富有理智。没有人敢这样假定，也不需要这样假定。认为人们如果能以开放和中立的方式进行理智的思考，就会在某些具体问题上达成一致，这种观点并没有假设人们已经如此自觉，或者希望变得如此自觉。重要的是，必须研究什么样的理智思考会要求我们去追求公正——考虑到有可能存在多种不同的理智思考方式。这与下述可能的甚至必然的情况并不矛盾，即在某一具体时刻，并非所有人都愿意进行上述的审思。即使世界充满"非理智"，理智依然是认识公正观念的核心。对于现在的世界而言，情况尤为如此。

注释

1. Charles Dickens, *Great Expectations* (1860–61) (London: Penguin, 2003), Chapter 8, p. 63.
2. Judith N. Shklar 在其著作 *The Faces of Injustice* (New Haven: Yale University Press, 1992) 中对不公正感的重要作用作了详细论述。
3. John Rawls, *A Theory of Justice* (Cambridge, MA: Harvard University Press, 1971). 在*Political Liberalism* (New York: Columbia University Press, 1993) 及之后的一系列著作中，罗尔斯又进一步发展——从某种意义上说是拓展了他对于公正的分析。
4. John Rawls, 'Justice as Fairness', *Philosophical Review*, 67 (1958).
5. Christine Korsgaard, *Creating the Kingdom of Ends* (Cambridge: Cambridge University Press, 1996), p. 3. See also Onora O'Neill, *Acting on Principle – An Essay on Kantian Ethics* (New York: Columbia University Press, 1975), and A. Reath, C. Korsgaard and B. Herman (eds), *Reclaiming the History of Ethics* (Cambridge: Cambridge University Press, 1997).
6. Kwame Anthony Appiah, 'Sen's Identities', in Kaushik Basu and Ravi Kanbur (eds), *Arguments for a Better World: Essays in Honor of Amartya Sen*, vol. I (Oxford and New York: Oxford University Press, 2009), p. 488.

目 录

引言

·正义的研究方法·

在攻占巴黎巴士底狱大约两个半月前，也就是法国大革命的前夕，政治哲学家和演说家埃德蒙·伯克（Edmund Burke）在伦敦的议会上这样说道："当下有些事情发生了，我们很难对其发表意见，但也不可能对其表示沉默。"1789 年 5 月 5 日伯克说的这番话和酝酿中的法国革命浪潮并没有多大关系，其主要针对的是沃伦·黑斯廷斯（Warren Hastings），即当时英国东印度公司的督办。由于在普拉西战役（Battle of Plassey，1757 年 6 月 23 日）中获胜，英国得以通过东印度公司在印度实行统治。

伯克援引了"永恒的正义之法"（eternal laws of justice），以指责黑斯廷斯的所作所为有违该法。在不少情况下，一些赤裸裸的不公正行为使我们怒不可遏，以至于无法继续保持缄默。但即便如此，对于不公正的分析仍然需要清晰的说明与合理的审思。

事实上，伯克并未显得语无伦次。相反，他雄辩地列举了黑斯廷斯的诸多罪行，进而列举了多条独立而不同的理由来说明需要对黑斯廷斯提起诉讼，并揭示了英国在印度统治的实质：

> 我指控沃伦·黑斯廷斯先生犯有重罪和轻罪。
>
> 站在大不列颠议会的立场上，我指控他有负议会赋予的信任。
>
> 站在大不列颠议会的立场上，我指控他有辱国格。
>
> 站在印度人民的立场上，我指控他践踏了当地的法律、权利和

自由；毁损了他们的财产，蹂躏了他们的国家。

站在永恒的正义法的立场上，我指控他有违该法。

站在人性的立场上，我指控他冷酷地凌辱、伤害和压迫各种性别、年龄、阶层和生活境况的无辜生灵。[1]

上述每一项都不是作为指控沃伦·黑斯廷斯的唯一理由——一项最致命的指控——而被单独列举出来的。相反，伯克将一系列不同的理由作为一个整体提出。[①]在本书的后面部分，我将详细讨论这种可被称为"多重论据"（plural grounding）的方法，即采用许多不同的谴责理由，而不要求在其相对重要性上达成一致。其背后的问题是，我们是否需要为了就一种亟待改善的不公正状况达成共识，而去寻求某一具体的谴责理由。值得指出的是，我们完全可以出于不同的缘由而产生强烈的不公正感，而不必就哪一条是其主要原因达成共识，这一点也正是正义理念的核心。

或许 2003 年美国政府决定军事打击伊拉克可以说明这一点。对于这一决策的评价角度多种多样，但此处要说明的是，所有那些不同甚或相左的论据都能得出同一个结论，即 2003 年由美国主导的军事联盟对伊拉克开战的决策是错误的。

关于对伊开战决策的批评，有如下几种各不相同但都合情合理的观点。[②]第一种观点认为，开战之所以是一个错误，是因为一国在对另一

---

① 此处并非要判断伯克言论的真伪，而只是对他以多重论据支持其指控的一般方法加以评价。事实上，伯克对于黑斯廷斯个人罪行的观点对后者是相当不公平的。奇怪的是，伯克早先为狡诈的罗伯特·克莱夫（Robert Clive）辩护过。克莱夫才应当为东印度公司对印度的非法掠夺承担更大的责任。对此，黑斯廷斯曾试图通过严格法纪（还包括在东印度公司的管理中引入人性化的规章，而在之前这些方面的工作几乎是没有的）来予以遏制。2007 年 6 月，我在伦敦市政厅举行的纪念普拉西战役 250 周年演讲（The Significance of Plassey）中，谈到过这些历史事件。该演讲内容的扩充版，以"Imperial Illusion：India，Britain and the Wrong Lessons"为题刊载于 *The New Republic*，December 2007。

② 当然，也有一些支持干预的观点。其中一种认为萨达姆·侯赛因与"9·11"恐怖袭击有关。还有一种认为他与基地组织关系亲密。但这两点也都已经被证明是不正确的。萨达姆的确是一个残暴的独裁者，但无论过去还是现在，世界上还有无数与他一样的独裁者。

国采取合理的军事行动前，需要就这一问题达成全球性的共识，尤其是应得到联合国的允许。第二种观点则关注情报的重要性，如确定在战争发生之前，伊拉克是否拥有大规模杀伤性武器，从而决定是否开战，因为战争必然会使许多民众面临伤亡和流离失所的危险。第三种观点则与民主，即“协商式治理”（government by discussion，这一经典概念常被认为是由约翰·斯图尔特·穆勒首先提出的，其实沃尔特·白哲特（Walter Bagehot）早在穆勒之前就已使用了）有关，它关注的是向民众传达的信息受到扭曲的政治意义，包括虚构事实（如假想萨达姆·侯赛因与“9·11”事件或基地组织有关联），这使得美国民众更难评判开战决策的对错。第四种观点认为上述几点都不是关键，关键在于干预的实际后果：是否会给交战国家，或中东，或全世界带来和平与秩序？是否会减少而非加剧全球暴力与恐怖主义的威胁？

上述四种观点都有十分严肃的理由，但评论角度各异。作为对开战这一行为的评价，没有哪一条能因为无关或无足轻重而被我们轻而易举地予以排除。它们通常不太可能得出同样的结论。但如果像在本例中这样，所有这些经得起推敲的标准都指明了同样的错误，那么就不需要首先对这些标准进行排序，再推导出结论。事实上，强行将多个和潜在相互冲突的原则缩减至一个，而排除所有其他的标准，并不是对应如何行动得出有用且可靠的结论的前提。这一点不仅适用于正义理论，也适用于与实践理性有关的其他任何学科。

·理智的思考与公正·

之所以需要一个正义理论，是因为它与需要对如伯克所言的某些难以用言语表达的问题进行理智的思考联系在一起的。有时我们会听到这样的观点：公正绝不是一个能用理智思考的问题，而是应该保持对于不公正现象的敏锐和正确的洞察。我们很容易受到这种思路的引导。例如，当我们遭遇重大饥荒时，似乎只有积极抗争而不在公正与不公正问题上坐而论道才是自然的决策。只有在灾害本可以防范，尤其是本可以采取防范措施而未能这么做的情况下，灾害才会成为一种不公正的问题。某种形式的理智思考可以将目光从对惨状的观察转向对不公正的分析，而且分析不公正可能也要比评估可见的灾害要复杂和微妙得多。人们可能根据不同的理由得出不同的结论，但对于公正的评价从来都不是那么简单的。

回避理智思考的人通常并不是愤怒反抗的民众，而是社会秩序与司法的温和的卫道士。纵观历史，那些当权者手握公共权力，但并不清楚他们行为的缘由，也不愿审思他们决策的基础，往往都会选择保持沉默。18 世纪英国著名的法官曼斯菲尔德勋爵（Lord Mansfield）曾经对一位新上任的殖民地总督有过以下著名的建议："想一下你认为公正的要求是什么，然后作出相应的决策。但永远不要说明理由。因为你的判断也许是对的，但你的理由将肯定是错的。"[2]对于施政者而言，这无疑是一条绝佳的建议，但这样并不能保证所做的是正确的，也不能保证受影响的人们能够看到正义正在得以实施（后面将会谈到，这是作出站得住脚的关于公正问题决策的要求之一）。

建立正义理论需要将缘由引入对公正和不公正的探讨中。千百年来，世界各地研究正义问题的学者一直致力于由对不公正感的泛泛而论，转向对不公正问题的具体而理性的判断，以及对于推动公正方法的分析。全世界范围内，对于公正与不公正问题的理性思考可谓源远流长，其中不乏关于公正缘由的真知灼见（这就是下面所要谈的内容）。

·启蒙运动与两大理论阵营·

虽然千百年来关于社会正义的话题一直被人们所讨论，但这类研究直到 18—19 世纪欧洲启蒙运动时期，才真正得到蓬勃的发展。这主要是因为欧美政治局势的变化以及社会、经济转型对其起到了推动作用。当时这股激进思潮中杰出的哲学家对于正义的思考基本可划分为两大类。在我看来，目前对这两派之间的分歧所给予的关注还远远不够。我先介绍一下这种分歧，因为这将有助于理解本书所描述的正义理论。

第一派，发轫于17世纪的托马斯·霍布斯，之后演化出许多分支，后继者中不乏杰出的思想家，如让-雅克·卢梭等人。这一派主要关注建立公正的社会制度，可称为“先验制度主义”（transcendental institutionalism）。它具有两大特点：首先，它致力于探寻完美的正义，而不是相对而言的正义与非正义，即仅仅探寻终极的社会正义的特征，而不是对现实并非完美的社会进行比较研究。它致力于探究“正义”（the just）的本质，而不是寻找用以评判哪种社会相对而言“更为公正”（less unjust）的标准。

其次，为了寻找绝对的公正，先验制度主义主要关注制度的正确与否，而非直接关注现实存在的社会。然而，由任何预设的制度所孕育的社会，其本质依然会受某些非制度因素的影响，比如人们的实际行为及其社会互动。因此，当先验制度主义理论要对制度的效果进行评价时，为了评价制度的可能效果，就必须对人们的行为作出特定的假设。

上述两大特点都与契约论的思维模式有关。该模式由托马斯·霍布斯最先提出，约翰·洛克、让-雅克·卢梭和伊曼努尔·康德相继予以发展。[3]该模式假想社会按某种虚拟的契约运作，用这种理想模式取代否则有可能发生的社会无序。这些学者所重视的契约主要是关于社会制度的选择。总的结果就是建立起一套能先验地确立理想社会制度的正义理论。①

当然，值得指出的是，先验制度主义者在探寻绝对公正的制度的同时，有时也会针对与适当的社会行为相关的道德或政治责任，提出发人深省的分析，尤其是伊曼努尔·康德和约翰·罗尔斯。他们主要致力于

---

① 尽管霍布斯提出的公正的社会契约方法是将先验主义与制度主义结合起来，但需要注意的是，其实两者并非总是如影随形。比如说，我们可以构建一套关注社会现实而非制度的先验主义理论（找寻一个人人幸福的完全功利的世界，就是追求“基于实现的超越”的一个简单例子），或者我们可以从比较的视角关注制度评价，而非先验地设计理想社会制度的方案（支持或反对自由市场就是比较制度主义的例子）。

先验的制度分析，但也对人的行为规范作了影响深远的论述。尽管他们注重制度选择，但从更广义的层面上看，他们的分析也可被视为“着眼于制度安排”（arrangement-focused）的正义研究方法。此处的制度安排包括正确的行为和正确的制度。[①]显然，“着眼于制度安排”的公正研究方法和“着眼于现实”（realization-focused）的正义研究方法，两者之间存在巨大差别。比如，后者会关注人们的实际行为，而非假定所有人的行为都遵循同一种理想模式。

与先验制度主义不同的是，许多其他的启蒙运动思想家采用了比较方法来关注各种社会现实（源于现实的制度、行为及其他因素）。18—19世纪，有许多这样的比较分析理论，可见诸亚当·斯密、孔多塞、边沁、沃斯通克拉夫特、马克思和约翰·穆勒等具有创新思维的思想家的著作。虽然这些人对正义的要求也看法各异，进行社会比较的方式也各不相同，但可以略显夸张地说，他们都致力于对现实的或可能出现的社会进行比较，而并非局限于先验地去寻找绝对公正的社会。此类“着眼于现实”的比较方法通常主要着眼于消灭所见到的这个世界上的明显的不公正。

上述两种方法，即先验制度主义与着眼于现实的比较，其间的差异是显而易见的。实际情况是，当代主流政治哲学在探究正义理论时多采用第一种方法，即先验制度主义。这方面最具代表性的论述当数杰出的政治哲学家约翰·罗尔斯的著作（关于他的观点及其深远贡献，我将在第 2 章“罗尔斯及其超越”中详述）。[②]的确，在《正义论》中，尽管罗尔斯也极富启发性地探索了政治与道德语境中正确的行为规范，但对

---

① 罗尔斯解释道：“我们讨论内容的另一个局限性是，我考察的大都是可以管治一个秩序良好社会的公正原则。人人都被假定为行为合理，并以他的方式来维持公正的制度。”（*A Theory of Justice*（Cambridge，MA：Harvard University Press，1971），pp. 7-8）

② 他在《正义论》（1971）中这样谈到：“我的目标是致力于提出一种公正的构想，它能将洛克、卢梭、康德等人提出的社会契约论带到一个更高的抽象层面”（第 10 页）。See also his *Political Liberalism*（New York：Columbia University Press，1993）. 在其早期的开创性论文“Justice as Fairness”，*Philosophical Review*，67（1958）中，罗尔斯已经强调过其正义理论的契约论路线。

“正义原则”的界定依然完全是基于绝对公正的制度。①

当然，还有其他许多当代杰出的正义论者采纳了先验制度主义的路线，包括罗纳德·德沃尔金、戴维·高蒂尔、罗伯特·诺齐克等。针对“公正社会”（just society）的要求，他们提出了不同但都很重要的看法。尽管他们在形式上对具体的安排看法不同，但都在寻找公正的社会规则和制度。描绘绝对公正的社会制度俨然已成为当代正义理论的核心内容。

·理论出发点·

与大多数当代正义理论关注“公正社会”不同的是，本书力图考察基于社会现实的比较，以研究正义的进步或倒退。在这一点上，本书并未沿袭启蒙运动时期先验制度主义的哲学传统（源于霍布斯，后由洛克、卢梭、康德等人进一步发展），而是遵循同期或稍晚一点形成的另一种传统（由斯密、孔多塞、沃斯通克拉夫特、边沁、马克思和穆勒等人采用）。本书的理论出发点与这些思想家一样，但这不意味着我赞同他们的具体理论（这应该是显而易见的，因为他们的理论彼此之间也大相径庭）。除了理论出发点以外，我们也有必要看看最终的落脚点。②本书的其他部分就是在出发点与落脚点之间进行的探索之旅。

出发点非常重要，尤其是我们选择回答哪些问题（比如，“如何才能推进公正?”），而不是其他的问题（比如，“什么是绝对公正的制度?”）。这种对于出发点的选择具有双重效应：首先，它使我们采纳了

---

① 为了说明需要建立一个他所说的“反思均衡”，罗尔斯将对于人们的价值观念和优先取舍进行严格审思的必要性纳入他的社会分析。同时，正如之前提到过的，罗尔斯分析中的“公正制度”就是假设实际行为遵循正确的准则。

② 这些思想家对“公正”一词的用法也多种多样。诚如亚当·斯密所言，“公正”一词有“多种不同的含义”。（The Theory of Moral Sentiments，6th edn（London：T. Cadell，1970），Ⅶ. ii. 1.10 in the Calrendon Press edition（1976），p. 269）我将在最广泛的意义上研究斯密的公正思想。

比较视角，而非先验主义路线；其次，它使我们关注实际的社会现实，而不仅仅是制度和规则。鉴于当代政治哲学领域在对侧重点的选择上存在偏颇，我们必须在阐发正义理论的过程中作出重大的突破。

为何我们需要在以上两个方面进行突破？首先要从先验主义说起。我认为它存在两个问题。第一，关于“公正社会”的本质，即使在中立（impartiality）和开放审思（open-minded scrutiny）的严格条件下（比如像罗尔斯对“初始状态”的描绘那样），也可能无法达成一致。这是找寻一致的先验主义答案的可行性（feasibility）问题。第二，采用与实际选择相关的实践理性，所需要的是对各种可行方案的公正性进行比较的框架，而不是去发现一个也许不存在的和不可能被超越的完美状态。这是找寻先验主义解决方法的冗余性（redundancy）问题。下面我将讨论先验主义的这些问题（可行性与冗余性），但在此之前，请允许我先对先验制度主义方法中的制度方面作一个简评。

上述出发点的第二个特征是，它关注实际的社会现实，而不是什么才是完美的社会制度和规则。如前文所言，这一区别与一个更为一般的，即“着眼于安排”与“着眼于现实”之间的对立是有关联的。前一种思路认为，应从具体的制度安排——某些制度、规章、行为准则等来思考正义，是否存在这些安排意味着是否存在公正。这样一来，就会有以下疑问：是否一定要把对于正义的思考局限于追求完美的制度？难道我们不应该考虑一下现实的社会，包括在既定的制度和规则下，人们实际能过上什么样的生活吗？此外，难道我们不应该考虑一下包括实际行为在内的会对人们生活产生影响的其他因素吗？

下面将依次论述上述两种理论出发点的根据。首先谈到的是先验主义的问题，从其可行性开始，然后是其冗余性。

·唯一的先验主义一致性的可行性·

不同的正义原则，即使都能通过批判性审思并具有中立性，它们之间仍然可能存在巨大差异。这一点很重要。比如，约翰·罗尔斯假设，在一个初始平等的假定情境中（他称之为“初始状态”（original position）），人们并不了解其自身的既得利益，于是大家就会都去选择仅有的“两个公正原则”。这实际上假设了仅存在一种既能体现公平要求，又抛开了既得利益的中立立场。但我认为这也许是错误的。

比如，赋予分配均等和福利总量的改进的权重可以是完全不同的。对此，在其先验主义分析中，罗尔斯列出了一种方案（即将在第2章中谈到的字典式最大最小化法则），但并未令人信服地说明不选取方案的理由，而其他方案可能会比罗尔斯提出的非常特殊的方案更具说服力。[①]有别于罗尔斯在关于其两个公正原则的阐述中所指定的具体方案，还存在许多其他可能的方案，但罗尔斯并没有说明为什么不能在其初始状态中采用这些方案。

如果寻找绝对公正的社会制度从一开始就存在问题，那么即便能够勾勒出每种可能的方案，整个先验制度主义的方法仍然有重大缺陷。比如，第2章将会详细论述的罗尔斯经典理论“作为公平的正义”中的公正二原则，谈到的正是在考虑所有方案的情况下的绝对公正的制度。然而我们不知道的是，初始状态中的某种公正原则，如何可以从关于公正的各种各样的理由中脱颖而出。罗尔斯的社会正义论是从建立公正制度出发逐步精妙地展开的，却在其理论基础上遇到了问题。

在后来的著作中，罗尔斯作了一些妥协。他承认，“当然，人们在看待哪种政治正义最为合理时，意见不尽相同”。事实上，在《万民法》（*The Law of Peoples*，1999）中，他进一步写道：

> 所谓公共理性，是由众多关于正义的政治观念共同构成的，而非一条。由于存在多种自由主义观或相关观点，因此，与合理的政

---

① 我在 *On Economic Inequality*（Oxford：Clarendon Press，1973；1997年与詹姆斯·福斯特（James Foster）合著的扩展版更新了附录）中，谈到了多种关于分配的中立规则。See also Alan Ryan (ed.)，*Justice*（Oxford：Clarendon Press，1993），and David Miller，*Principles of Social Justice*（Cambridge，MA：Harvard University Press，1999）.

治观念相对应的公共理性的形式也是多种多样的。作为公平的正义，无论其价值如何，都只是其中一种而已。4

然而，我们并不清楚罗尔斯会如何应对这一具有深远意义的让步所产生的影响。如同罗尔斯在其包括《正义论》在内的早期著作中所阐述的那样，针对社会基本结构而选择的具体制度，要求与其对应的公正原则以某种特定方式得到实施。①一旦放弃罗尔斯主义公正原则的唯一性（罗尔斯在后期著作中有相关论述），其制度方案就会产生严重的不确定性，而当众多公正原则对于社会基本结构的制度要求不尽相同时，罗尔斯并没有阐述如何去选择某一套特定的制度方案。当然，罗尔斯本可以通过放弃其早期著作（尤其是《正义论》）中的先验制度主义来解决这一问题，而这也许正是罗尔斯所向往的。②尽管他在后期的一些著作中有力地提出了这一问题，但我依然不敢断言这就是罗尔斯旨在前进的方向。

·三个小孩与一支长笛·

关于绝对公正社会中的中立制度设计的唯一性，其根本问题在于，多种各不相同但都具有中立性的正义理由均可能站得住脚。下面举个例子来说明这一点。在这个例子中，读者可以思考一下，究竟哪个小孩——安妮、鲍勃还是卡拉——应该得到那支被他们争来抢去的长笛。安妮说，她应该得到长笛，因为三个人中只有她会吹奏（其他人对此并未否认），而唯一会吹奏的人却得不到长笛是非常不公正的。如果只听

---

① 在后来的著作 Justice as Fairness: A Restatement, edited by Erin Kelly (Cambridge, MA: Harvard University Press, 2001, pp. 132-134) 中，罗尔斯谈到了很难找到唯一的一套原则，以便在"初始状态"指导制度选择。我十分感谢埃琳·凯莉，她与我探讨了罗尔斯后期著作与其早期的"作为公平的正义"理论的关系。

② 约翰·格雷（John Gray）对罗尔斯主义公正理论的质疑比我更为彻底。但我们有一点看法是一致的，即都认为关于价值的问题只有唯一正确的答案是错误的。我也同意，"生活方式与政治体制的多样性是人类自由的体现，而非过失"（*Two Faces of Liberalism*, (Cambridge: Polity Press, 2000), p. 139）。我的研究所关注的是，尽管大家在什么是"理想政治制度"这一点上众说纷纭，但在如何减少不公正这一点上，还是能达成理性一致的。

到这里，那么将长笛给安妮无疑具有十分充足的理由。

设想另一个场景，此时由鲍勃发言。鲍勃认为，他是三个人中最贫穷的，没有自己的玩具，而长笛恰能成为他玩的东西（其他两位承认自己更富裕且有很多好玩的东西）。如果你只听到鲍勃的这番话，那么将长笛给鲍勃的理由也是很充分的。

在第三个场景中，卡拉开口了。她争辩说，自己一个人辛苦了好几个月才制作了这支长笛（其他两人承认这一点），但她刚刚制作完就抱怨道："就在那时，这些掠夺者要从我手里抢走它。"如果只听到卡拉的这番话，你极有可能认为，长笛这件由她自己制作的物件，给她才是合情合理的。

听完上述三个人各不相同的理由，要作出决定真是一件难事。不同学派的理论家，如功利主义者、经济平等主义者，以及务实的自由主义者，可能都会认为公正的解决方案一目了然，但是他们各自认为正确的方案几乎肯定是各不相同的。

致力于缩小经济收入差距的经济平等主义者往往会选择支持最穷的鲍勃，而长笛的制造者卡拉会得到自由主义者的同情。享乐主义功利论者可能会面临最难的抉择，但他会比自由主义者和经济平等主义者更看重安妮的愉悦，因为安妮是唯一会吹奏长笛的人（有一个成语叫"俭以防匮"）。然而功利主义者也可能会看到，鲍勃相对贫穷的状况会使他从得到长笛中获得更大的喜悦。卡拉获得自己制作的物品的"权利"也许不会得到效用论者的立即支持，但是沿着这一思路进一步反思也许会发现，工作激励是必不可少的，因为需要通过让人们拥有自己独立创造的东西，来建设一个可以不断维持和鼓励效用产生的社会。①

自由主义者支持卡拉的理由与上述功利主义者所依据的工作激励效应不大一样，他们认为人们有权拥有自己制造出来的东西。在劳动成果

① 当然，在这个简单的例子中，谁生产什么一目了然。这是因为这支长笛只是由卡拉一个人制作的。当牵涉到多种生产要素（包括非劳动力资源）时，这种分析就会有问题。

拥有权这一点上，右翼自由主义者和左翼马克思主义者（无论他们是多么格格不入）的观点是一致的。①

这个例子说明的是，对于基于追求自我实现、消除贫困，或享受自己劳动成果的诉求，我们不能轻易地认为其中哪一种是没有根据的，每种观点都有严肃的支持理由。如果对其认真考量，我们的确很难确定应采用哪种观点。②

我还想提醒读者注意的是，很明显，三个小孩的不同理由并不代表他们在对于何为个人利益的理解上存在分歧（对这三人而言，得到长笛都会使自己获得利益，他们各自的陈述也都表明了这一点），而只是在关于资源分配的原则上存在分歧。他们的不同理由也涉及应该如何进行社会安排，应该选择哪些社会制度，以及通过这些将会得到什么样的社会结果等问题。总之，这并不仅仅只是三人既得利益的差异（当然，这差异的确存在），而是这三种观点各自都指向一种不同的中立与合理的缘由。

以上讨论不仅适用于罗尔斯主义“初始状态”中的公平问题，也适用于其他中立性的要求，比如托马斯·斯坎伦（Thomas Scanlon）所提出的，即我们的原则应满足“他人无法合理地拒绝”这一要求。[5]正如之前提到过的，不同学派的理论家，如实用主义者、经济平等主义者、劳动成果权理论者和务实的自由主义者，各自都可能认为存在一种显而易见的、直截了当的公正解决方案，但他们会为彼此不同的解决方案而争执不下。事实上，也许并不存在能使所有人都认为中立且表示赞同的绝对公正的社会安排。

---

① 巧的是，卡尔·马克思本人后来对“劳动支配权”相当怀疑。他认为这是一种“资产阶级权利”，最终应被“按需分配”所取代。他在其最后的力作《哥达纲领批判》（1875）中对这一观点进行了有力的阐释。我在 *On Economic Inequality*（Oxford：Clarendon Press，1973，Chapter 4）中对这两者之间区别的重要性进行了讨论。See also G. A. Cohen，*History*，*Labour and Freedom*：*Themes from Marx*（Oxford：Clarendon Press，1988）.

② 正如伯纳德·威廉斯所言：“未必一定要去消除分歧。”事实上，分歧“可以是我们与他人之间关系的一个重要的构成特点，根据对于‘分歧是如何产生的’的最佳解释，这也可看作一种必然”（*Ethics and the Limits of Philosophy*（London：Fontana，1985），p. 133）。

·比较性框架，还是先验主义框架？·

先验主义方法的问题并不仅仅在于可能存在多种衡量正义的原则。尽管很难找到绝对公正的社会制度这一点非常重要，但在正义的实践理性上支持采用比较方法的主要原因，不仅仅在于先验主义理论的不可行性，还在于它的冗余性。如果一套正义理论旨在指导合理的政策、战略或制度选择，那么试图确立绝对公正的制度可以说既非必要条件也非充分条件。

举例而言，认定世界上最完美的画是《蒙娜丽莎》（即使你真的能作出这样的先验主义分析），这对于我们在一幅毕加索和一幅达利的画之间作出选择并没有什么帮助。这种认定听起来可能很有意思，但它和我们将要作的选择毫无关系。[6]事实上，当我们在两幅画之间进行选择时，谈论什么是世界上最完美的画是毫无必要的。另外，当实际的选择在达利和毕加索的画作之间进行时，知道《蒙娜丽莎》是世界上最完美的画作，既不是充分条件，也没有任何帮助。

这一点也许貌似简单，但是，难道先验主义的理论就不能通过其过程，使我们获得关于比较性公正的视角吗？答案是“不能”。也许我们会抱有这样的幻想，即我们可将各种选项按照其与理想选择的距离进行排序，这样一来，先验主义方法不就能间接地产生一个包含各项选择的排序了吗？但这种方法也起不了多大作用，部分原因是各选项可能在很多不同方面存在差别（这就又引出了一个问题，即需要对各个方面与理想选择的距离进行相对权重评估），但也因为不能依据描述性的距离远近必然地得出优劣评价（比如某人喜欢红酒甚于白酒。尽管与白酒相比，红白混合酒会更接近红酒，但此人可能最不喜欢的就是红白混合酒）。

当然，也不能绝对地认为不能构建这样一个理论，使它既可用于在不同选择之间进行比较评价，也能回答先验主义的疑问（假设即便在考虑到了存在合乎我们要求的中立理由的多样性后，这依然是可能的）。

那将是一个“组合”（conglomerate）理论，但我们仍然不能从一点推断出另一点。更为重要的是，标准的先验主义正义理论（比如霍布斯、卢梭、康德，或我们这个时代的罗尔斯、诺齐克等人的理论）事实上并不是组合式理论。诚然，他们在发展各自的先验主义理论时，有些人提出的论证恰好涉及比较方法。但总体而言，在对任意两个非先验性的选项进行比较时，先验主义方法是无能为力的。

先验主义理论所面对的是一个与比较方法所面对的完全不同的问题。该问题尽管具有学术价值，但与我们实际面对的选择问题并无直接关联。我们真正需要的，是在公众理性的基础上，就可能实现的各种选择的排序达成共识，如在第 4 章“声音与社会选择”中将会详细谈到的，先验主义与比较方法之间的决裂是全面的。巧的是，比较方法恰恰是“社会选择理论”（social choice theory）的核心分析内容。该理论起源于 18 世纪的孔多塞及其他一些主要活跃于巴黎的法国数学家。[7]尽管在其分支领域，如投票理论方面的研究一直在推进，但社会选择理论本身长期未获得应用。20 世纪中期，肯尼斯·阿罗重新唤醒了这一学科，并建立了其现代形式。[8]最近几十年来，这种方法已经发展成为一个相当活跃的研究领域，它致力于探索按照人们的价值和优先排序对社会选择进行评价的方法和途径。①由于社会选择理论的著述通常都很技术化且充满数学语言，而且该领域的很多结论如果不广泛地采用数学推理就无法得出②，因此，这种方法少人问津，对于哲学家而言尤其如此。但这

① 关于这些分析结论背后的社会选择方法的一般特点，请见本人 1998 年 12 月在斯德哥尔摩作的诺贝尔演讲。该演讲后来以“The Possibility of Social Choice”为题发表于 *American Economic Review*，vol. 89（1999），也收录于 *Les Prix Nobel* 1998（Stockholm：The Nobel Foundation，1999）。

② 当然，对于以公理和定理形式来表达的观点，数学公式的确有其重要性。关于正式与非正式观点表述之间的联系问题，见我的 *Collective Choice and Social Welfare*（San Francisco，CA：Holden-Day；republished，Amsterdam：North-Holland，1979）。在这本书中，采用数学方法和非正式表述的章节互相交织。也请见我的 Social Choice Theory，in Kenneth Arrow and Michael Intriligator（eds），*Handbook of Mathematical Economics*（Amsterdam：North-Holland，1986）一文中对相关著述的评论。

种方法及其基本推理与对于进行合适的社会选择的惯常认识十分接近。在本书谈到的建设性方法中，来自社会选择理论的洞见将占有重要的地位。①

·现实、生活与可行能力·

现在我再来谈一下本书理论出发点的第二个方面，也即我们需要构建一种理论，它既不局限于制度的选择，也不局限于寻找完美的社会安排。基于现实的正义理论不能对人们实际能过上的生活熟视无睹。关于现有制度和规则的信息并不能取代人们的生活、感受和现实的重要性。当然，制度和规则也十分重要，因为它们既是现实世界的一部分，也能对其产生影响。但现实生活远不仅仅只是一种组织结构，它也包括人们能够过上或不能过上的生活。

在讨论人类生活的本质时，我们不仅应关注已经完成的事情，也应关注在各种生活之间进行选择的自由。选择生活的自由能极大地增进人类的福利，而且撇开福祉不论，这种自由本身也是非常重要的。人类生活很重要的一个方面就是能够理智地思考与进行选择。事实上，我们并非只能去追求自身的福利，而是可以选择我们有理由去追求的东西（这一问题将在第 8 章和第 9 章中作进一步探讨）。我们不必非要成为甘地、马丁·路德·金、纳尔逊·曼德拉或戴斯蒙德·图图，才能意识到除了一心追求自身的福利以外，还可以有其他的目标和追求。②我们所珍视的这种自由与可行能力（capability）对我们自己也是很有价值的，但如何去使用我们所拥有的自由，最终还取决于我们自己。

尽管这里只是简单地提及（后面将详细探讨，尤其是在第 11～第

① 第 4 章“声音与社会选择”将专门谈到社会选择理论与公正理论之间的联系。

② 亚当·斯密认为，即便是自私的人，“在其人性中，显然也会有一些原则使其愿为他人服务”。他进一步指出：“即便是恶棍，严重触犯社会律法的无赖也不完全没有这样的原则”（*The Theory of Sentiments*，I. i. I. I，in the 1976 edn，p. 9）。

13 章中)，但仍有必要强调一点，如果以人们实际拥有的可行能力而不是其效用或幸福（happiness，是边沁等功利主义学者所推崇的）来衡量社会现实，我们就会拥有非常重要且不同于以往的理论出发点。首先，我们可以广义地看待人类生活，它包括人们享有的实质自由，而不仅仅只是人们最终拥有的愉悦（pleasure）与效用。自由还有另一个重要的方面：它使我们对自己的行为负责。

进行选择的自由使我们能决定应该做什么，随之而来的是我们对于自己行为的责任，因为这种行为是我们自主选择的。可行能力是开展行动的能量，由这种能力（也就是能量）派生出的责任也是可行能力视角的一部分，这就提出了对于义务（duty）的要求——可以更广义地称之为道义的（deontological）要求。这样一来，就在对能动性的关注与可行能力方法之间形成了某种契合，而这在功利主义视角中是不存在的(将责任与愉悦联系起来)。[①]包括人们实际拥有的可行能力在内的社会现实视角，必然会使我们看到更多的问题，而这些问题对分析公正问题至关重要，我们将对它们进行审思和考察。

·印度法理学中的经典区分·

在分析“着眼于安排”和“着眼于现实”这两种不同的正义观之间的区别时，援引梵文关于道德和法理文献中的经典词语将会有所帮助。来看两个不同的词语：niti（正义）和 nyaya（正理）。这两个词在古梵文中都有“正义”的意思，前者意为组织规范且行为正确，而后者指现实的正义这一全面的概念，即认为制度、规则以及组织的重要作用必须在更广阔且更具包容性的正理范围内加以衡量。正理不可避免地是与现

① 第 9 章“中立缘由的多元性”和第 13 章、“幸福、福利与可行能力”将对这一问题进行进一步讨论。

实世界相联系的，而不仅仅与我们所面对的制度和规则相联系。①

来看一个具体的例子。早期印度法理学思想家对 matsyanyaya 都持批评的态度，该词意为“鱼类世界的正义”，即大鱼可以随意吞食小鱼。他们告诫说，避免“鱼类世界的正义”的出现是正义的一个重要组成部分，保证人类世界中不会出现“鱼类世界的正义”尤为重要。这一观点的核心是，实现正理意义上的正义不仅仅只是评判制度和规则，也包括评判社会本身。无论现存的社会制度多么合理，只要大鱼还能肆意地吃小鱼，就依然是对人类正理赤裸裸的侵犯。

再举个例子来更清楚地说明正义和正理之间的区别。神圣罗马帝国的皇帝费迪南德一世在 16 世纪曾有以下著名的论断：“Fiat Justitia，et pereat mundus”，可大致译为“就让公正去自由支配吧，即便这会让世界终结”。这句沉重的格言可视为正义的注解（极端的正义），有一部分人支持这种正义（事实上，费迪南德一世就是这样做的）。然而，当我们从更广义的正理角度来理解正义时，很难接受灾难是公正世界的一个个例。如果这个世界真的终结了，即使我们可以从各个角度来为导致这一极端后果的残酷正义进行辩护，也不值得我们为此庆贺。

着眼于现实的视角更容易使人明白，消除赤裸裸的不公正比寻找完美的公正更重要。上文关于 matsyanyaya 的例子已经清楚地说明，追求正义的主旨并不仅仅是努力建立或者梦想建立一个绝对公正的社会或确立绝对公正的社会制度，而是避免出现极度恶劣的不公正（比如 matsyanyaya）。例如在 18—19 世纪，人们即便在为废除奴隶制而激辩不已

① 巧的是，最著名的古印度法学家马努（Manu）也十分关注正义，事实上，通常都是最为冷酷的那类公正（在当代印度的学术探讨中，我听到马努被描绘成“法西斯式的立法者”，这有些言过其实）。然而，当马努为具体的正义进行辩护时，也不可避免地会涉及现实以及正理，比如他说道：被人轻蔑好过轻蔑别人，“因为被轻蔑的人吃得香、睡得甜，而轻蔑别人的人则相反”（第 2 章，instruction 163）。他还认为，“如果妇女不受尊重，再多的仪式都没有意义”，因为“如果家庭中妇女的地位卑微，这个家庭很快就会被破坏；相反，如果家庭中的妇女受人敬仰，则会家道兴旺”（第 3 章，instruction 56 和 57）。上述译文来自温迪·多尼杰（Wendy Doniger）的译作 *The Laws of Manu*（London：Penguin，1991）。

时，也并未幻想这个世界会因为奴隶制的废除而变得绝对公正。他们只是认为，存在奴隶制的社会是极其不公正的（在前文提到的那些学者中，亚当·斯密、孔多塞和玛丽·沃斯通克拉夫特是这一观点的主要提倡者）。正是对奴隶制这种令人无法容忍的不公正进行了剖析，才使得对其予以废除成为可能，但这也并未要求我们就“究竟什么才是一个绝对公正的社会”这一问题达成共识。那些理智地认为导致废奴的美国内战是美洲大陆上发生的正义之举的人也必将赞同以下观点，即先验制度主义是无法对“废奴彰显正义”这一问题加以说明的。①

·过程与责任的重要性·

无论那些倾向于将公正视为正义而非正理的人怎么来描述这种区别，他们都会有某种忧虑，即专注于社会现实是否会容易忽略包括个体义务与责任在内的社会过程。我们可能做了正确的事，但并不一定能成功。或者说，出现一种好的结果可能不一定是因为我们的努力，而是出于其他一些原因，甚至是偶然性，而我们却误以为正义得到了彰显。仅仅关注现实而完全忽略过程、付出及行为显然是不够的。强调义务和道义论所关注的其他要素的哲学家尤其可能会认为，制度与现实之间的区别跟以前的道义论与后果论之间的区别十分相似。

这种担忧并非没有道理，但我认为是没有必要的。对现实的全面界定本就应该包括导致最终状态的完整过程。十多年前，我发表在《计量经济学》（*Econometrica*）上的一篇文章，将之称为包含相关过程的“全面结果”（comprehensive outcome），需要将它与“终极结果”（cul-

① 有意思的是，马克思在对这一“当代历史重大事件”的分析中，将这种分歧归因于导致废奴的美国内战（见《资本论》第一卷（London：Sonnenschein，1887），第十章，第三部分，第240页）。尽管马克思认为资本主义劳动制度是剥削性的，但他敏锐地看到，与奴隶制劳动相比，工资劳动是一个多么重大的进步。关于这一点，请见马克思的《〈政治经济学批判〉大纲》（*Grundrisse*（Harmondsworth：Penguin Books，1973））。马克思对公正的分析远远超越了他对于“共产主义终极阶段”的热情，而其批评者针对的却往往是后者。

mination outcome）区分开来。[9]举例而言，武断地拘捕某人并非只是简单地捕获与拘留该人，它就是该词所说的，武断地拘捕了人。与此相类似的是，我们不能因为完全着眼于后果，而忽略人的能动作用。例如，人们因为不可控的情况而饿死和由于有人蓄意而为导致的饿死是有根本区别的（尽管两者都是悲剧性的，但它们和正义的关联不一样）。或者举另一个例子来说，如果某位总统候选人准备在竞选中表示，重要的不是赢得这场选举，而是公平地赢得这场选举，那么其所追求的结果其实就是全面的结果。

再来看一个不同类型的例子。印度史诗《摩诃婆罗多》（*Mahabharata*）中的“薄伽梵歌”（*Bhagavadgita*，或简称“梵歌”（*Gita*）），讲述了在某次重要战役的前夜，而该决战是《摩诃婆罗多》的重头戏，万夫莫敌的勇士阿朱那（Arjuna）对领导这次势必会导致无数杀戮的战役表达了深深的怀疑。他的军师克利须那（Krishna）告诉他，他必须忠于职责，也就是不顾一切地去战斗。这场著名的辩论常常被解读为道义论与后果论之争。道义论者克利须那劝诫阿朱那要履行自己的职责，坚定的后果论者阿朱那则为战争可怕的后果而感到忧虑。

至少从宗教的角度上看，克利须那对于职责要求的尊崇理应使他赢得这场辩论。事实上，《梵歌》已成为印度哲学中一部极具宗教价值的论著，它关注的是“打消”阿朱那的困惑。克利须那的道德立场也得到了世界各地许多哲学和文学评论者的支持。T. S. 艾略特在《四季》（*Four Quartets*）中就曾以格言的形式总结了克利须那的观点：“不必考虑行动的后果。向前行进吧。”为了使我们不至于错解其意思，艾略特阐释道：“不是永别，而是扬帆前行，航海的旅人们。”[10]我在其他地方（《惯于争鸣的印度人》（*The Argumentative Indian*））曾谈到，如果我们跳出《梵歌》末尾部分辩论的局限，来看该书前面部分中阿朱那的言论，或者从整体上来把握《梵歌》，则克利须那视角的局限性十分明显。[11]事实上，在《梵歌》的结尾处，当“正义战争”获得胜利后，满目疮痍，到处都燃烧着焚烧尸体的火焰，女人们在为至亲的离世而哭泣。

看到这里，恐怕很难再认为阿朱那更为全面的观点必然会输给克利须那了，可能也会有“永别”，而不只是“前行”的感觉。

尽管从广义上看，上述对比可被视为一种后果论与道义论之间的区别，但这里重要的是必须超越这一简单的对比，去进一步考察为什么阿朱那要努力避免永别的情景。阿朱那所关注的并不仅仅在于，如果他带领手下为正义而战，将会产生很多杀戮。当然那也是他关注的一部分内容，但在《梵歌》前面的部分，阿朱那还表达了这样的忧虑，即在这样一场家族两派之间的战斗中，他本人也将杀人无数，而被杀的人中很多都会是他的亲友，同时还会有许多双方都熟识的其他人。事实上，阿朱那真正担忧的远远不仅是似乎与过程无关的战争结果。要恰当理解社会结果，即正理正义观的核心，也必须将过程纳入全面的考虑范围。[12]我们不能认为社会现实视角是一种狭隘后果论，忽略了道义所关注的问题，而对其不予考虑。

·先验制度主义与对全球性的忽略·

最后，我们再来看一下在主流政治哲学中颇为流行的先验制度主义局限性的一面，以此来结束引言部分。不妨设想一下那些可以用来改变当今世界的制度格局，从而减少不公平和非正义情况（按广义标准来衡量）的变革措施。例如，改革专利法以使贫困但亟须救治的病人（如身患艾滋病的人）能够更容易地获得有效且廉价的药物，这是一个对于全球公正有重要意义的话题。由此我们要提出的问题是：我们需要什么样的制度变革来减少这个世界的不公正？

当然，这类关于推进一般公正，具体而言即扩大全球公正的讨论，对那些接受霍布斯主义或罗尔斯思想的人而言只是一种“空谈”，因为他们会认为我们需要由主权国家通过选择一套完美的制度来实施公正原则，而这就是在先验制度主义的框架内讨论正义问题的必然结果。即便真的存在一套完美无瑕的公正制度，通过这套制度来实现全球公正，无疑也要求有一个全球性的主权国家。如果缺乏这样的国家主体，全球公正问题对先验主义者来说是没有答案的。

试看我的朋友，当代最具创造力、最有影响，也最具有人文关怀的哲学家之一托马斯·内格尔（Thomas Nagel）对于“全球正义观”的批驳，我就从其论述中获益良多。在一篇发表于2005年《哲学与公共事务》（*Philosophy and Public Affairs*）杂志的颇具吸引力的文章中，他从先验主义的正义观出发，得出了下述结论，即全球正义不适合拿来讨论，因为世界正义所需要的完美制度目前还不太可能在全球层面出现。他说道：“对我而言，似乎很难抗拒霍布斯关于正义与主权之间存在关联的观点”，而且，“如果霍布斯是对的，那么在没有世界政府的情况下讨论实现全球正义是一种幻想”。[13]

因此，在全球背景下，内格尔专注于阐明与公正要求具有显著区别的其他要求，比如“最低人道主义道德”（minimal humanitarian morality，即“主导我们与其他人关系”的道德），以及彻底变革制度体系的长期策略（“我认为最有可能达成某种形式的全球正义的途径是确立一些明显地不公正也不合法，但不侵害当今大国利益的全球权力结构”）。[14]此处的对比在于，是从推动先验主义公正的角度来看待制度改革（如内格尔所言），还是按改革实际取得的成果，尤其是消除明显的不公正的情况，去衡量它们（这也是本书所提出的方法的一部分）。

同样，在罗尔斯的方法中，其正义理论要求确立一整套制度，以构建一套保障绝对公正的社会基本结构。果不其然，当涉及如何评价全球正义的时候，罗尔斯放弃了自己的公正原则，也没有要求造就一个所谓的全球政权。在其后来的著作《万民法》中，罗尔斯对其由单个国家（或者说，在一国之内）追求“作为公平的正义”的理论，进行了某种“补充”。但这一“补充”非常有限，因为它是不同国家的代表之间就礼仪和人道的基本问题进行协商，这可被视为正义的非常有限的特征。事实上，罗尔斯并未致力于从这些协商中推演出“公正的原则”（实际上也无法推演出“公正的原则”），只是关注人道主义行为的某些一般性原则而已。[15]

事实上，在当前主流的先验制度主义语境中所孕育的正义理论，将许多与公正有关的问题都简化为空洞的——即使被认为是具有良好“意愿”的——修辞。当世界各国人民呼吁更全面的全球公正时，注意此处的“更”，他们其实并不是在要求某种“最低限度的人道主义”。他们所要求的也不是绝对公正的全球社会，而只是像亚当·斯密、孔多塞或玛丽·沃斯通克拉夫特在他们的年代所倡导的那样，要消除无法容忍的不公正制度以推动全球公正。尽管可能在其他很多问题上仍然存在分歧，但可以通过公共讨论就以上观点达成共识。

遭受不公正之苦难的人们也许更会认为，谢默斯·希尼（Seamus Heaney）激情洋溢的诗句最能充分表达他们的心声：

> 历史告诉我们
> 在人世间可别抱希望，
> 但是生命里会有一次
> 涌起久久渴望的正义的潮浪，
> 希望和历史产生了碰撞。[16]

对希望与历史之间碰撞的渴望着实令人向往，但先验制度主义的正义理论显然对此无能为力。这种局限说明主流的正义理论需要一个全新的视角，而这正是本书的主题。

注释

1. *The Works of the Right Honourable Edmund Burke*, vol. X (London: John C. Nimmo, 1899), pp. 144–5.
2. 这番话出自首任曼斯菲尔德伯爵威廉·默里（William Murray）之口，引自 John Campbell, *The Lives of the Chief Justices in England: From the Norman Conquest to the Death of Lord Mansfield* (London: John Murray, 1949–57), vol. 2, Chapter 40, p. 572。
3. See Thomas Hobbes, *Leviathan*, edited by Richard Tuck (Cambridge: Cambridge University Press, 1991); John Locke, *Two Treatises of Government*, edited by Peter Laslett (Cambridge: Cambridge University Press, 1988); Jean-

Jacques Rousseau, *The Social Contract*, translated by Maurice Cranston (Harmondsworth: Penguin, 1968); Immanuel Kant, *Principles of the Metaphysics of Ethics*, translated by T. K. Abbott, 3rd edn (London: Longmans, 1907).

4. See John Rawls, *The Law of Peoples* (Cambridge, MA: Harvard University Press, 1999), pp. 137, 141.

5. See Thomas Scanlon, *What We Owe to Each Other* (Cambridge, MA: Harvard University Press, 1998).

6. 对这些问题更充分的讨论，见我的论文 ‘What Do We Want from a Theory of Justice?’, *Journal of Philosophy*, 103 (May 2006)。相关问题的讨论，也见 Joshua Cohen and Charles Sabel, ‘Extra Rempub-licam Nulla Justitia?’, and A L. Julius, ‘Nagel's Atlas’, *Philosophy and Public Affairs*, 34 (Spring 2006)。

7. See particularly J.-C. de Borda, ‘Mémoire sur les élections au scrutin’, *Mémoires de l'Académie Royale des Sciences* (1781); Marquis de Condorcet, *Essai sur l'application de l'analyse à la probabilité des decisions rendues à la pluralité des voix* (Paris: L'Imprimerie Royale, 1785).

8. Kenneth J. Arrow, *Social Choice and Individual Values* (New York: Wiley, 1951; 2nd edn, 1963).

9. Amartya Sen, ‘Maximization and the Act of Choice’, *Econometrica*, 65 (1997).

10. T. S. Eliot, ‘The Dry Salvages’ in *Four Quartets* (London: Faber and Faber, 1944), pp. 29–31.

11. Amartya Sen, *The Argumentative Indian* (London and Delhi: Penguin, 2005).

12. 我将在第10章“现实、后果与主体性”中重新谈到这一点。

13. See Thomas Nagel, ‘The Problem of Global Justice’, *Philosophy and Public Affairs*, 33 (2005), p. 115.

14. Ibid., pp. 130–33, 146–7.

15. See John Rawls, *The Law of Peoples* (Cambridge, MA: Harvard University Press, 1999).

16. Seamus Heaney, *The Cure at Troy: A Version of Sophocles' Philoctetes* (London: Faber and Faber, 1991).

第一部分

正义的要求

第1章

理智与客观

当代最杰出的哲学家之一路德维希·维特根斯坦（Ludwig Wittgenstein）在其首部重要的哲学著作《逻辑哲学论》（*Tractatus Logico-Philosophicus*）的前言中写道："凡是可言说的，都可清楚地言说；对于那些不可言说的，则必须保持沉默。"①维特根斯坦也许会在其后来的著作中重新思考对言语与清晰性的看法。不过值得庆幸的是，即便在《逻辑哲学论》中，这位伟大的哲学家也并未从头至尾遵循这一戒律。1917年，他在给保罗·恩格尔曼（Paul Engelmann）的一封信中令人费解地写道："我勤勉地工作，希望自己能更好（better）和更明智（smarter）。当然，这两者本就是一回事。"[1]真的吗？一个聪明人和一个好人真的是一回事吗？

当然，我意识到下述区别在当代美式英语中已经淡化，即描述道德层面的"好"（good）与描述健康状况的"好"（well，无病痛、血压正常等）。我也早已习惯了我的朋友们在被问及近况如何时，常常会带有明显自夸似地答道："我非常好"（I am very good）。但维特根斯坦可不

---

① 有意思的是，埃德蒙·伯克也谈到过，在某些情况下说出来是很难的（见引言中我在相关部分对于伯克观点的引用），但他最终还是说出来了。因为他认为，面对如此严重的问题（指控沃伦·黑斯廷斯案），是无法保持沉默的。如此看来，维特根斯坦认为不能清楚言说就请保持缄默的观点，在很多方面无疑与伯克的做法是相悖的。

是一个美国人，1917 年美式英语也远未影响全球。当维特根斯坦将“更好”与“更明智”看作一回事的时候，他必然是有所指的。

维特根斯坦的言外之意可能是指，许多坏事都是出于种种原因而受到蒙蔽所做的。智力不健全肯定是导致道德缺位的一个因素。反思什么是明智之举有时更有助于善待他人。这一点已被现代博弈论清楚地证明。[2]审慎考量以使行为得体也会使自身从这样的行为中得益。事实上，如果群体中的每个人都能遵循这样的原则，则大家都能得益。对于一个群体而言，做一些会损害所有人利益的事是极不明智的。[3]

但也许这仍非维特根斯坦之本意。如果更明智的话，就会对自身的目的、目标和价值会想得更清楚。如果说自私是人的本性（姑且不论上述复杂的情况），那么要弄清我们所珍视和追求的更为复杂的价值和义务，就将取决于理智的力量。除了自利之外，人们也许有其他经过深思熟虑的理由使自己举止得体。

变得更为明智不仅可以明白自身的利益，也可以明白自身的行为将如何有力地影响他人的生活。“理性选择理论”（最先在经济学领域提出，后来为众多政治与法学思想家所采用）的信徒竭力想让人们接受这样的奇怪看法，即理性选择仅表现为聪明的自利性行为（理性选择理论的信徒就是如此怪异地定义“理性选择”的）。所幸的是，并非所有人的思想都被那套异化理论所占据。如下的观点——除非对自己有好处，否则尽力去做利他的事——无疑是非理性且愚蠢的，而且有相当多的人对此并不赞同。[4]

“我们彼此负有什么义务?”是值得反思的一个重要主题。[5]这种反思能使我们超越对于狭隘的自利观的追求，并且让我们明白，只有一起跨过自利的局限，才能审慎地确立我们的目标。同时，由于遵循允许他人追求其目标（无论是否是自利性的）的行为规范，我们有时也会去合理地遏制自己对于自身目标的追求（姑且不论这些目标是不是完全自利的），毕竟我们都生活在同一个世界。①

既然在维特根斯坦时代就有“理性选择理论”的信徒，那么他想说的其实也许是，变得更为明智有助于我们更清楚地思考自己对社会的关注和责任。有人就曾提出，有些孩子会粗暴地对待其他孩子或动物，正是因为他们还不能完全体会他人痛苦的滋味，而一般随着心智的成熟，他们会真正明白这一点。

当然，关于维特根斯坦究竟想要表达些什么，我们已无法彻底弄清。②但有充分的证据表明，他本人投入了大量时间和精力来思考自身的责任与使命。但其结果却并不总是那么明智。维特根斯坦不甘沉默以及不愿妥协的性格使他不顾其犹太人的身份，于 1938 年毅然决定前往被纳粹占领的维也纳，以至于其剑桥的同事③最终不得不强行将他拦下。即便如此，我们仍从所掌握的维特根斯坦与他人的谈话中发现了大量的证据，表明他确实认为他的思想应该让这世界变得更为美好。④

·启蒙传统评析·

如果上述的确是维特根斯坦所想表达的意思，那么他可被归入欧洲

① 有人发现，奇怪的是，通过允许他人追求其目标，我们可以对自己所追求的目标有所妥协（有人甚至觉得，这在某种程度上表明，我们确立的某些目标其实并非真正的目标）。其实，如果对实践理性有足够的认识，上述现象就没有什么可奇怪的。这些问题将在第 8 章“理性与他人”及第 9 章“中立缘出的多元性”中加以讨论。

② 蒂伯·马汉（Tibor Machan）在 1980 年第五届国际维特根斯坦研讨会（5th International Wittgenstein Symposium）上所作的题为“A Better and Smarter Person：A Wittgensteinian Idea of Human Excellence”的发言，曾对此予以阐释。

③ 即经济学家皮耶罗·斯拉法（Piero Sraffa），他对维特根斯坦在《逻辑哲学论》中反思自己的早期哲学思想产生了巨大影响（并由此为维特根斯坦后期的一系列著作铺平了道路，包括 *Philosophical Investigations*（Oxford，Balckwell，1953））。在劝阻维特根斯坦去维也纳声讨希特勒一事上，他起了重要作用。我在“Sraffa，Wittgenstein and Gramsci”，*Journal of Economic Literature*，41，（December，2003）一文中回顾了他们二人的思想及个人交往。斯拉法与维特根斯坦是密友兼同事，当时都是剑桥大学三一学院的研究员。在第 5 章“中立与客观”中，将会谈到斯拉法最初与安东尼奥·葛兰西（Antonio Gramsci），后来与维特根斯坦的思想交流，以及这三人之间的交流与本书主题之间的关系。

④ 这种使命感被其传记作家雷·蒙克（Ray Monk）称为“天才的使命”（*Ludwig Wittgenstein：The Duty of Genius*，London：Vintage，1991）。

启蒙运动思想传统的阵营，即将清醒的理智思考视为改良社会的主要推动力。通过系统的理智思考来实现社会的发展是欧洲启蒙运动思想一个不可或缺的重要方面，尤其是在18世纪。

当然，要说理智在启蒙运动时期所有的主流思潮中都占主导地位是很难的。诚如以赛亚·伯林所言，这一时期尚存在多种“反理性”(counter-rational)的流派。[6]但对于理智的高度依赖，甚至是有些刻意的依赖，是启蒙思潮与其之前传统的主要区别之一。当代的政治研究也普遍认为，启蒙运动夸大了理智的作用。事实上，有人认为，正是启蒙运动灌输到现代思想中的对于理智的过度依赖，导致了后启蒙时期种种罪恶的习性。杰出的哲学家乔纳森·格洛弗(Jonathan Glover)在其力作《二十世纪道德史》(*Moral History of the Twentieth Century*)中也赞同这种谴责性的观点。他认为，“启蒙思想对于人类心理的观点”正日显“单薄与机械”，而“启蒙思想希望社会通过博爱与科学的传播而获得进步的观点”，现在看来是极其“幼稚”的。[7]他还将现代苛政归因于此(并在其他方面对启蒙思想进行了批评)，认为不仅“斯大林及其后继者”完全“为启蒙思想所控制”，而且红色高棉领袖波尔·波特(Pol Pot)也“间接地受其影响”。[8]由于格洛弗并不打算从宗教或传统的权威中寻找答案(他注意到，由此看来，“我们无法彻底摆脱启蒙思想”)，所以他索性对传统观念进行了集中的批判，认为对理智思考过于信赖是导致这一问题的罪魁祸首。他说：“斯大林式暴政的思想根源就在于这些观念。”[9]

关于格洛弗对根深蒂固的观念的指责，或关于其“意识形态对斯大林主义的影响”的论述，我们很难予以驳斥。但此处牵涉的问题并不是错误思想的负面影响，而是他把批判的矛头指向了理智的作用，尤其是启蒙运动的视角。[10]众多启蒙思想家都很看重在作选择时理智思考的作用，尤其反对盲目崇拜，那么，把对于不确定事物的盲目追求和专权的政治领导人的固执信念都归因于启蒙传统是否妥当呢？当然，我们可以反对“斯大林式的专权”，而事实上，他的反对派已经理智地展现了许诺与现实之间的巨大差距，并让人看到了粉饰之下的专权统治——当局一直以审查和篡改来使专权统治免于被披露。

实际上，倡导理智的主要原因之一在于，它有助于人们对意识形态和盲目崇拜进行审思。[①]事实上，理智并不被红色高棉领袖波尔·波特所推崇，狂妄、将理智的审思排除在外以及盲目的崇拜控制了波尔·波特。格洛弗对启蒙传统的批判也提出了如下一些有趣且重要的问题：有什么办法可以应对不好的理智思考吗？还有一个相关的问题：理智与包括怜悯和同情在内的情感之间的关系是什么？进一步而言，依赖理智的终极缘由是什么？理智是不是一种好的工具？如果是，它又是实现什么的工具？难道理智自身就是原因？如果是那样的话，那么它与盲目崇拜又有什么区别？千百年来，人们一直在对这些问题进行探讨。鉴于本书着眼于理智思考在探索正义中的作用，因此有必要在这里再次思考上述问题。

·阿克巴与理智的必要性·

叶芝（W. B. Yeats）在其所收藏的尼采的《道德谱系学》（*The Genealogy of Morals*）的页边这样写道："尼采为何会认为夜晚没有星星，只有蝙蝠、猫头鹰和疯月？"[II]尼采在20世纪即将来临之际表达了他对于人性的怀疑以及对于未来的悲观看法（尼采卒于1900年）。在这之后的一个世纪里所发生的大事，包括两次世界大战、纳粹屠杀犹太人、种族灭绝等残暴行为，使我们有足够的理由去怀疑，尼采对于人性的质

① 当然，很多原始的信仰也来源于某种理智，而且可能是相当原始的理智（比如种族歧视和性别偏见通常是以某些所谓感知到的"理智"为基础的，即认为有色人种或女性在生理或智力上是相对劣等的）。依赖理智并不意味着对一些显而易见的事实——如人们会用这样或那样的理由来捍卫其信仰（无论其多么原始）——视而不见。理智思考是将主流信仰和所谓的理智置于批判性的考察之下。第8章"理性与他人"和第9章"中立缘由的多元性"将更进一步地谈到这些问题。

疑也许是不正确的。①事实上，乔纳森·格洛弗在20世纪末审思尼采的观点后断言，我们“需要尽力且清楚地看到自己的心魔”，并设法“驾驭和驯服它”。[12]

对于许多人而言，世纪之交是批判性审思当下以及未来的适当时机。并非所有人都如尼采或格洛弗那样对人性和发生改变的可能性充满悲观与怀疑。很久以前，印度莫卧尔王朝的皇帝阿克巴（Akbar）在千年而非世纪更迭之际的思考，就是这样一个有趣的例子。在公元1591至1592年，也就是按照穆斯林历法计算的第一个千年（即公元622年先知穆罕默德完成从麦加到麦地那史诗般的行程之后第一千个阴历年）行将结束的时候②，阿克巴对社会与政治价值观以及法律与文化实践进行了深远的审思。他尤其重视在16世纪就已出现多元文化的印度，社群间关系所面临的挑战，以及对社群友好与合作的持久需要。我们需要注意的是，这样的政策在那个年代非同寻常。当阿克巴在印度提倡宗教宽容时，宗教裁判正在欧洲横行，乔尔丹诺·布鲁诺（Giordano Bruno）因异端邪说而于1600年在罗马被绑在火刑柱上执行死刑。阿克巴不仅坚持认为，国家的职责应包括确保“任何人都不会因其宗教信仰而受滋扰，任何人都有选择宗教信仰的自由”[13]，而且在首都阿格拉城中定期组织印度教徒、伊斯兰教徒、基督教徒、耆那教徒、袄教徒及犹太教徒，甚至还包括不可知论者与无神论者进行全面的对话。

考虑到属民宗教信仰的多样性，阿克巴以多种方式为政教分离和国家在宗教问题上保持中立奠定了基础。印度摆脱英国的殖民统治后，于1949年颁布了政教分离的宪法。这其实在许多方面与阿克巴在16世纪晚期的政策都有相似之处，包括将政教分离解释为要求国家与不同宗教

---

① 乌尔都诗人贾韦德·阿克塔尔（Javed Akhtar）在一首加札尔诗（ghazal）中写道：“无论宗教或战争、种姓或种族，一概都不知/面对自身的野蛮，人又怎能去评判野兽”（Javed Akhtar, *Quiver*: *Poems and Ghazals*, translated by David Matthews（New Delhi: HarperCollins, 2001）, p. 47）。

② 一个阴历年的平均长度为354天8小时48分钟，因此明显比阳历年短。

保持同等距离，不偏向其中任何一种。

在阿克巴衡量社会习俗与公共政策的一般性方法的背后，是他认为“对于理智的追求”（而非他所称的“传统的沼泽”）是处理行为规范难题及构建公正社会的途径。[14]阿克巴在多方面都坚持人应时刻考虑现存习俗或现行政策是否合乎理智，而上述的政教分离仅为其中一例。此外，他还废止了对非穆斯林征收的所有特殊税赋，因为他认为那样做没有平等对待所有臣民，因此是歧视性的。1582 年，他毅然决定释放所有的“帝国奴隶”，因为这种靠专权获益的方法“超出了公正和行为规范的边界”。[15]

很容易在阿克巴的表述中看到他对主流社会行为的批判。例如，他反对当时司空见惯的童婚（在现在的南亚次大陆仍未被完全废止），因为他认为希望通过婚姻“达到目的”“可能无法实现”，而且“可能会带来伤害”。他也批判了印度教禁止寡妇再婚的习俗（几个世纪后才被废止），认为“在一个禁止寡妇再婚的宗教中”，允许童婚的后果将“更严重”。关于遗产继承问题，他指出，“依据伊斯兰教传统，女儿分到的遗产比儿子少。但鉴于女性处于弱势，女儿应该得到更多”。一个非常不同的关于阿克巴理智思考问题的例子是，即便对宗教仪式持怀疑态度，他依然允许这些仪式存在。他的次子穆拉德（Murad）得悉其父反对任何宗教仪式，就请示阿克巴是否应禁止这些仪式。阿克巴并不同意禁止宗教仪式，认为“阻拦那些将躯体运动视为神圣的膜拜的蒙昧之人，无异于阻止其信仰神”。

尽管阿克巴本人是一位虔诚的穆斯林，但他仍然认为，每个人都应批判地审思与生俱来的信仰。事实上，也许在阿克巴倡导政教分离与宽容的多元文化社会时，其中最为重要的一点在于他赋予理智思考在整个体系中的地位。他对理智推崇备至，认为即便为某些原因展开争执，也需要有争执的理由。受那些强硬的、认为应无条件信奉伊斯兰教的传统派的攻击，阿克巴对其挚友及忠实的助手阿布勒·法兹勒（Abul Fazl，一位精通梵文、阿拉伯文与波斯文的大学者）说道：“追求理智并拒绝传统主义，这一点是毋庸置疑的。”16他总结道，“理智之道”或“理智的规则”必须是判别良好和公正的行为，以及合理的法律义务与权利框架的基本因素。①

·道德客观性与理智审思·

阿克巴正确地指出了理智的不可或缺性。现在要说的是，理智也包含了感情的重要性。事实上，感情在我们所讨论的内容中的重要地位可以通过认真地（也是批判性地）对待感情的理由来得到说明。如果我们被某种情感深深打动，就有必要询问其缘由。理智与感情在人类的反思中扮演着互补的角色，本章的后面部分将更全面地论述两者之间复杂的关系。

不难看到，道德判断需要运用“理智的规则”——理智的应用。然而还是存在这样的问题：为什么我们应将理智视为道德信仰的终极裁定者？理智思考，或者某种特定的理智思考，有什么特殊作用，以至于能够成为道德判断的关键？由于基于理智的分析本身并不确定价值，我们不禁会问：为何它如此重要？理智的审思就一定能保证发现真理吗？这很难讲，不仅因为在道德和政治信仰中真理的本质是一个十分棘手的问题，更主要是因为，即使在伦理学或其他任何学科中进行最严谨的探索，仍有可能一无所获。

事实上，有时一个非常不可靠的步骤却会碰巧比一番严格的理智思考产生更为正确的结果。这在认识论中表现得很明显：尽管科学的步骤更有可能获得成功，但在某种具体情况下，疯狂的步骤亦能碰巧产生正确的答案（甚至比更理智的步骤所产生的结果更为正确）。举例而言，某人凭借一块停走的手表在一天中也能有两次机会读对时间，而如果他恰

---

① 托马斯·斯坎伦（在其对于理智在决定“我们彼此负有什么义务”中所发挥作用的开创性研究中）认为，我们不应“将理智看得很神秘，认为它是一个需要，或能够以一个更为基本的概念来进行哲学阐释的事物”（*What We Owe to Each Other*（Cambridge，MA：Harvard University Press，1998），p. 3）。阿克巴可能也会赞同这一观点。

好在那两个时点之一看手表的话，他那停走的手表可能显得比他能够看到的其他正在走的手表更为精准。当然，承认走时的表每天都有两次可能输给停走的表，并不是说我们应将后者作为对时的凭证。①

在选择最为理智的步骤时，情况也与此类似。当然，我们不能保证理智的选择就一定能得到正确的结果，甚至不能保证它会比其他步骤的效果更好（即使我们自信能够判断结论的正确与否）。选择理智的审思并不在于它必然能保证作出正确的判断（实际上也不存在这样的步骤），而在于它能使我们尽可能地客观。②我认为，依靠理智来进行道德评判也是客观性的要求，需要一种特殊的理智思考方式。本书所强调的理智思维的重要性在于，在思考公正与非公正问题时需要客观的理智思考。

由于客观性本身在道德和政治哲学中是一个难题，因此有必要在此多说几句。追求道德客观性是否在形式上表现为寻找某些伦理判断的客体对象？鉴于众多有关道德客观性的复杂讨论都倾向于在本体论范畴内展开（尤其如“存在什么样的道德客体”之类的形而上学命题），要弄清楚这些道德判断的对象是什么是非常困难的。相反，我赞同希拉里·帕特南（Hilary Putnam）的观点，即这样的研究方式是无益的且可能产生误导。③当我们就道德客观性的要求进行讨论时，并非在争论某些道德“对象”的内容与本质。

---

① 孟加拉作家利拉·马宗达（Leela Majumdar）（也是伟大的电影导演萨蒂亚吉特·雷伊（Satyajit Ray）的姑妈）在一则儿童故事中回忆道，当她还是加尔各答一名争强好胜的大学生时，曾经停下来问一名路过的陌生人（只是为了逗他）：“嗨，你好，请问你是何时从吉大港来的?”路人十分惊奇地答道：“昨天。你怎么知道的?”

② 见伯纳德·威廉斯对于将理智的信仰视为“瞄向真理”的深刻讨论（‘Deciding to believe’, in *Problems of the Self*（Cambridge：Cambridge University Press，1973））。See also Peter Railton，*Facts*，*Values and Norms*：*Essays Toward a Morality of Consequence*（Cambridge：Cambridge University Press，2003）.

③ Hilary Putnam，*Ethics without Ontology*（Cambridge，MA：Harvard University Press，2004）. 帕特南不仅注意到本体论方法无益于探寻道德客观性，而且看到了该方法在探寻与主题本质无关的对象时所犯的错误。“我把为数学客观性提供本体论解释的意图解读为，事实上试图为数学命题的真理性提供数学之外的解释。类似地，我把为道德客观性提供本体论解释的意图解读为，试图为道德命题提供伦理学之外的解释。我认为这两者的方向都是错误的”（第3页）。

当然，有些道德表述会假设存在一些能够观察到的可辨识的对象（例如，寻找可辨识的证据来说明某人是否勇敢或是否有同情心），但其他一些道德表述的主题就可能不具备这样的特征（例如，判断某人完全不道德或完全不公正）。尽管描述与评价之间存在部分共通之处，但伦理学绝对不仅仅只是真实地描述具体的客体对象。相反，正如帕特南所言，“真正的伦理问题是一种实际问题，而实际问题并不仅仅在于价值判断，而是牵涉到一系列复杂的哲学信仰、宗教信仰以及事实信仰”[17]。用于追求客观性的实际方法不会永远特别简单或易于阐明，但正如帕特南认为的那样，如果对其背后的根本性问题给予充分的审思，问题还是可以清晰地解决的。①

用于分析公正要求的理智思考，将包含基本的中立要求，这也是公正与非公正的思想中不可缺少的部分。关于这一点，有必要提到罗尔斯的观点及其对道德和政治客观性的分析。在为“作为公平的正义”这一思想的客观性进行辩护时（这也是本书下一章要谈论的主题），他对此有所论述。②罗尔斯认为：“首要的是，思考客观性必须有一个公共的思考框架，从而能在讨论和反思后，在理性与实证的基础上作出判断并得出结论。”他还认为：“说一种政治信念是客观的，就是说根据某种合理的和彼此认可的政治构想，有足够的理由让任何理智的人都明白它是合理的。”[18]

---

① 在《以自由看待发展》（*Development as Freedom*，1999）中，我并未对道德方法论展开严格的论述，对一般意义上发展优先（developmental priorities）所作的排序也是基于常识层面的。希拉里·帕特南已在发展经济学中清晰而明确地说明这一排序背后的方法，并论述了该方法是如何与其研究客观性的一般方法相契合的。See his *The Collapse of the Fact/Value Dichotomy and Other Essays*（Cambridge，MA：Harvard University Press，2002）. See also Vivian Walsh ‘Sen after Putnam’，*Review of Political Economy*，15（2003）.

② 在此我应强调指出，在看待客观性问题的方法上，帕特南与罗尔斯之间存在重要的差别。帕特南的方法中包含着他对“普适原则”的怀疑（*Ethics without Ontology*，“真正的问题不会因为将其作为普适规律的例子而得到解决”，p. 4），罗尔斯则将普适原则与对特定道德问题的具体研究结合起来（*Political Liberalism*，pp. 110-118）。但两人都没有从本体论角度，或通过寻找某种实际对象来看待道德的客观性。本书会借用两人的分析，但不会深入分析他们之间的具体差异。

这种客观性标准明显包含一些规范性要素（尤其是对于“理智的人”的辨识）。它是否会与开放且信息充分的公共讨论所形成的结论相一致，是值得讨论的。与罗尔斯相比，尤尔根·哈贝马斯（Jürgen Habermas）更关注后者，即注重程序路线，而不是依赖与程序无关的关于“理智的”人的特征，以及这些人会拥有什么样的“理智的”政治信念的假设。[19]尽管我并不认为罗尔斯与哈贝马斯的推理方法有本质的区别，但我理解哈贝马斯的观点以及对它们加以明确区别的正确性。

为了描绘出其希冀的那种政治社会，哈贝马斯对公共思辨提出了很多苛刻的要求。如果人们能够理智地考量他人的观点并接纳信息，而这又是保证开明的公共对话的核心条件，那么上述两种路径之间的差别将不再那么明显。①

尽管罗尔斯频频提及“理智的人”，但我并不想在罗尔斯界定的“理智的人”与其他人之间划出绝对的界限。我在别处已经提过，总体而言，所有人都能通过开放地接纳信息来反思来自不同地方的观点，并采取互动的思辨以及讨论如何看待背后隐藏的问题，从而达到理智。[20]我认为这与罗尔斯的“自由平等”且拥有“道德力量”的人并无本质区别。② 事实上，罗尔斯似乎更多地着眼于刻画思辨的人，而不是定义一种“理智的人”，并将他们从人群中区分开来。③不受限制的公共理性，无论是一般地对

① 哈贝马斯也认为他所描述的系统中出现的一致性，实质上与罗尔斯的更为“自由”的规则和优先排序不同（‘Reconciliation through the Public Use of Reason: Remarks on John Rawl's Political Liberalism’, *The Journal of Philosophy*, (1995)）。需要确定的是，哈贝马斯与罗尔斯在实质结果上的差异是否真是由于两人采用的程序不同而造成的，而不是他们对于自由民主交流中所形成的思辨，其开放与互动程度的认识不同所造成。See also Jürgen Habermas, *Justification and Application: Remarks on Discourse Ethics*, translated by Ciaran Cronin (Cambridge, MA: MIT Press, 1993).

② 罗尔斯明确提到以下“两种道德力量”，即“感受公正的能力”（capacity for a sense of justicc）与“感受好的能力”（capacity for a conception of the good）（*Justice as Fairness: A Restatement*, edited by Erin Kelly (Cambridge, MA: Harvard University Press, 2001), pp. 18-19）。

③ 事实上，罗尔斯并未怎么谈到那些可被视为“不理智的人”会如何接受公正观，以及如何被纳入社会秩序。

于民主政治而言，还是具体地对于追求社会公正而言，都是非常重要的。①

·亚当·斯密与中立的旁观者·

在政治与伦理信仰中，公共理性无疑是客观性的一个核心要素。如果说罗尔斯为衡量公正问题中的客观性提供了一种思考方式，那么亚当·斯密所引入的“中立的旁观者”（impartial spectator）这一概念则提供了另一种方式。这一“古老”的方法（自1759年亚当·斯密的首部著作《道德情操论》出版算起，距今已有250多年了）意义深远。它同样包含程序性和实质性的内容。在通过公众理性来寻求答案时，显然不应忽略任何相关的人的观点与思考，这或者是因为他们的利益与此相关，或者是因为他们对于这些问题的思考方式有益于阐明某些判断，而如果这些观点没有获得倾听的机会，它们就可能被忽视。

罗尔斯的主要着眼点似乎是在个人利益和个人安排的优先排序的多样性上。亚当·斯密则还关注扩大讨论范围以避免价值观层面的狭隘观念，因为那可能会导致忽略某些对于特定的文化而言较为陌生但很中肯的观点。既然公共讨论可以采取反事实的形式（“一个中立的旁观者会如何评价?”），那么斯密在方法论上的主要关注之一就是，需要引入来自不同文化和社会环境具有不同经历的人的多种观点和视角，而不是仅仅停留在接受来自同种文化与社会环境，对于什么是合理的和什么是不合理的具有同样的经历、判断和信念，甚至对于什么是可行的和什么是不可行的也具有同样信念的人的观点上。斯密坚持认为，我们必须抽身站在“一定的距离之外”，来审思自己的感受。这是因为我们不仅需要审

① See Joshua Cohen, ‘Deliberation and Democratic Legitimacy’, in Alan Hamlin and Phillip Pettit (eds), *The Good Polity: Normative Analysis of the State* (Oxford: Blackwell, 1989) and *Politics, Power and Public Relations*, Tanner Lectures at the University of California, Berkeley, 2007. See also Seyla Behabib (ed.), *Democracy and Difference: Contesting the Boundaries of the Political* (Princeton, NJ: Princeton University Press, 1996).

思既得利益的影响，而且需要审思根深蒂固的传统和习俗。[①]

尽管斯密、哈贝马斯与罗尔斯三者的观点存在差异，但他们探究客观性的方法存在重要的相似之处，即客观性直接或间接地与能否借助来自不同群体的审思相关联。在本书中，从不同角度出发的理智审思也将被置于伦理与政治信念客观性要求的核心地位。

当然，在此我必须补充一点，即审思的原则不一定是唯一的（其理由在引言中已作阐述）。这与罗尔斯观点的相左之处要大于与帕特南观点的相左之处。[②]事实上，诸如罗尔斯理论等任何研究公正的方法，都只根据刚性的单一制度框架去确定公正的原则（也即引言中谈到的先验制度主义的一个方面），并以此逐步地讲述“假想”中的公正将如何展开。这样的理论都不能同时容纳相互对立的原则。但正如在引言中所言，我认为相反观点的同时并存是完全有可能的，而且不能借助某种激进的方法把这些相左的观点塞入某个整齐划一的盒子，而这在罗尔斯的理论中，是通过某种唯一的制度路径来达到的（即由主权国家来完成）。

尽管此处谈到的各种研究客观性的方法相互之间存在差异，但它们之间有一个重要的相似点，即都认为基于中立的理智“交锋”是很有必要的（但在何为中立这一层面，各种方法之间差异很大。这一点将在第6章详细谈到）。当然，理智可以以各种不同的方式呈现，而且这些方式可能各有用处。[③]但就寻求道德的客观性而言，其所需的理智思考必须满足中立性的要求。正义的缘由也许与斯密所言的“自爱”（self-love）的缘由不同，也与审慎的缘由有区别，但正义的缘由依然范围很广。本书

---

① 也见西蒙·布莱克本（Simon Blackburn）对“共同观点”（common point of view）的作用之探讨，尤其是亚当·斯密与大卫·休谟（David Hume）对发展这一方法所作出的贡献（*Ruling Passion：A Theory of Practical Reasoning*（Oxford：Clarendon Press，1998），尤其是第7章）。

② 这与伯纳德·威廉斯的观点不谋而合，见 *Ethics and the Limits of Philosophy*（London：Fontana，1985）第8章。See also John Gray，*Two Faces of Liberalism*（London：Polity Press，2000）.

③ 我将在第8章“理性与他人”及第9章“中立缘由的多元性”中谈到这些差异。

后面的很多内容将探索这片广阔的疆域。

·理智的范围·

无论过去还是现在，理智的思考都是黑暗世界中希望与信心的强大源泉。其原因不难理解。即便发现某事令人不快，我们依旧需要审思自身的这种反应，并自问是否应有这种反应，是否应被其左右。理智的思考所关注的是看待和对待他人、其他文化及其他观点的正确方式，并审思不同的道理，以寻求尊重与包容。我们也应理智思考自身的失误并避免重蹈覆辙，正如日本优秀作家大江健三郎（Kenzaburo Oe）那样，他希望日本能在认识自身领土侵略历史的基础上，保持“民主理念，并坚持永不诉诸侵略的信念”。①

同样重要的是，我们需要通过思考来辨别那些本无伤害他人之意，实际上却造成了这种后果的行为。例如，如果错误地认为不增加粮食供给饥荒就无可避免，那么，由于增加粮食供给难以迅速实现，灾祸就有可能不断上演。上百万人可能会由于不理智的宿命思想和故作镇定地假装尊重现实与常识而不采取行动，甚至死于非命。②其实，饥荒是容易控制的，部分原因在于饥荒一般只波及一小部分人（很少超过5%，几

---

① Kenzaburo Oe, *Japan, the Ambiguous, and Myself* (Tykyo and New York: Kodansha International, 1995), pp. 118-119. See also Onuma Yasuaki, ‘Japanese War Guilt and Postwar Responsibilities of Japan’, *Berkeley Journal of International Law*, 20 (2002). 类似地，在战后的德国，从过往的错误，尤其是纳粹时期的错误中吸取教训，已成为当代德国首先考虑的一个重要问题。

② 我在 *Poverty and Famines: An Essay on Entitlement and Deprivation* (Oxford: Clarendon Press, 1981) 和在与让·德雷兹 (Jean Drèze) 合著的 *Hunger and Public Action* (Oxford: Clarendon Press, 1989) 中探讨过饥荒的原因以及预防饥荒的必要政策。这说明的是一个带有普遍性的问题，即错误的理论会导致致命的后果。关于这一点，见 *Development as Freedom* (New York: Knopf and Oxford: Clarendon Press, 1999) and Sabina Alkire, ‘Development: A Misconceived Theory Can Kill’, in Christopher W. Morris (ed.), *Amartya Sen* (Cambridge: Cambridge University Press, 2009)。See also Cormac Ó Gráda, *Famine: A Short History* (Princeton, NJ: Princeton University Press, 2009).

乎不会超过10%），并且可以采取一些临时性措施，比如创造紧急就业机会，以使灾民获得临时的收入去购买食物，来重新分配现有的粮食储备。诚然，食物越多事情就越好办（有助于食物的公共分配，而且市场上食物充足也能保证价格稳定），但这并不是一项救助饥荒的绝对必需的措施（常被视为理所当然以及在需要紧急救援时不作为的理由）。由于在灾难中失去所有收入是人们饿死的主要原因，因此可以通过提高这些人群的购买力对食品供给采取较小规模的再分配，以避免有人饿死。①

再来看另一个终于开始得到应有重视的例子，那就是对自然环境的忽视与破坏。日渐明朗的是，这是一个很严重的问题，也是一个与人类行为的负面效果紧密相连的问题，但该问题并非源自当代人对后代人的伤害之意，或对后代人利益的刻意漠视。由于缺乏理智的思考与行动，我们目前仍未对环境采取足够的保护措施，对保障优质生活持续性的要求也缺乏足够的重视。为了防止人的无知或漠视而导致的灾祸，我们需要批判性的审思，而非仅仅对他人心存善意。[21]

由此看来，理智的思考对我们是有益的，而不是一种威胁。但那些认为“依赖理智是有问题的”的人为何会持相反的观点呢？需要考虑的一个问题是，对依赖理智持批评态度的人有可能是因为考虑到了如下的情况，即有些人会过分信赖自己的理智，而忽略了与之相左的观点以及可能导致不同结论的论据。这也许就是格洛弗所真正担心的。事实上，有这种担心也是很正常的。但问题的根源显然是草率且失当的自信，而并不是理智思考本身。针对不当理智的改进方法在于更好的理智。

① 进一步而言，既然绝大多数饥荒受难者经常罹患或死于常规疾病（由于饥荒蔓延导致虚弱无力与疾病传播），那么卫生保健和医疗设施应大有用武之地。1943年孟加拉大饥荒中超过五分之四的死亡人数直接与该地区的常见疾病有关，而单纯饿死的人数不到总数的五分之一（见本人的 *Poverty and Famines*（Oxford：Clarendon Press，1981）中的附录D）。在其他饥荒中也能看到类似现象。尤其请见 Alex de Waal，*Famine that Kills*：*Darfur*，*Sudan*，1984-1985（Oxford：Clarendon Press，1989）；也见其 *Famine Crimes*：*Politics and the Disaster Relief Industry in Africa*（London：African Rights and the International African Institute，1997）。我在 *The Oxford Textbook of Medicine*（Oxford：Oxford University Press，2008）的“人类灾难”（Human Disasters）这一条目中，对这一问题已有评述。

实际上，这一转变的过程也是理智审思的任务。此外，在某些启蒙思想家的观点中，对需要审慎斟酌这一点可能也未给予足够的强调，但我们实在很难因此将一切责难都归咎于启蒙思想，或者质疑理智在公正行为或合理的社会政策中所起的作用。

·理智、情感与启蒙运动·

诚然，还存在本能的情感与冷静的审思相对重要性的问题。一些启蒙运动思想家对此曾有很多想法。乔纳森·格洛弗关于需要一种“新型的人类心理学”的呼吁所依据的就是其对政治与心理学相互作用的认识。从关于人类行为的现有证据来看，很难不认为理智思考会包含上述这种联系。为避免残暴行径，本能地厌恶残忍和麻木不仁的行径必然会起重要作用。格洛弗也恰如其分地强调了“尊重他人的天性”与“同情，即关心他人的苦难与幸福”的重要意义。

然而，这与理智并不构成冲突，相反，理智会支持这样的考量。在格洛弗关于片面与自负思想的研究中，好的理智思考显然具有上述作用(这与阿克巴的观点不谋而合，即某人即便出于某种原因与人争执，也需要提出争执的理由)。在适当的条件下，理智的思考也会得出这样的认识，即全盘依赖冷静的审思也许不是一种好的或合理的保障人类安全的方式。

事实上，我们并没有特别的理由去否定本能心理与自发反应的作用。理性与情感能互相补充，并且在许多情况下，了解我们自身情感的伸展与解放作用也能为理智思考本身提供一个好的主题。[22]苏格兰启蒙运动的核心人物亚当·斯密（对法国启蒙运动也有深远影响），在其著作《道德情操论》中曾经深入探讨过感情与心理反应的重要作用。①斯

① See also Martha Nussbaum, *Upheavals of Thought: The Intelligence of Emotions* (Cambridge: Cambridge University Press, 2001).

密也许没有像大卫·休谟一样作出过“在几乎所有的道德判断与结论中，理性与情感并存”[23]这样的断言，但两人都将理智与情感视为紧密关联的活动。休谟和斯密当之无愧为启蒙思想家的代表人物，不逊于狄德罗和康德。

当然，即便我们承认情感的力量并肯定许多本能反应所具有的积极作用（比如对残忍的厌恶感），也并未削弱对于这些心理态度采取理性审思的必要性。斯密——也许更甚于休谟——认为理智在评价情感与心理关切方面扮演重要的角色。事实上，休谟似乎认为情感比理性更重要。正如托马斯·内格尔在其捍卫理智的著作《最后之辞》（*The Last Word*）中这样说道：“众所周知，休谟认为，因为不受理智审思约束的情感存在于每一个动机之中，所以，必然不可能存在像实践理性或道德理性之类的东西。”①斯密不认同这一观点，尽管他也像休谟一样，认为情感重要且影响重大。他认为，人评判善恶的第一感觉绝不可能是理智，而是直觉。但斯密也认为，众多事例表明，这些本能反应必须依赖——哪怕只是隐含地——对行为与结果间的因果关系的理智认识，而且直觉也可能在理性审思后发生变化。例如，斯密注意到，经验性的因果研究可能表明，某一“对象也是获取其他对象的手段”[24]。

通过研究如何评价我们对于流行习惯的态度，亚当·斯密很好地诠释了需要一以贯之地坚持理性审思的观点。显然，这一点对其倡导的改革而言是十分重要的，比如废弃奴隶制度，或减轻对于国际商贸间专断的官僚限制，或放松《济贫法》（Poor Laws）强加给穷人的惩罚性约束

---

① Thomas Nagel, *The Last Word* (New York: Oxford University Press, 1997), p. 102. 然而，休谟在这一问题上似乎也摇摆不定。他在赋予情感高过理智的地位的同时，也认为“当认识到推测存在谬误或无计可施时，情感必将无话可说地让位于理性”（David Hume, *A Treatise of Human Nature*, edited by L. A. Selby-Bigge (Oxford: Clarendon Press, 1888; 2nd edn 1978), p. 416）。

以获得该法提供的经济支持。①

尽管事实表明，意识形态与教条信仰的确常常来自宗教与风俗习惯以外的世界，但这并不能否定理智在评价本能态度背后的理由时所起的作用，更不用说它在评价精心制定的政策时所起的作用。阿克巴所谓的"理智之道"并不意味着忽略本能反应的价值，或忽略心理作用经常扮演的角色。这与不让未经审思的本能反应来主宰一切是一致的。

注释

1. See Brian F. McGuinness (ed.), *Letters from Ludwig Wittgenstein, With a Memoir* (Oxford: Blackwell, 1967), pp. 4–5.

2. See, for example, Thomas Schelling, *Choice and Consequence* (Cambridge, MA: Harvard University Press, 1984); Matthew Rabin, 'A Perspective on Psychology and Economics,' *European Economic Review*, 46 (2002); Jean Tirole, 'Rational Irrationality: Some Economics of Self-Management', *European Economic Review*, 46 (2002); Roland Benabou and Jean Tirole, 'Intrinsic and Extrinsic Motivation', *Review of Economic Studies*, 70 (2003); E. Fehr and U. Fischbacher, 'The Nature of Human Altruism', *Nature*, 425 (2003).

3. 关于思考明智行为（smart behaviour）的其他方式，请见我的 *Rationality and Freedom* (Cambridge, MA:Harvard University Press, 2002) 中的第1～第6篇论文。

4. On this and related issues, see Thomas Nagel, *The Possibility of Altruism* (Oxford: Clarendon Press, 1970); Amartya Sen, 'Behaviour and the Concept of Preference', *Economica*, 40 (1973), and 'Rational Fools: A Critique of the Behavioral Foundations of Economic Theory', *Philosophy and Public Affairs*, 6 (1977), both included in *Choice, Welfare and Measurement* (Oxford: Blackwell, 1982, and Cambridge, MA: Harvard University Press, 1997);

---

① 在其雄辩的论文"Why Economies Need Ethical Theory"中，约翰·布鲁姆（John Broome）谈到："经济学家不愿意将其伦理观强加给大众，但结果无疑会是这样。几乎没有经济学家从一开始就想这样做……解决的方法是使观点合理、理论严谨，而不是当人们的偏好并无合理依据时，或者当需要经济学家帮助他们形成更好的偏好时，躲在这些偏好的后面无所作为。"（*Arguments for a Better World：Essays in Honor of Amartya Sen*，edited by Kaushik Basu and Ravi Kanbur，Vol. I（Oxford：Oxford University Press，2009），p. 14）而这恰恰也是斯密希望去做的。

George Akerlof, *An Economic Theorist's Book of Tales* (Cambridge: Cambridge University Press, 1984); Derek Parfit, *Reasons and Persons* (Oxford: Clarendon Press, 1984); Jon Elster, *The Cement of Society* (Cambridge: Cambridge University Press, 1989).

5. Thomas Scanlon, *What We Owe to Each Other* (Cambridge, MA: Harvard University Press, 1998).

6. See Isaiah Berlin: *Against the Current: Essays in the History of Ideas*, Henry Hardy (ed.) (London: Hogarth Press, 1979); Henry Hardy (ed.), *The Crooked Timber of Humanity: Chapters in the History of Ideas* (London: John Murray, 1990); Henry Hardy (ed.), *Freedom and Its Betrayal: Six Enemies of Human Liberty* (Princeton, NJ: Princeton University Press, 2002); Henry Hardy (ed.), *Three Critics of the Enlightenment: Vico, Hamann, Herder* (London: Pimlico, 2000).

7. See Jonathan Glover, *Humanity: A Moral History of the Twentieth Century* (London: Jonathan Cape, 1999), pp. 6–7.

8. Ibid., p. 310.

9. Ibid., p. 313.

10. 以下分析基于我对乔纳森·格洛弗著作的书评，“The Reach of Reason: East and West”，见 *New York Review of Books*, 47 (20 July 2000), 后经简单修改收录于 *The Argumentative Indian* (London: Penguin, 2005), 第13篇。

11. See Glover, *Humanity: A Moral History of the Twentieth Century* (1999), p. 40.

12. Ibid., p. 7.

13. Translation from Vincent Smith, *Akbar: the Great Mogul* (Oxford: Clarendon Press, 1917), p. 257.

14. See Irfan Habib (ed.), *Akbar and His India* (Delhi and New York: Oxford University Press, 1997).该书收录了很多研究阿克巴的信念与政策，以及关于其理智先于传统思想来源的精彩论文。

15. 关于这个以及阿克巴理智作出的其他政策决定，见Shireen Moosvi, *Episodes in the Life of Akbar: Contemporary Records and Reminiscences* (New Delhi: National Book Trust, 1994)。本书中阿克巴的言论也采自此书。

16. See M. Athar Ali, 'The Perception of India in Akbar and Abul Fazl', in Habib (ed.), *Akbar and His India* (1997), p. 220.

17. Hilary Putnam, *Ethics without Ontology* (Cambridge, MA: Harvard University Press 2004), p. 75.

18. John Rawls, *Political Liberalism* (New York: Columbia University Press, 1993), pp. 110, 119. See also his *Justice as Fairness: A Restatement*, edited by Erin Kelly (Cambridge, MA: Harvard University Press, 2001).

19. Jürgen Habermas, 'Reconciliation through the Public Use of Reason: Remarks on John Rawls's Political Liberalism', *Journal of Philosophy*, 92 (March 1995); see also John Rawls's response, 'Reply to Habermas', *Journal of Philosophy*, 92 (1995).
20. See my 'The Reach of Reason: East and West', *New York Review of Books*, 47 (20 July 2000); 'Open and Closed Impartiality' *Journal of Philosophy*, 99 (2002); *The Argumentative Indian* (London: Penguin, 2005); *Identity and Violence: The Illusion of Destiny* (New York: W. W. Norton & Co., and London: Penguin, 2006).
21. See particularly Nicholas Stern, *The Economics of Climate Change: The Stern Review* (Cambridge: Cambridge University Press, 2007). 针对这一主题，目前已有大量著述，以及一些辩论。很早就有一些研究关注人类对于环境恶化所应负的责任。马克·萨戈夫（Mark Sagoff)的著作*The Economy of the Earth Philosophy, Law and the Environment* (Cambridge: Cambridge University Press, 1988) 对这方面的早期著述作了深刻评述。
22. See also Martha C. Nussbaum, *Upheavals of Thought: The Intelligence of Emotions* (Cambridge: Cambridge University Press, 2001).
23. David Hume, *Enquiries concerning the Human Understanding and concerning the Principles of Morals*, edited by L. E. Selby-Bigge (Oxford: Clarendon Press, 1962), p. 172.
24. Adam Smith, *The Theory of Moral Sentiments* (London: T. Cadell, 1790; republished Oxford: Clarendon Press, 1976), pp. 319–20.

第2章

罗尔斯及其超越

本章主要评析当代杰出的政治哲学家约翰·罗尔斯的公正理论。我会谈到一些个人观点与其观点的差异，但首先必须承认，我从罗尔斯那里所学到的影响了我对于公正以及政治哲学的思考，罗尔斯为重新点燃我们对于公正问题的哲学思考作出了巨大贡献。事实上，罗尔斯为这一领域今天所呈现的面貌奠定了基石。在评析之前，我将首先回顾罗尔斯如何令人惊异地彻底转变了当代政治哲学。除了从其著作中颇受裨益外，我还有幸与其共事并成为挚友。他的友善令人折服，其深思卓见、批评以及建议更是不断地启迪着我，并从根本上影响了我的思想。

我很幸运能生逢其时。当我作为一个来自其他领域（先是数学和物理学，后来是经济学）的观察者，开始对道德与政治哲学产生兴趣时，这一领域在罗尔斯的引领下正大步迈进。罗尔斯 1958 年的论文《作为公平的正义》（*Justice as Fairness*）所产生的某种启迪作用，此时此刻我很难充分描述。同样，我在大学阶段所读到的，他在 20 世纪 50 年代早期所写的关于“决策程序”（decision procedure）和不同概念的“规则”（rule）的论文，也以令人耳目一新的方式启发了我的思考。[1]

1971 年，罗尔斯出版了其具有开创意义的著作《正义论》。[2]事实上，当 1968—1969 年我（离开当时的研究基地德里大学）在哈佛大学访问时，罗尔斯、肯尼斯·阿罗和我曾使用该书最初的草稿来共同教授一门政治哲学的课程。其时，我正在撰写《集体选择与社会福利》(*Collective Choice and Social Welfare*，1970）这本关于社会选择（包括社会选择与公正的关系）的书，所以我从罗尔斯深刻的评论和建议中获益良多。不久，我更有幸受哈佛大学出版社邀请为《正义论》终稿作评。记得华兹华斯（Wordsworth）曾经这样写道："能活在那黎明时光是何等美妙，但那时若是年轻则更胜天堂。"尽管这听起来有些夸张，但我当时的确有这样的感觉。

很多年过去了，当初那种激动的感觉却丝毫未减，因为如今我认为罗尔斯公正理论的一些主要部分是有重大缺陷的。本章中我将论述我与其相左的观点，但首先我要对罗尔斯表示敬意，因为正是他奠定了整个公正理论的坚实基础。[3]尽管在本书中我有自己的方向与结论，但罗尔斯一些基本的核心观念将继续有助于加深我对于公正的理解。

·"作为公平的正义"：罗尔斯的方法·

在充分认识公正的问题上，最具深远影响的思想不外乎罗尔斯"从公平要求的角度来看待公正"的观点。尽管所有的总结归纳都难免挂一漏万，但为了弄清楚罗尔斯理论的一些基本特点以利于理解其整套方法，也为了对公正问题展开进一步研究，简要地描述（但愿不会过于简化）其"作为公平的正义"的理论还是很有必要的。①该方法将公平置于基础地位，并在某种程度上将其看作先于公正原则的建立。我认为我们有足够的理由认同其观点，即对公正的追求应与公平相联系，在某种

---

① 需要说明的是，罗尔斯著作中的公正观至少产生于三种不同的背景。第一，其"公正原则"是由公平的概念演化而来的，并由此为社会基本结构确立了所需的公正制度。罗尔斯详述了这一理论，并从那里开始逐步涉及他视为"作为公平的正义"的要求的立法及执行。还有第二个场景，就是反思与"反思的平衡"（reflective equilibrium）的发展。公正观也产生于此，但此处关注的仅是个人对好（goodness）与正确（rightness）的评价。第三个背景是罗尔斯所称的"重叠共识"（overlapping consensus），这一概念涉及社会秩序稳定所依赖的人们赞同或反对的复杂模式。此处我所关注的主要是公正的原则，即第一个背景。

意义上甚至可以说前者源于后者。这一核心问题不仅对罗尔斯的理论而言很重要，也与绝大多数包括本书在内的对于公正的分析紧密相关。[①]

什么是公平？对这个基本概念可以有多种解释，但其核心要义必然是避免评价中可能产生的偏见，兼顾他人的利益与关注点，尤其要避免受到自身既得利益、偏好、习惯或偏见的干扰。这可以广义地理解为需要具有中立性。罗尔斯关于中立的要求以其创造性的概念“初始状态”为基础，而这也是其“作为公平的正义”理论的核心。初始状态是假想中的一种初始平等状态，在这一状态下，相关各方并不了解自己在群体中的身份和自身的既得利益。他们的代表必须在此“无知之幕”（veil of ignorance）下，即在一个刻意想象出来的选择性的无知状态（selective ignorance）（具体而言，是对个人利益及对美好生活的看法——罗尔斯称之为“综合偏好”——的无知）中，进行选择。正是在此种设计出来的无知状态下，大家才会一致地选择公正原则。根据罗尔斯的设想，这些公正原则将决定社会的基本制度，并按照这些制度去治理将要建立的社会。

在这一假想的原始状态中，对于公正原则的思考决定了公平所要求的中立性。在《正义论》（第17页，1971）中，罗尔斯这样说道：

> 所谓初始位置，即一个恰当的初始状态，它能确保在其中所达成的基本协议是公平的。这就产生了“作为公平的正义”这一提法。显而易见，如果一个理性的人在这种状态中选择了某些原则而不是其他来作为正义的原则，那么我想说，这种正义观比其他的更为合理或更站得住脚。这一状态中的人们可以按照可接受的程度对这些正义感加以排序。

---

① 从当代其他人关于公正的著作中可以看到罗尔斯理论的影响，例如罗纳德·德沃尔金、托马斯·内格尔、罗伯特·诺齐克、托马斯·波格、约瑟夫·拉兹、托马斯·斯坎伦等。上述人士对公正问题的分析明显都深受罗尔斯理论的影响。当然，诺齐克等与之更为对立（See Nozick's, *Anarchy*, *State and Utopia*（New York：Basic Books，1974））。

在哥伦比亚大学杜威讲座的基础上，罗尔斯在其后期的著作，尤其是《政治自由主义》(*Political Liberalism*，1993) 中，对公平过程的运作进行了更为全面的辩护。[①]“作为公平的正义”“从一开始”就被视为是标准的“关于公正的政治观”(第 17 页)。罗尔斯所讨论的一个基本问题是，在一个“怀有深深对立但又都十分合理的信念体系”(第 18 页) 的社会中，人们如何才能相互合作。唯有“当市民们关于公正的政治观取得一致”的时候，这才会成为可能，才会给他们“一个对基本政治问题展开公共讨论并作出合理决策的基础。当然，不可能所有的情况都是如此，但我们希望在绝大多数关乎基本公正的主旨与核心问题上会是如此”(第 20～21 页)。比如，民众们可能会在宗教信仰以及对何为美好生活的总体看法上意见各异，但按照罗尔斯的描述，他们会在理性商议后就如何兼顾成员间的多样性达成一致，并形成对全体成员公平一致的公正原则。

·从公平走向正义·

上述关于公平的分析，其目的在于确认一套合适的原则，以确定一组公正的制度，而后者是确立社会的基本结构所必需的。正如下面将谈到的，罗尔斯制定了一些非常具体的公正原则，并认为这些原则会是人们在“作为公平的正义”这一政治观念基础上所作出的一致选择。他认为，由于这些原则具有某种初始性，它们会被处于初始状态中的所有人选择，并因此构成恰当的关于公正的“政治观”(political conception)，

---

① 感谢最近出版的罗尔斯已发表和未发表的作品，这巩固和发展了他早期的思想，进一步确证了罗尔斯思想的深远影响。See John Rawls, *Collected Papers*, edited by Samuel Freeman (Cambridge, MA: Harvard University Press, 1999); *The Law of Peoples* (Cambridge, MA: Harvard University Press, 1999); *Lectures on the History of Moral Philosophy*, edited by Babara Herman (Cambridge, MA: Harvard University Press, 2000); *A Theory of Justice* (Cambridge, MA: Harvard University Press, revised edn, 2000), and *Justice as Fairness: A Restatement*, edited by Erin Kelly (Cambridge, MA: Harvard University Press, 2001).

而在由这些原则所主导的有序社会中成长起来的人必将具有基于此原则的公正感（无论其个人对美好生活或“全面”的优先安排的具体看法如何）。因此，对于这些公正原则的一致选择在罗尔斯体系中占据重要地位，包括为社会基本结构的建立所作的制度选择，以及确立公正的政治观。罗尔斯认为这些制度与公正观将一起对个体行为产生相应的影响（我将在本章后面部分回到这一话题）。

对基本公正原则的选择是罗尔斯对社会公正多步分析的第一步。随之而来的是制度阶段，即在考虑每种社会具体情况的基础上，根据所选择的公正原则来选择实际的制度。这些制度的运作又会导致罗尔斯体系后续阶段中进一步的社会决策，例如恰当的立法（罗尔斯称之为“立法阶段”（legislative stage））。通过对完全公正的社会安排进行详细的描绘，这一假想的过程将严格地沿着设计好的序列逐步推进。

整个展开过程基于罗尔斯在第一阶段提出的“公正的两个原则”，它们对罗尔斯体系中所有其他方面都产生了影响。对于罗尔斯在初始状态中选择一套公正社会所需要的公正制度原则的唯一性，我深表怀疑。我们对于公正的理解，可能包含多种，有时甚至是相互冲突的关注。[4]不需要为了方便，也即选择的方便，而认为仅仅存在一套唯一的、真正包含中立性与公平性的原则，而其他的都不包含。①它们中的多数可能都不存偏见性，而其支持者都会“将之视为普遍法则”（will to be a universal law，借用伊曼努尔·康德提出的著名要求来说）。[5]

事实上，我认为无偏见原则的多样性恰恰反映了中立可以有多种不同的形式和表现。例如，在引言中谈到的三个小孩争夺一支长笛的故事中，每个小孩各自理由的背后都隐含着一条关于如何以无偏见和中立的方式来对待他人的一般道理，其分别关注的是效率与效用、经济平等与分配公平，以及享有自己独立劳动成果的权利。他们的理由都具有一般

① John Roemer，*Theories of Distributive Justice*（Cambridge，MA：Harvard University Press，1996）中比较了其他一些公正理论，发现它们具有一定程度的中立性，必须基于其他缘由从中进行选择。

意义，他们对公正社会本质的理智思考虽然各不相同，但都具有中立性（并非仅仅考虑自己的既得利益）。然而，如果不能产生一套唯一的既定原则，用以确立基本社会结构所需的制度，那么罗尔斯经典理论所提出的“作为公平的正义”的整套步骤都将难以推进。①

正如引言中谈到的，关于在初始状态中产生一套唯一的公正原则的基本观点（在《正义论》一书中他对此进行过讨论和辩护），罗尔斯在其后期的著作中对此的看法有所松动。事实上，在其《作为公平的正义：再评述》（*Justice as Fairness*：*A Restatement*）一书中，罗尔斯指出，“在初始状态下，可能会存在许多种考虑，它们中的一些会支持这种公正观，另一些则会支持那一种公正观”，“我们只有依靠判断才能平衡各种理智的思考，但判断又受制于这些理智的思考”。[6]当罗尔斯进一步承认“理想状态未必能完全达到”时，他求助于其“正义即公平”的理想理论。然而，即使一个公正理论允许在某些问题上继续存在分歧，我们也并不应该因此认为它是不理想的，虽然我们可以集中考虑那些在对相关公正的要求达成一致意见的背后所产生的结论。

然而，有一点是很明确的，即如果罗尔斯后来的重新思考真的如其所说，则他之前的“作为公平的正义”的多阶段理论必须被舍弃。如果运用初始状态这一概念，并从公平的角度达成一组唯一的关于公正的原则，再由此建立起相应的制度，那么其唯一性的消失将会从根本上动摇这一理论的基础。在很长一段时间里，罗尔斯自己对这些问题的思考前后存在矛盾。尽管他并未明确放弃其“作为公平的正义”的理论，但似乎也承认通过初始状态企望一致地得出一组关于公正的原则存在不可克

---

① 我想我对于在罗尔斯“初始状态”所一致选择的社会契约的质疑并不是什么新鲜事。我与我的朋友加里·朗西曼（Garry Runciman）合写的论文“Games，Justice and the General Will”，*Mind*，74（1965）中就反映了我最初的质疑。当然，该文的发表早于罗尔斯的 A Theory of Justice（Cambridge，MA：Harvard University Press，1971），但该文针对的是罗尔斯在其开拓性论文“Justice as Fairness”，*Philosophical Review*，67（1958）中描述的“初始状态”。也见本人著作 *Collective Choice and Social Welfare*（San Francisco，CA：Holden-Day，1970；republished，Amsterdam：North-Holland，1979）。

服的困难，而这一点对其理论危害极大。

在我看来，罗尔斯初期的理论在帮助我们理解公正理念的各个方面都起到了极其重要的作用。即便需要放弃这一理论——我认为有充分的理由这么做，其开创性贡献所带来的深远启示将依然如故，并将继续丰富政治哲学。某些理论会让人同时心生赞赏和批判之意。对于我而言，最大的快乐莫过于企盼在对其“作为公平的正义”理论进行双重评判时，能得到罗尔斯本人的首肯，如果可能的话。

·罗尔斯公正原则的运用·

即便如此，还是让我们继续来看罗尔斯“作为公平的正义”理论的一些要点。罗尔斯从未放弃过这一理论，而它也已成为当代道德哲学中最有影响力的公正理论。罗尔斯认为下述“公正原则”将在初始状态中获得一致同意并产生（《政治自由主义》，第 291 页，1993）：

> a. 每个人都有同样的权利享有一组完全适当的平等的基本自由，而不影响其他任何人享有同样一组基本自由。
>
> b. 两种情况下允许存在社会与经济的不平等：首先，在机会均等的情况下，由官职与地位造成的不平等；其次，这种不平等能给社会中境况最差的成员带来最大的好处。

需要指出的是，罗尔斯的公正原则包括自由优先（第一原则），即在包括经济与社会平等在内的其他方面考量的情况下，优先考虑在所有人都能享有同样自由的前提下每个人享有最大限度的自由。同等的个人自由优于第二原则所包含的要求，即关于某种一般机会的平等和一般性资源分配的公平。也就是说，不能为了增进福利或收入，或更好地分配经济资源，而侵犯所有人都应享受的自由。尽管罗尔斯将自由置于绝对的凌驾于其他考量之上的基础位置（显然这有点极端），但是其背后蕴涵的更为一般的道理是：自由绝对不能被降格为其他事物（如经济上的富裕）的补充，个人自由在人类生活中占有非常特殊的地位。我将以这一更为一般的——不一定是极端的——道理，来作为本书理论构建的主旨。

另一方面，通过第二原则的一套复合要求，罗尔斯的公正原则对制度选择的其他问题进行了论述。第二原则的第一部分是关于保证机会均等的制度要求，即没有任何人因诸如种族、民族、种姓或宗教等原因而受到排除或阻碍。第二原则的第二部分（称为“差异原则”）是关于分配公平与总体效率的，采取的形式是社会中境况最差的成员获得最大可能的状况改善。

罗尔斯在分析资源分配的公平性问题上，使用了一套他称之为“基本品”（primary goods）的指标，这是一套实现多种目标的通用资源（不管是什么资源，只要有助于实现人们的愿望，也无论人们的愿望是什么）。罗尔斯认为，这种基本品包括“权利、自由与机会、收入、财富与自尊的社会基础等”[7]。请注意，“自由”再次出现于此，但此处仅仅是作为其他事物，如收入与财富的补充。

值得注意的是，除了已包括的关于分配问题的几点以外，罗尔斯将一些为其他理论家所强调的分配主张排除在外。事实上，有必要了解哪些因素没有被罗尔斯纳入其直接考量的范围，这些包括与公益品（merits）和酬劳（deserts），或与财产所有权相关的权利和诉求。对于被纳入考量和被排除在外的因素，罗尔斯都给出了合理的说明。①

生产率因其在推进效率和公平方面的作用而被间接纳入考量范围，这使得与之相关的不平等在罗尔斯的分配理论中得以成立。前提是，这类不平等可通过诸如激励的作用等因素，帮助最终改善社会中境况最差的成员的状况。显然，在一个个体行为并非仅仅受初始状态中形成的“公正理念”影响的世界中，激励问题是不可避免的。

---

① See also Liam Murphy and Thomas Nagel, *The Myth of Ownership: Taxes and Justice* (New York: Oxford University Press, 2002). 该书将公正的一般思想应用于关于赋税的意识形态之争（第 4 页）。

另一方面，如果在初始状态中这种基于激励的不平等被认为是错误或不公正的（如将其视为某种贿赂以驱使人们富有效率地勤勉工作），那么初始状态中的公正原则难道不应该排除这些激励因素吗？如果一个公正的经济体不应存在源于激励的不平等，那么基于中立性产生的原则难道不应该是每个人无须贿赂就做好其本职工作吗？在后契约时代，按照罗尔斯的理论，每个人都将按照在初始状态中形成的公正观念行事，那么在那样一个责任引领的世界中，难道我们不应该指望每个人都会无须激励而自觉履行其各自的职责吗？

认为人们会自发地去按照他们在初始状态中商议好的方式行事，是罗尔斯自己的想法。①但罗尔斯似乎决定"就此止步，不再前行"。我们不太能理解为什么在接受基于激励的不平等的同时（即便在初始状态中产生的行为规范统统是有效的），却把基于其他缘由的不平等拒之门外。[8]

对这一问题可有两种回应。一种是科恩（G. A. Cohen）在其著作《拯救公正与平等》（*Rescuing Justice and Equality*，2008）中提出的观点，即认为允许存在基于激励的不平等会制约罗尔斯公正理论的适用范围。[9]对激励因素的认可在实践中也许说得过去，但这能否成为一个可行的公正理论的一部分呢？如果公正仅仅是先验性质的，科恩的批评就似乎很有道理。

另一种观点则是，不能因为期望在初始状态中形成的公正观会使每个人在没有激励的情况下自发地最具效率地工作，而认为不需要激励的存在。绝对公正下的社会不应该允许基于激励的不平等的存在，在这一点上科恩可能是对的，但那只能再次说明在构建公正理论时，不应该将着眼点放在先验主义的公正上。对科恩来说，罗尔斯的这种折中处理也许是不彻底的先验主义，但即使罗尔斯没有采取科恩的方法，他还是要面对其他的先验主义问题（原因前文已述）。就公正而言，科恩的公正

---

① 与"每人都被假定为举措公正，并以己之力维护公正的制度"（Rawls，*A Theory of Justice*，p. 8）进行比较。

观也许会比罗尔斯的理论更为理想化，但比较公正理论的用途在于，它是在各种现实可能之间进行比较，而这些可能——就公正而言——远没有罗尔斯与科恩各自构想的“公正”世界那么完美。

·罗尔斯方法的积极意义·

不难看到，罗尔斯对“作为公平的正义”这一方法及对这一方法所进行的表达和阐释方面作出了重要的贡献。第一，罗尔斯提出的“公平是公正的核心”这一极具启发性的观点，是带领我们远远超越以往著述对公正问题理解（如边沁的功利主义理论）的一次重大突破。尽管我认为由初始状态（罗尔斯理论的基石）这一反思机制所产生的中立性并不充分，但这并不意味着否定罗尔斯在构建公正理论中赋予公平概念以基础性和优先性的思想。

第二，对于罗尔斯关于实践理性中的客观性本质的思想，我必须重申其重要性，尤其是他的观点：“首要的是，思考客观性必须有一个公共的思考框架，从而能在讨论和反思后，在理性与实证的基础上作出判断并得出结论”[10]。这一点在第1章中已详细讨论过，此处不复赘述。

第三，除了说明公平先于正义之外，罗尔斯的另一大重要贡献在于，指出了人的“道德力量”（moral powers）与他们具有“公正感”（capacity for a sense of justice）和“善的观念”（conception of the good）的能力有关。这与某些理论所构想的世界大相径庭，这些理论几乎就是某种版本的“理性选择理论”（第8章“理性与他人”中将对此进行更全面的讨论）。人被认为是完全自利的，且全无考量公平和正义的能力和意向。[11]除了对理性的概念进行丰富和充实外，罗尔斯也十分有益地探究了“理性”（rational）与“理智”（reasonable）之间的区别[12]，而这将在本书中得到广泛应用。

第四，罗尔斯将自由置于优先地位，甚至极端的优先地位，从而使人们在衡量社会制度的公正性时有充分的理由将自由视为独立且首要的因素。当然，自由也与其他要素一道，共同决定个体的整体优势：罗尔斯将其列入“基本品”，把它看作其“差异原则”中个体优势的一项内容。但除了和其他因素一起作为“基本品”外，自由更具有其自身独特的重要地位。赋予自由这一特殊并且首要的地位，而不仅仅只是将其视为众多影响个人整体优势的因素之一。尽管个人自由如同收入或其他的基本品那样具有实际用途，但其重要意义绝非仅限于此。无论对于触及个人生活最私密层面的个人自由而言，还是对于社会评价具有关键意义的公共理性的基本需要（如言论自由）而言，自由都是一个核心要素。①难怪几个世纪以来，关于个人自由重要性的认识促使人们为之不断抗争。通过单独提出自由的重要性，罗尔斯使人们注意到自由与其他要素之间的重要区别，这是尤其值得注意并加以探讨的。[13]

第五，通过在其第二原则的第一部分强调程序公平，罗尔斯极大地丰富了社会科学中关于不平等问题的研究。以往的著述都过于关注社会地位或经济结果的不平等，而忽略运作过程的不平等，如因种族、肤色或性别的原因而无法获得职位。②

第六，在给予自由其应有的地位并认为需要让人们公平竞争职位以外，差异原则还指出了社会制度中平等的重要性，由此将人们的注意力引向了社会中贫苦之人的境遇。[14]消除因“基本品”的被剥夺而造成的贫穷，在罗尔斯的正义论中占有重要的位置，而这一视角已有力地影响了关于扶贫问题的公共政策分析。

最后（这只是我本人的一些看法，其他人可能未必会认为这是对罗尔斯主义的恰当解读），罗尔斯关注“基本品”（用于实现综合目标的通用手段），由此间接地承认了自由在赋予人们按照自己的意愿生活的真

---

① 关于自由（包括言论自由）是如何以各种形式在公正问题中扮演重要角色的，见 Thomas Scanlon，*The Difficulty of Tolerance*（Cambridge：Cambridge University Press，2003）。

② 奥巴马当选为美国总统在世界各地反响热烈，原因之一在于，它表明美国政治中的种族壁垒正在被削弱。这与奥巴马的宗族背景如何，其本人是不是一个有远见的领导人，是两个截然不同的问题。

实——而不只是形式上的——机会上的重要性。在第 11 章和第 12 章中，我将指出，在人们对基本品的拥有与他们真正享有的实质自由之间未必能画等号，但这一问题可通过将目光转向人的实际可行能力而得以解决。[15]我认为，通过工具性地突出自由的重要性，罗尔斯已经在其公正理论的主体部分中赋予了自由明晰的地位。①

·容易解决的一些问题·

当然，罗尔斯的方法也存在一些问题与难点。我将从几个重要的问题入手，这些问题目前也已得到相当多的关注。我相信，它们可以在罗尔斯基本方法的框架内得到解决。

第一，如前所述，将自由置于绝对优先的位置这一观点过于极端。为什么我们总是认为饥饿、饥荒以及医疗卫生的缺乏没有对自由的侵犯那样严重？罗尔斯的《正义论》出版后不久，赫伯特·哈特（Herbert Hart）最先有力地提出了这一疑问。[16]罗尔斯在其后来的著作（尤其在《政治自由主义》）中，对此也作了一些修正，使得对自由的优先性考量不再那么极端。[17]他认为，自由具有某种程度的优先性是可以接受的，但完全不受限制的优先就几乎可以肯定地说是太过分了。比如，不同的权重赋值能使各个因素具有不同程度的优先性。②

第二，在差异原则中，罗尔斯通过人们所拥有的手段来评判其获得

---

① 与之相类似，菲利普·范·帕里基斯（Philippe Van Parijs）关于人人具有基本收入的观点也是出于它对增进个人自由的巨大作用；See his *Real Freedom for All*：*What*（*If Anything*）*Can Justify Capitalism*（Oxford：Clarendon Press，1995）。

② 有关“权重赋值”（weighting）的数学问题可能会对罗尔斯赋予自由的绝对优先产生影响。罗尔斯明确指出，在自由上所投注的重视没有在实现人类繁荣的其他方面所投注的多，这一看法是错误的。如果我没有猜错的话，这得使他在每种冲突中都赋予自由绝对的优先，以致走向极端。事实上，权重赋值的数学计算能使自由的高权值更中间化一些（采用不同的强度）。更灵活地运用权值的方法可见我的《选择、福利和量度》（*Choice*，*Welfare and Measurement*，1982），尤其是第 9～第 12 篇。有多种不同的方式可以使某些因素优先于其他因素，而不使该因素在任何情况下都具有绝对优先的地位（如罗尔斯所采用的“字典”形式）。

的机会，而不考虑在将基本品转化为美好生活时可能会出现的巨大差异。例如，在收入或其他基本品等同的情况下，残障人比健全人所能做的要少得多，孕妇也比其他正常人需要更多的营养。在将基本品转化为做自己想做的事情的可行能力上，不同的人因先天条件的差异（例如易患先天遗传性疾病）、迥异的后天习惯以及各种环境因素的影响（比如，居住在一个传染病流行或经常爆发的社区中），而可能有很大的差别。由此，我们有充分的理由将视线从基本品转向对自由与可行能力的实际评价。①当然，如果我对罗尔斯采用基本品这一概念动机的解读是对的（即间接地关注人类自由），那么我认为从基本品转向可行能力并不构成对罗尔斯本来理论的本质偏离，而仅仅是对其实践理性策略的调整。②

·需要重新思考的一些难点·

上一部分所讨论的问题目前已经得到相当多的关注，而且将会继续得到关注。尽管它们并未获得彻底解决，但有理由认为我们目前已清楚地了解这些问题的核心所在。本书后面部分仍将涉及这些方面，但我认为现在应该对罗尔斯理论中一些目前尚未得到关注的其他问题加以阐述。

一、实际行为的必然相关性

首先，在罗尔斯的理论中，使用社会契约的方法来运用公平概念

① 关于这一点，见我的‘Equality of What?’ in S. McMurrin（ed.），*Tanner Lectures on Human Values*，vol. 1（Cambridge：Cambridge University Press，and Salt Lake City，UT：University of Utah Press，1980）；*Commodities and Capabilities*（Amsterdam：North-Holland，1985）；*Inequality Reexamined*（Cambridge，MA：Harvard University Press，and Oxford：Oxford University Press，1992）；以及我与玛莎·努斯鲍姆（Martha Nussbaum）合著的 *The Quality of Life*（Oxford：Clarendon Press，1993）。更为根本性的问题将在第 11 章“生活、自由和可行能力”、第 12 章“可行能力与资源”中进一步讨论。

② See Philippe Van Parijs，*Real Freedom for All*（1995）. 该书论及，即使当基本目标是促进自由时，运用收入作为工具也是具有战略优势的。See also Norman Daniel，*Just Health*（2008）.

的目的，是确定一组“公正制度”，而这又是通过“就规范这些制度的原则达成一致，以使这些制度去决定从今往后的基本社会结构”来实现的。[18]在罗尔斯作为公平的正义理论中，几乎只对“公正制度”予以直接的关注，而不那么关心“公正社会”。后者则同时依赖于有效的制度和实际的行为方式。

塞缪尔·弗里曼（Samuel Freeman）和埃琳·凯莉很好地收集和编撰了罗尔斯的众多著作。弗里曼曾经这样总结罗尔斯在构建“作为公平的正义”中所采用的策略：

> 罗尔斯运用一个虚构的社会契约来论证公正原则。这些原则首先被用于评价构成基本社会结构的制度的公正性。个人及其行为只要符合公正制度的要求就是公正的……（这些制度）如何得以确定并与社会系统相融合，将深深影响人们的个性、欲望和计划、他们今后的前景，以及他们自己所希望成为的人。由于这些制度对人们具有深远的影响，故罗尔斯认为基本社会结构是“公正的首要问题”。[19]

可以看到，这种“正义式”（niti-centred）方法与比如由社会选择理论所代表的“正理式”（nyaya-based）方法是多么不同（见引言中对两者差异的描述）。后者主张以社会后果及其现实结果来评价社会制度与公共行为（在评价社会现实的过程中，同时注意制度与行为模式中所隐含的对被评价的社会价值有内在重要性的地方）。

这一对比中有两点尤其值得注意。首先，在其他社会特征（包括实际的行为模式）给定的情况下，正理式的公正观不能忽视由任何制度选择所产生的社会现实。站在这一视角上，公正理论关注的核心只能是实际发生了什么（同时并不忽视那些被认为是重要的制度与行为规范的内在价值）。

其次，即便我们接受这样的观点，即通过一致的社会协议所产生的基本社会制度能确定某些“合理的”（或“公正的”）行为，但仍然存在一个大问题，那就是：在每个人的实际行为未必完全符合那些被认为是合理行为的世界中，被选择的制度将如何运作？罗尔斯认为，对于公正原则的一致选择，足以形成一种所有人都能接受的关于公正的“政治观念”，但这种接受与在具有这些制度的任何实际社会中所诞生的行为模式可能相距甚远。由于罗尔斯比其他任何人都更为有力、更为精妙地论述了为使社会运转有序，我们需要合理的行为，那么他显然非常清楚全体社会成员会自发地做出普遍的合理行为这一假设的困难所在。

于是，由此而产生的问题是，如果一个社会的公正性由制度因素、实际行为以及其他决定社会现实的因素等共同决定，那么能在不考虑实际行为（未必一定是“公正”或“合理”的行为）的情况下，确立公正的社会制度吗？如果我们希望公正理论能被应用于实际社会中的制度选择，那么，单纯地将某些原则视为正确的“关于公正的政治观”所需的原则并不能解决这一问题。

事实上，我们应该认识到，追求公正在一定程度上意味着行为模式的逐步形成。当然，不可能期望从一接受公正原则起所有人的行为就与公正的政治观完全吻合。总的来说，即使——或在其之后——所有人都接受了关于公正的政治观，制度选择也不仅要符合具体社会的性质，而且取决于可以预期的实际行为模式。在罗尔斯体系中，两大公正原则的确立是为了确保选择正确的制度以及所有人采取适当的实际行为，从而使个人与社会心理完全从属于某种政治观念。尽管罗尔斯的方法构建得很有连贯性，也很有技巧性，但它的确过于模式化，并过度简化了许多甚为复杂的大问题，即如何把公正原则的运作与人们的实际行为结合起来，而这正是对社会公正进行实践理性思考的核心。这一缺陷的确令人遗憾，因为社会制度与实际而非理想的个人行为之间的关联，对任何致力于引导社会选择走上社会公正道路的理论而言，都是非常重要的。①

---

① 正如我即将谈到的，在追求正义的过程中这两者之间的关系是早期印度政治思想流派主要争执的问题，例如考提利亚与阿育王之争（见第3章“制度与人”）。这也是亚当·斯密政治哲学与法学研究的主要内容之一，见 *The Theory of Moral Sentiments*（T. Cadell，1790；republished，edited by D. D. Raphael and A. L. Macfie，Oxford：Clarendon Press，1976），以及 *Lectures on Jurisprudence*，*The Glasgow Edition of the Works and Correspondence of Adam Smith*，vol. 5，edited by R. L. Meek，D. D. Raphael and P. G. Stein（Oxford：Clarendon Press，1978）。

二、契约论方法的替代途径

罗尔斯在其理论中采用了契约论的思想，其问题是：什么样的“契约”将会在初始状态中被人们一致接受？契约论的推理方法是延续康德以来的传统[20]，并在当代政治与道德哲学中深具影响，这在很大程度上是由于罗尔斯的贡献。罗尔斯将“作为公平的正义”理论与该传统相融合，且正如引言中所述，他将其理论描述为试图“将洛克、卢梭、康德等人提出的社会契约论带到一个更高的抽象层面”[21]。

罗尔斯将这种用于产生社会契约的推理模式和功利主义传统进行了比较，后者关注“所有社会成员好处总和的最大化，而这些好处所依据的是某种总体信条所确定的‘全面好处’（complete good)”[22]。这是一个既有趣又重要的比较，但因罗尔斯专注于这一比较而疏于探索其他既非契约主义又非功利主义的方法。就像亚当·斯密的例子那样，他引入了其称之为“中立的旁观者”的机制，从而使其以公平的要求来评价公正。而这既非社会契约模式，亦非效用总和的最大化（或“全面好处”的任何其他总和指标的最大化）。

借助斯密的“中立的旁观者”来探讨公平问题，使我们有可能得到从罗尔斯契约论式的推理中不太可能得到的结果。有必要考察采用斯密式的“中立的旁观者”的推理方法能带来哪些通过社会契约式的推理所不能得到的可能性，它们包括：

（1）关注比较性的评价，而非仅仅确立一种先验主义解决方案；

（2）关注社会现实，而非仅仅关注制度与规则的要求；

（3）允许社会评价不完整，但依旧对重要的社会公正问题提供指导，包括敦促消除明显的不公正；

（4）听取契约缔结者以外的声音，或者是为考虑其利益，或者是为避免我们自身陷入地域的狭隘性。

针对以上方面，我已在引言部分简要论述了契约论方法与罗尔斯“作为公平的正义”理论的局限，而这要求我们提出更具建设性的答案。

三、全球视角的相关性

罗尔斯所采用的社会契约方法，无可避免地将追求公正的参与者限定在某个既定的政体，或“民族”（罗尔斯称之为“集体”（collectivity)，与标准政治理论中的“民族—国家”具有广泛的相似性）之内。当托马斯·波格等人希望将罗尔斯的初始状态拓展至全球时，初始状态的机制使人们几乎没有选择的余地，除非寻求一个全球性的社会契约。[23]在此情况下，要将罗尔斯建立公正制度的步骤运用至全球社会，即要求一个世界政府，无疑很成问题，而我在引言中已对这种观点表示了怀疑，这使得托马斯·内格尔等学者进一步否定了全球公正的可能性。

鉴于之前已经简要谈过的两个不同的原因，我们需要超越国家的边界，在全球范围内评价一国内部的公正。首先，一国发生的事情及其制度运行的方式，势必会影响他国，有时甚至会造成严重的后果。当我们想起恐怖主义或反恐行动，甚或美国主导的打击伊拉克等事件时，这一点就显而易见，但在我们生活的这个世界上，超越国界的影响几乎无处不在。其次，每个国家或社会都可能持有狭隘的地域观念，而对此需要从全球视角进行审思，因为唯有如此才能拓展所思考的问题范围与种类，并且唯有如此才能通过其他国家或社会的经验，对潜藏于特定的道德与政治评判之后的事实性假设加以思考。例如，对与妇女不平等相关的事实和价值观，酷刑或与此相关的死刑的可接受性进行全面的评价，全球性的思考会比局部的讨论更加重要。罗尔斯理论中关于公平的分析还涉及其他一些问题，如在一个既定社会中，存在各种不同的个人利益与偏好。在后面的章节中，我们将讨论如何解决既得利益与狭隘地域观念的局限性。

· Justitia 与 Justitium ·

在本章的最后，我想谈一个不同的、也许相对没那么重要的问题。在罗尔斯“作为公平的正义”理论中，公平是与个人有关的（如何在人与人之间保持公平），而罗尔斯的正义原则却是应用于制度选择的（如何确立公正的制度）。在罗尔斯的分析中（我对此已经表达了一些怀疑），前者导致了后者，但我们必须注意到，公平与公正在罗尔斯的推理中是截然不同的两个概念。罗尔斯很小心地解释了两者之间的差异，而我在本章前面部分也对此作了相应的论述。

但是公平与公正之间的区别——这对于罗尔斯“作为公平的正义”理论显然是不可或缺的，究竟有多么重要呢？以赛亚·伯林在与我的交谈中曾对罗尔斯的方法提出了批判，应我之请罗尔斯对此给出了一个深具启发性的回应。伯林认为，“作为公平的正义”并非具有如此根本性的意义，因为在世界上一些主要的语言中，甚至没有与这两者分别对应的有明显差异的词语。例如，法语中就没有不同的词语来分别代表这两个概念，而只有“公正”这一个词。①罗尔斯的回答是，是否存在具有语义差别的两个词并不重要，关键在于使用该语言的人能否区分其含义，并尽其所能地用其他方式来清楚表述这种差异。我相信这是对伯林的问题最好的回答。②语言的确重要，但我们不应为其所禁锢。

---

① 英语单词“公平”（fair）源自日耳曼语，乃经古高地德语 fagar 演化为古英语 faeger。最先用于美学，意为“令人愉悦的”或“吸引人的”。用作“平等”（equitable）是之后很久才出现在中古英语的。

② 我必须承认，尽管想到下面这一点会让人忍俊不禁，即当罗尔斯关于“作为公平的正义”著作的法译本将要付梓时，巴黎的学者们会如何理解“justice comme justice”，但我要马上补充的是，法译本通过很好的表述，并将基本思想强调为“la justice comme équité”，保留了这个区别。See John Rawls，Théorie de la justice，translated by Catherine Audard（Paris：Editions du Seuil，1987）. See also John Rawls，La justice comme équité：Une Reformulation de Théorie de la justice，translated by Bertrand Guillaume（Paris：Éditions La Découverte，2008）.

奎因（W. V. O. Quine）曾评论过我的一篇文章，从而引起了我对与“公正”一词有关的对比的兴趣。在其1992年12月17日给我的信中，奎因写道：

> 我结合“至点”（solstice）一词来思考“公正”（justice）。显然，前者源于拉丁语solstitium，即sol＋简化自stat-的stit，意为“太阳静止”。我因此对justitium一词也产生了疑惑：难道该词源自“法律停止”？我查阅了法国语言学家梅耶（Meillet）的著作，证实了自己的猜测。真奇怪！它的意思居然是“法庭放假”。但深入查询后，我发现justitia与justitium其实是没有关系的。Justitia是just（um）＋-itia，由此即为“just-ness”，正如其应有之意，而justitium是jus＋stitium。

收到奎因的信后，我真的十分担心我们的民主遗产，并立刻查阅了《大宪章》（Magna Carta）这一有关民主治理的经典文献。令人欣慰的是，我读到了“Nulli vendemus，nulli negabimus aut differemus，rectum aut justitiam”，可大致译为“我们不会向任何人出卖、拒绝和搁置权利或正义”。我们应该为此感到欣慰，因为伟大的反独裁领袖们不仅明白他们在做什么，而且清楚该用哪些词语来表达（尽管我能够想象全世界的法官们都将惊讶于《大宪章》中居然没有任何有关“法庭放假”的承诺）。

约翰·罗尔斯对公平与正义思想的巨大贡献是值得肯定的，但正如之前所言，在其公正理论中亦有其他一些观点有待商榷和修正。罗尔斯对公平、公正、制度及行为的分析深深地启发了我们对公正的思考，并已在——而且仍然在——公正理论的发展中发挥了巨大的建设性作用，但我们不能让罗尔斯的正义思想就此停滞。我们必须从已经从罗尔斯那里获得的丰富思想中汲取有益的成分，然后继续前进，而不是“休假”。我们需要的是“justitia”，而非“justitium”。

注释

1. See Rawls, 'Outline of a Decision Procedure for Ethics', *Philosophical Review*, 60 (1951); 'Two Concepts of Rules', *Philosophical Review*, 64 (1955), and 'Justice as Fairness', *Philosophical Review*, 67 (1958). They are included in Samuel Freedman (ed.), *John Rawls: Collected Papers* (Cambridge, MA: Harvard University Press, 1999). See also John Rawls, *Justice as Fairness: A Restatement*, edited by Erin Kelly (Cambridge, MA: Harvard University Press, 2001).

2. John Rawls, *A Theory of Justice* (Cambridge, MA: Harvard University Press, 1971). See also his *Political Liberalism* (New York: Columbia University Press, 1993); *Justice as Fairness: A Restatement* (2001).

3. 罗尔斯的公正观深刻影响了福利经济学。See E. S. Phelps (ed.), *Economic Justice* (Harmondsworth: Penguin, 1973), and 'Recent Developments in Welfare Economics: Justice et équité', in Michael Intriligator, (ed.), *Frontiers of Quantitative Economics*, vol. III (Amsterdam: North-Holland, 1977).

4. 从其他角度也可以对罗尔斯初始状态的契约式结果提出质疑。经济学家与决策论学者对罗尔斯预言在初始状态能产生的结果尤为怀疑，尤其是其“差异原则”所基于的“最大最小化方案”。关于质疑其观点的具体缘由，见 Kenneth Arrow, *Social Choice and Justice: Collected Papers of Kenneth J. Arrow*, vol. I (Cambridge, MA: Harvard University Press, 1983)。埃德蒙・费尔普斯（Edmund Phelps）率先将罗尔斯的公正原则应用于经济分析，但他同样表述了对罗尔斯推理的怀疑。See E. S. Phelps (ed.), *Economic Justice* (1973); and his *Studies in Mac-roeconomic Theory, II: Redistribution and Growth* (New York: Academic Press, 1980).

5. Immanuel Kant, *Fundamental Principles of the Metaphysics of Ethics*, translated by T. K. Abbott, 3rd edn (London: Longmans, 1907), p. 66.关于康德推理的要求，见 Barbara Herman, *Morality as Rationality: A Study of Kant's Ethics* (New York: Garland Publishing, 1990)。

6. Rawls, *Justice as Fairness: A Restatement* (2001), pp. 133–4.

7. Rawls, *A Theory of Justice* (1971), pp. 60–65.

8. On related issues, see also Liam Murphy and Thomas Nagel, *The Myth of Ownership* (New York: Oxford University Press, 2002).

9. See G. A. Cohen, *Rescuing Justice and Equality* (Cambridge, MA: Harvard University Press, 2008). See also Amartya Sen, 'Merit and Justice', in Kenneth Arrow, Samuel Bowles and Steven Durlauf (eds), *Meritocracy and Economic Inequality* (Princeton, NJ: Princeton University Press, 2000).

10. Rawls, *Political Liberalism* (1993), p. 110.
11. 我在 *Rationality and Freedom* (Cambridge, MA: Harvard University Press, 2002), 中讨论了"理性选择理论"主要代表观点的局限性，特别是在介绍性文章1中，也见文章3～文章5。
12. See, particularly, Rawls, *Political Liberalism*, pp. 48–54.
13. 自由的优先性在我的论文 "The Impossibility of a Paretian Liberal", *Journal of Political Economy*, 78 (1970) 的结论中起到重要的作用。罗尔斯在其论文 "Social Unity and Primary Goods", in Amartya Sen and Bernard Williams (eds), *Utilitarianism and Beyond* (Cambridge: Cambridge University Press, 1982) 中对这种关联进行了颇具启发的评述。我将在第16章更全面地谈到这一点。
14. 罗尔斯的"差异原则"中用到了"字典最大化最小值"（lexicographic maximin）分配法则，包括优先关注每个社会群体中的穷人，按对基本品的占有指数来衡量。当两个不同群体中的穷人情况类似时，则相对更穷的那个群体将得到更多的关注，以此类推。如果对这一原则的正式表述感兴趣，可见我在 *Collective Choice and Social Welfare* (1970) 中的简要陈述和讨论。See also Phelps, *Economic Justice* (1973), and Anthony Atkinson, *The Economics of Inequality* (Oxford: Clarendon Press, 1975).
15. 对这一问题的讨论也见我的文章 " Justice: Means versus Freedoms", *Philosophy and Public Affairs*, 19 (Spring 1990)。
16. Herbert Hart, 'Rawls on Liberty and Its Priority', *University of Chicago Law Review*, 40 (1973).
17. See Rawls, *Political Liberalism* (1993), chapter VIII. 但即便在其第一本著作 *A Theory of Justice* (1971) 的第132、217～218页中，也对自由的优先性进行了阐述。
18. John Rawls, *Political Liberalism* (1993), p. 23.
19. Samuel Freedman, 'Introduction: John Rawls – An Overview', in Samuel Freedman (ed.), *The Cambridge Companion to Rawls* (Cambridge: Cambridge University Press, 2003), pp. 3–4.
20. Immanuel Kant, *Critique of Practical Reason* (1788), English translation by L. W. Beck (New York: Liberal Arts Press, 1956).
21. John Rawls, *A Theory of Justice* (1971), p. viii.
22. Rawls, *Justice as Fairness: A Restatement* (2001), pp. 95–6. 实际上，罗尔斯在其开拓性论文 "Justice as Fairness", *Philosophical Review*, 67 (1958) 中将其作为理论出发点的核心。
23. See Thomas W. Pogge (ed.), *Global Justice* (Oxford: Blackwell, 2001).

第3章

制度与人

维特根斯坦关于“好”（goodness）与“明智”（smartness）有密切关联的看法（见第1章）其实并不是全新的思想。事实上，许多思想家早已论述过这一问题，尽管他们不如维特根斯坦表达得那么直接。试举有趣的一例，公元前3世纪的印度国王阿育王曾有许多关于善良与公正行为的名言，被铭刻于分散在印度全国和其他一些国家的许多石碑和石柱上。其中就有一篇铭文直接地谈到了这一关联。

阿育王反对不包容的做法，认为即使某一社会群体或宗教派别与其他群体派别的意见相左，也“应给予对方充分的尊重”。阿育王为这种行为建议提供了一条认识论上的理由：“其他派别的人都应当由于这样或那样的原因而得到尊重。”他进一步说道：“尊重本族而轻蔑他族的人，如果仅仅是因为对本族的忠诚而这样做的话，这一行为实际上就给本族带来了最严重的伤害。”[1]他明确指出，排斥他人的信仰与宗教会有损本族传统的包容性。由此可见，不明智，即对于什么会对本族——你所拥戴的族别——造成“最严重的伤害”的无知，也许是愚蠢的且适得其反。这种行为既“不好”，亦“不明智”。

在阿育王对于社会公正的思考中，不仅包括了增进大众的福祉与自由是国家和个人的一项重要职责这样的信念，而且包括了社会成就可以通过市民自身的自愿行为，而非通过强逼胁迫得到实现这样的思想。阿育王花了不少时间和精力来推动人们之间自发的以善相待的行为，他在印度四处镌刻的铭文即可说明这一点。①

与阿育王对于人类行为的关注相比，考提利亚注重的是如何构建和利用社会制度。他是阿育王的祖父犍陀罗笈多王（Chandragupta，孔雀王朝的建立者，也是首位统一几乎整个印度的国王）的主要谋士，在公元前4世纪撰写了名篇《政事论》（*Arthasastra*，可大致译为“政治经济学”）。考提利亚的政治经济学基于他对制度在成功的政体和有效的经济体中的作用的认识，他亦将包括限制与禁止在内的制度特征视为善行的主要来源，以及对行为规范的必要约束。显然，这实际上是一种从制度视角来推进正义的观念。考提利亚丝毫不认为人们会在没有物质激励和必要的限制或惩戒的引导下自发行善。当然，当代很多经济学家持有与考提利亚相同的看法，即认为人性本恶。这类观点与阿育王的乐观看法形成了鲜明的对比，后者认为通过劝导人们多加反思，并使其明白愚蠢的念头只会导致粗鲁的行为并产生对所有人都不好的结果，他们的行为就会发生很大的改善。

阿育王高估了仅靠行为变革本身所能产生的效果。他本是一个严厉的统治者，但在与一个当时尚未被其征服的国度羯陵伽（Kalinga，也就是现在的奥里萨邦）的战争中，他从其胜利中目睹了种种暴行，其道德与政治观念由此发生了重大转变。他决定改变自己的道德与政治观念，接受释迦牟尼的非暴力学说，逐步解散军队，并逐渐释放奴隶和契约劳工，成为一位道德宗师而非强权统治者。[2]遗憾的是，阿育王死后不久，其庞大的帝国就解体成了众多的小领国。但是有一些证据表明，他在世时并未出现解体，其原因在于：一部分是其臣民对他的敬畏，另一

① 阿育王非比寻常的社会关怀，以及他为子民福祉而进行的种种努力，使H.G.韦尔斯（H. G. Wells）不禁在《世界史纲》（*The Outline of History*）中写道，“在历史上无数的帝王之中，在他们的庄严、仁慈、高贵和皇权之中，阿育王的名字熠熠闪耀，几乎无出其右”（H. G. Wells，*The Outline of History*：*Being a Plain History of Life and Mankind*（London：Cassell，1940），p. 389）。

部分则是阿育王事实上并未完全废除考提利亚的制度化了的行政体系（如布鲁斯·里奇（Bruce Rich）所论述的）。[3]

尽管阿育王对道德行为所具有的作用过于乐观，但考提利亚对社会伦理能否产生良好结果的怀疑就一定正确吗？可以肯定的是，他们两人的观点都是不全面的。在探索促进社会公正的方式和手段时，我们需要对两者都予以重视。

·制度选择的条件性·

在获得社会公正的过程中，制度与行为模式相互影响。这一点无论对于评价古代的治理思想，如阿育王或考提利亚的，还是对于其在当代经济与政治哲学中的应用都很重要。①关于约翰·罗尔斯“作为公平的正义”的表述，存在一个问题：如果人的行为模式会因为不同的社会而有所不同（证据表明的确如此），那么罗尔斯如何才能在其称之为“立宪阶段”（constitutional phase）的环节上，运用同一种公正原则在不同的社会建立起基本制度呢？

为了回答这一问题，必须注意到，总的来看，罗尔斯公正制度的原则并未指明具体的制度，只是提供了用于指导实际制度选择的一些规则，因此，实际制度的选择可以充分考虑到影响社会行为的实际因素。例如，我们来看一下罗尔斯的第二公正原则：

> 两种情况下允许存在社会与经济的不平等：首先，在机会均等的情况下，由官职与地位造成的不平等；其次，这种不平等能给社会中境况最差的成员带来最大的好处。[4]

尽管该原则的第一部分粗看起来只是直接提出了关于非歧视性制度

---

① 见埃德蒙·费尔普斯对弗里德里希·哈耶克（Friedrich Hayek）关于资本主义中相互依赖性的出色分析：“Hayek and the Economics of Capitalism: Some Lessons for Today's Times”, 2008 Hayek Lecture, Friedrich August von Hayek Institute, Vienna, January 2008。

的要求，而且这一制度无须依赖于某种行为规范的约束，但“机会均等”的要求势必会强化行为因素对制度选择的作用（例如，考虑到行为特征，哪种选择标准将会有效，等等）。

当转向这一指导制度选择原则的第二部分时（这一重要的要求被单独命名为“差异原则”），我们必须仔细研究不同的潜在的制度安排是如何与社会行为规范相互契合及互动的。实际上，甚至这一原则的用语就已反映了该标准对社会实际情况的关注（即不平等是否会给“社会中境况最差的成员带来最大的好处”）。这再次给予罗尔斯更大的空间来考虑行为的差异性。

·契约论的逻辑中对于行为的限制·

在讨论实际行为与制度选择的关系时，还有一个相关问题。上一章已谈到过这一问题，它与罗尔斯的假设有关，即如果社会契约得以达成，则人们将会放弃对狭隘的自我利益的追求，转而遵循社会契约运行所必需的行为规范。罗尔斯关于“合理”行为的思想延伸至人的实际行为：一旦所选择的制度——在初始状态下一致选择的制度——建立，该行为将会产生。[5]

罗尔斯对“后契约行为”的性质作了十分苛刻的假设。他在《政治自由主义》中这样写道：

> 理智的人会因为其内在价值而渴望这样一种社会，其中人们能自由平等地，按照大家都能接受的方式与他人合作。他们认为在此社会中人应利益互惠，这样每个人都能与他人一起获益。相反，不理智的人虽然会计划合作，但除了必需的掩饰外，不愿意信守甚至提出任何有关公平合作的一般原则或规范。在同样的一些基本方面，只要条件允许，他们随时都会为了自身利益而破坏那些原则。[6]

通过假设在后契约世界中人们的实际行为将体现契约的要求，罗尔斯使制度的选择简化了很多，因为我们已被告知一旦制度建立，个体行为将会怎样。

不能指责罗尔斯在阐述其理论时没有做到一致与完善。然而更为重要的问题是，如何才能使这个一致且连贯的政治模型为评价现实生活中的公正问题提供指导原则，而不是只为罗尔斯所关注的想象世界中的公正问题提供指导原则。如果目的在于勾勒出如何实现绝对公正的社会制度，以及在理性行为的额外帮助下构建绝对公正的社会，那么罗尔斯的关注将是成立的。①但这样会在社会公正领域中的先验主义与我在引言部分介绍的比较性评价之间，造成更大的鸿沟。

罗尔斯关于在初始状态下达成协议之后会产生理性行为的假设，与阿育王对一个由正确行为所引导的社会的构想，两者的确有相似之处。但有一点不同，即在罗尔斯的理论中，我们可以更清楚地看到在制度和行为的共同作用下，在一个我们希望实现的世界中事物是如何运作的。这可被视为对先验主义公正观的一个重要贡献。罗尔斯清晰有力地勾勒出了他对于制度与行为的理想化先验主义构想：

> 由此，简单来说：(1) 除了具有善恶观的能力外，市民还有能力去产生公正与公平观，并有按照这些观念去行动的愿望；(2) 当其相信相关社会制度公正或公平时（根据上述观念），他们愿意按照这些制度尽其本分，只要他们有理由确信其他人亦会如此；(3) 如果在公正或公平的制度中，其他人也在显而易见地尽其本分，市民会对该制度建立信心或信任；(4) 如果这种合作能成功地持续较长

① 关于罗尔斯的理论是不是对先验主义公正的充分描绘，这里还有一个问题。因为罗尔斯为了满足激励的需要，而对不平等作了让步。如果我们接受科恩在 *Rescuring Justice and Equality* (Cambridge, MA: Harvard University Press, 2008) 中提出的观点，即如果是为了劝诱人们表现良好（在一个公正的世界中，人们甚至无须个人激励就应该做的）而在不平等上所作的让步使得罗尔斯的理论作为一种绝对公正理论不够完美，那么罗尔斯有关绝对公正的理论中的实质内容必将受到削弱。正如上一章所述，这里存在一个理论问题，因为罗尔斯的确针对后契约世界中的个体行为作了严格的条件设定，但又通过在社会契约中设立了激励，而把无须激励的理想行为排除在外。

一段时间，则此种信任或信心能得以增强或完善；(5) 同样，如果用于确保人们根本利益（基本权利与自由）的基本制度越来越受到大众的热忱拥护，情况也是一样的。[7]

这一构想既引人深思又在许多方面让人欢欣鼓舞。但如果我们试图在一个制度和行为皆不完善的现实世界中纠正不公正，还需要思考在当前如何建立制度，以通过提高眼前活生生的人的自由与福利来促进公正。而这正是为什么对于制度选择和追求公正来说，对行为规范与标准的现实解读是十分重要的。对当前行为提出不切实际的要求，并不是一种推进公正的好方法。今天我们在思考公正与不公正问题时，必须有这种基本认识，这一主题也将在本书后面部分不断出现。

·权力与制衡·

关于社会所需的合适的制度，我们必须了解约翰·肯尼思·加尔布雷思（John Kenneth Galbraith）的一个基本观点。他很清楚不受制约的权力的负面影响，这不仅因为制度均衡对于社会而言非常重要，而且因为权力会导致腐败。他认为相互之间具有“制衡力”的不同社会机制十分重要。在其1952年的著作《美国资本主义》（*American Capitalism*）中，加尔布雷思详细阐明了这一要求及其意义。在该书中，针对美国社会如何依靠推行多种制度的运行，来约束和平衡某一种制度可能会带来的统治和支配地位，从而取得成功，他亦进行了独到且深具启发性的论述。[8]

对于美国政府近年来一直试图摆脱宪法的约束，以获得更大的权力这一似乎严重错误的倾向，加尔布雷思的分析正中要害。但更应引起注意的是，他让我们认识到中央集权的一党制国家，如苏联的问题所在。尽管十月革命带来了早期的政治激情以及人们对于公正的期盼，但巨大的政治与经济失利很快就在苏联发生（包括大清洗、政治审判、古拉格集中营，以及官僚主义下低效的经济与社会制度）。我认为，这些失败的根源至少部分在于苏联的制度结构中完全缺乏制衡力量。这一问题显然与民主的缺失有关（我将在第 15 章详述这一问题）。而民主实践这一问题与一个多元化社会中权力制衡的存在和运行密切相关。

·作为基础的制度·

任何公正理论都必须将制度的作用置于重要地位。由此，任何有关公正的合理分析都必须将制度选择作为其核心要素。不过，鉴于之前论述过的原因，我们必须探寻那些能够推进公正的制度，而不是将制度本身视为公正的体现，否则我们将陷入某种形式的制度原教旨主义。尽管正义这种以制度为导向的视角认为适宜制度的存在就满足了公正的要求，但视野更宽广的正理观则要求，我们有必要考察那些制度基础究竟产生了什么样的社会结果。当然，制度本身显然也可被视为社会结果的一部分，但它很难成为我们所要关注的全部，因为人们的实际生活也是其中的一部分。①

长期以来，人们在经济与社会分析中都将公正的实现等同于寻找正确的制度结构。有很多这种着眼于制度并提出公正社会的各种制度设想的例子，从完美的自由市场与自由贸易的灵丹妙药，到生产资料公有以及神奇有效的中央计划的世外桃源。然而现实表明，这些宏伟的制度方案都未能实现其愿景，它们能否产生好的社会结果完全有赖于各种社会、经济、政治及文化情况。[9]制度原教旨主义不仅对社会复杂性为所欲为，而且与其相伴的自我陶醉甚至阻碍了对其后果的批判审视。实际上，在纯粹的制度主义者眼中，建立“公正制度”就是公正的全部内

① 大法官斯蒂芬·布雷耶（Stephen Breyer）清晰有力地说明了在解读民主宪法时关注其“目的与结果”的重要性，尤其强调“将结果作为一项重要准则来衡量一个给定的解读对民主目标的忠诚度”的作用（*Active Liberty*：*Interpreting Our Democratic Constitution*（New York：Knopf，2005）p. 115）。

容，至少在主要内容上是如此。然而无论是多么好的制度，都不应认为其根本上是好的，而应以其能否实现可接受的或出色的社会成就来判别其好坏。

所有这一切本应该很容易理解，但在那些为人熟知的制度学派中，通常都暗含了制度原教旨主义的思想，即使在政治哲学中也是如此。例如，在其著名的对“协议性道德”（morals by agreement）的探索中，戴维·高蒂尔指望通过各方就制度安排达成的一致协议，来引领我们实现社会公正。制度被赋予无上的优先地位，不受该制度所导致的实际后果的制约。高蒂尔十分倚重市场经济在产生有效安排上的作用，并想象各方会以此来达成协议，而一旦确立了“正确的”制度，我们就会被该制度牢牢控制。高蒂尔明确指出，建立正确的制度能将各方从道德的持续约束中解放出来。高蒂尔以此将其书的相关章节命名为“市场：从道德中获得解放”（Market：Freedom from Morality）。[10]

在评价社会公正方面，像高蒂尔那样对制度赋予如此根本性的作用也许只是一个特例，但的确有许多哲学家也明显地受到了这一方向的诱导。根据某些假想的公正协议，一旦理性地选择了某种制度，则无论其实际后果如何，制度总能不受影响。这种假设的确有些诱人，但问题在于，我们是否真的能把一切问题都丢给制度选择（显然，选择某种制度是因为考虑到它们进入谈判或协议所产生的结果），而无论其实际结果如何，一旦选定某种制度，就再不去考虑协议与制度的状况。①

也有一些理论虽然并不像高蒂尔那样采用制度原教旨主义的形式，但仍认为制度高于其结果。例如，罗伯特·诺齐克在论述为保障公正而有必要保证包括财产所有权、自由交换权、自由转让权及自由继承权在内的个人自由时，将保证这些权利所需要的制度（法律及经济框架）视为他所认为的公正社会的必然要求。[11]他将一切都诉诸制度，而不是要求

① 然而，倡导市场经济并不需要忽略其支撑体系的条件性。例如，约翰·格雷（John Gray）认为市场是一种受结果影响的制度（*The Moral Foundations of Market Institutions*（London：IEA Health and Welfare Unit，1992））。

根据结果对它们进行评价并作出某些修正（其理论并未对结果进行分类整理，至少在其纯理论中是如此）。他认为制度具有内在价值，与鉴于制度是实现其他事物（如诺齐克所称的人们的“权利”）的必要条件，而将其视为公正的关键，这两者之间尚存在形式上的差别。但这种差别真的只是形式上的，以至于我们可以认为诺齐克的理论是制度原教旨主义的衍生品。

但如果我们所认为的“公正制度”实际上却给人们造成了不好的结果（即便没有伤害他们首要的切身利益，如诺齐克理论中对自由权力的保证），那么会怎样呢？[①]诺齐克亦认识到这里可能会存在问题。事实上，在其所主张的理论体系中，自由权力的绝对优先可能会导致其所称的“灾难性道德恐怖”（catastrophic moral horror）。诺齐克对此作了一个例外处理。[②]在这种极端情况下，制度要求可能会被丢到一边。但一旦作出了这样的例外处理，我们就不太清楚其公正理论中的基本优先还剩下些什么，也不清楚其理论中必要的制度与规则还会有什么样的基础地位。如果灾难性道德恐怖足以让我们放弃对一切所谓的正确制度的依赖，则不是那么灾难性的却依然相当糟糕的社会结果，能否让人有理由对制度的优先性进行冷静的反思呢？

当然，更一般性的问题在于，无论制度有多么完美，如果对实际发生的事情始终无动于衷，那么这种理论是不可靠的。即便罗尔斯很清楚地从制度推动社会结构的角度来对制度进行讨论，由于他从制度视角来

---

① 造成严重饥荒的经济与政治力量就能在不触及任何人自由权力的情况下，产生这种结果。关于这一点，请见本人的 *Poverty and Famines*：*An Essay and Entitlement and Deprivation*（Oxford：Oxford University Press，1981）。也见本书第 1 章“理智与客观”。See Cormac Ó Gráda，*Ireland's Great Famine*：*Interdisplinary Perspective*（Dublin：University College Dublin Press，2006）.

② 诺齐克的确没有对这一问题给出确切的答案：“这些反映权利的限制条件是不是绝对不可动摇的，是否可以因为避免灾难性的道德恐怖而对其有所违背，而如果是后者，最后的结构又会是什么样的，这是一个我在很大程度上想予以回避的问题”（Robert Nozick，*Anarchy*，*State and Utopia*（Oxford：Blackwell，1974），p. 30）。

定义其“公正原则”，因此他的理论也接近于纯粹的制度观。①其他许多研究公正问题的重要学者同样如此，他们均假定自己提出的制度会按预期完美地发挥作用，并把他们的公正理论建立在此基础上。

我们于是就到了一个岔路口。与上述制度主义方法不同，有一些公正理论与社会选择理论广泛地关注实际的社会状态，并以此对事物以及制度公正与否进行评价。功利主义即是如此（即便其对社会状态的评价局限在有限的效用角度而无视其他方面）。更一般地讲，由肯尼斯·阿罗建立，遵循自孔多塞、亚当·斯密以来的规范主义传统，对社会评价和社会公正问题进行研究的社会选择理论也是如此。我们这里不必完全依赖效用或“终极状态”（诺齐克所称的）来评价事物状态，而忽略过程的重要意义。相反，在评价我们行为的对错或能否做得更好时，所有实际发生的事物状态都是极其重要的。

在正理观这一更宽广的视角下，我们绝不能将公正问题简单地交给某些我们认为无比正确的社会制度或正义，然后就置之不理，也不采取进一步的社会评价（包括如戴维·高蒂尔所说的“从道德中解放出来”）。在追求公正的过程中，探究事物的实际运作以及是否获得进一步的改进是一项持久且无法回避的内容。

注释

1. 阿育王的这些话出现在他在伊罗古地（Erragudi）所颁布的第12条诏令（“论包容”）中。此处采用了 Vincent A. Smith, *Asoka: The Buddhist Emperor of India* (Oxford: Clarendon Press, 1909)，pp. 170-1 中的译文，并根据梵文原文作了一些细微的修正。

2. On Ashoka's life, see Romila Thapar, *Asoka and the Decline of the Mauryas* (Oxford: Oxford University Press, 1961); Upindar Singh, *A History*

① 当然，在罗尔斯“作为公平的正义”理论中，选择制度时的确也会考虑结果。但一旦通过“公正原则”选定制度，该理论体系就没有相关的程序来考察这些制度是否的确产生了预期的结果。

of Ancient and Medieval India: From the Stone Age to the 12th Century (New Delhi: Pearson Education, 2008).

3. On the last point, see also Bruce Rich's excellent book, *To Uphold the World: The Message of Ashoka and Kautilya for the 21st Century* (New Delhi: Penguin, 2008), Chapter 8.

4. Rawls, *Justice as Fairness: A Restatement*, edited by Erin Kelly (Cambridge, MA: Harvard University Press, 2001), pp. 42–3.

5. On this question, see Anthony Laden, 'Games, Fairness, and Rawls's "A Theory of Justice"', *Philosophy and Public Affairs*, 20 (1991).

6. Rawls, *Political Liberalism*, p. 50.

7. Ibid., p. 86.

8. John Kenneth Galbraith, *American Capitalism: The Concept of Countervailing Power* (Boston, MA: Houghton Mifflin, 1952; London: Hamish Hamilton, 1954; revised edn, 1957). See also Richard Parker, *John Kenneth Galbraith: His Life, His Politics, His Economics* (New York: Farrar, Straus & Giroux, 2005); republished as *John Kenneth Galbraith: A Twentieth-Century Life* (Chicago, IL: University of Chicago Press, 2007).

9. 我在 *Development as Freedom* (New York: Knopf, and Oxford: Oxford University Press, 1999) 中，谈到了造成这种刻板的制度观与社会现实之间差异的一些原因。

10. David Gauthier, *Morals by Agreement* (Oxford: Clarendon Press, 1986), Chapter IV ('The Market: Freedom from Morality').

11. See Robert Nozick, *Anarchy, State and Utopia* (Oxford: Blackwell, 1974).

第4章 声音与社会选择

公元前 325 年，亚历山大大帝（Alexander the Great）征战于印度西北部，与旁遮普及周边地区的一些王国进行了一系列的战争并大获全胜，却无法激励士兵进一步攻占当时定都印度东部的华氏城（Pataliputra，即现在的帕特纳（Patna））并统治印度大部分地区的难陀王朝(Nanda)。然而，亚历山大并不想就此悄然返回希腊。作为亚里士多德的优秀学生，他花了不少时间与印度的哲学家及学者进行了多次无拘束的关于宗教和社会的讨论。①

在其中一场激烈的辩论中，亚历山大大帝责问一群耆那教的哲学家为何不把他当回事。对此问题，他得到了下述饱含民主意味的答复：

> 亚历山大大帝，任何人都只能占有地球表面上像我们所站立的这么大的地方。你与我们一样都是普通人，只是你一直繁忙且四处滋扰，千里迢迢远离故土，这对你和他人都不是什么好事！……等

① 在当时，大约就是伟大的史诗《罗摩衍那》（*Ramayana*，尤其是《蚁垤罗摩衍那》，*Valmiki Ramayana*）与《摩诃婆罗多》诞生的时期，即公元前 7 世纪到前 5 世纪，印度有许多思想流派。我在理查德·冈布里奇（Richard Gombrich）与谢尔登·波洛克（Scheldon Pollock）编著的新的克莱梵语图书馆（Clay Sanskrit Library）版本的《蚁垤罗摩衍那》（将由纽约大学出版社出版）的前言中，介绍了这两部史诗中众多不同的思想流派。也是在这个时期，释迦牟尼与大乘耆那教徒的宗教学说，从公元前 6 世纪起，对占统治地位的正统学说提出了极大的挑战。

你不久终老之后，你所能拥有的只不过是墓地大小的一块地方而已。[1]

从传记作家阿利安（Arrian）的描述中可见，亚历山大大帝对这种平等主义的严厉责难表示了高度欣赏，其反应与他在和第欧根尼（Diogenes）交锋时所表现的一样，尊重发言者并容忍批评之辞。不过阿利安也指出，他之后的行为并没有任何改变，“与其当时所表现出的赞赏可谓截然相反”[2]。

显然，争辩与讨论并非时时奏效。但它们的作用的确是存在的。事实上，即便在亚历山大大帝这个例子中，他与第欧根尼、耆那教的哲学家等人的闲谈对其拓宽思路以及坚定地拒绝狭隘思想确实有所影响。无论其本人的结局如何，在亚历山大大帝到访印度后的数个世纪中，所建立起来的沟通交流渠道以多种方式对印度的文学、戏剧、数学、天文学、雕刻及其他多种学科产生了深刻影响，广泛地改变了印度的面貌。①

与其他人文学科一样，研究正义问题并不是孤立的思考。当我们考虑应如何作为、何种社会为不公正时，我们有理由去聆听并关注他人的观点与建议，这或许能使我们修正自身的某些结论。我们也经常试图让他人关注我们的喜好与思维方式，在这一点上我们有时成功，有时则完全失败。对话与沟通不仅是正义理论主要内容的一部分（很难想象存在“没有讨论的公正”），而且这些理论的本质、可靠性与范围亦有赖于此。

如果一个正义理论不承认其可能的局限性，即使我们尽了最大努力

---

① 正如后面（第15章“作为公共理性的民主”）将会谈到的，也正是在希腊的影响下，印度开始在市政管理中尝试民主治理。另一方面，希腊人也开始更多地接触该时期的印度思想与哲学。关于那一时期希腊与印度哲学的相似性，见托马斯·麦克维利（Thomas McEvilley）的出色研究 *The Shape of Ancient Thought: Comparative Studies in Greek and Indian Philosophies*（New York: Allworth Press, 2002）。有些相似之处可能是各自独立形成的，但在很多方面是由于相互影响和互动的结果。在 John Mitchener, ‘India, Greece and Rome: East-West Contacts in Classical Times’, mimeographed (Office of the UK Deputy High Commissioner, Kolkata, India, 2003) 中，对此有过重要的研究，遗憾的是，该油印本未获出版。

仍有可能陷于这样或那样不易察觉的错误之中，那么它无异于一套自命不凡的夸夸其谈。事实上，允许判断的不全面性或承认没有一劳永逸的定论，这并不意味着某一方法的失败。对于实践理性而言，在宽广的理论体系中构建理智思考的框架尤为重要，这也是本书研究正义理论所采用的方法。

当然，绝大多数主流学者并不认为正义理论只能提供一种一般性的推理框架。相反，这些学者似乎坚定不移地要向我们立即展现出某些相当具体的社会正义公式，以及确定无误的公正的社会制度之本质特征。罗尔斯的正义理论就是鲜明的代表。正如我们已经看到的，这方面有许多批判性推理，包括公平的优先性、关于初始状态的设想、在初始状态中预期的制度选择的一致性。所有这些一般性推理都将把我们引向一套明确的公正原则以供遵循。在罗尔斯的正义理论中，这些原则主要包括自由优先（第一原则）、关于程序平等的要求（第二原则的第一部分），以及结合公平和效率的一些要求，如优先推进社会中境况最差成员的福利（第二原则的第二部分）（如第2章中所讨论的）。有了罗尔斯理论中的这些具体细则，人们不必担心正义理论的不确定性。

但这是否过于肯定了呢？如果到目前为止推理都是无误的，则如此细微的要求会让我们无视许多相关且非常重要的方面。罗尔斯公正原则的性质与内容以及推导过程可能会导致我们对一些方面的忽视，而这是有问题的。这些方面包括：

（1）由于只关注确定一个绝对公正的社会所隐含的要求，因此忽略了回答有关公正的比较性问题。

（2）仅从公正原则，也就是公正制度的角度构想正义的要求，而忽略了更广泛的社会现实视角。

（3）忽略了一国的行为与选择可能对他国人民造成的负面效果，缺乏必要的制度以聆听受影响的国家的人民的呼声。

（4）任何脱离了世界其他国家的社会都可能会产生狭隘的价值观，缺乏任何用于修正其影响的系统程序。

(5) 不允许初始状态中不同的人因为其合理的政治标准和价值观的多样化（而不是因为其既得利益的不同）而采取不同的公正原则，即使在经过公共讨论之后。

(6) 不考虑这种可能性，即使存在假设中的社会契约，某些人仍可能不会一贯地采取“理智的”行为，而这可能会影响所有社会安排的恰当性（当然也包括制度选择的恰当性）。由于强行假设所有人都会遵循某种具体的行为规范，罗尔斯使这一问题大为简化了。[①]

如果我们不想就此忽略这些与公正相关的重要问题，那么探寻公正所隐含的要求就需要采纳视野更宽广、形式更灵活的方法。公共讨论的作用——正如罗尔斯本人所强调的那样——在这方面尤为重要。

也许在社会选择理论的帮助下，可以把我们任务的性质阐述得更清楚，而这就是下面所要谈的内容。

·社会选择理论的研究方法·

对于道德与政治的讨论由来已久。早在公元前4世纪，亚里士多德就对这些问题有过广泛而清晰的论述，尤其是在《伦理学》（*Nicomachean*）与《政治学》（*Politics*）这两本书中。与他同时代的印度的考提利亚在其著名的有关政治经济学的专著《政事论》中（见前一章），则采用更为严格的制度视角来阐述这些问题。但针对公共决策的正式程序及其背后的——通常是隐含的——规范的假设的探索则出现于晚些时候。探索这些问题的方法之一即是社会选择理论，它作为一种系统性的

① 之前已讨论过其中的部分局限，其余的将在后面的章节中涉及。主流的著述以某种程式化的方式，即认识到需要研究“非理想化条件”（non-ideal）的理论，对上述第6点已有所关注。然而，难以通过“理想化”与“非理想化”理论的差异，来理解其他几点，因此不能通过这种方式来对上述几点进行归纳。英格丽德·罗贝尼斯（Ingrid Robeyns）和亚当·斯威卡特（Adam Swift）主持的一个深具启发性的专题研讨‘Social Justice: Ideal Theory, Non-Ideal Circumstances’ in *Social Theory and Practice*, 34 (July 2008)，曾讨论过“理想化理论”的应用范围及局限性。

学科最早形成于法国大革命时期。

18 世纪晚期，一些主要在巴黎工作的法国数学家最先开始在这一领域进行开拓，例如波达与孔多塞等，他们用数学方法来研究基于个人优先安排而达成的集体评价。通过对群体中不同人的个人判断所形成的总体效果进行研究，他们首先提出了正式的社会选择理论。[3]当时的思想氛围受到欧洲启蒙运动，尤其是法国启蒙思想（以及法国大革命）的影响很大，对社会秩序的理性建构开始有所讨论。事实上，早期的一些社会选择理论家，尤其是孔多塞，同时也是法国大革命的思想领袖。

避免社会选择过程中的任意性与不稳定性，这是推动早期的社会选择理论家进行探索的主要动力。他们专注于为理性与民主的群体选择构造理论框架，并关注该群体中所有成员的偏好与利益。当然，他们的理论探索多数得出的都是相当悲观的结论。例如，孔多塞认为，多数原则（majority rule）有可能会互相矛盾。例如，多数人认为 A 好于 B，B 又好于 C，但依然可能存在多数人认为 C 好于 A 的情况（这就是“孔多塞悖论”）。在 19 世纪的欧洲，不少人继续围绕这类难题开展大量的探索（但得出的结果大多仍是悲观的）。事实上，一些非常具有创造力的人为解决社会选择的难题做了大量的工作。例如，《爱丽丝漫游仙境》（*Alice in Wonderland*）的作者刘易斯·卡罗尔（Lewis Carroll），就用其真名道奇森（C. L. Dodgson）写了有关社会选择的相关文章。[4]

当肯尼斯·阿罗在 1950 年左右以现代形式重建社会选择理论时（阿罗同时也给予这一学科现在的命名），他也非常关注群体选择的困难以及由此可能产生的不一致性。阿罗用明确的表述和经过推敲的公理及其推导对这一领域赋予一种结构化和解析化的形式，要求社会决策满足某种最低的理性条件，并在此基础上作出恰当的社会排序以及对社会状态的选择。[5]通过认可所需的明确的任何社会选择程序都必须满足的条件，使其能被人接受，这就取代了孔多塞、波达等人的不太规范的方法，催生了现代意义上的社会选择理论。这也使得其他学者可以对阿罗的公理与要求进行某种变换，以提出合理的批判。

阿罗先驱性的工作开创了这样一条积极而有建设性的探索之路。当然，就其公理而言，阿罗通过推导得出了一个令人吃惊且极悲观的一般性结论，即“阿罗不可能定理”（他本人则为其起了一个较为积极的名字，“一般可能定理”），从而极大地深化了之前业已存在的那种无望与悲观。6这是一个简明有力的数学结果。它表明，即使是某些很弱的合理反映社会成员要求的社会选择条件，也无法被任何可称得上是理性与民主的社会选择程序（如阿罗所描述的那样，且具有一定的合理性）所同时满足。在启蒙思想及法国大革命思想提出社会理性企望两个世纪之后，当一个充满新的民主承诺的和平世界正从第二次世界大战的伤痛中恢复之时，关于理性民主抉择的探索似乎显得毫无希望。7

阿罗具有悲观色彩的定理和之后一系列新的数学研究结果，以及由这些技术性著述所引发的广泛的一般性讨论，最终都对社会选择研究产生了重要的建设性影响。①它促使研究集体决策的学者深入审思究竟是什么使得民主实践的合理要求导致这样一些不可能的结果。相关研究表明，尽管这种不可能性与僵局会高频度大范围地出现，但通过使社会选择程序更具信息敏感性，这些问题能在多数情况下得到解决。8事实上，关于人与人之间在福利与相对优势上比较的信息是解决这一问题尤为关键的一点。9

除了随之而来的讨论之外，大多数政治选择（如投票和选举）或经济评价（如国民收入）的机械流程几乎没有包含太多的信息。投票结果本身除了说明某候选人比其他候选人得到更多的选票外，并不能说明什么。与此相类似，计算国民收入总额的经济流程也仅仅是一些基于市场交易种类及价格的信息，如此等等。当我们的评价或决策系统所采用的

① 我在诺贝尔奖演讲‘The Possibility of Social Choice’, *American Economic Review*, 89 (1999) 以及 *Le Prix Nobel* 1998 (Stockholm: The Nobel Foundation, 1999) 中，谈到了不可能定理与其之后的进一步发展之间在动机上与分析上的关联。我在 *Choice, Welfare and Measurement* (Oxford: Blackwell; Cambridge, MA: Harvard University Press, 1997) 以及 “Social Choice Theory”, in K. J. Arrow and M. Intriligator (eds), *Handbook of Mathematical Economics*, vol. 3 (Amsterdam: North-Holland, 1986) 中分析了相关的数学关系。

信息都如此贫乏时，我们对于出现那些悲观结果就不应感到意外。但如果要充分理解正义所隐含的要求、社会组织与制度的需要以及制定令人满意的公共政策，我们必须寻找更多的信息和严谨的依据。

阿罗本人与其他人都曾致力于探寻拓宽社会选择信息基础的方法和手段。[10]事实上，孔多塞也早在 18 世纪 80 年代就大致地指出了这一方向。[11]孔多塞热情地宣扬公共教育，尤其是女性教育，在动机上就与此有紧密的联系：孔多塞是最早强调女性教育特殊重要性的人士之一。孔多塞对于丰富社会统计学的浓厚兴趣，以及对于持续的公共讨论的必要性的信奉，也与此有着密切关联，两者都有助于推动在公共选择和探索社会公正的过程中使用更多的信息。[12]

下面，我将首先讨论社会选择理论与主流公正理论之间巨大的差异及其性质和含义。如前所述，前者着眼于对社会现实进行排序，后者则专注于绝对公正的社会安排，即“公正制度”，而不关注公正的改善和倒退。之后，我将再回到上面的问题。

·社会选择理论的应用范围·

由于正式的社会选择理论与身边的现实问题距离较远，许多评论家认为其应用性极为有限。正式的社会选择理论自身的数学特征则进一步促使人们认为，社会选择这一学科与应用性较强的实践理性之间联系微弱。当然，社会选择理论与实际问题之间的互动往往受到很大的阻碍，原因在于严谨的数理方法与易于理解的公共理性之间存在巨大的鸿沟。

并不奇怪的是，许多评论家认为，与对社会公正的哲学分析相比，社会选择理论在实践性上面临一些不利因素。即便是霍布斯、康德或罗尔斯等人的著述也需要读者费力的思考和复杂的反思，但总的来说，与社会选择理论相比，它们的中心思想更易于为人吸收和采用。因此对于很多人而言，关于公正的主流哲学理论比社会选择理论看起来更接近于现实世界。

这一结论是否正确？我认为这一结论是错误的，但其反面倒有可能在某种意义上是正确的。我在后面将会谈到，社会选择理论有许多方面可供正义理论借鉴，但这里我先谈一下社会选择理论与主流的正义理论之间最重要的一个对比。作为一种评价理论，社会选择理论十分关注社会选择中社会判断与公共决策的理性基础。社会选择程序采取的形式是从某种“社会视角”（social point of view）出发，根据相关人员的评价，将不同的社会状态进行排序。①这与在所有可能的方案中寻找一种最优方案具有很大的不同，而霍布斯、罗尔斯以及诺齐克的公正理论所关注的恰好是后者。[13]

鉴于在之前的章节中已经谈及的原因，这一区别是很重要的。先验主义方法本身不能回答关于推进公正的问题，也无法对各种使社会更为公正的建议进行比较，而只是幻想一蹴而就地实现绝对公正的世界。事实上，先验主义方法针对公正问题所能给出的答案，与真正促使人们参与到对世界上公正和非公正问题的讨论之中的各种关注（例如饥饿、贫穷、文盲、酷刑、种族歧视、性别压制、随意囚禁和缺乏基本医疗卫生等），迥然不同且相距甚远。

·先验主义与比较视角之间的距离·

尽管先验主义方法与对正义进行实质性判断之间的根本差别很重要，但两者在形式上的差异并不能说明先验主义不可能是一种正确的方

① 正如下文即将谈到的，可以通过多种不同的方式来对这一过程中作为信息输入的个体排序加以解读，这种多样性对于社会选择理论的应用范围，以及对社会选择的形式加以调整，使其适应各种不同的社会评价问题是非常重要的。See *Social Choice Re-examined*, edited by Kenneth J. Arrow, Amartya Sen and Kotaro Suzumura (London: Macmillan, 1997); *Handbook of Social Choice and Welfare*, vol. I, edited by Kenneth J. Arrow, Amartya Sen and Korato Suzumura (Amsterdam and Oxford: Elsevier, 2002; vol. 2 forthcoming); *The Handbook of Rational and Social Choice*, edited by Paul Anand, Prasanta K. Pattanaik and Clemens Puppe, Oxford (Oxford University Press, 2009).

法。在先验主义方法与比较视角之间很可能有一些较不明显的联系，它们也许使得先验主义方法成为通向比较评价的一条正确道路。我们有必要研究这一点，但如果就此认为任何一种先验主义理论必定含有某些依据，有助于解决所有的比较性问题，也是没有道理的。巧的是，有些先验主义理论家不仅承认两者之间存在鸿沟，而且相当自豪地断言比较性方法是愚蠢的旁门左道（事实上，按照纯粹的先验主义，这的确是旁门左道）。例如，诺齐克就要求所有的自由权利都得到满足（这是他的先验主义愿景），而无视实现不同权利之间的权衡取舍。他对他所称之为“权利的功利主义”（utilitarianism of right），很不以为然。[14]与此相类似，在霍布斯、洛克或卢梭的理论框架中，我们也很难看出他们所描绘的完美境界如何能使我们在各种非完美的方案中进行关键的比较。

康德和罗尔斯的情况更为复杂，因为他们对于先验主义解决方案的精致分析也为一些比较性问题提供了线索。例如，罗尔斯对于差异原则，即其公正第二原则的一部分论述，为我们按照境况最差人群的优势对各种选择进行排序提供了依据。[5]当然，这一点并不适用于罗尔斯第二原则的另一部分。在该部分中，对于如何评价各种不同的违反机会公平的情况，罗尔斯并未给出肯定的标准。类似的还有妨碍实现第一原则的违背自由的情况，这是因为自由具有不同的种类（就如罗尔斯自己所认为的那样），但我们尚不清楚如何比较评价各种不同的违背自由的情况。有多种方法可以解决这一问题，罗尔斯并不特别偏好其中的任何一种。事实上，他几乎完全没有涉及这一问题。当然，这无碍罗尔斯的初衷，因为先验主义理论不要求对这些比较问题予以回答。先验主义理论无须成为引言中所说的那种“组合”理论（即同时解决先验与比较问题）。即便罗尔斯比其他众多的先验主义理论家对比较性问题有更多的思索，依然存在巨大的分歧。罗尔斯的公正原则（寻找绝对公正的制度）并不需要一种组合理论，他也没有提出过这样的理论。

但是，难道先验主义理论自身未曾告诉我们任何有关比较的问题吗（即便它们并未直接涉及这些问题）？难道两者之间没有某些分析性的联系吗？我们是否被并不存在的人为割裂误导了呢？这些问题都需要认真的研究。具体而言，有两个问题需要关注。第一，有关绝对公正的社会制度的先验主义分析能否告诉我们怎样对其他方案进行排序？特别是，探寻先验主义的答案能否使我们走向对于公正的比较性评价，哪怕后者只是作为一种间接的“副产品”？特别是，能否把不同的社会安排与“先验主义之间的距离”作为比较评价的基础？先验主义方法能否“充分”产生比其正式内容所表明的更多结果？

第二，如果这里对“充分性”存疑，则对“必要性”也是如此。是否必须先回答先验主义问题，才能建立一个完整的比较性公正理论，否则后者将会残缺不全？关注绝对公正社会的先验主义方法是不是比较性评价公正问题的必要条件？

关于先验主义方法对于比较性评价的充分性和必要性的内在信念，显然已产生深远影响，以至于产生了这样一种普遍认识，即先验主义方法对整个正义理论至关重要。[16]先验主义方法并不否认比较性评价的实践或思想意义，因此对于许多学者而言，它似乎已成为一个坚实的正义理论的核心要求。因此，需要对以上充分性和必要性假设进行更深入的考察，以决定先验主义理论在关于正义的政治哲学中应有何种地位。

·先验主义方法是充分的吗？·

先验主义方法能得出哪怕只是作为其副产品的比较性结论，以至于带给我们比其表面形式所显示的更多的东西吗？尤其是，对于绝对公正社会的构想能足以使我们就各种状态与绝对公正之间的距离进行排序，以至于使先验主义方法也具有比较排序的功能吗？

尽管距离比较法貌似合理，但实际未必奏效。困难在于，在辨识距离理想状态的远近时，需要考虑多种不同的因素，包括所涉及的领域、维度和对各种因素不同的权重赋值。确立先验性的目标并不能解决这些问题，以得到关于距离远近的比较性排序。例如，在罗尔斯对公正社会的分析中，多个方面都可能存在与公正目标之间的距离，包括对自由的践踏，而这又可能涉及对各种具体自由的不同程度的践踏（罗尔斯在关于自由及其优先性的论述中谈到了许多这样的具体自由）。此外，在基本品的分配中，也可存在许多不同形式的对于平等要求的破坏（相对于“差异原则”所包含的要求而言，可以存在许多不同的偏离）。

有许多不同的方法可以用来评价上述每一种差异的程度，以及评定实际分配与绝对公正原则要求之间的相对差距。我们还必须进一步考虑程序平等方面的偏离（例如对公共机会或公共设施方面的平等性的损害），这也是罗尔斯正义要求中所涉及的（在第二原则的第一部分中）。而要将这些程序不公与同样出现在罗尔斯理论中的人际分配（如基本品的分配）不公相比较，就要求明确——可能以公理的形式——其各自的相对重要性或意义（或像在某些多维评价的研究中一样，有时用到的是“权衡”一词）。尽管这样的评价工作或许有所帮助，但是它已经超出了先验主义方法的范畴，事实上是“比较”视角的基本内容。对于完美的公正制度的描绘，即使最终是可能的，也无法对各种偏离的情况进行比较和排序。

当然，缺乏这种比较内容并未使先验主义理论蒙羞，其建立本身就是一项独立的成就。在任何意义上，其对比较问题的沉默，都不成为其“内在的”问题。事实上，一些纯粹的先验主义者还会完全抵制那些分级和比较的评价方法，并彻底回避关系性的结论。他们尤其可能会认为，在任何意义上，都不应将一种“正确的”社会安排理解为“最好的”社会安排，因为后者会打开一扇通向以“更好”或“更糟”（与最高级“最好”相联系）来进行比较评价的大门。先验主义的绝对“正确”与相对意义上的“更好”或“最好”相比，可能有一种强大的合理基础，但也可能没有（我在这里先不讨论这一问题）。[①]显然，对于开展关于公正的比较性评价，以及在不同政策之间进行选择而言，它没有任

---

① See, however, Will Kymlicka, ‘Rawls on Teleology and Deontology’, *Philosophy and Public Affairs*, 17 (Summer, 1988).

何帮助，这一点是核心问题。

可以确定的是，任何人都可以想象，从一种社会状态进入另一种完全公正的理想社会，将会出现多么庞大且彻底的重组。在这个意义上，一个坚定的先验主义理论可以成为一位伟大革命者手中的“速成手册”。但是，当我们真正参与到公正问题的辩论中时，很少会用到这样的手册。关于如何减少世间各种不公正的问题，已逐渐占据公正问题分析和应用的主流，而先验主义所描绘的一下子就达到的完美境地则不属于这个范畴。在这里，引言中提到的一般性问题应再次引起我们的注意，即对于不公正的分析并不要求我们去寻找一个“公正社会”，因为对一个存在大规模饥饿、文盲或缺乏基本医疗卫生服务的社会而言，对其缺陷的明确诊断，可以与各种在其他方面绝对公正的社会安排共存。

即使我们不是从非等级的“正确的”社会安排，而是从有等级划分的“最好的”社会安排这一角度来考虑先验性，确定所谓“最好的”制度也不能告诉我们关于所有选择的全部排序，如怎样比较两个非最优的选择。它也没有给出一种唯一的排序，其中最好的状态稳居序列之首。事实上，许多不同的排序方法都有可能得出同一种最好的制度。

回忆一下前面曾作过的类比，一个人认为《蒙娜丽莎》是世界上最好的画，但这并不因此表明她能在毕加索和凡·高的画作之间作出评价。对先验主义公正的寻找，其本身可以作为一项有趣的智力游戏，但是无论从非等级的“正确的”角度，还是在存在等级划分的“最好的”框架中来思考先验主义，我们都不可能从中获得些许关于不同社会安排的有比较价值的信息。

·先验主义方法是必要的吗？·

现在再来思考这样一种假设，即寻找最好的或正确的制度，是对任何两种选择进行公正比较的必要条件，即使不是充分条件。就通常意义上的必要性来说，这里所说的必要性显得有点怪异。在所有领域内，对两种选择进行比较判断一般都只是这两者之间的事，没有必要向第三种“无关的”选择去寻求帮助。事实上，在判定社会安排X优于社会安排Y时，完全看不出来为何要去援引一种与这两种选择有很大不同的另一种选择，比方说Z——一种“最好的”（或者绝对“正确的”）社会安排。为了证明凡·高的画好于毕加索的画，我们并不需要去找一幅世界上最完美的画，一幅好于凡·高、毕加索和世界上所有其他作品的画。

然而，可能有人会认为用美术作品作类推是有问题的，因为一个人可能完全不知道什么画是完美的，对于很多人来说，先验主义公正理论中的“公正社会”是什么样子却很清楚（我即将阐述，即使尽可能完整地对公正成就进行了排序，也不能保证存在一种最好的，或者说神圣不可侵犯的制度，但我暂时先假设可以找到这样一种制度）。即使可能存在一种完美的制度，也并不意味着，通过它来判断另外两种选择的相对优劣是必需的，或者说是有用的。比如说，我们事实上也许很愿意相信，珠穆朗玛峰是世界上最高的山峰，其他任何山峰都不及它，但是这一认识对于比较其他两座山峰，比如说比较乞力马扎罗山与麦金利山的高度，既无必要，也没有什么特别的帮助。如果有人认为，不确定一种至高无上的对象，就无法对另外两种选择进行比较，那么这种想法是极其荒诞的，这种联系经不起推敲。

·通过比较能发现先验主义的制度吗？·

从对公正进行比较判断而言，寻找先验主义的制度既无必要也不充分。然而，我们还应该考察比较视角与先验方法之间可能存在的第三种联系。是否存在这样的情况，即对不同选择的比较排序，总能找到绝对公正的社会安排？充分运用比较视角是否总能使我们作出先验主义的安排？如果是这样，我们似乎就能够在某种较弱的意义上，合理地认为确定先验主义的理想安排是有必要的。当然，这并不表明有必要通过先验主义方法进行比较性评估，但至少在以下意义上，它赋予了先验主义方法在公正理论中的必要性，即如果先验性问题得不到解答，那么可以说我们也无法对比较性问题作出充分的解答。

一系列的成对比较能否把我们引向最好的制度？这种假设有一定的吸引力，因为终极的东西似乎是不断比较的自然终点。但是，总的来说这是个不合逻辑的推论。实际上，只有通过一种“井然有序的”排序（比如在一个有限集合中进行完整的具有传递性的排序），我们才能够确定这一系列的成对比较必然能通向一个“最好的”选择。

因此我们要问：这种评价需要有多完整才能成为一套系统的规范？在标准的公正理论中，如在罗尔斯理论中，常用的是“完整性”（totalist）方法。这里，不完整往往被视为一种失败，或至少是该理论不成熟的一种标志。的确，不完整性的存在有时被认为是公正理论的一个缺陷，它会使得该理论的一些积极主张受到质疑。其实，从一个系统地考虑到不完整性的公正理论中，我们可以得出相当可靠且强烈相关的判断（例如，在一个繁荣的世界中，却存在持续的饥荒，或者女性不断受到匪夷所思的压制等不公现象），而不必在对每一种政治及社会安排与其他每一种安排进行对比之后（例如，只在回答了如下问题之后：出于环境保护的目的，某国应对其石油销售征收多少税?），才对它们作出评估。

我曾经在别处讨论过，为什么一种系统的、规范的评价理论，包括社会公正评价，并不需要具有一种“完整性”的形式。[①]由于多种不同的原因，包括信息上的无法沟通，以及即使获得了充分的信息，出于无法消除的意见分歧也会导致难以作出决策，不完整性可能是最持久的一

---

① 这是我在《集体选择与社会福利》（1970）中努力构建的社会选择理论方法的核心特征。我在最近的文章中重新提到这个问题，并对一些批评作出了回应，这些文章包括：‘Maximization and the Act of Choice’，*Econometrica*，65（1997）；‘The Possibility of Social Choice’，*American Economic Review*，89（1999）；以及‘Incompleteness and Reasoned Choice’，*Synthese*，140（2004）。也可见艾萨克·利瓦伊（Isaac Levi）在同期《综合》（*Synthese*）上对最后一篇文章的回应“Amartya Sen”，以及他的重要著作 *Hard Choices*（Cambridge：Cambridge University Press，1986）。

种形式。例如，对于公平问题存在许多不同的想法，要解决它们之间的冲突是很困难的。罗尔斯以字典式最大化最小值的方法而选取的一种公平标准只是一个非常特别的例子，它对境况最差群体的最微小收益赋予绝对的优先地位，尽管这同时会使那些相对贫困但不是境况最差的群体蒙受巨大的损失。在这个问题上，一些中立的观察者可能会持有不同但又合理的立场。同样，在自由——罗尔斯在第一原则中赋予其优先地位——与减少经济不平等之间进行平衡时，也可能存在多种合理的取舍。认识到公正缘由的多样性是十分重要的，本书前面部分已经对此作过讨论，后面的章节也会继续探讨这一问题。

尽管一直存在着这种模糊认识，但我们都会认为，诸如持续的饥荒，或者普遍存在的医疗卫生服务的短缺等需要立即不计成本进行补救（以此来推进公正）的情况，是社会失败的明显例子。类似地，我们也会承认，在某种程度上，不同个体的自由之间可能会发生冲突（因此要对“平等的自由”的要求进行细微调整可能会有困难），但是我们都会坚定地同意以下观点，诸如政府对罪犯实施的酷刑，或不通过法庭审判就随意将被告予以监禁等行为是对自由的不公正侵害，需要立即予以纠正。

即使每个人对可能的社会安排都有一套完整的排序，还是有一种情况能为社会公正判断的不完整性提供政治上的合理性。既然一个标准形式的公正理论涉及的相关各方达成一致（例如依据罗尔斯框架在“初始状态”下达成的一致），由于不同的人依然可能会有不同的评价，这就会产生不完整性（这与在许多比较判断上的一致并不矛盾）。即使通过“无知之幕”这种设计将既得利益与个人的优先排序“排除”在考虑之外，仍然可能在社会优先上出现相互冲突的观点，例如在权衡某人对于自己劳动成果的所有权时（如三个小孩围绕长笛争论的那个例子）。

即使所有相关各方都有一套完整且不尽相同的关于公正的排序，这些排序的“交集”，也就是各方共有的信念，将产生一种不完全的、表达形式各异的排序（取决于不同排序之间相似的程度）。[7]尽管罗尔斯

"作为公平的正义"和其他正义理论都坚定地断言（它只是一种断言，没有被已有的论据所证实），在"初始状态"和其他类似的安排中肯定会出现完全一致，但通常这种非完整排序的可接受性是社会选择理论的中心主题，并且与公正理论紧密相关。

这样，由于非完整的个人评价和不同个人的评价之间不完全一致，非完整性可能是社会公正评价的一个持久特征。这就给确定完全公正社会的努力带来困难，并使先验主义的结论很难得出。①然而，在很多情况下，当对某些具体的比较存在相当程度的一致看法时，这种非完整性并不会妨碍对公正以及如何推进公正和减少不公正作出比较判断。

因此，在关于公正问题的比较视角与先验主义方法之间，存在根本性的区别。我已经论述过，尽管"什么是一个公正的社会"这一问题在思想上具有一定的吸引力，但对于一个有用的正义理论来说，这个问题并不是一个好的出发点。而且我们还可以说，这个问题也不是一个合理的终点。一个系统的、比较性的正义理论并不需要，也并不必然产生"什么是一个公正的社会"这一问题的答案。

·社会选择作为一种推理框架·

那么，社会选择理论与正义理论的相关点是什么呢？它们之间有很多联系，除了都关注社会结果以外（前面已讨论过），我在这里还将集中论述以下七个方面。[18]

---

① 从数学的观点来看，必须承认在一个有限的集合中，具有传递性但不完整的排序将会产生一个或多个"最高的"，即不受任何其他选择支配的元素。然而，不能将"最高的"元素与"最好的"元素相混淆，因为这种最高并不保证存在一个最好的元素（不差于任何其他元素的唯一元素）。关于最高性（可接受的选择所需要的）与最优性（完美的选择所需要的）之间的重要差别，见我的文章'Internal Consistency of Choice', *Econometrica*, 61（1993）及'Maximization and the Act of Choice', *Econometrica*, 65（1997）。相关数学差别的基本特征，见 N. Bourbaki, *General Typology*, Parts I and II, English translation（Reading, MA: Addison-Wesley, 1966），以及 *Theory of Sets*（Reading, MA: Addison-Wesley, 1968）。

一、关注比较的，而不仅仅是先验的

社会选择方法对正义理论最重要的贡献也许是它对于比较性评价的关注。这种比较性，而不是先验性的框架，着眼于所要选择的事物和应该作出的决策背后的实践理性，而不是思考一个绝对公正的社会会是什么样子（对此也许有，也许没有一致的看法）。一个正义理论必须对现实的选择有所评价，而不仅仅是使我们沉迷于一个极度美妙的，却是虚构的和不可信的世界中。鉴于我之前已经相当广泛地讨论过这种对比，在此就不作进一步的评论了。

二、认识到不可避免地会存在多种相互竞争的原则

社会选择理论非常清醒地认识到存在多种缘由。当我们在思考社会公正问题时，需要注意其中的每一种问题，并且它们有时还会相互冲突。这种多元性可能会，也可能不会导致一种僵局的产生，但是注意到这些不同原则之间的持续冲突对于正义理论是十分重要的。后面的章节将对这种多元性展开全面探讨。

三、允许并有助于反思

另一个重要的特征是，社会选择理论一直为反思提供可能。事实上，类似于阿罗不可能性定理这样的结果，其主要贡献之一就是揭示出：那些最初看上去似乎是合理的，关于社会决策的一般性原则，最后可能存在问题，因为它们实际上可能与其他看起来也合理的一般性原则发生冲突。

我们经常通过一些具体的实例——哪怕只是隐约地——来考虑一些原则的合理性。这些实例帮助我们将注意力集中在这些思想上，人类的思维往往不足以一下子把握住某些一般性原则所涵盖的宽广领域。但是一旦这些原则以一般性的形式表达出来，从而覆盖除了引起我们对于这些原则产生兴趣的实例之外的许多其他情况，我们就会遇到先前当我们

只对具体实例进行分析时所未能预见到的一些问题。那时我们就必须决定该放弃什么和为什么放弃。一些人可能会感到社会选择理论太宽泛且结论太不确定（孔多塞将其结论只看作是讨论的开始，而不是终结），但是主流的公正理论，如罗尔斯或诺齐克的理论，因其僵化地坚守极其苛刻和严格的规则，未能阐发公正思想的应有之义。

四、允许非完整排序

社会选择理论允许一个完整的正义理论产生关于公正问题的不完整的排序。事实上，就许多事例来说，不完整性是“固然的”（assertive），比如说认为无法就公正问题对 x 和 y 进行排序。这与暂时的非完整性——即由于需要更多的信息，或进一步的考察，或采用某种补充性的标准，而有待或正在克服的不完整性——是有根本区别的。

正义理论必须同时允许这两种非完整性的存在：固然的非完整性和暂时的非完整性。暂时的非完整性反映了一种操作上的，而非更深层次概念上或评价上的困难。这种操作上的困难可能与知识的局限性，或计算的复杂性，或其他一些实践运用上的障碍有关（赫伯特·西蒙（Herbert Simon）已对这些问题作过具有启发性的深入探讨，并得出了一个重要的概念——“有限理性”）。[19]即使是这一意义上的暂时的非完整性，我们也有足够的理由将其纳入正义理论，并赋予它反思和拓展的空间。相比之下，内在的非完整性所产生的不完全排序，却是根据某种正义理论所得出的结论的不可或缺的一部分，即使我们可以对这个理论本身进行进一步的审思与修正。

五、诠释与输入的多样性

社会选择理论的正式结构通常是在一系列公理的指引下，探讨个体排序和优先性，与社会性结论之间的功能性联系。对此可以有不同的诠释，比如说，该领域不少学者关注个体利益的加总与个体判断加总之间的差别。[20]

一个人的意见获得重视，可能是由于他的利益与此相关，也可能是由于他的推理与判断能够引发讨论。同样，某人的判断得到重视，可能是由于他是某一直接相关方（这可以被称为“成员资格”（membership entitlement）），也可能是由于此人的观点及其背后的依据能够给一项评价带来重要的启示和发现。无论此人是不是直接相关方，都有理由去倾听他的评价（这可以被称为“启蒙作用”‘enlightenment relevance’）。[21] 在罗尔斯“作为公平的正义”理论中，成员资格似乎在政治层面上获得了所有的关注（尽管罗尔斯设计了初始状态来消除既得利益对公正原则选择的影响），而在亚当·斯密提出的“中立的观察者”中，来自远方的意见也会因为其启蒙作用而得到重视，以避免诸如地方视角等带来的狭隘性。第 6 章将对此作进一步探讨。

有时“个人”排序与优先性可以不被视为不同人之间的差异，而被视为同一个人在作相关决策时所采用的不同视角，对这些视角也许都有必要给予重视和关注。还有一种情况是，个人的排序可以不是由个人偏好决定的（在任何一种意义上），正如主流社会选择理论通常假设的那样，而是由不同类型的推理所产生的。总的来说，作为一个学科领域，社会选择理论关注的是，在多种视角与优先排序的基础上为社会选择提供总体判断。

六、强调精准的关联与推理

对公正理论进行清晰表述并通过详细推导而得出结论，具有某种一般性的价值，因为由此可以很容易地看到其假设及其含义。在公共讨论中，有时甚至在公正理论中，追求公正常常要求我们厘清关联并进行更充分的辩护，而这种清晰性本身就是一种贡献。

例如，在罗尔斯的初始状态中，将会出现一个由他指定的优先次序的契约，包括第一原则下自由的绝对优先性，以及在第二原则下按照所持有的基本品来判定最贫困群体利益的有条件优先性。[①]但是，一些其他的契约同样具有吸引力，并且即使在初始状态下，对这两条原则也可能存在不一致的看法。罗尔斯坚信他的两条原则在初始状态下将毫无争议地产生，却没有任何可靠的推理来支持，甚至不清楚在哪些规范性的前提假设下可以得出这两条原则，或者哪些假设是与这两条原则相符的。事实上，在社会选择理论中，许多深入的研究已经发现了罗尔斯假设的公理基础，并帮助厘清了上述争论。[22]尽管发现公理性的基础并不意味着解决了"应该选择什么"这个难题，但它显示了沿着哪些路径可以推进这些规范性的争论。

鉴于人类价值与社会理性的复杂特点，常常难以用精确的公理来表达上述内容，然而对于清晰性的要求，如果这是可以实现的，又必然具有对话的价值。在公理化的道路上能走多远，很大程度上只能在权衡以下两方面的诉求后才能作出判断：一方面是精确性，另一方面则是需要考虑到难以公理化的一些重要和复杂的问题，以及在多大程度上可以通过更一般的，也可以说是更松散的方式对这些问题进行有益的讨论。在这一互动的过程中，社会选择理论可以发挥重要的澄清作用。

七、社会选择中公共理性的作用

尽管社会选择理论是由一些数学家创立的，但这一主题与公共理性有密切的关联。正如孔多塞这位杰出的数学家所希望的那样，数学结果可以为公共讨论服务。不可能定理，包括孔多塞发现的投票悖论，以及阿罗发现的影响更大的定理，这些结果在一定程度上都是为了推动关于相关问题的公共讨论，以帮助思考如何解决这些问题，以及必须对哪些

---

① 罗尔斯在《正义论》(1971) 中提出了多个论据，来说明为什么这些原则在初始状态中具有吸引力。为了支持这些论点，他在其后的论著，尤其是《政治自由主义》(1993) 中，又提出了更一般性的论据。

不同的情况进行审思。①

现在来看社会选择理论中的另一个不可能定理——“帕累托自由不可能定理”(the impossibility of the Paretian liberal)，它揭示了尊重所有人对于其他选择的一致偏好与哪怕是坚持个人生活中最小限度的自由之间的矛盾。[23]在我1970年提出这一结果之后，大量著述对这种不可能性的实质和原因，当然还有其影响，进行了探讨。[24]尤其是，这引起了对偏好作用的审思（表明偏好，即使是一致的偏好，其背后的原因也是重要的），以及关于怎样正确捕捉社会选择中自由与自由主义价值的讨论（这个问题将第14章“平等与自由”中进一步讨论）。它还引起了对尊重彼此对于各自生活的权利的讨论，因为以上的不可能性结果假定了偏好的“普遍性”，也即任何个人偏好集都具有同样的可接受程度。例如，如果说为了保护所有人的自由，我们必须在各自的价值观中培养包容精神，那么这就是培养包容精神的一种公共理性依据。[25]仅仅一个不可能性结论就对各种公共理性问题产生了影响，包括质疑偏好的规范立场，理解自由的要求，以及提出对理性与行为规范进行反思的必要。[26]

·制度改革与行为变化的相互依赖·

前面已经讨论过，在出于社会公正要求而对行为进行反思，与给定一种社会行为规范怎样推进公正的社会制度两者之间，存在双向的关系。例如，孔多塞对于女性教育重要性的坚持，与他认为公共事务及家庭和社会生活中应有女性的声音的观点是相联系的。反过来，女性意见的表达，又能使我们在公共政策中将其作为推进社会公正政策中的优先

---

① 詹姆斯·布坎南（James Buchanan）及他所开创的“公共选择”学派，在其著作中对澄清公共理性的作用及重要性作出了巨大的贡献。见James Buchanan，'Social Choice，Democracy，and Free Markets' 以及 'Individual Choice in Voting and the Market'，二者都载于*Journal of Political Economy*，62（1954）。另外，也可见他的*Liberty，Market and the State*（Brighton：Wheatsheaf Books，1986）及与戈登·塔洛克（Gordon Tullock）合著的*The Calculus of Consent*（Ann Arbor，MI：University of Michigan Press，1962）。

内容，无论是根据其直接的还是间接的影响。

教育与启蒙的作用是孔多塞社会分析的核心。例如，与马尔萨斯总是担忧人类无法靠理性控制人口的增长不同，孔多塞在人口问题上的观点要细致得多。孔多塞先于马尔萨斯指出，如果人口增长速度没有减缓的话，就可能出现严重的全球人口过剩的问题。马尔萨斯自己也承认，他在建立自己关于人口灾难的理论时借鉴了这一观察结果。

但是孔多塞仍然认为，一个受教育程度更高，具有社会启蒙、公共讨论，以及更普及的女性教育的社会，将会大幅降低人口增长速度，甚至能停止或扭转这种趋势。马尔萨斯完全否定了孔多塞的这种分析，并且批评了他对此的轻信。①今天，欧洲对人口减少的恐惧更甚于人口爆炸，而且全球范围内已有越来越多的证据表明，教育，尤其是女性教育在降低人口增长率方面发挥了巨大的作用，此时与马尔萨斯一味的愤世嫉俗，并否认不受压制的人类理性在减小家庭规模方面的作用相比，孔多塞对启蒙的重视和他的互动式认识获得的支持要多得多。[27]孔多塞强调个人和公共理性在家庭决策和社会进程中的作用，这在社会选择理论这一一般性社会方法的理论基础中，也得到了很好的反映。

事实上，公共理性与参与式社会决策所提出的要求之间存在根本的联系。这不仅是为了使民主更有效而面临的实际挑战的核心，也是将一个表述充分的社会公正思想置于社会选择与公平基础之上的努力的核心。这两项任务在本书论述的问题中都占据着重要的位置。

---

① See Marie-Jean-Antoine-Nicolas de Caritat, Marquis de Condorcet's *Esquisse d'un tableau historique des progrès de l'esprit humain* (for later reprints of that volume, see *Oeuvres de Condorcet*, vol. 6 (Paris: Firmin Didot Frères, 1847); recently republished, Stuttgart: Friedrich Frommann Verlag, 1968); Thomas Robert Malthus, *Essay on the Principle of Population, As It Affects the Future Improvement of Society with Remarks on the Speculation of Mr. Godwin, M. Condorcet, and Other Writers* (London: J. Johnson, 1798; in the Penguin Classics edition, edited by Anthony Flew, *An Essay on the Principle of Population* (Harmondsworth: Penguin Books, 1982)).

注释

1. 关于此及其他相关讨论的原始材料，见 *The Argumentative Indian* (London: Allen Lane, and New York: Farrar, Straus & Giroux, 2005)。

2. See Peter Green, *Alexander of Macedon, 356–323 B.C.: A Historical Biography* (Berkeley, CA: University of California Press, 1992), p. 428.

3. J.-C. de Borda, 'Mémoire sur les élections au scrutin', *Mémoires de l'Académie Royale des Sciences* (1781); Marquis de Condorcet, *Essai sur l'application de l'analyse à la probabilité des decisions rendues à la pluralité des voix* (Paris: L'Imprimerie Royale, 1785).

4. See C. L. Dodgson, *A Method of Taking Votes on More Than Two Issues* (Oxford: Clarendon Press, 1876), and *The Principles of Parliamentary Representation* (London: Harrison, 1951).

5. 社会选择理论的经典著作是肯尼斯·阿罗基于其博士论文撰写的 *Social Choice and Individual Values* (New York: Wiley, 1951; 2nd edn, 1963)。

6. Arrow, *Social Choice and Individual Values* (1951, 1963). 关于其结论的一般性及数学解释，见我的 *Collective Choice and Social Welfare* (San Francisco, CA: Holden-Day, 1970; republished, Amsterdam: North-Holland, 1979)。

7. 有许多不可能结果是阿罗定理的变异，这些结果揭示了理性社会选择看似合理的要求之间的冲突。See my *Collective Choice and Social Welfare* (1970); Peter C. Fishburn, *The Theory of Social Choice* (Princeton, NJ: Princeton University Press, 1973); Jerry Kelly, *Arrow Impossibility Theorems* (New York: Academic Press, 1978); Kotaro Suzumura, *Rational Choice, Collective Decisions, and Social Welfare* (Cambridge: Cambridge University Press, 1983); Prasanta K. Pattanaik and Maurice Salles (eds), *Social Choice and Welfare* (Amsterdam: North-Holland, 1983); Thomas Schwartz, *The Logic of Collective Choice* (New York: Columbia University Press, 1986), among many other contributions. Fine introductory discussions can be found in Jerry Kelly, *Social Choice Theory: An Introduction* (Berlin: Springer Verlag, 1987); Wulf Gaertner, *A Primer in Social Choice Theory* (Oxford: Oxford University Press, 2006).

8. 这也是1998年我在诺贝尔演讲 "The Possibility of Social Choice" (1999) 中讨论的主要问题之一。See also Marc Fleurbaey, 'Social Choice and Just Institutions; New Perspectives', *Economics and Philosophy*, 23 (March 2007).

9. 可以对各类人际比较进行全面公理化，将其纳入社会选择程序，并设计和使用各种建设性的可能。See my *Collective Choice and Social Welfare* (1970), *Choice, Welfare and Measurement* (1982), and 'Social Choice Theory' in *Handbook of Mathematical Economics* (1986). The litera ture on this subject is quite large, and includes, among other contributions, Peter J. Hammond,

'Equity, Arrow's Conditions and Rawls' Difference Principle', *Econometrica*, 44 (1976); Claude d'Aspremont and Louis Gevers, 'Equity and the Informational Basis of Collective Choice', *Review of Economic Studies*, 44 (1977); Kenneth J. Arrow, 'Extended Sympathy and the Possibility of Social Choice', *American Economic Review*, 67 (1977); Eric Maskin, 'A Theorem on Utilitarianism', *Review of Economic Studies*, 45 (1978); Louis Gevers, 'On Interpersonal Comparability and Social Welfare Orderings', *Econometrica*, 47(1979); Eric Maskin, 'Decision-making under Ignorance with Implications for Social Choice', *Theory and Decision*, 11 (1979); Kevin W. S. Roberts, 'Possibility Theorems with Interpersonally Comparable Welfare Levels', and 'Interpersonal Comparability and Social Choice Theory', *Review of Economic Studies*, 47 (1980); Kotaro Suzumura, *Rational Choice, Collective Decisions, and Social Welfare*(Cambridge: Cambridge University Press, 1983); Charles Blackorby, David Donaldson, and John Weymark, 'Social Choice with Interpersonal Utility Comparisons: A Diagrammatic Introduction', *International Economic Review*, 25 (1984); Claude d'Aspremont, 'Axioms for Social Welfare Ordering', in Leonid Hurwicz, David Schmeidler and Hugo Sonnenschein (eds), *Social Goals and Social Organization* (Cambridge: Cambridge University Press, 1985). 以上所举只是大量文献中的一小部分。

10. Kenneth J. Arrow, 'Extended Sympathy and the Possibility of Social Choice', *American Economic Review*, 67 (1977).

11. Semneth ie-Jean-Antoine-Nicolas de Caritat, Marquis de Condorcet, *Esquisse d'un tableau historique des progrès de l'esprit humain* (1793). Later included in *Œuvres de Condorcet*, vol. 6 (Paris: Firmin Didot Frères, 1847; republished, Stuttgart: Friedrich Frommann Verlag, 1968).

12. On this, see my Nobel Lecture in December 1998, 'The Possibility of Social Choice', *American Economic Review*, 89 (1999). See also Marc Fleurbaey and Philippe Mongin, 'The News of the Death of Welfare Economies Is Greatly Exaggerated', *Social Choice and Welfare*, 25 (2005).

13. 有时，社会选择理论的表述并不是对社会状态的排序，而是对"选择功能"的排序。这使我们明白在每个可能的集合内有哪些可选方案。尽管选择功能的形式与关系型的表述似乎有很大差别，但其实它们在逻辑上是紧密相连的，我们也能确认各个选择功能背后所隐含的排序。On this see my *Choice, Welfare and Measurement* (Oxford: Blackwell, 1982, and Cambridge, MA: Harvard University Press, 1997), essays 1 and 8, and *Rationality and Freedom* (Cambridge, MA: Harvard University Press, 2002), essays 3, 4 and 7。其中引用了较多的文献。

14. Robert Nozick, *Anarchy, State and Utopia* (Oxford: Blackwell, 1974), p. 28.

15. On this, see my *Collective Choice and Social Welfare* (San Francisco, CA: Holden-Day, 1970; republished, Amsterdam: North-Holland, 1979), Chapter 9.

16. 事实上，虽然社会选择理论的分析框架是高度关系型并基于比较判断的，但是对于“社会公正”的研究实际上一直是与寻找先验主义公正（通常是罗尔斯主义的）紧密相连。在对公正要求学术研究中，先验主义的形式几乎无处不在。尽管社会选择理论有一个更广泛的分析基础，但在其已深入研究的问题上，它依然未能摆脱先验主义的影响。

17. 我在*On Economic Inequality* (Oxford: Clarendon Press, 1973; 与詹姆斯·福斯特共同撰写了扩展版的附言（1997））中已经讨论过“交叉部分排序”（intersection partial orderings）的形式特征。

18. See also my *Collective Choice and Social Welfare* (1970).

19. See Herbert Simon, *Models of Man* (New York: Wiley, 1957), and *Models of Thought* (New Haven: Yale University Press, 1979).

20. 这是社会选择问题的类型学的一部分，我在 ‘Social Choice Theory: A Re-examination’, *Econometrica*, 45 (1977), republished in *Choice, Welfare and Measurement* (1982; 1997)一文中讨论过这一问题。

21. 克里斯琴·利斯特（Christian List）与菲利普·佩莱特（Philip Pettit）对判断集合（judgement aggregation）所作的重要分析中，成员资格问题是其主要的焦点，见‘Aggregating Sets of Judgements: An Impossibility Result’, *Economics and Philosophy*, 18 (2002)。

22. 见本章注释9中引用的文献。

23. 我的*Collective Choice and Social Welfare* (1970) 中的第6章，以及‘The Impossibility of a Paretian Liberal’, *Journal of Political Economy*, 78 (1970), 都包含了这种结果。第14章“平等与自由”还将简要地讨论这个问题。

24. 这些著述有：Allan Gibbard, ‘A Pareto-Consistent Libertarian Claim’, *Journal of Economic Theory*, 7 (1974); Peter Bernholz, ‘Is a Paretian Liberal Really Impossible?’ *Public Choice*, 20 (1974); Christian Seidl, ‘On Liberal Values’, *Zeitschrift für Nationalökonomie*, 35 (1975); Julian Blau, ‘Liberal Values and Independence’, *Review of Economic Studies*, 42 (1975); Donald E. Campbell, ‘Democratic Preference Functions’, *Journal of Economic Theory*, 12 (1976); Jerry S. Kelly, ‘Rights-Exercising and a Pareto-Consistent Libertarian Claim’, *Journal of Economic Theory*, 13 (1976); Michael J. Farrell, ‘Liberalism in the Theory of Social Choice’, *Review of Economic Studies*, 43 (1976); John A. Ferejohn, ‘The Distribution of Rights in Society’, in Hans W. Gottinger and Werner Leinfellner (eds), *Decision Theory and Social Ethics* (Boston: Reidel, 1978); Jonathan Barnes, ‘Freedom, Rationality and Paradox’, *Canadian Journal of Philosophy*, 10 (1980); Peter Hammond, ‘Liberalism, Independent Rights and the Pareto

Principle', in L. J. Cohen, H. Pfeiffer and K. Podewski (eds), *Logic, Methodology and the Philosophy of Sciences, II* (Amsterdam: North-Holland, 1982); Kotaro Suzumura, 'On the Consistency of Libertarian Claims', *Review of Economic Studies*, 45 (1978); Wulf Gaertner and L. Krüger, 'Self-supporting Preferences and Individual Rights: The Possibility of Paretian Libertarianism', *Economica*, 48 (1981); Kotaro Suzumura, *Rational Choice, Collective Decisions and Social Welfare* (1983); Kaushik Basu, 'The Right to Give up Rights', *Economica*, 51 (1984); John L. Wriglesworth, *Libertarian Conflicts in Social Choice* (Cambridge: Cambridge University Press, 1985); Jonathan M. Riley, *Liberal Utilitarianism* (Cambridge: Cambridge University Press, 1987); Dennis Mueller, *Public Choice II* (New York: Cambridge University Press, 1989)。关于这个问题还可参见 *Analyse & Kritik*, 18 (1996) 关于 "自由悖论" （the liberal paradox）的特刊，里面有许多对此问题感兴趣的作者的文章，也有我对此的回应。

25. I have tried to discuss this connection in 'Minimal Liberty', *Economica* 59 (1992), and in 'Rationality and Social Choice', Presidential Address to the American Economic Association, published in *American Economic Review*, 85 (1995), reprinted in my *Rationality and Freedom* (2002). See also Seidl, 'On Liberal Values' (1975).

26. See Philippe Mongin, 'Value Judgements and Value Neutrality in Economics', *Economica*, 73 (2006); Marc Fleurbaey, Maurice Salles and John Weymark (eds), *Justice, Political Liberalism and Utilitarianism* (Cambridge: Cambridge University Press, 2008).

27. On this, see my 'Fertility and Coercion', *University of Chicago Law Review*, 63 (Summer 1996); also *Development as Freedom* (New York: Knopf, 1999).

第5章

中立与客观

巴士底狱，这座位于巴黎的皇家城堡形监狱，在 1789 年 7 月 14 日被攻占了。随着革命势力的增长，法国国民议会在 8 月正式通过了《人权宣言》，并从 11 月起禁止任何议会成员接受路易十六的任命。埃德蒙·伯克曾对东印度公司控制之下受到压迫的印度人民深表同情（我们在引言中已讨论过），也为美国 1776 年独立战争中受到压制的美国人民辩护，那么他是否立即对法国大革命表示欢迎呢？他是否对革命协会表示同情呢？该协会曾在 1789 年 11 月于伦敦召开的会议上，祝贺法国国民议会作出了坚定承诺。答案是否定的。伯克坚决反对法国大革命，并且在 1790 年 2 月伦敦的议会讲演中毫不含糊地对之予以谴责。

伯克是辉格党人，但他对法国大革命却持明显的保守立场。事实上，在其著作《对法国大革命的反思》（*Reflections on the Revolution in France*）中，他对这场革命的评价成为现代保守主义哲学的一条基本原则。但是，这与伯克在印度问题上的激进立场并不冲突，后者在根本层面上也是保守主义，因为伯克对旧有的印度社会秩序与功能性社会遭到摧毁深表痛心。与他的保守主义倾向一致，伯克既反对英国统治给印度带来的剧变，也反对发生于法国的动荡。按照今天的分类标准看，前者（伯克对印度遭受英国统治的看法）似乎是“左派”的，后者（伯克对法国大革命的看法）被归为“右派”，但是两者都完全合乎伯克自己的原则和一致性。

对美国的独立战争，伯克的态度显然不是保守的，他对发生在美国的这一动荡表示支持，并赞成变化。这又怎么与前面的态度相符呢？对此，我认为不应该仅仅从某一种分类标准——在这个例子中是保守主义——来理解一个人在各种不同的问题上作出的不同决策。这特别适用于伯克，他不仅才智超群，涉猎各种不同的知识，而且能够使人注意到许多不同的问题。同时，这也适用于任何单个事件中不同的公正缘由。仅仅从一个倾向——保守的，激进的或诸如此类的——来解释伯克对整个 18 世纪中各种不同的事件所持的态度是荒谬的。

即使对于美国革命，在伯克所持的美国观中也存在强烈的保守主义元素。伯克发表谴责法国大革命的议会演说后不久，英国激进的活动家和早期女权主义思想家玛丽·沃斯通克拉夫特就向他提出了一些尖锐的问题。她的评论文章以一封长信的形式被收在一本书中，包括对伯克在法国大革命及他所支持的美国革命上所持立场的批评。在一篇明显带有疑惑的评论中，沃斯通克拉夫特写道："伯克先生是基于什么原则为美国独立辩护呢？我想不出来。"[①]激进派的沃斯通克拉夫特会如何批判伯克对美国革命的支持呢？

事实上，沃斯通克拉夫特谈论的是对自由的不充分保护，这是指一些人的自由和独立应该得到重视和保护，而其他人的困苦却得不到关注。沃斯通克拉夫特所反对的是，伯克在为非奴隶人民的自由进行辩护的同时，却在美国奴隶的权利问题上保持沉默。她写道：

他（伯克）那些似乎合理的论调的大意就是让奴隶制度永远存

---

① 这出现在有关我们现在称之为"人权"（human rights）的沃斯通克拉夫特的两本书中的第一本里。第一本书于 1790 年完成，即《为男权辩护》（*A Vindication of the Rights of Men, in a Letter to the Right Honourable Edmund Burke*; *occasioned by his Reflections on the Revolution in France*）。两年后，她完成了第二本书——《为女权辩护》（A Vindication of the Rights of Woman）。这两本专著都被收在 Mary Wollstonecraft, *A Vindication of the Rights of Men and A Vindication of the Rights of Woman*, edited by Sylvana Tomaselli（Cambridge: Cambridge University Press, 1995）中。

在。他使自己对旧俗的奴性推崇，对自身利益的关注，具有他所认为应具有的强大力量，他由此认为奴隶贸易永远都不应被废止；并且由于我们蒙昧的先人并没有认识到人的尊严，允许这种为任何理性和宗教信仰所不容的交易存在，我们也接受了这种毫无人道的习俗，并将对人性的肆虐称为对国家的爱，对法律的正当遵从，而这种法律的目的却是保护我们财产不受侵犯。[1]

直到英国废除奴隶制后很久，美国的奴隶制才得以废除，这只有在19世纪60年代美国内战之后才有可能。事后来看，沃斯通克拉夫特对伯克在美国革命上所持观点的批评，不仅仅只是关于其理论上前后一致的问题。事实上，美国从容地接受了这个严重破坏了其对全体人民自由的承诺的事实。即使亚伯拉罕·林肯总统最初也未要求给予奴隶政治和社会权利，哪怕是最低的，涉及生命、自由和劳动成果的权利，而这距沃斯通克拉夫特明确地指出美国在自由问题上的矛盾之处已有70年之久。

正如她在其他地方也谈到过的，沃斯通克拉夫特在这里所要表达的基本观点是，保护人类自由的这种方式是不可持续的，也就是将一些人划分出来，保护他们的自由，而其他人则不属于这个受到惠顾的类别。①在沃斯通克拉夫特致伯克信件两年后，她关于人权两部曲的第二部《为女权辩护》得以出版。[2]贯穿这第二本著作的主题思想之一就是，我们不能只保护惠及男性的权利，而置女性的同样利益于不顾。她在此最重要的观点，同时也是她在其他地方提到过的，就是就其本质而言，公正必须具有普适性，而不是只用于解决某些人的问题和困境，而置其他人于不顾。

---

① 对诸如印度贱民的地位（帝国时期承认种姓，直到1947年印度独立后才被废止），实行种族隔离的南非的非白人的地位（这在旧政权倒台之后才得以改变），以及基于阶级、宗教或种族等原因，但较为隐蔽的排斥来说，沃斯通克拉夫特的观点都具有适用性。

·中立、理解与客观·

如果对于一般意义上的道德和具体的公正的某种认识是将注意力放在某些人身上，而忽视其他人，并假设——如果只是隐含地——某些人是有关的，而其他人无关，那么这种认识是否令人满意呢？当代的道德和政治哲学在很大程度上都沿着玛丽·沃斯通克拉夫特的方向前进，否定了上述假设的可能性，并且认为每个人在道德和政治上都是相关的。①即使我们最后出于某种原因将目光放在某一特殊群体的自由上，例如一国的国民、一个社区的成员或一个家庭，也必须有某种导向，将这种有限的关注置于更宽广的、将每个人都考虑在内的框架之中。对于某个特惠群体的有选择性的包容，而不顾其他利益相关方和持重要意见者，是一种偏见的表现。事实上，沃斯通克拉夫特所要求的那种普遍性的包容是中立性不可或缺的一部分，其在一般意义上的道德和具体的公正理论中的地位前面已经讨论过（尤其是在第1章）。

也许没有人能像康德那样能对这种普遍性的要求进行透彻的阐述，康德被不断引用的表述中体现出这种原则："在行动中只遵循你期望是所有人都遵循的法则。"[3]当伟大的功利主义经济学家和哲学家亨利·西季威克（Henry Sidgwick）阐述他对于普遍性的要求时，他将他对此的认识归功于康德，尽管功利主义与康德主义之间存在差别。西季威克在其经典著作《伦理学方法》（*The Methods of Ethics*）的序言中这样说道："任何对我来说是正确的事物，对所有在相似环境下的人来说必须也是正确的。我以这样的形式接受了康德的格言，这对我来说无疑是基本的、正确的，也具有现实的重要性。"[4]通过将康德的格言描述为无疑

① 许多杰出的哲学家都参与过这场关于包容性的论战，并在理论层面上获得了胜利。这些论文可以在纪念苏珊·穆勒·奥金（Susan Moller Okin）的文集 *Toward a Humanist Justice*：*The Political Philosophy of Susan Moller Okin*，edited by Debra Satz and Rob Reich（New York，Oxford University Press，2009）中找到。

是正确的，西季威克运用了那些常常只被用于科学和认识论的语言，而不是伦理学的语言。

我在前面论述过，在道德和政治哲学中，评价的中立性如何能提供一种可被理解的和可被信奉的客观性。就科学与价值的传统割裂而言，一个似乎错误的说辞却可以反映出语言本身已开始认同的领域。事实上，当西季威克认为康德的论断无疑是正确的时候，西季威克所要阐述的观点已经显而易见，不需要再去就道德主张在何种意义上是客观的或正确的进行争论。关于公正和不公正的语言就反映了对于这类陈述和论断内容的大量共识和交流，尽管在理解之后，将会出现对这种论断的实质内容的争论。

这里确实存在两种不同的非主观性问题：一个是在客观基础上理解与交流的问题（这样每个人的信念和言论并不局限于个人的、不能为他人所理解的主观性），另一个是客观的可接受性（人们可以就不同人所作出的不同论断的正确性进行争论）。无论沃斯通克拉夫特所认为的在道德上和政治上顾及所有人是完全正确的，还是西季威克所认为的普遍性和无偏性是正确的，都包含了人际理解和普遍真理的问题，并以不同的方式涉及客观性。道德客观性的文献对这两个问题都有论及，它们之间尽管相互联系，但并不完全相同。

·牵连、语言与交流·

我从第一个主题——交流与人际理解开始，这也是公共理性的核心问题。我们的语言反映了不同的关注点，而我们的道德评价便是以这些关注点为依据的。尽管这里存在大量的事实与价值之间的牵连，但维维安·沃尔什（Vivian Walsh）却敏锐地观察到，“虽然‘事实与价值之间的牵连’是一种凝练的表达，但我们通常要面对的却是（正如希拉里·帕特南所清晰阐释的）三重牵连：事实、习俗与价值”[5]。对习俗的理解在认识社会和道德问题上所发挥的作用尤其值得强调。

事实上，正如大约 80 年前安东尼奥·葛兰西这位或许是 20 世纪最具有革新精神的马克思主义哲学家被监禁在都灵的法西斯监狱中时，在其著作《狱中来信》（*Letters from Prison*）中所写的："某人在获得他对世界的理解时，他总是属于某个特定群体，而这个群体由具有同样的思考和行动模式的社会元素所构成。我们全都是某种成规的遵循者，总是大众中的人或集体中的人。"[6]

葛兰西对牵连和语言规则使用的关注看起来似乎有点离题，但这对当代哲学的发展有着深远的影响。我曾经在其他地方提到过[7]，葛兰西思考的方向对路德维希·维特根斯坦思想的重大转变起到了间接但又重要的作用。后者由于明显受到皮耶罗·斯拉法的影响，放弃了要去寻找一种对"图论意义"（picture theory of meaning）的完整描述，这充分反映在他的《逻辑哲学论》（1921）里。那种理论认为句子是作为事物状态的一种图画来表现后者的，因此一个论述与其所描述的对象在某种程度上必然具有同样的逻辑形式。

维特根斯坦 1929 年 1 月回到剑桥后（他早先是那里的学生，与伯特兰·罗素一起共事），对这种方法合理性的怀疑加深并逐渐成形。在这个转变中，剑桥经济学家皮耶罗·斯拉法（与维特根斯坦一样，他也在三一学院）起了主要作用。斯拉法受安东尼奥·葛兰西影响很深，并与之紧密合作（他们在葛兰西创办的《新秩序》（*L' Ordine Nuovo*）日报合作过，这是一个思想活跃的刊物，但后来被墨索里尼的法西斯政府查禁了）。维特根斯坦后来将他的想法向芬兰杰出的哲学家亨利克·冯·赖特（Henrik von Wright）描述过，说这些对话使他觉得"像一棵被砍断了所有枝杈的树"。维特根斯坦的研究通常被分为"早期的维特根斯坦"和"后期的维特根斯坦"，而 1929 年显然是这两个时期的分界线。在他的重要著作《哲学研究》（*Philosophical Investigations*）的前言中，维特根斯坦表达了他对"这所大学的一位教师，斯拉法先生，许多年来一直对我的思想不断批评"的感谢，并感谢他"对于本书最重要思想的启发"[8]。

维特根斯坦还告诉他的一位朋友拉什·里斯（Rush Rhees，另一位剑桥哲学家），斯拉法教给他的最重要的东西就是以“人类学方法”来看待哲学问题。9《逻辑哲学论》试图将社会环境中所使用的语言和社会环境分开来看待，而《哲学研究》则强调那些赋予话语特殊意义的习俗和规则。这当然就是维维安·沃尔什所说的“三重牵连”，曾引起葛兰西和斯拉法的极大兴趣。很容易看出，这种视角与后来被称为“日常语言哲学”（ordinary language philosophy）——英美哲学的一个很大领域——之间的关联，在很大程度上是受到了“后期的维特根斯坦”的影响。①

葛兰西强调要使哲学中日常语言的作用显现出来，并且将这种认识论问题的重要性与他对社会及政治的思考联系起来。在关于“哲学研究”的一篇文章中，葛兰西论述了“一些初步的参照点”（some preliminary points of reference），并大胆地提出“完全有必要打消这样一种普遍存在的偏见，即认为哲学很奇特也很难，这正是因为它是由某一类专家或专业人士所专门从事的思想活动”。与此相反，葛兰西认为，“首先必须通过定义可用于所有人的‘自发哲学’（spontaneous philosophy）的界限与特点，来指出所有人都是‘哲学家’”。那“自发哲学”又包括什么呢？葛兰西列举的第一项内容就是“语言本身，它是那些坚定的观念和概念，而不仅仅是在语法上毫无内容的词句的总和”。这与用“人类学方法”（即斯拉法所捍卫的，并传授给维特根斯

① 也许我在这里应该作一个简短的说明，是关于促使维特根斯坦从《逻辑哲学论》的领域转向《哲学研究》的一个关键时刻，这是一则时常为人所传说的佚事。据说，当维特根斯坦告诉斯拉法，了解一项陈述之意义的方法就是看它的逻辑形式，斯拉法用手摸了一下下巴，这明显是一个表示怀疑的那不勒斯手势，并问他：“这个逻辑形式是什么呢？”斯拉法（后来，我有幸先作为学生，后作为同事与同在剑桥三一学院的他熟识）坚持认为，这一传言即使不完全是虚构的（“我不记得有这样的事”），也只是个传闻，而不是真实发生的事（“我经常和维特根斯坦讨论，我不需要用手来表述我的意思”）。但这个故事确实非常形象地说明了，在那不勒斯人的世界中，可以通过——并且只能通过——已有的规则和习俗（葛兰西的圈子曾经称之为“生命之流”）来解释用手抚摸下巴这个那不勒斯手势所传达出的怀疑（哪怕做出这个手势的是一个来自比萨，出生于都灵的托斯卡纳男孩）。

坦的东西）看待语言和交流这一观点的关联显而易见，并且它确实是葛兰西在《狱中来信》里所要表达的一个重要内容。

·公共理性与客观性·

在包括道德伦理在内的任何领域中，要使理解成为可能，显然都需要遵循某种形式的传统。但是获得理解的事物能否得到接受，则是另一个问题。作为一个政治激进分子，葛兰西想去改变人们的思考与偏好，但这也要需要接受人们共有的思维与行为模式。因为要实现沟通，我们必须像前面葛兰西所讲的那样，是“某种成规的遵循者，总是大众中的人或集体中的人”。这是一种双重任务，通过遵循规则让语言和想象实现顺利有效的交流，同时也用这种语言来表达与传统规则不一致的地方。目的是表述和讨论新的事物，而这一事物又必须通过旧有的表达方式来被人们理解。

我们在研究已有的公正思想，同时又提出公正理论需要考虑到的其他方面内容时，很容易看到这种双重任务的存在。由于公共理性和辩论是实现公正的核心（其原因已经讨论过），这种双重任务对于本书的主题极为重要。在研究一项道德主张的正确性时，尤其应该关注的是该主张所基于的推理，以及这种推理方法的可接受性。正如前面（第1章中）谈到的，客观性是这一问题的核心。前面提到，道德客观性的要求与经受公共推理的能力密切相关，而这反过来又与该主张及其论据的中立性紧密关联。

玛丽·沃斯通克拉夫特对伯克的批评包括：首先，确认了伯克在为美国要求独立进行辩护的过程中，的确支持奴隶制度“在永久的基础上”无条件存在。随后，沃斯通克拉夫特谴责伯克所持的排他性立场，因为这不符合中立和客观的原则。例如，这违背了罗尔斯的要求，即要使“一个政治信念具有客观性”，必须“有合理的且为人所知的政治观念所指明的缘由，能使所有理智的人认为它是合理的”。[10]

首先是交流和公共推理的语言提出了对于客观性的需求，接着道德评价对于客观性产生了更为具体的要求。在上述任何一种意义上，客观性都在公共推理中发挥着作用，两种情况下的作用相互联系，而又不尽相同。

·中立的不同领域·

从这个角度来看，在对社会公正与社会安排的评价中，中立性对于认识公正问题至关重要。然而，有两种截然不同的中立性，它们之间的对比需要我们作一些研究。我分别称之为“开放的中立性”和“封闭的中立性”。“封闭的中立性”是指由某个社会或国家的成员（或罗尔斯所称的既定“民族”）作出中立判断的过程。罗尔斯“作为公平的正义”的方法就对某个政治社区中的公民，采用了初始状态这一设计，以及基于此的社会契约。这样的一个契约程序中没有外部者或外部方的参与。

相反，“开放的中立性”指的是，中立的评价可以（在某些情况下是必须的）包括来自所关注群体外部的判断，以避免地域性的偏见。在亚当·斯密使用的著名的“中立的旁观者”这一设计中，正如他在《道德情操论》中所说的那样，中立性要求“任何公平和中立的旁观者”作出的公正判断，而不必（有时最好不要）局限在所关注的群体内。[17]中立的观点可能来自距离一个社区、一个国家，或者一种文化很远的外部，也可能来自其内部。斯密认为，两者都有可能或有必要。

对于公正理论而言，这一区别十分重要，而这也正是下一章的主要内容。

注释

1. Wollstonecraft, in Sylvana Tomaselli (ed.), *A Vindication of the Rights of Men and A Vindication of the Rights of Woman* (Cambridge: Cambridge University Press, 1995, p. 13.

2. Mary Wollstonecraft, *A Vindication of the Rights of Woman: with Strictures on Political and Moral Subjects* (1792); included in the volume edited by Sylvana Tomaselli, 1995.

3. Immanuel Kant, *Fundamental Principles of the Metaphysics of Ethics*, translated by T. K. Abbott, 3rd edn (London: Longmans, 1907), p. 66.

4. Henry Sidgwick, *The Methods of Ethics* (London: Macmillan, 1907; New York: Dover, 1966), Preface to the 6th edition, p. xvii.

5. Vivian Walsh, 'Sen after Putnam', *Review of Political Economy*, 15 (2003), p. 331.

6. Antonio Gramsci, *Letters from Prison*, translated and edited by Lynne Lawner (London: Jonathan Cape, 1975), p. 324. See also Quintin Hoare and Geoffrey Nowell Smith (eds), *Selections from the Prison Notebooks of Antonio Gramsci* (London: Lawrence and Wishart, 1971).

7. Amartya Sen, 'Sraffa, Wittgenstein, and Gramsci', *Journal of Economic Literature*, 41 (2003).

8. Ludwig Wittgenstein, *Philosophical Investigations* (Oxford: Blackwell, 1953, 2nd edn, 1958).

9. 在分析斯拉法和弗洛伊德对维特根斯坦后期哲学的影响的同时，布赖恩・麦吉尼斯(Brian McGuinness)指出了"经济学家斯拉法的从人种学或人类学角度观察事物的方法"对维特根斯坦的影响。See Brian McGuinness (ed.), *Wittgenstein and His Times* (Oxford: Blackwell, 1982), pp. 36–9.

10. Rawls, *Political Liberalism* (1993), p. 119. 尽管罗尔斯的表述方式似乎将人们分成理智的和不理智的两类，但是这并未妨碍他的标准在某种程度上涵盖愿意参与公共讨论、研究已有的论据和证据，并以一种开放的方式来对其进行理智思考的所有人（关于这一点，参见第1章）。

11. Adam Smith, *The Theory of Moral Sentiments* (1759; revised edn, 1790; republished, Oxford: Clarendon Press, 1976).

第6章

封闭的中立性与开放的中立性

亚当·斯密在关于中立性的思考过程中，使用了“中立的旁观者”这一设计，这与“作为公平的正义”这样封闭的中立性有很大的不同。斯密在《道德情操论》中精练地提出了这个基本思想，以此作为判断一个人自身行为的必然要求。“我们对该行为的审视就如同我们设想一个中立的旁观者对其审视一样”，或者如他后来在这本书的新版中所说的，“我们审视自身的行为，就如同我们设想任何其他公平和中立的旁观者审视它一样”[1]。

当代道德与政治哲学对中立性的坚持在很大程度上受到了康德的影响。尽管记得斯密对这个思想阐述的人较少，但是康德与斯密所采用的方法却有许多相似之处。事实上，在诠释中立性及表述公平的要求这欧洲启蒙运动的主旨方面，斯密对于“中立的旁观者”的分析可能具有开创性的贡献。斯密的思想不仅对启蒙思想家，如曾记述斯密的孔多塞，产生了很大影响，伊曼努尔·康德也知道《道德情操论》（最初于1759年出版），并且在1779年写给马库斯·赫茨（Markus Herz）的信中对这本著作进行了评论（尽管赫茨将这位骄傲的苏格兰人写成了“英格兰人斯密”）。[2]这比康德的经典著作《道德形而上学基础》（*Groundwork*，1785）与《实践理性批判》（*Critique of Practical Reason*，1788）要早，而且看起来康德很可能受到了斯密的影响。

在斯密采用的"中立的旁观者"方法与以罗尔斯"作为公平的正义"为突出代表的契约论方法之间，存在显著的区别。援引"任何其他公平与中立的旁观者"对于事物的看法，这一要求可以将那些来自其他社会——不论远近——的外部人员所作出的判断也纳入考量。相反，罗尔斯体系的制度建构特点限制了在中立评价中纳入"外部人"视角的程度。即使斯密经常将中立的旁观者称为"内心的那个人"，但他提出这个思想策略的主要动机之一是拓宽我们的认识，以及我们对道德思考的范围。[1]斯密这样写道（《道德情操论》，Ⅲ.3.38，第153～154页）：

> 我们在孤独时往往非常强烈地感觉到同自己有关的东西……一个朋友的谈话使我们的心情好一些，而一个陌生人的谈话使我们的心情更好一些。内心的那个人，我们感情和行为的抽象和想象的旁观者，经常需要由真实的旁观者来唤醒并想到自己的职责。往往正是从那个旁观者那里，即从那个我们能够预期得到最少的同情和宽容的人那里，我们才有可能学好最完善的自我控制这一课。

斯密提出了中立的旁观者这个具有反思功能的设计，以此来使理智的思考摆脱可能——也许还不易觉察——存在的当地思想传统的约束，并且以此来辩证地考察，从位于远处的"旁观者"的角度看，已经为人所接受的传统习俗究竟如何。斯密对于这种开放的中立程序的论证是这样的：

> 如果我们不离开自己的位置，并以一定的距离来看待自己的情感和动机，就绝不可能对它们作出全面的评述，也绝不可能对它们作出任何判断。我们只有通过努力以他人的眼光来看待自己的情感

① 西蒙·布莱克本很好地阐述了"共同的观点"（the common point of view）在道德哲学中的重要性，并从那一视角解释了斯密对于中立的旁观者的使用（*Ruling Passion: A Theory of Practical Reasoning*（Oxford: Clarendon Press, 1998））。斯密所采用的中立的旁观者当然有那样一层含义。但斯密也将这个思维实验作为一种辩证方法对普遍持有的观点进行质疑。即使没有出现布莱克本所强调的共同的观点，这也是一种非常重要的作用。

和动机，或以他人可能持有的看法来看待它们，才能做到这一点。[3]

因此，斯密式的推理不仅承认而且要求考虑来自远近各处的他人的观点。从这个意义上来说，这种实现中立的程序是开放的，而不是封闭的、只限于当地社区的视角与认识。

·初始位置与契约论的局限·

即使罗尔斯的“无知之幕”可以有效地消除焦点人群中不同个人的既得利益与喜好倾向的影响，它依旧未能动用“其他人的眼睛”（the eyes of the rest of mankind）来审视（用斯密的话来说）。要解决这个问题，所需要的就不仅仅是在地方的焦点群体中的“身份罩幕”（identity blackout）。在这一点上，“作为公平的正义”中封闭的中立性的程序设置可以被看作“褊狭的”。

为了避免误解，我首先要说明一下，这里所指的是罗尔斯为推出“公正原则”（以及通过该原则得出的“公正制度”）而采用的方法的局限性，我并非指责罗尔斯具有“地域狭隘性”（那当然是荒谬的）。这一质疑只涉及罗尔斯从初始状态达到“作为公平的正义”所使用的具体策略，而这只是他在政治哲学领域众多论著的一部分。例如，罗尔斯在对我们的个人偏好、优先排序与正义感进行论述时，对“反思的均衡”的必要性的分析就没有这一局限。可以很清楚地看到，罗尔斯对亚当·斯密的这一观点，即对“其他人的眼睛”所看到的事物保持开放的态度，会持赞同而不是拒绝的态度。作为一个政治哲学家，罗尔斯对来自不同地方的观点的兴趣是毋庸置疑的。①罗尔斯关于“公共思想框架”的重要性，以及需要“客观地看待我们的社会与我们在其中的位置”的分

---

① 1991年，我首次阅读了罗尔斯《万民法》一文的初稿，并提出了一些看法。该文后来扩展为专著。作为回应，我于当年4月16日收到了罗尔斯友善和肯定的书面答复，他在信中写道：“我对世界社会，或者其可能性，抱有一种开放性的观念，当然这有多种形式。”

析4，事实上都与斯密式的推理非常相似。①

但是人为地将其与外界隔离开来的“初始状态”这个步骤，无助于保证对社会习俗和地方观念进行充分客观的审思，这可能会对在初始状态下选择哪些规则造成影响。“我们的道德原则与信念在某种程度上是客观的，因为它们是通过假定（一个）一般性的立场而得出并受到检验的”，当罗尔斯说这话的时候，他是在尝试为进行开放的审思打开一扇门。然而后来，在同一句话中，他又通过要求遵循隔离出来的初始状态这样一种程序性的形式——“以及通过评价初始状态产生的限制对这些原则与信念所构成的支持”5——而将这扇门关上了。

正是这种“作为公平的正义”的契约论框架，使罗尔斯将初始位置中的思辨限定在一个政治上封闭的，其成员“出生在这个社会里并在其中生活”的群体中。②这里不仅没有程序性的障碍来防止地域偏见的影响，也没有系统性的方式使初始状态下的反思向全人类开放。这里的问题是，缺乏某种程序来认真地研究，哪些地方价值观一旦经过进一步审思，就有可能会是焦点群体中的人们所普遍具有的偏见和成见。

事实上，罗尔斯也注意到了他这种具有地域限制的公正观的局限性，因为这种公正是某一特定国家或政体的人们所打造的：“在某个时候，一种关于公正的政治构想必须解决民族之间的公正关系，即我所说的万民法。”罗尔斯后来的著作《万民法》（1999）确实回答了这个问题。但是“民族之间的公正关系”与需要通过一个中立的程序来开放地审思任何特定社会或政体的价值观及实践，是完全不同的两个问题。在

---

① 正如后面将要谈到的，托马斯·斯坎伦的“契约论”方法，与斯密关于公共理性的结构更相似。斯坎伦的契约论方法与罗尔斯的不同，但保留了斯坎伦所认为的“一种可以追溯到卢梭的社会契约传统中的核心元素”，即“为了找到一个其他人也可以接受的理由，而彼此均愿意调整自己的私人要求”（Scanlon，*What We Owe to Each Other*，1998，p. 5）。这里对于契约推理的讨论是基于罗尔斯的理论，并不包括斯坎伦的“契约论”方法，但我在第8章“理性与他人”和第9章“中立缘由的多元性”中将回到这一点。

② 更加完整的表述是“‘作为公平的正义’重塑了社会契约的信条……社会合作的公平条件被认为是参与其中的人所一致同意的，这些人是那些自由且平等的，出生在这个社会里并在其中生活的公民”（罗尔斯，《政治自由主义》，第23页）。

缺乏任何程序来保证地方价值观受到开放审思的情况下，罗尔斯“初始状态”的封闭性将代价不菲。

罗尔斯“初始状态”中的“无知之幕”是一个使人们超越其个人既得利益与目标来看待问题的非常有效的办法。但它对于确保开放地审思地域性的，可能是褊狭的价值观来说，却没有多少作用。从斯密对于超越地域偏见，甚至那些不易觉察的偏执的可能性怀疑中，即“如果我们不离开自己的位置，并以一定的距离来看待自己的情感和动机”，我们可以学到一些东西。因此，在斯密的程序中，包括了坚持中立性必须是开放的（而不能封闭在地域内）等内容，因为“我们只有通过努力以他人的眼光来看待自己的情感和动机，或以他人可能持有的看法来看待它们，才能做到这一点”[6]。

·一国公民与他们之外的其他人·

将观点与关注所涉及的范围圈定在一个主权国家的成员之中，这会存在什么问题？这难道不是在一个由主权国家所组成的世界中现实政治运行的方式吗？公正的理念应该超越现实政治所容纳的内容吗？那些更广泛的关注是否不应该被置于人道主义的囿苑内，而是应该被包括在公正的理念中呢？

这里至少存在三个不同的问题。第一，公正在一定程度上是一种关系，其中彼此之间的义务十分重要。罗尔斯充分认识到我们彼此之间应为对方做的事情，以及我们怎样才可能达到“反思的平衡”，即我们——至少是最低限度的——真正应该为其他人做些什么。正如伊曼努尔·康德所说，我们所认识到的许多义务都采取了他称之为“不完全义务”（imperfect obligations）的形式。它们并没有由任何精确的方式予以界定，但它们是存在的，而且是不可忽视的（我将在第17章讨论人权时回到这一问题）。如果我们认为自己对那些并不是邻居的人真的不负有什么义务——哪怕对他们表示友善和仁慈是十分高尚的行为，那么这将使我们的义务范围变得十分狭窄。但如果我们对他人加以关注——不论距离远近，即使对于这种责任的描述十分模糊，那么一种适当宽宏的公正理论就必须将那些存在于我们对公正考量范围之内的人纳入其中（而不仅仅在单纯的人道主义的囿苑内）。

一种被严格限定在一个主权国家范围内的中立理论，是沿着具有法律意义的领土界限前行的，但这一界限也许并不能划分出同样清晰的政治或道德范围。[①]这并不是否认我们根据具有排他性的群体范围来识别自己的身份，但是我们的身份感——事实上我们有多重身份——并不仅仅被界定在国界之内。我们认同那些与自己具有同样宗教、同样语言、同样种族、同样性别、同样政治信念或同样职业的人。[7]这些多重身份跨越了国界，并且人们确实在做一些他们感到真正"必须"做，而不是那些出于道德考量才愿意去做的事。

第二，一个国家的行为可以严重影响其他地方人们的生活。这并不只是通过有目的的军事手段（例如 2003 年对伊拉克的军事打击），还可以通过贸易与商业的间接影响。我们并非生活在与世隔绝的蚕茧之内。如果一个国家的制度和政策影响了其他地区人们的生活，那么在决定社会组织方式的公正性问题，尤其是一些会对其他社会的人产生深刻影响的问题时，难道不应该考虑那些受到影响的人们的意见吗？

第三，除了以上的关注之外，斯密还指出，忽略来自其他地方的意见可能会产生地域狭隘性。这并不是说其他地方的意见和观点因为存在，所以必须被纳入考量，可能它们是存在的，但完全不能令人信服且无关紧要，而是说客观性要求进行严格审思，并注意来自其他地方的各种观点，因为这可以反映其他经验的影响。一种不同的观点会提出一个问题，即使在许多情况下这个问题在经过充分的考虑之后可以忽略，但也并非总是如此。如果我们生活在一个具有固定观念和特定习惯的地方，地域狭隘性就可能是一个我们意识不到也不会去质疑的结果（斯密举例说，古代的雅典人——即使是柏拉图和亚里士多德——对当时普遍

---

① 我将在下一章对这个问题作进一步的研究。

存在的杀婴行为予以思想上的支持，但他们并不知道没有这些行为的社会同样运行良好）。考虑其他人的观点及其背后的缘由，是弄清客观性要求的有效方法。

从这些讨论中可以得出结论：评价公正问题需要“全人类的眼睛”（eyes of mankind）的参与。这首先是因为我们可能会认同其他地方的人们，而不只是我们自己所处的社群，其次是因为我们的选择及行为可能会影响远处或近处其他人的生活，最后是因为他们凭借各自的历史和地理视角所持的看法，可能会帮助我们克服自身的地域狭隘性。

·斯密与罗尔斯·

亚当·斯密采用的中立的旁观者与契约理性的关系，跟公平仲裁模型（征求所有人的意见）与公平协商模型（在这个模型中，参与被限定在制定最初契约的某个主权国家既有民族的群体成员中）的关系有些类似。在斯密的分析中，相关判断可以来自主要协商者的视角之外。确实，正如斯密所说，它们可以来自任何“公平和中立的旁观者”。在使用“中立的旁观者”这一概念时，斯密的目的当然不是将决策交给一些中立的局外人去裁定。从这个意义上说，法律仲裁的类比在这里并不适用。但是当我们不是因为意见来自决策者或利益相关方，而是因为其自身的重要性而去听取他人的意见时，这一类比就是适用的。这可以帮助我们获得一个更为全面和更为公平的认识。

当然，如果我们希望得到一个能够解决所有决策问题的、关于公正的完整评估，那么这是不可能的。[①]对于一个允许和鼓励采用远近各处中立的观察者的领域而言，无论是以尝试性的还是以肯定的方式承认先

---

① 我认为约翰·格雷的论述很有道理。他提出“如果自由主义有未来，那么一定是放弃寻找对于最好生活方式的理性共识”（*Two Faces of Liberalism*（Cambridge：Polity Press，2000），p. 1）。我们有理由怀疑，对于公正问题的全面评价是否存在理性的共识。当然，这并不排除在推进公正的方法和手段上存在合理的一致看法，例如废除奴隶制，或者废除一些无效的经济政策（正如斯密论述的那样）。

前讨论过的（在引言和第1章）不完整性，都是其方法论的一部分。这些观察者并不是作为仲裁者出现，而是与将注意力仅仅局限在那些直接相关方的意见上（并告诉所有其他人管好他们自己的事情）的人相比，其解读和评价能够帮助我们对某一问题的道德和公正获得更为中立的认识。一个人的意见之所以重要，或许是因为他是参与协商契约的某一政体中某一群体里的一个成员，但也有可能是因为这样一种来自契约方外部的观点能产生启发和拓宽视野的作用。第4章中提到的“成员资格”与“启蒙作用”之间的区别是很显著的，前者的相关性并不能抹杀后者的重要意义。

罗尔斯推理的某些部分与在中立的旁观者帮助下建立起来的开放的中立性之间，也有一些明显的相似之处。前面已经提到过，尽管罗尔斯“作为公平的正义”具有“契约论”的形式，社会契约并不是罗尔斯在其政治哲学，甚至是在其对于公正问题的讨论中所采用的唯一方法。[①]这里有必要对初始状态下虚构的事件的“背景”进行一下考察。事实上，在构想出的人民代表聚集于初始状态之前，许多反思性的活动已经发生了。可以将“无知之幕”看作中立性的程序要求，其本意在于限制个人的道德和政治反思，而与最终是否采用契约无关。而且，尽管该中立性仍然保持着在前面所讲意义上的“封闭”形式，但罗尔斯的目的显然在于消除过往历史（以及个人优势）造成的持续影响。

通过将初始状态视为“一种实现代表的策略”（a device of representation），罗尔斯试图去解决影响我们实际思考的各种偶然因素，而

① 不能将罗尔斯对政治哲学的深远贡献限定在一个被称作“初始状态”或“作为公平的正义”的封闭范围内，这是非常重要的。我个人的感受是，尽管罗尔斯的论著数量庞大，但只有通读他的作品，才能获得全面的理解。做到这一点，现在比以前要简单多了，因为除了他的《正义论》（1971）、《政治自由主义》（1993），以及《万民法》（1999）之外，我们还可以读到他的 *Collected Papers*, edited by Samuel Freeman (Cambridge, MA: Harvard University Press, 1999); *Lectures on the History of Moral Philosophy* (2000); *A Theory of Justice* (revised edition, 2000); *Justice as Fairness: A Restatement*, edited by Erin Kelly (Cambridge, MA: Harvard University Press, 2001)。所有受罗尔斯观点与推理影响的人都应诚挚地感谢埃琳·凯莉与塞缪尔·弗里曼，他们从非常难解的手稿中，将罗尔斯后期的著作整理了出来。

这就必然要受到道德规范的影响，才能得出中立的观点。在关于设计初始状态背后动机的第一次说明中，罗尔斯就对此进行了阐述：

> 初始状态，连同我称为“无知之幕”的形式上的特征，是这样一个观点……一些偶然的优势和过去造成的意外影响不应该影响就原则达成的一致，这些原则是要在现在和将来为基本结构建立起制度。8

确实，鉴于采用了“无知之幕”这一制度设计，那么当相关方要就某一契约进行协商时，他们可能就已经达成了一致。事实上，罗尔斯也注意到了这个问题，并且问过，在契约之前已经存在一致的情况下，是否还需要一个契约。他解释道，尽管在契约之前就可能出现了一致性，初始契约还是有重要作用的，因为即使是假想订立契约，这个行为本身也具有重要性，并且出于对订立契约的考量，即一个“全民公投”，可能会对契约之前的商议产生影响。

那么，当没有什么差异需要我们进行协商时，为什么还需要一项协议呢？答案是，在没有全民公投的情况下所达成的全体一致，并不等于每个人都作出了相同的选择或具有相同的目的。这项人民赋予的任务，可能会对每个人的考量产生相似的影响，这样得出的协议就不同于每个人本应该作出的选择。9

因此，尽管初始契约对罗尔斯来说仍然很重要，但罗尔斯推理的一个重要部分是关于契约前的反思，这在某些方面类似于斯密的公平仲裁程序。但罗尔斯这一部分所采用的方法与斯密的方法区别在于，前者具有“封闭”的特点，因为罗尔斯将“无知之幕”仅仅限定在既定的焦点群体成员中。①

---

① 斯密与罗尔斯之间还有一个差别，就是对于中立与公平能产生多少一致性的预期。截然不同的——或者说对立的——推理方式都可以通过中立性的测试。例如，它们可以满足斯坎伦在《我们彼此负有什么义务》(*What We Owe to Each Other*，1998) 中提出的“无法合理地拒绝”的要求。这与斯密对于具体的比较判断的认同是完全一致的，但与罗尔斯“作为公平的正义”由初始状态得出唯一的社会契约不同。

这与罗尔斯在这一背景下倾向于只承认“成员资格”，而没有认识到“启蒙作用”是一致的。正如我所说的那样，这是一个严重的局限，但在谈到斯密的方法（其中启蒙作用是非常重要的）之前，我必须重申，尽管罗尔斯体系存在这一局限，但是我们的确从中了解到了非常基础性的东西，即中立性在公正思想中的位置。罗尔斯有力地论证了为什么关于公正的判断不可能是一个让他人难以理解的完全个人的事情，并且罗尔斯采用“一个公共的思想框架”（a public framework of thought）——其本身并不需要一个“契约”——是十分关键的一步。“我们客观地看待社会以及我们在其中所处的位置：我们与别人拥有共同的观点，并避免让我们的判断带上个人的倾向性。”[10] 罗尔斯在《政治自由主义》中的论述，即道德原则客观性的相关标准与它们在公共的思想框架中能否成立基本上是一致的，进一步巩固了上述思想。[①]

罗尔斯的理论与派生自亚当·斯密的中立的旁观者的正义理论有何区别呢？两者之间存在许多差异，但最明显的差异有三点：第一，斯密坚持这里所称的开放的中立性，接受他人观点所具有的“启发作用”（不仅仅只是“成员资格”）的合法性与重要性；第二，斯密的研究关注相对性（不仅是超验的），超越了对绝对公正社会的寻找；第三，斯密对社会现实的关注超越了仅仅对公正制度的寻找。这些区别在某些方面相互关联，因为将可接受意见的范围扩大到当地地域或政体之外，可以在回答各种与公正相关的问题时，将更不一致的原则纳入思考。当然，在不同的中立观点——无论远近——之间会存在相当大的分歧，但是由于引言部分已经论述过的一些原因，这会产生一个基于一致排序的成对事物的不完整的社会排序，并且这个不完整的排序可以被看作所有人共

---

① 前面（第1章）讨论过，关于罗尔斯的方法究竟是规范性的，还是像哈贝马斯的方法那样是程序性的，尚存在争论。我认为，这种比较也许过了头，可能会漏掉罗尔斯在论述优先排序与民主思辨时的一些核心元素。他将助推民主思辨的“两种道德力量”归结为自由及平等的人。See, however, Christian List, ‘The Discursive Dilemma and Public Reason’, *Ethics*, 116 (2006).

同拥有的。对于这个共有的部分排序的考量，以及对相关差异的反思（与排序的不完整部分相关），可以极大地丰富关于公正与不公正问题的公共思考。①

当然，斯密的“中立的旁观者”是进行批判审视与公共讨论的一种工具，因此，它不需要寻求那种罗尔斯公正理论中的制度性安排所要求的全体或完全的一致。②任何可能出现的一致性都可以只是具有有限说明能力的部分排序，而这种有限的说明能力却能够表达确定而有用的意思。并且相应地，已达成的一致也并不是说某些提议具有唯一的公正性，而只是说它可能具有合理的公正性，或至少没有明显的不公正。事实上，合理的实践要求能够以某种方式，与大量存在的不完整性或未解决的冲突共存。从“一个公共的思想框架”中浮现出来的一致性可以采取一种不完整的形式，却具有实际作用。

·罗尔斯对斯密的理解·

在中立的旁观者所体现的开放的公平与社会契约所体现的封闭的公平之间，存在大量的不同和相似之处。可以这样提问：中立的旁观者真的可以是一种切实可行的道德和政治评价方法，而不必直接或间接地借用像契约主义这种形式的封闭的中立性吗？事实上，当约翰·罗尔斯在《正义论》中评论中立的旁观者这一策略时，他自己就回答了这个问题（《正义论》，第30部分，第183～192页）。

---

① 然而，这也会使一个全体一致认同的、完美的公正社会很难产生。对于公共行为来说，关于推动公正的具体行为的一致看法实际上已经足够了（前面所称的“多重论据”）。从这个意义上说，并不需要就完全公正社会的本质达成一致。

② 但是如前所述，罗尔斯一般性的推理远远超越了他的正式理论模型。实际上，尽管他的先验主义理论的主要特征是基于将初始状态中的思辨转化为建立一个公正社会具体制度结构的原则，但罗尔斯确实思考过：“鉴于即使在理智人群中实现一致的政治判断具有许多障碍，因此我们不会总是达成一致，或者说大多数时候不会”（《政治自由主义》，第118页）。这看起来完全正确，但是不清楚这种认识如何能与罗尔斯按照反映各方绝对一致的、唯一的社会契约来建立社会基本制度的方法保持一致。

罗尔斯将中立的旁观者理解为“理想的观察者”（ideal observer）的一个具体的例子（第184页）。罗尔斯正确地指出，以这种方式来看，这一概念允许我们通过多种途径使其更为具体化。他认为，如果从这个角度看，“这一定义与‘作为公平的正义’之间目前并无冲突”（第184页）。事实上，“如果并且只要一种社会系统满足了契约方案中采用的公正原则，那么一个完全理性和中立的旁观者就会认同它”（第184～185页）。

这当然是一种对“理想的观察者”可能的诠释，但正如我们已经看到的，它肯定不是斯密的“中立的旁观者”这个概念。的确，如果想实现罗尔斯的社会契约，这个旁观者就必须能够注意到可能会发生的事情，但斯密要求中立的旁观者超越这一点，并至少以“他人的眼睛”，从“真正的旁观者”的视角——包括远近各处——来看待问题。

罗尔斯接着又指出，“尽管能够以契约的观点来对中立的旁观者的定义进行补充，但是存在能将其推导出来的其他的演绎方式”（第185页）。但奇怪的是，罗尔斯其后借鉴了大卫·休谟而不是斯密的著述。这就使他采取了另外一种思路，即认为中立的旁观者依赖于他人体验中的同情所产生的“满足”。他这样说道：“他认可的力量取决于他同情的反应带来的满足的平衡。”（第186页）这就让罗尔斯将中立的旁观者理解为真正的“古典的功利主义者”（classical utilitarian）。这种十分奇怪的判断一旦形成，罗尔斯的反应当然就不让人感到意外了，反而被认为是意料之中的强硬。他指出，他甚至在《正义论》的第一章就论及了这一观点，并且找到了摒弃这种方法的理由，因为“在某种意义上，古典功利主义并未认真考虑人与人之间的差别”（第187页）。

还有比这更严重的混淆：在讨论古典功利主义的历史时，罗尔斯将亚当·斯密列为其早期的拥护者，与休谟并列。[a]这是一个相当错误的判断，因为斯密坚决否定了功利主义将善与对的思想建立在愉悦与痛苦之上的做法，并且否定了“进行复杂的道德判断所需要的理性可以被简化为计算愉悦与痛苦，或者更一般地讲，可以将各种相关的考量简化为

‘一类行为规范’（one species of propriety）”这个观点。[12]

这样一来，罗尔斯对斯密的理解以及他对“中立的旁观者”的使用都是完全错误的。①更重要的是，中立的旁观者方法事实上并不需要以罗尔斯的契约论或边沁的古典功利主义——罗尔斯思考的仅有的两个选择——作为基础。相反，罗尔斯自己所深入讨论过的各种不同的道德与政治考量——当然不包括对于封闭的中立性的坚持（在斯密看来，这无疑是武断的），却正是公正的旁观者要抓住的东西。在中立的旁观者这一方法中，对于道德与政治思考的需要依然存在，并且中立性的要求仍然是至关重要的，只是没有“封闭的中立性”。中立的旁观者既不需要成为社会契约论者，也不用伪装成功利主义者，就能够产生作用并给人以启发。

·“初始状态”的局限·

作为一种机制设计，初始状态是通过对于公正问题的一种具体理解来产生公正原则的，它必须能经受各种不同观点的审视。这里有一个动机是否充分的问题，具体而言是罗尔斯式的推理可能被过于限定在“普遍存在的审慎”（extended prudence）所涉及的理智范围内，并且将“理智人”（reasonable persons）的反思限制为最终思考他们如何能从“与他人合作”中获益。②这可以被看作在“社会契约”这一具体方法

---

① 鉴于罗尔斯对思想史的深刻认识，以及他在展现其他人观点时表现出的极大包容性，很难理解他对斯密的著作，尤其是《道德情操论》关注甚少。在由芭芭拉·赫尔曼（Barbara Herman）编撰的，具有深远影响的 *Lectures on the History of Moral Philosophy*（Cambridge，MA：Harvard University Press，2000）中，确有五处提到斯密，但这些都一带而过地只提及他是一个新教徒、休谟的朋友、一位成功的经济学家，以及他是在大卫·休谟去世的那一年（1776）出版的《国富论》的作者，还有他的文笔很风趣，等等。总的来说，这位对其所处时代（包括康德时代）的哲学思想有如此巨大影响的格拉斯哥道德哲学教授，却得不到我们这个时代的道德哲学家的重视，这是非常令人惊讶的。

② 见罗尔斯的《政治自由主义》（1993）。与此形成直接对照的是托马斯·斯坎伦更加一般化的标准，后者并未建立在“广泛的审慎”的基础上（《我们彼此负有什么义务》，1998）。

中，对于中立思考范围的普遍性的限制，因为按照托马斯·霍布斯的说法，这种契约基本上是一种互利合作的工具。中立不需要总是采取与互利合作有关的形式，它也可以包括我们可能承认的单边义务，因为我们具有实现我们有理由重视的社会现实的能力（而不一定必然要从这些结果中获益）。[①]

接下来，我要集中讨论一些具体的问题，这些问题与由初始状态产生的封闭的中立性有密切关系。[13]可能存在的局限被归纳为三个一般性的主题。

（1）排他性的忽视。封闭的中立性可以将不属于焦点群体的人们的意见排除在外，但是这些人的生活都会受到焦点群体决策的影响。对封闭的中立性进行如罗尔斯在《万民法》中所作的多阶段的表述并不能充分解决这个问题。

如果焦点群体所作的决策（例如在初始状态下）没有对外部的任何人产生任何影响，那么这个问题就不存在，但是这种情况很少见，除非人们居住在一个完全与世隔绝的社会中。当“作为公平的正义”面对跨界公正时，这个问题就特别难以解决。因为一个社会所选择的基本社会结构不仅会对这个社会的成员，还会对其他社会的人（那些对社会来说不坚持初始立场的人）产生影响，存在许多实际上受到影响却没有获得代表的情况。

（2）内部的不一致。当封闭的焦点群体所作的决策会对这一群体自身的规模和组成产生影响时，就可能会出现不一致。

例如，当一个国家（或一个政体）人口的规模或构成直接地或间接地受到它自己在初始状态（特别是基本社会结构的选择）下所作出的决策影响时，焦点群体的成员构成就会随着焦点群体自身要作出的决策而变化。结构性的安排——如罗尔斯的“差异原则”——肯定会影响社会以及生物学意义上的交往模式，这样就会产生具有不同规模与构成的

① 这个问题将在第8章“理性与他人”和第9章“中立缘由的多元性”中进行考察。

人口。[14]

（3）程序上的地域狭隘性。设计封闭的中立性是为了消除在焦点群体中由既得利益或个人目的造成的褊狭，但它并不能解决焦点群体自身所共有的偏见这一局限。

后面的两个问题（即“内部的不一致”与“程序上的地域狭隘性”）在一般的著述中一直没有得到系统的重视，甚至没有被发现。相比之下，第一个问题“排他性的忽视”却以某种方式得到了相当多的重视。我首先要研究一下罗尔斯公正模型中这一相对明显的问题，即排他性的忽视。

·排他性的忽视与全球公正·

对未参与某一政体订立社会契约，却承受了该政体的决策所带来的社会后果的群体而言，其利益与观点受到忽视显然是一个很重要的问题。我还要指出，在这种情况下，我们必须清楚地看到，为什么“全球公正”（global justice）的要求与“国际公正”（international justice）的要求有很大的不同。[15]如斯密的中立的旁观者那样的开放的中立性，提出了对于这个难题的一种见解。在一个相互依赖的世界中，不同国家或政体之间的关系无所不在，并以一种互动的方式发生着作用。和其他人一样，罗尔斯通过提出“万民法”来具体解决跨界公正背景下的这一问题，他的“万民法”实际上是在不同政体（或“民族”）代表之间设置的又一个初始位置。[16]包括查尔斯·贝茨、布赖恩·巴里（Brian Barry）、托马斯·波格在内的其他人也开始研究这个问题，并提出了一些解决方法和手段。[17]

罗尔斯解决这个问题的方法包括采用另一个由不同“民族”的代表组成的“初始状态”。虽然有些过于简单化了——目前这不是关键，但这两个“初始状态”可以被认为分别是国内的（一个国家的个人之间）与国际的（不同国家的代表之间）。每一个都是一种封闭的中立，但两个合在一起就涵盖整个世界的人口了。

当然，这一程序并未消除各个受影响群体之间的不对称，因为不同的政体具有不同的资源和机会禀赋，并且通过一系列的中立（如罗尔斯的方法）来涵盖世界人口，与通过一种全面的中立（例如由托马斯·波格等人提出的“全球”版的罗尔斯的初始状态）来涵盖世界人口之间，也有明显的差异。但是，让全世界人口达成一个社会契约，这一想法似乎是相当不现实的，无论是现在还是在可预见的将来。当然，这里还存在一个制度缺陷。①

然而必须记住的是，如同斯密（和其他人）所做的那样，这个有力的观点并不需要排除我们可能采用跨界的“公共的思想框架”所产生的洞见与指引。全球性讨论的关联性与影响力并不依赖于是否存在一个全球性国家，也不依赖于是否存在一个组织完善的可供达成制度化协议的全球性论坛。

更直接地说，即使在我们所生活的这样一个存在政治边界的世界中，我们也必须充分地认识到，不同国家的不同的人并不是只有通过国际（或“民族间”）关系才能交往。这个世界无疑是具有边界的，但有各种不同的边界，将全球人口分割为不同的“国家”或“民族”并不是唯一的划分标准。②依据国家的划分方式并不比任何划分方式更优越（《万民法》中隐含着这种假定）。

---

① 在‘The Problem of Global Justice’（*Philosophy and Public Affairs*，33，2005）中，托马斯·内格尔对全球公正表示了怀疑，这在引言中已经讨论过。但他的这种怀疑似乎更接近于对全球性社会契约的寻求，而不是沿着斯密非强制性的、开放的中立性的路线来寻求全球公正。相对于斯密“更加松散的”方法而言，全球性社会契约更多地依赖于全球性的制度。

② 有趣的是，许多不同的政治讨论都提出了一种划分全球人口的具体方式，从而使许多不同的划分方法分别产生了各自的地方身份。“文明的冲突”背后不同的划分方法，就是这样的一个例子（See Samuel P. Huntington，*The Clash of Civilizations and the Remaking of the World Order*（New York：Simon & Schuster，1996）），因为基于国家或政体的划分与基于文化或文明的划分并不一致。这些不同方法的共存本身就表明了为何这些基本的划分方法——宣称在伦理学及政治学上具有基础地位——无一能够轻松击败其他的划分方式，或者消除对于人类其他身份的考量。这个问题我在 *Identity and Violence*：*The Illusion of Destiny*（New York：W. W. Norton & Co.，and London and Delhi：Penguin，2006）中作了进一步讨论。

跨国界的人际交往在许多方面都远远超越了国家间的互动。在面对人类行为的许多跨界影响时，国家或“民族”的“初始状态”具有很大的局限。如果要评价和审思跨国公司的运行所产生的效应，就必须从其本身——跨国运作的，根据商业上的考量来对合法注册、纳税地以及类似问题作出决策的公司——来进行考察。很难将跨国公司作为一个对其他民族产生影响的“民族”(或“国家”)。

类似地，也不需要通过各个国家的整体将人类的责任和关注跨界联系在一起。[①]例如，一位希望为改善苏丹妇女的处境做一点事情的美国女权主义活动家，所具有的可能只是一种感同身受，但这种感受不需要借助美国对苏丹国民境遇的同情就能发挥作用。在一个具体的环境中，她作为一名女性，或一个为女权主义者所关注的问题而打动的人（无论其性别)，也许比她的公民身份更重要。女权主义的视角在“开放的中立性”中能够很好地发挥作用，而不必受制于国籍身份。在其他的“开放的中立性”中采用的其他身份，可以包括阶级、语言、文字和职业等，并且可以提出与国家政治的优先性相对抗的不同视角。

即使是人这个身份（也许是我们最基本的身份)，当其获得充分利用时，也会相应地拓宽我们的视角。与人性相联系的一些驱动力可以不受范围更小的集体身份的影响，如具体的“民族”或“国家”。实际上，“人性”或“人道”所引发的规范性的要求建立在我们作为人的基础之上，而无论我们拥有何种具体的国籍，属于哪个宗派和部落（无论传统还是现代)。[②]

全球贸易、全球文化、全球政治、全球慈善，甚至全球抗议（像近

---

① David Crocker, *Ethics of Global Development*: *Agency*, *Capability and Deliberative Democracy* (Cambridge: Cambridge University Press, 2008) 中对于今天人们在全球范围互动的渠道，及其所具有的道德与政治意义，进行过具有启发性的讨论。

② 必须将基于身份的推理，包括属于全人类这一最宽泛的身份认同，与不使用任何特定的成员身份，而使用那些能引导人行为的道德规范（比如仁慈、公平或人道）的观点区分开来。但是，我在这里不会进一步探讨这种区别（但可参见我的 *Identity and Violence*: *The Illusion of Destiny* (New York; W. W. Norton & Co., and London: Penguin, 2006))。

期在西雅图、华盛顿、墨尔本、布拉格、魁北克和热那亚的大街上所发生的）在行为上的相互关联，得益于人们之间的直接关系。它们按照各种分类方法，有着自己的标准、范围与排列顺序。当然，也可以通过不同的方式，甚至采用其他的群体间的关系，对这些道德标准进行支持、审思或批判，但是不需要将它们限定或压制在国际关系（或“万民法”）的范围之内。将国家（主要是民族国家）间的政治划分看作根本性的，并且不仅将其看作需要克服的实际限制，还看作道德和政治哲学中具有根本意义的划分，这多少有些专制。[1]它们中会有各种各样的群体，其身份可以是商人或工人，女性或男性，自由主义者、保守主义者或社会主义者，穷人或富人，这个或那个职业（如医生或律师）群体的成员[2]，可以采用许多不同的群体划分。对于全球公正而言，仅有国际公正是不够的。

这一问题与当代对于人权的讨论也有关系。人权的观念建立在我们共同拥有的人性的基础上。这些权利并非源于任何国家的公民身份或任何民族的成员身份，而被认为是每一个人都应享有的权利与资格。因此，它们不同于宪法赋予特定人群（比如美国或法国的公民）的受到保障的权利。例如，一个人免遭酷刑或恐怖分子袭击的权利与其所属的国家无关，也与该国或其他任何国家政府愿意提供什么或支持什么无关。

为了克服“排他性的忽视”的局限，可以在普适主义的背景下，采用开放的中立性这一思想，这与斯密的“中立的旁观者”的概念密切相关。那种宽宏的中立性框架十分清楚地表明，为什么对于基本人权的考量，包括保护基本民事与政治自由的重要性，不需要基于公民权和国

---

① 与此有关的一种专制是，将一种“文化”或“种族”身份凌驾于其他身份和非身份的关注之上；关于这方面可以见 K. Anthony Appiah and Amy Gutmann, Color Conscious: The Political Morality of Race (Princeton, NJ: Princeton University Press, 1996)，以及苏珊·莫勒·奥金（Susan Moller Okin）与其调查对象写成的 *Is Multiculturalism Bad for Women*? (Princeton, NJ: Princeton University Press, 1999)。

② 与此相类似，为全球非政府组织（比如乐施会、国际特赦组织、无国界医生、人权观察及其他）工作的活动家都明确地将其注意力放在那些跨越国界的联系上。

籍，也不需要在制度上依赖于全国范围的社会契约，而且不需要假设一个世界政府或一个全球性的社会契约。可以认为与人权意识相关的“不完全义务”落在每一个可以帮助他人的人身上。[①]

开放的中立性所具有的解放性作用允许将各种无偏见的视角纳入考虑的范围，并鼓励我们从处于不同位置的中立的旁观者的观点中获益。在对这些观点进行审思时，很可能会出现一些共同认识，但不需要假定所有产生于不同观点的分歧同样能够得到解决。前面已经讨论过，对理智决策的系统引导可以来源于不完整的排序，这些排序反映了未解决的冲突。事实上，在允许“放松形式的结果”（relaxed forms of outcomes）的“社会选择理论”中，最近的著述清楚地表明，不能仅仅因为社会判断的过程没有对所有项目进行排序，或没有解决所有冲突，就认为它是无益的或存在不能解决的问题。[18]

由于对关于权利与义务（以及正确与错误）的许多实质问题产生了共同而有益的认识，因此不需要再坚持认为，我们必须具有一致同意的完整排序，或者对于如何严格区分公正与不公正达成普遍一致的看法。例如，为了消除饥荒、种族灭绝、恐怖主义、奴隶制度、种姓制度、文盲或流行病等，通常采取的解决方法并不要求就继承权、收入税制、最低工资水平或版权法的合适形式达成完全的一致。认为全世界的人们（就像人类一样多样化）所拥有的各种不同视角——有些是一致的，有些是有分歧的——都具有基本相关性，这是开放的中立性所产生的认识的一部分。在这种认识中并不存在妥协主义的态度。

·内部的不一致与焦点群体的变化·

即使我们将注意力集中在一个社会或“民族”上，焦点群体的成员在订立契约的过程中享有非成员所不具有的地位这一事实还是会产生一

① 在第17章“人权及其全球性”中将对这些问题进行更充分的讨论。

些问题。人口的规模与组成会随着公共政策（无论是不是专门的“人口政策”）的变化而变化，甚至会随着社会“基本结构”（basic structure）的变化而改变。正如德里克·帕菲特（Derek Parfit）所有力论述的那样，经济、政治或社会制度（包括像“差异原则”这样的规则）的重新组合，往往会通过婚姻、恋爱、同居以及其他人口再生产因素对即将出生的群体的规模和构成产生影响。[19] 参与选择“基本结构”的焦点群体将受到选择本身的影响，而这将使封闭的中立性具有潜在的矛盾。

为了说明这个群体可变性的问题，假设存在两种制度结构 A 和 B，它们将分别产生 500 万和 600 万人口。当然，这些可能是完全不同的人，但是为了揭示出即使在最有利的假设条件下，这个问题也是多么困难，我们暂且假设这 600 万人里包括那同样的 500 万人和另外的 100 万人。现在我们可以问：初始状态中将会包括哪些人，由他们作出的社会决策将对 A 和 B 之间的选择产生影响，进而影响各自人口的规模与构成？

为了回避这个难题，假设我们将 600 万人这个更大的群体作为初始状态中的焦点群体，并假设相应的初始状态中所选择的制度结构是 A，这就导致实际的人口是 500 万。但这样一来，焦点群体的指定就是错误的。我们还可以问：这个不存在的——事实上永远不会存在——多出的 100 万人是怎样参与到初始状态中来的？另一方面，如果这个焦点群体被指定为较少的 500 万人，那么如果在相应的初始状态中所选择的制度结构是 B，其导致的实际人口是 600 万，那又会如何？同样，焦点群体也被错误地指定了，那么额外的 100 万人并没有参与初始状态，而在初始状态中所决定的制度结构将广泛地影响他们自身的生活（不仅包括他们是否会出生，还包括他们实际生活的其他方面）。如果在初始状态中作出的决策影响人口的规模与构成，而人口的规模与构成又影响初始状态或在其中所作出的决策，就无法保证与初始状态联系在一起的焦点群体能够始终保持一致。

即使我们采用“世界”或“全球”版的罗尔斯“作为公平的正义”，

即将全世界所有人都包括在一个大规模的契约活动中（如托马斯·波格等提议的那样），上述困难仍然存在。无论我们考虑的是一个国家的人口还是全世界的人口，人口变化的问题都是存在的。

但是，当罗尔斯体系被用于世界上某个具体的“民族”时，就会出现更多的问题。事实上，出生与死亡对于基本社会结构的依赖，与社会结构对人口跨国流动的影响是基本平行的过程。这种一般性意义上的思考，与大卫·休谟对“初始契约”概念的相关性和其历史影响力所表示出的怀疑十分相似。他曾经说：

> 地球的面貌是不断变化的，小王国成长为大帝国，大帝国瓦解为小王国，殖民地的建立，部落的迁移……那种经常谈论到的相互间一致或自愿的联盟在哪里呢？[20]

但是，当前背景下的问题并不只是——事实上，并不主要是——人口的规模与构成在不断变化（尽管这个问题很重要），而是这些变化并不独立于契约理性中通过初始状态实现的基本社会结构。

然而我们还必须进一步考察，焦点群体对基本社会结构的依赖，对于罗尔斯“作为公平的正义”而言是否真的是一个问题。焦点群体实际上必须通过相应的初始状态来决定基本社会结构吗？如果初始状态中的各方正是焦点群体（即该政体或社会的全部成员，且仅有这些成员），答案当然是肯定的，但是罗尔斯有时将“初始状态”作为“仅是一个代表机制”。[21]这样一来，我们就可以认为，并不需要假设社会或政体中的每一个人都必须参与初始契约，由此还可以认为，焦点群体对初始状态中所作出的决策的依赖就不必成为一个问题。

我认为这不能成为对内部不一致问题的一个站得住脚的辩护，理由有二。第一，罗尔斯所用的“代表”这一概念，事实上并不意味着集结一群不同于该政体中现有的全新的人（或者幽灵），来作为初始状态中的各方。相反，这是在“无知之幕”下的，被看作“代表”了他们自身的同一批人（不过是从“无知之幕”后面）。罗尔斯这样解释道：说各方位于“无知之幕”后面是一种形象的表达。总的来说，初始状态“仅是一个代表机制”（《罗尔斯论文集》(*Collected Papers*)，第401页)。事实上，罗尔斯通过“人民赋予的任务”（前面已经提到过）论述契约的必要性，表明了初始契约中的人们实实在在的参与（尽管是在“无知之幕”下)。[22]

第二，即使这些代表是一些的不同人（或者想象出来的幽灵)，他们也必须代表焦点群体（例如，通过可能成为这个中心群体的任一成员的“无知之幕”)。因此焦点群体的变化将反映在或转化为这些代表所代表的初始状态中人员的变化上。①

如果第一，人口的规模对社会基本结构的组织方式没有任何影响(规模完全不变)，第二，每一个人群的优先排序和价值观完全相似（价值观完全不变)，那么这并不是一个很大的问题。但上述的两个条件是很难假设的，除非任何重要的公正理论的结构中有进一步的限制。②因此对于用于给定的焦点群体封闭的中立性来说，群体可变性仍然是一个问题。

但是我们也必须问，在由群体变化所产生的不一致方面，斯密的中立的旁观者方法是否也会遇到类似的麻烦呢？如果不会，原因是什么？事实上，它确实没有遇到类似的麻烦，因为中立的旁观者不需要来自既定的焦点群体。确实，斯密的“抽象与理想的旁观者”（abstract and ideal spectator）只是一个“旁观者”，而不是像群体契约那样是任何活动的“参与者”。在这里不存在契约群体，也不要求评估者必须与受影

① 为了预先防止一种可能的反应，我要强调这与代表后代（被看作人口固定的群体）中的成员的困难并不是同一个问题。当然，那里也存在问题。(例如，考虑到后代还不存在，我们应如何对他们的理智思考进行假设?）但是，在实际人口随社会基本结构变化而变化的情况下对社会基本结构进行选择时，不可能有一个固定的群体的代表，与对后代群体（被看作固定的群体）一致性的设想，毕竟是两个不同的问题。

② 我在提出这个观点（见我的论文“Open and Closed Impartiality”（2002)）时曾经遭遇这样一种误解，即认为不同的人口不会对罗尔斯的初始状态产生任何影响，因为处于“无知之幕”下的每个个人都是一样的。避免这样一种误解很重要。需要注意的是，尽管“无知之幕”使既定群体中的不同的个人对他们各自的利益与价值一无所知（在既定群体中这种形式上的反思使每个人变得一样)，但其本身并未使不同的人群具有同样的利益和价值。更一般地说，使封闭的中立性独立于焦点群体规模和构成这一做法，严重地削弱了其说服力。

响群体一致。即使中立的观察者依然会面对诸如如何决定变化的人口规模这类难题（一个复杂的道德问题）[①]，但在“内部封闭”的契约方法中存在的不一致性，在中立的旁观者中找不到这样直接的例子。

·封闭的中立性与地域狭隘性·

初始位置所体现出的封闭的中立性，将公正的理念与其原则局限在一个群体或一个国家的狭窄范围内。前面对此已作过讨论，但我要在这里补充三点。

第一，我们必须认识到这样一个事实，即程序上的地域狭隘性并不总是被看成一个问题。某些关于社会判断的方法并没有主动避免群体性的倾向。实际上，有时还恰恰相反。譬如，某些形式的社群主义甚至会对这种优先的地方性表示欢迎。其他形式的地方性公正也有同样的情况。

来看一个极端的例子。在军事打击之前，当阿富汗的塔利班统治者坚持奥萨马·本·拉登只能由谨遵教义的伊斯兰教神职人员来审判时，这种对于某种中立的要求（不对本·拉登抱有个人的偏好或对之进行偏袒的对待）并没有被拒绝，至少在原则上没有。[②]当时提出的是，中立的裁决应该来自一个其成员都接受某种特定的宗教与道德准则的封闭的群体。因此在这种情况下，封闭的中立性与可接受的行为规范之间就不存在内在的矛盾。当然，将注意力局限于当地封闭的思考，这一做法是否可以接受，有关这类更广泛的问题确实存在，而这些困难和局限也正是斯密审思的内容。

事实上，当我们抛弃这种具有地区局限的道德观，并致力于将封闭

① 如果这些判断必须以完整的排序形式表现出来，问题将变得更加复杂。但是，如前所述，对于一个有用的公共思想框架，以及基于“极大性”的公共选择来说，并不需要如此（这个问题也可见我的‘Maximization and the Act of Choice’，*Econometrica*，65，1997）。

② 当然，这里所说的只是塔利班统治者引用的公正原则，并不是指他们的实际行为。

的中立性的程序与开放性的目的结合起来时，那种程序上的地域狭隘性必然会被视为一个严重的困难。罗尔斯“作为公平的正义”就是这样的例子。尽管罗尔斯的一般方法中并不存在狭隘的故意，但事实上，其“初始状态”所涉及的封闭的中立性最后还是受到地方群体的偏见的影响。

第二，我们不能仅仅关注初始状态的主观愿望，还必须特别关注其实质程序。尽管罗尔斯希望其理论具有开放性，但他所设计的初始状态似乎并不允许接触外部的新鲜空气。实际上，至少在原则上，罗尔斯认为应该强化初始状态的封闭性（《政治自由主义》，第 12 页）：

> 我假设基本结构是一个封闭的社会，即我们将它看成是自给自足的，与其他社会没有联系……封闭的社会是一个相当抽象的事物，其存在只是因为它能使我们的注意力集中在某些主要问题上，而免受令人分心的细节的干扰。

这里的问题是，来自其他地方的观点与经验是不是“令人分心的细节”？是否应该为了保证公平分析的纯粹性而回避这些细节？

第三，尽管存在这些强有力的理由来支持开放的中立性，但也许有人会认为人类思维有一定的局限。这会对我们超越所在地区的能力造成严重的困难。认识与规范反思能跨越地理边界吗？尽管有些人会认为，我们不能跨越一个既定的社区或特定的国家，或跨越一个特定的文化来相互交流（某些社群隔离主义强化了这一思想），但是我们并没有特别的理由去认定只有在这些边界的范围内（或者在“一个民族”的成员范围内），才能找到互动交流与公共参与。

亚当·斯密强有力地论述了这种可能性，即中立的旁观者能够运用远方的或近处的人们的认识。这确实是启蒙运动思想家关注的一个重要主题。跨界交流与认识在今天不应该显得比斯密所处的 18 世纪更荒谬。尽管我们没有一个全球国家或全球民主，但斯密所强调的中立的旁观者对于当代世界的全球性公共讨论仍有直接的影响。

在当今世界，全球对话对于全球公正来说极其重要，它不仅通过类似于联合国或世界贸易组织这样的机构来实现，而且更多地是通过媒体、政治运动、公民组织与非政府组织的不断努力，以及建立在国籍身份和其他共有身份之上的社会努力，如工会运动、合作、人权运动或女权主义运动等实现的。在当今世界，开放的中立性并没有被完全忽视。

此外，正当整个世界都在讨论怎样防止跨界恐怖主义的方式与手段（以及全球恐怖主义的根源），克服正在影响全世界数十亿人生活的全球经济危机的时候，那种认为我们不能跨越我们的政体界线来相互理解的说法很难让人接受。①相反，正是斯密的“中立的旁观者”所持的一种坚定开放的态度，才是今天需要重申的。在我们生活的这个相互联系的世界中，这对于我们认识道德与政治哲学中中立性的要求，具有十分重要的作用。

注释

1. Adam Smith, *The Theory of Moral Sentiments* (London: T. Cadell, extended version, 1790; republished, Oxford: Clarendon Press, 1976), III, i, 2; 扩展部分见第6版。被强调的观点见 D. D. Raphael, 'The Impartial Specta - tor', in Andrew S. Skinner and Thomas Wilson (eds), *Essays on Adam Smith* (Oxford: Clarendon Press, 1975), pp. 88–90。关于这些问题在启蒙思想，尤其是斯密与孔多塞著作中的重要性，见 Emma Rothschild, *Economic Sentiments: Smith, Condorcet and the Enlightenment* (Cambridge, MA: Harvard Unive-rsity Press, 2001)。
2. See Raphael and Macfie, 'Introduction', in Smith, *The Theory of Moral Sentiments* (republished 1976), p. 31.
3. Adam Smith, *The Theory of Moral Sentiments*, III, 1, 2, in the 1975 reprint, p. 110.

---

① 在关于跨文化交流的困难的文献中，缺乏一致性有时与缺乏理解相混淆。它们当然是有很大不同的两个现象。一个真正的不一致是以对所争论事物的理解为前提的。关于理解在当今世界面对暴力时的建设性作用，见我有幸担任主席一职的 Commonwealth Commission for Respect and Understanding 的报告 *Civil Paths to Peace*（London：Commonwealth Secretariat, 2007）。

4. *A Theory of Justice* (1971), pp. 516–17.
5. Ibid., p. 517.
6. Smith, *The Theory of Moral Sentiments*, III, 1, 2, p. 110.
7. On this, see my *Identity and Violence: The Illusion of Destiny* (New York: W. W. Norton & Co., and London: Penguin, 2006).
8. Rawls, *Political Liberalism* (1993), p. 23.
9. Rawls, 'Reply to Alexander and Musgrave', in *John Rawls: Collected Papers*, p. 249. See also Tony Laden, 'Games, Fairness and Rawls's *A Theory of Justice*', *Philosophy and Public Affairs*, 20 (1991).
10. *A Theory of Justice* (1971), pp. 516–17; more extensively, see section 78 in *A Theory of Justice*, pp. 513–20, and *Political Liberalism* (1993). pp. 110–16.
11. Rawls, *A Theory of Justice*, pp. 22–3, footnote 9.
12. Smith, *The Theory of Moral Sentiments*, VII, ii, 2, 14, p. 299.
13. 我后面的论证基于一项较早的研究，发表于 "Open and Closed Impartiality", *Journal of Philosophy*, 99 (September 2002)。
14. 这并不是否认拓扑学中称为"定点"存在的可能性（在具有关于连续性的适当假设的前提下），即既定的焦点群体的决策将明确导回同一个焦点群体（无论这种情况有多么不可能）。但是至少可以说，通常当焦点群体的决策影响了焦点群体本身的构成时，不能排除可能产生的不一致。
15. 我曾经在 " Global Justice: Beyond International Equity", in Inga Kaul, I. Grunberg and M. A. Stern (eds), *Global Public Goods: International Cooperation in the 21st Century* (Oxford: Oxford University Press, 1999), 以及 'Justice across Borders', in Pablo De Greiff and Ciaran Cronin (eds) *Global Justice and Transnational Politics* (Cambridge, MA: MIT Press, 2002) 中提出过这些问题。最初是1998年9月在芝加哥的德保罗大学（De Paul University）100周年庆祝活动的讲座中提出来的。
16. John Rawls, 'The Law of Peoples', in Stephen Shute and Susan Hurley (eds), *On Human Rights* (New York: Basic Books, 1993), and *The Law of Peoples* (Cambridge, MA: Harvard University Press, 1999).
17. See Charles R. Beitz, *Political Theory and International Relations* (Princeton, NJ: Princeton University Press, 1979); Brian Barry, *Theories of Justice*, vol. 1 (Berkeley, CA: University of California Press, 1989); Thomas Pogge, *Realizing Rawls* (Ithaca, NY: Cornell University Press, 1989); Thomas Pogge (ed.), *Global Justice* (Oxford: Blackwell, 2001); Deen Chatterjee (ed.), *The Ethics of Assistance: Morality and the Distant Needy* (Cambridge: Cambridge University Press, 2004); Thomas Pogge and Sanjay Reddy, *How Not to Count the Poor* (New York: Columbia University Press, 2005).
18. See Kenneth Arrow, Amartya Sen and Kotaro Suzumura (eds), *Social*

Choice Re-examined (Amsterdam: Elsevier, 1997). See also Isaac Levi, *Hard Choices* (Cambridge: Cambridge University Press, 1986).
19. On this, see Derek Parfit, *Reasons and Persons* (Oxford: Clarendon Press, 1984). 帕菲特的一般观点与“内部的不一致”有关，尽管他并没有对此作具体的探讨。
20. See David Hume, 'On the Original Contract', republished in David Hume, *Selected Essays*, edited by Stephen Copley and Andrew Edgar (Oxford: Oxford University Press, 1996), p. 279.
21. Rawls, 'Justice as Fairness: Political Not Metaphysical', *Collected Papers*, p. 401.
22. Rawls, 'Reply to Alexander and Musgrave', *Collected Papers*, p. 249.

第二部分

理智思考的形式

第7章

位置、相关性和幻象

当李尔王告诉盲人格洛斯特（Gloucester），“一个人即使没有眼睛，也可以看见这世界的丑恶”时，他是在教格洛斯特如何“用耳朵去看”。

> 看那个法官如何痛骂那个可怜的小偷。侧过你的耳朵来，听我告诉你：让他们两人换了位置，谁还认得出哪个是法官，哪个是小偷？你见过农夫的狗向着乞丐乱吠吗？[1]

换位是一种“看到”世界上隐藏着的事物的方法。这也是李尔王在这里所要表达的意思。当然，在这种对于现实不满的表述中，李尔王也想让格洛斯特从向着乞丐乱吠的狗身上，“看到权威的影子”。

在道德和政治哲学以及法学中，超越因我们的位置而带来的局限是十分重要的。做到这一点并非易事，但这却是道德、政治和法律研究与思考不得不面对的挑战。我们必须超越随意痛骂“那个可怜的小偷”的“法官”。

·观察的位置性和知识·

超越所处位置的局限也是认识论的关键所在。然而，这里存在一个可观察性的问题，而且从我们有限的视角来认识事物也是有局限的。我们所能看到的事物，与我们站在何处、想要看到什么是相关的，并且反过来影响我们的信仰、认识和决定。观察的位置、信仰和选择，对于人的认识以及实践理性而言都十分重要。实际上，认识论、决策论和伦理学都要考虑到观察者所处的位置对于其观察和推断结果的影响。当然，正如之前所讨论的那样，客观现实并不都是关于客观对象的。[①] 当我们在寻找客观现实的过程中涉及观察与通过观察获得的认识时，就必须考虑到观察的位置。

观察会随位置的变化而变化，我们可以通过一个相当简单的物理学例子来说明这个基本事实。来看一下以下认识："太阳和月亮看起来大小非常相似"。很显然，这个观察结果是受所处位置影响的，因为如果从其他地方，比如从月球上看，这两个物体可能在大小上相去甚远。但不能因此就认为以上的说法不客观，或者仅仅将其当作个人的主观感受。如果另一个人也在相同的地方（地球上）观察太阳和月亮，应该也会同意其大小基本一样这个说法。

即使以上陈述并没有明确地提到观察受所处位置的影响，但这显然是一个与位置有关的表述。我们也可以这样讲："站在地球上的这个地方，太阳和月亮看起来大小差不多。"当然，观察者们还可以从与现在不同的位置重新表述所观察到的对象，这与之前的表述并不矛盾。站在地球上，我们还是可以讲："在月亮上看，太阳和月亮的大小不会相似。"

当观察的位置确定下来后，这种位置上的客观性要求观察结果不因人的变化而变化。这与从不同位置看到的不同结果并不矛盾。[②] 不同的人可以在同样的位置看到同样的结果，同一个人可以在不同的位置看到

---

① 见第 5 章"中立与客观"。Hilary Putnam, *Ethics without Ontology* (Cambridge, MA: Harvard University Press, 2004) 对"无客体的客观性"(objectivity without objects) 在数学和伦理学等学科中的可能进行了透彻的讨论。

② 我最早在 1990 年 Yale Law School 的 Storrs Lectures 上，后来又在 Lindley Lecture 归集的 *Objectivity and Position* (Kansas City: University of Kansas, 1992) 中，试图探索位置客观性的问题。See 'Positional Objectivity', *Philosophy and Public Affairs*, 22 (1993); reprinted in *Rationality and Freedom* (Cambridge, MA: Harvard University Press, 2002).

不同的结果。

·位置的启示和幻象·

观察的结果取决于所在的位置，这既可能产生启示，（试想这时回答这样一个问题：一个物体从这里看上去有多大?）也可能产生误导。（当回答与大小相关的其他问题时，例如，这个物体就质量而言究竟有多大?）位置变化的两个方面所回答的是截然不同的问题，但这两种情况都不完全是主观的。这可能需要说明一点，因为将客观性描述为一个受所处位置影响的现象，并不是对于客观现实的准确认识。

托马斯·内格尔在其产生深远影响的著作《本然的观点》（*The View from Nowhere*）中，对客观性作了以下解释："如果一种观点或思想形式更少依赖于个人特点以及所处的位置，或者对于其具体性格和特征的依赖性更小，这种观点或思想形式就更为客观。"[2]这种对于客观性的看法具有一些明显的优点：它着眼于对客观性传统理解的一个重要方面——不依赖于位置。如果因为太阳和月亮从地球上看起来大小相同，而得出它们也具有同等的质量大小这一结论，就严重违背了不依赖于位置的客观性。在这个意义上，如果我们不能充分注意到观察会因位置不同而发生变化，并对其进行适当修正，基于位置的观察就会产生误导。

与此相对照，"位置客观性"（positional objectivity）是指从某个特定位置观察结果的客观性。我们这里关注的是不因人的变化而变化，而与所处位置相关的观察及其可观察性，也就是我们从一个给定的位置上所能看到的东西。在这个意义上，客观评价的对象是任何占据某个给定的观察位置的正常人都能够确定的事物。如前面关于太阳和月亮大小的例子所阐明的，观察到的内容可以因位置的不同而不同，但不同的人从同一位置进行观察却会得出同样的结论。

这里讨论的问题是，一个客体从不同的位置上看起来会怎样，而且任何人在相同的位置上观察到的内容都是一样的[1]，不能像有些人所认为的那样，将位置变化所引起的观察结果的变化归因于“主观性”(subjectivity)。按照主观性的两个判断标准，我们并没有理由将“太阳和月亮看起来大小一样”这种说法看作“源于主观意识”，或者是“附属于或特定于某个个人或其精神活动”（根据《牛津英语词典》对于“主观性”的定义）。

对于某种观察结果的表述并不一定就是观察者具体的思想活动的反映，它也揭示了一种不依赖于人的意识而存在的，具有物理特性的现象。比如，正是因为太阳和月亮从地球上看具有相同的大小，所以才会发生日全食，即在地球上看，质量较小的月亮挡住了质量较大的太阳。日食不能被看作“源于主观意识”的。如果我们所从事的是预测日食的工作，那么与太阳和月亮的相对大小有关的一个问题就是它们在地球上的位置投影，而并非——不直接涉及——它们各自的质量。

公元5世纪初印度数学家和天文学家阿耶波多（Aryabhata），已经通过投影的大小来解释日食现象，这是他对天文学的贡献之一。[2]正如我们能想到的那样，他也因严重偏离宗教正统而受到责难。批评者中还包括他优秀的门徒婆罗摩笈多（Brahmagupta），后者也是一个伟大的数学家，但支持正统的教义。他采用了阿耶波多的创新，并予以进一步的发展。几百年后，在11世纪初，著名的伊朗数学家和天文学家阿尔比鲁尼（Alberuni）在为阿耶波多进行辩护时，强调指出对于日食的实际预测，包括婆罗摩笈多所作的预测，都采用了阿耶波多的投影法，而这并不是婆罗摩笈多对印度教正统的妥协。在发生在一千多年前的一次重要的思想辩论中，阿尔比鲁尼这样批评婆罗摩笈多：

---

① 位置特征当然不仅仅指方位上的（或者仅仅与空间位置相关），也可以指任何一般性的，尤其是非精神的条件。这些条件既能够对观察产生影响，也能系统性地适用于不同的观察者和观察对象。位置特征有时也与一个人特殊的非精神特征相关，比如失明。同一种失明可能发生在不同的人身上，但这些人会有同样的观察结果。

② 阿耶波多的创造性贡献包括他批驳太阳绕地球公转的观点，以及在解释物体为什么每天做旋转运动却不被抛离地球时，暗示重力作用的存在。

> 我们不会与他（婆罗摩笈多）争辩，而只会对他轻声耳语：……为何你在说了那些（尖锐的反对阿耶波多和他的追随者）话之后，又开始计算月亮的直径来解释日食，计算地球影子的直径来解释月食呢？为何你计算日月食的方法都与那些异教徒的理论相一致，而不是基于那些你所赞同的那些人的观点呢？[3]

根据我们所面对的问题，位置客观性实际上可以是对客观性的正确认识。

导致不同观察结果的位置因素，而不是不同人的精神状态或心理因素，还包括：是否懂得某种语言，能否计数，是色盲还是视力正常（还有许多其他的类似因素）。对于一个具有某种“位置”特征的人而言，他对于自己所看到的世界的表述，并不违背位置客观性的原则。

需要注意的是，这里并不是说任何能以因果关系“解释”的事物都具有位置客观性。这取决于出现不同观察结果的具体情况。举一个在早期印度认识论中常用的例子，因某人的紧张或者对蛇的极度恐惧，而错将绳子看成蛇这一明显主观性的判断并不具有位置客观性。然而，如果这条绳子在每个人看来都像蛇，比如在昏暗的灯光下，该绳子突出的蛇样外形特征使人们以为它是蛇，这种情况就具有位置客观性。

与位置的启示性和误导性相对应，在道德与政治评价中也存在一种类似的区别。基于关系的个人责任理论要求父母在照顾自己的孩子时扮演一种特殊的角色，即更多地关心自己孩子的利益在道德上可以被认为是适当的。在这种情况下，对自己的孩子给予更多的关注并不是一种主观上不明智的行为，反而是一种道德视角的反映（即在本例中与父母所处的位置相关）。①

① 在道德评价中，个人的联系是相当重要和复杂的主题。伯纳德·威廉斯对与此有关的许多深层问题进行了有力而清晰的讨论，尤其是，但不完全是在他对于功利主义的批判中。见其著述“A Critique of Utilitarianism”，in J. J. C. Smart and B. Williams，*Utilitarianism：For and Against*（Cambridge：Cambridge University Press，1973）和*Moral Luck：Philosophical Papers*，1973-1980（Cambridge：Cambridge University Press，1981），特别是题为“Persons，Character and Morality”的文章。

在这种框架下，仅仅从“纯粹客观的视角”（the view from nowhere），而不是“某个划定的视角”（from a delineated somewhere）来思考道德客观性可能会遗漏的某些内容。伦理学必须充分认识到与位置相关的特征，并将其纳入思考。还是回到上面的例子，人们对于自己孩子的责任，并非只停留在“意识之中”，伦理学应该发掘它的实际意义。

当我们对那些与主体相关——或者更为一般地，与位置相关——的评价和责任进行研究时，如第 10 章将要论述的，位置客观性的作用将会显现出来。但是在其他情况下，过多地关注自己孩子的利益，从非关系道德的角度来看，明显是错误的。例如，如果一个公务官员在履行职责时，更多地考虑了自己孩子的利益，那就是一个政治或道德上的错误，尽管由于他们之间位置上的亲近，自己孩子的利益对于他而言更为重要。

这种情况需要的是一种“在位置上无偏倚的”（positionally unbiased）方法。需要充分认识到其他孩子也与自己的孩子一样，有同样巨大和重要的利益。在这样的背景下，“从某个划定的角度”来看待事物的方法就是错误的。

寻找某种不依赖于具体位置的对于世界的认识，是以非关系的方法来探讨道德伦理问题的核心。玛丽·沃斯通克拉夫特在批评埃德蒙·伯克在支持美国革命的同时并没有考虑奴隶的地位，就好像他所支持的白人的自由不必适用于黑人奴隶（如第 5 章所讨论的）时，是在提倡一种普适的视角，来克服位置偏见和宗派利益。这里的问题不是基于位置的认识，而是某种超越位置的理解。采取“纯粹客观的视角”在这里显然是一个适当的理念。

· 客观的幻象和位置客观性 ·

即使在进行认识论、道德或政治评价时需要采用不依赖于位置的观点，由于很难获得位置中性的认识，我们仍然不得不考虑到位置对于观察结果会产生影响这一现实。在所处位置上形成的视角，会使人们难以超越其位置带来的视野局限。例如，在一个有着贬低妇女地位这一固有传统的社会中，那种盯着妇女所谓的弱点不放的文化习俗十分强大，以至于采用不同的观念需要相当大的思想独立性。如果一个社会不鼓励女性从事科学研究，且女性科学家的人数很少，那么缺乏成功的女性科学家这一事实本身，就不利于让人们认识到女性同样可以很好地从事科学研究，也不利于让人们认识到，女性很少在科学研究上获得成功，是因为缺少接受这方面教育的机会和鼓励，即使她们具有与男性相同的天赋与能力。

某个社会中女性科学家很少，这一观察也许是事实，尽管从上述观察中得出的“女性不擅长科学研究”这一结论可能是完全错误的。这里就十分需要超越在存在严重歧视的社会中的观察所具有的偏见。在其他一些妇女有着更多机会的社会里，通过观察可能会发现，在具备必需的机会和设施的条件下，妇女有着和男性一样的科学能力。这里涉及的问题是“开放的中立性”，对应于亚当·斯密出于方法上的需要而设计的从远近不同的角度来寻求视角中立的观察者的思想。[①]

当地方性观念的束缚很强大而难以克服时，人们会否认这个社会中的妇女受到不平等的对待，许多妇女自身也会根据所谓的“亲眼所见”，即对在等级社会中所观察到的现象的错误解读，相信“女性具有较低的智力水平”这一说法。在解释许多传统社会中存在的对于社会不对称与歧视的消极容忍时，位置客观性这一提法使我们看到了从所在位置上获得的认识是如何被不合理运用的（当需要超越所处位置的认识时）。

也可以通过位置客观性来解释马克思主义哲学中所用的“客观的幻

① 见第6章“封闭的中立性与开放的中立性”中的讨论。

象”（objective illusion）这一概念。[①]根据这种解释，客观的幻象是指从某个位置上看是客观的，从超越该位置的角度看却是错误的认识。客观的幻象这一概念既涉及从某个位置上看是客观的认识，也涉及从超越该位置的角度看这一认识实际上是错误的判断。在关于太阳与月亮大小的例子中，其外表的相似性（从地球上的这一位置看是客观的）可能导致——在没有其他信息与认识以及批判机会的前提下——对于它们的“实际大小”（比如就绕其一周所需的时间而言）也近似的位置性“认识”。那么，这种认识的谬误之处，就是所谓的客观的幻象。

在《卡尔·马克思的历史理论：一种辩护》（*Karl Marx's Theory of History：A Defense*）一书中，科恩对马克思理论中的客观的幻象这一概念进行了有趣的讨论：

> 对于马克思而言，感官误导了我们对于空气成分和天体运动的认识。但是一个能够通过呼吸分辨出空气中不同成分的人，一定会有一个与健康人功能不同的鼻子。一个声称感到太阳静止不动而地球转动的人，也一定会有视觉或行动失调问题。空气必不可少和太阳东升西落，认为这更像是看到了海市蜃楼，而并非产生了幻觉。如果一个人在合适的条件下看不见海市蜃楼，那么他的视觉一定是有问题的。他的眼睛看不到远处的光线。[4]

在这里，被当作客观的观察结果，是与用常人的鼻子来呼吸空气，用常人的眼睛看太阳，用常人的视力观察远处的光线等由所处位置所引起的特征联系在一起的。这些观察都是具有位置客观性的，尽管以其他更为令人信服的超越了位置视角的真理判定标准来看是错误的并具有误

① “客观的幻象”这一概念出现在马克思的经济学著作（不仅仅是哲学著作）中，包括《资本论》（第一卷）和《剩余价值论》。马克思尤其注重呈现，人们对于劳动力市场上公平交易这一幻象的共识实际上是错误的，但是这种公平的口号却被那些看见了如何以市场同等价值交换商品的人们“客观地”接受。在马克思的分析中，即使是受剥削的工人，由于其产品价值的一部分被掠夺走了，也很难看到劳动力市场中除了“同等价值”交换之外的东西。

导性的。

·健康、发病率和位置变化·

马克思主要在进行阶级分析时使用了客观的幻象这一概念，用于考察他所说的“错误的意识”（false consciousness）。与此不同的一个例子是对于疾病的自我感受，这对分析发展中的经济体的卫生状况是非常重要的。例如，在印度各邦中，喀拉拉邦的人均寿命最长（长于中国并接近欧洲），而且专业医疗评估也证实了喀拉拉邦成功地改变了卫生状况。但是相关调查显示，喀拉拉邦也有着最高的自我感知的患病率（包括平均数和各个特定年龄段的比率）。而另一种情况就是像比哈尔邦和北方邦这样人均寿命短而各个年龄段的死亡率都非常高（并且卫生状况几乎没有任何改善）的邦，但其自我感知的患病率却出奇地低。如果医学证据和死亡率是可接受的证明（没有特殊的原因将它们排除），那么自我感知的相对患病率就是错误的，或者至少是存在很大问题的。

然而，将自我感知的患病率仅仅作为意外误差或个人的主观随意是不够的。为什么死亡率与自我感知的患病率会出现大规模地不一致呢？客观的幻象这一概念有助于说明这个问题。喀拉拉邦人口的识字率（包括女性识字率）显著高于印度其他地区，公共卫生服务也更普及。因此在喀拉拉邦，人们对可能患病，以及需要寻求医治和采取预防措施的意识更强。这些想法和行为降低了喀拉拉邦实际的患病率和死亡率，也提升了对于疾病的意识。另一方面，北方邦和比哈尔邦人口的识字率和受教育程度较低，公共卫生设施严重不足，也较少觉察到可能患有的疾病。这使得这些地方的健康条件较差，寿命也比较短，但是也让这里人们的患病意识比喀拉拉邦弱。

印度社会落后地区的低患病率的幻象确实有其客观——位置客观

——的基础，因为那里的人们缺少学校教育和医疗经验。[①]这些因为褊狭导致的错误判断具有位置客观性，也应引起我们的注意，社会科学家们不能简单地将其视为主观臆断或变化无常，但是也不能把这些自我感知看作对健康和疾病的超越自身位置的准确认识。

这种客观幻象的可能性和频率，对国家和国际组织呈列比较医疗和健康统计数据的方法，有着重大的意义。需要对有关疾病的自我报告和寻求医疗关注的比较数据进行批判性的检查，注意其中由位置带来的视角问题。[②]

·性别歧视和位置幻象·

另一个有趣的案例是男性和女性在患病率与所观察到的死亡率上的不一致。总体上讲，印度女性相对于男性来说在生存上处于劣势（与亚洲和北非的许多国家一样，如中国、巴基斯坦、伊朗和埃及）。在 35 岁之前的各个年龄段（从出生仅几个月算起），女性的死亡率都要高于男性。这与从生物学的预期，即在同样的医疗条件下，女性在同一年龄段的死亡率低于男性恰恰相反。[③]

尽管印度女性有着更高的死亡率，但是她们自我感知的患病率却往

---

① 这些经验研究大都是根据印度的数据以及对于这些数据的解释，见我与让·德雷兹合著的 *India: Economic Development and social Opportunity*（Delhi and Oxford: Oxford University Press, 2002）中的讨论及所引文献。然而，来自发展中世界其他地区的经验数据也基本符合这种情况，见我的《以自由看待发展》（1999）第 4 章。通过比较美国与印度（包括喀拉拉邦）的自我评估患病率，可以进一步支持这种解释。在对同种疾病进行的比较中，尽管对于绝大多数疾病而言，喀拉拉邦的自我评估患病率都比印度其他地方高出许多，但美国在同种疾病上的自我评估患病率更高。关于这一点，见 Lincoln Chen and Christopher Murray, 'Understanding Morbidity Change', *Population and Development Review*, 18（September 1992）。

② 对于这个重要的现实问题，我不再作更多的讨论，但可见我撰写的《以自由看待发展》（1999）第 4 章。

③ 印度女性的平均寿命最近超过了男性，但是印度长寿女性与男性的比率仍然明显低于在同等医疗状况下预期的水平。喀拉拉邦在这个方面也是例外，其女性的平均寿命明显比男性长（该比值接近欧美地区）。

往并不高于男性，有时甚至要低许多。这似乎与女性被剥夺了受教育的机会，以及社会将性别不平等视为“正常”有关。[①]令人高兴（我这里所使用的这个表达，与功利主义者赋予该词的含义并不相同）的是，妇女对其健康状况的不满已经在整个国家普遍上升，这表明从固有位置上对健康状况好与不好的感知正在消退。我们可以发现，随着女性受剥夺的问题变得政治化（包括由妇女组织所推动的），在这一问题上的偏见也变得较少了。更好地认识有关妇女健康的问题及其错误观念，极大地减少了（并且在印度的很多地区消除了）死亡的性别差异。[②]

位置客观性的概念对于理解性别不平等尤为关键。家庭往往会在利益与事务的分工上产生冲突或达成一致（集体关系的一个特征，即“合作冲突”），但和谐的家庭生活要求以默契，而不是直接的谈判方式来解决这些冲突。纠缠于这些冲突会被视为反常。因此，惯常的行为方式会被看作合法的，甚至合理的。在世界上绝大多数地区都存在这样一种趋势，即忽视妇女在各个领域所遭受的相对于男性的剥夺。

·位置性和正义理论·

这个问题对构筑正义理论，更具体地说，对探索赋予了公共理性特

① 早先我已讨论了以下事实，即在一项对 1944 年饥荒后的孟加拉的研究中，寡妇几乎不报告她们“较差的健康”问题，鳏夫则对此有大量的抱怨（见我的 *Commodities and Capabilities*（Amsterdam：North-Holland，1985），Appendix B）。相关问题见我的 *Resources，Values and Development*（Cambridge，MA：Harvard University Press，1984）以及我与乔斯林·金奇（Jocelyn Kynch）合写的‘Indian Women：Well-being and Survival’，*Cambridge Journal of Economics*，7（1983）。

② 在印度、中国和世界上其他许多国家存在“消失的女性”（missing women）这一现象，反映的是与不存在任何性别偏见的情况下应该会有的数量相比，目前“不在那里”（not there）的妇女数量。由于全世界范围内在减少死亡的性别偏见这一问题上已经取得了普遍的进步，这种现象应该已经急剧减少了。遗憾的是，出生上的性别偏见（通过对女性胎儿进行基于性别的选择性流产）这一相对较新的现象已经以另一种面貌出现。这种情况变化在我的两篇文章中有过讨论：“Missing Women”，*The British Medical Journal*，304（March 1992）和“Missing Women Revisited”，*British Medical Journal*，327（December 2003）。

殊地位的正义理论是非常重要的。公共理性的影响范围会受到人们认识世界的方式的限制。而如果所处位置会对这种认识产生影响，就需要特别注意其对于评价公正与否所造成的巨大障碍。

虽然观察与建构的位置性在探索科学知识的过程中有重要作用，但是它对于观念的形成有更广泛的意义，包括社会认识和自然科学。的确，所处的位置可能是解释系统的、持续存在的幻象的关键，而这些幻象能够极大地影响甚至扭曲社会认识和对于公共事务的评价。

让我们回到那个关于从地球上观察太阳和月亮相对大小的例子上。试想一个人并不了解投影与距离有关这一知识，也没有关于太阳和月亮的其他任何信息来源。由于缺乏相关的概念框架和辅助知识，这个人可能会根据其在所处位置上的观察，认为太阳和月亮实际上是同样大小的，甚至认为环绕它们分别运行一周的时间是一样的（以同样的速度移动）。当然，如果这个人知道距离、投影及其他相关知识，那么这将是一种非常奇怪的判断。但是如果他不知道这些，那么也就并不奇怪。他对于太阳和月亮具有同样大小（尤其是环绕它们分别运行一周的时间是一样的）的判断当然是错误的（一种幻觉），但是在那些条件下，鉴于他所在的位置特征，不能将他的想法看作纯粹的主观臆断。实际上，任何人在他所处的位置上（特别是同样不了解相关的知识和信息），也会在进行批判性反思之前，由于同样的原因而产生同样的看法。①

位置客观性带来的幻象是很难消除的，即使所处的位置产生的是误

① 在公元头几个世纪声名显赫的印度正理派的哲学家认为，知识和幻象都建立在业已存在的概念上。当一个人在昏暗的灯光下错将绳子当成蛇时（之前讨论过的经典例子），这个幻象的发生主要是由之前对“蛇-概念”的理解——真实的（*genuine*）导致的。一个人如果对蛇没有概念，比如说不能区分“蛇-概念”和“猪-概念”，就不会将绳子当作蛇。关于这种概念与现实之间的关系及其影响，当时的正理派与对立的派别进行了探索。See Bimal Matilal, *Perception: An Essay on Classical Indian Theories of Knowledge* (Oxford: Clarendon Press, 1986), chapter 6.

导而不是正确的引领。①这些错误的感知使得克服业已存在的性别不平等，甚至认识到这种不平等的本质都很困难。[5]家庭内部的性别不平等正趋向于被剥夺方所接受，可见位置视角的迷惑性对于这些不平等的广泛和持续的存在起到了主要作用。

·克服位置局限·

位置带来的幻象会对正义的诉求造成严重的障碍，克服这种障碍需要拓宽评价的信息基础。这也是亚当·斯密要求系统地采取不同的位置，包括来自远处的视角的原因之一（见第6章）。尽管我们可以通过精心地采用“开放的中立性”这一方法来实现许多目标，但要从位置视角顺利进展到“纯粹客观的视角”，则很难获得完全成功。

可以说，在我们的生物特性不变的前提下，我们对世界的整个认识完全建立在我们现有的感知和我们所产生的思想之上。我们的思想与感知完全依赖于我们的感官、大脑以及其他身体机能。即使是我们称之为“观点”的事物，无论它来自哪里，也是建立在我们对于眼睛所能看见的事物的认知之上的，后者则是人类进化所获得的肌体功能的一部分。

我们当然可以在抽象的思考中，想象超越那些将我们束缚在我们所生活的这个世界的种种限制，以及控制我们分辨与认知能力的肌体功能。我们甚至可以想象一个世界，在那里我们除了可以感受到光、声、热、气味、味道、触觉以及其他可以感受到的信号外（如我们现在所能做到的那样），还有其他感觉。但是我们将很难具体描绘出在那样一个不同的感官空间里世界会是什么样子。我们的思维以及扩展思维的能

---

① 正如之前提到的，正义理论也为从关系角度进行思考提供了空间。位置视角在这些研究中是重要的，也是必须被考虑的。这适用于以下一些问题：与主体相关的责任和优先权（对某个行为负责的主体被视为具有特殊的义务），以及与具体关系相联系的具体义务，如父母责任。位置视角的真正意义与这里在非关系型道德和政治背景下所考虑的内容不同。第10章“现实、后果与主体性”将对前者加以讨论。

力，也面临同样的限制。我们对于外部世界的认识如此依赖于我们的经验和思维，以至于超越这种局限的可能性微乎其微。

然而，这并不意味着我们不能以更全面的视野来部分或者完全克服位置带来的局限。同样（如在选择正义理论的关注点时），我们可以合理地选择比较的对象，而不是先验主义的乌托邦理想。拓展比较性是创造性的认识论、伦理学和政治学研究的一部分，并已经在世界思想史上产生了许多重要的影响。完全脱离个人特征的“涅槃”不是我们所要关注的唯一问题。

·谁是我们的邻居？·

长期以来，我们都试图超越我们在道德问题上局限于“邻居”（neighbourhood）的层面，抵制那种认为我们对邻居存在义务，而对邻居之外的人没有义务的关系型看法。对于邻居的责任这一问题在世界道德思想史上有着重要的地位。《英国圣公会共同祈祷书》（*Anglican Book of Common Prayer*）对此问题作了明确的回答：“你从戒律中主要学到了什么?”“我学到了两件事：我对神的义务以及我对邻居的义务。”

如果对于我们义务的这种认识是正确的，并且邻居的重要性远高于其他人，那么难道不能用这来支持“一国内的正义”（我已经批判过的一种方法）吗？但是优先考虑我们的邻居，这种做法的道德基础本身就需要正当的理由。同样重要的是，从固定的邻里社区的角度来思考有关人的问题，也缺乏坚实的思想基础。

在《路加福音》中，拿撒勒的耶稣在讲述“好心的撒玛利亚人”这个故事时，对上述最后一点作了清晰的说明。[①]当我们将好心的撒玛利亚人的故事看作一个具有普遍意义的道德寓言时，有时会忽略耶稣对于

---

① 关于这一点，见 Jeremy Waldron's，‘Who Is My Neighbor? Humanity and Proximity’，*The Monist*，86（July 2003）中的精彩分析，尽管其侧重点有所不同。

固定邻里的质疑。但是耶稣所讲述的这个故事的要点在于合理地批驳了固定邻里的观点。

在《路加福音》中，耶稣与一个律法师就后者对于我们对谁负有义务（仅仅是空间上的邻居）这一问题所持的狭隘观点进行了辩论。耶稣告诉律法师这样一个故事：一个受伤的人躺在路边，之前祭司和利未人路过却拒绝施以援手，最后是好心的撒玛利亚人给予他帮助。祭司和利未人不仅不给予帮助，反而走到街道的另一边，以无须面对这个受伤的男子。[①]

耶稣在这个例子中并没有直接讨论去帮助需要帮助的其他人——所有其他人，无论是否为邻居——的义务，而是提出了一个关于邻居定义的问题。他问正在与他进行辩论的律法师："谁是受伤男子的邻居？"律法师只得答道："那个帮助他的人。"而这恰好是耶稣所要表达的观点。对邻居的义务并不仅限于那些住在隔壁的人。为了理解耶稣论述的说服力，我们需要记住，撒玛利亚人不仅住得较远，而且为以色列人所厌恶和鄙视。[②]

撒玛利亚人与受伤的以色列人是通过这个事件本身联系起来的：撒玛利亚人发现了伤者，看到他需要帮助就提供了帮助，然后与这个伤者

---

① 我已故的同事——牛津大学万灵学院（All Souls College）的前院长，值得尊敬的约翰·斯帕罗（John Sparrow）——乐于认为，如果没有伤害他人，我们就对其没有任何亏欠。他喜欢质疑，祭司和利未人穿过马路而不是施以援手是否如通常所认为的那样是"错误行为"(acted wrongly)。在这一点上，约翰·斯帕罗自己的回答是"当然，是的"。他喜欢对着惊讶的听众讲，利未人和祭司的行为之所以是错误的，并不是因为他们应该帮助伤者（一点儿也不是），而是因为他们不应该回避伤者，怀着明显的负罪感穿过马路。他们应该有道德上的勇气在马路的那一边直接从伤者身边走过而不帮助，无须感到羞愧或尴尬。如需进一步了解"我们相互亏欠什么"（更确切地说是，"我们相互不亏欠什么"），这种并非不合理的观点，见John Sparrow，*Too Much of a Good Thing*（Chicago，IL：University of Chicago Press，1977）。

② 当从《福音书》中找到这个故事及其作用和效力时，我想起了路德维希·维特根斯坦对于《福音书》与更加严肃的《圣保罗使徒书》的比较："在《福音书》中，对我来说，所有事物都是更谦卑的、更恭顺的和更简单的。在其中你看到的是棚屋，而在使徒书中却是教堂。在其中所有人都是平等的，神本身也是一个人；而在使徒书中已经有了某种等级制度、荣誉和职位"（Ludwig Wittgenstein，*Culture and Value*，edited by G. H. von Wright（Oxford：Blackwell，1980），p. 30）。

建立了关系。这位撒玛利亚人究竟是受到了慈善心理、“正义感”，还是某种更深层的“平等待人的公平感”的驱动，这并不重要。一旦他发现自己处于这种情况之下，他就位于一个新的“邻里”关系中。

我们与位于远处的人建立的邻里关系，对于认识公正问题具有重要的意义，这在当今世界尤其如此。我们彼此之间是通过贸易、商业、文学、语言、音乐、艺术、娱乐、宗教、医疗、卫生、政治、新闻报道、传媒以及其他渠道联系在一起的。大约250年前，大卫·休谟在评价增加接触对于扩大正义感的影响范围所具有的重要性时说道：

> 假设几个不同的社会为互利互惠而保持某种交往，正义的边界就会根据人们的视野，以及相互联系的程度，获得成比例的增长。6

对于开放的中立性的追求，其所依赖的正是“人们视野的扩大”。而“相互联系的程度”加大，使得“正义的边界不断扩大”。①

对于在今天看来具有说服力的正义理论中，我们的关注应止于何处，我们可以展开讨论。我们不可能期望就这一点达成完全一致，但是今天没有任何关于正义的理论可以忽略除了我们自己国家之外的整个世界，可以忽略世界上无处不在的邻居，即使有人认为我们只需帮助自己的邻居就可以克服不公正。②我们不仅由于相互之间的经济、社会和政治关系，而且由于我们对这个世界上存在的不公正和非人道，以及威胁世界的暴力与恐怖的共同的深切关注，而越来越紧密地联系在一起。即使是我们对于全球范围内由于缺乏帮助所感到的沮丧和由此引发的思考，也将我们团结在一起，而不是把我们分裂开来。在今天的这个世界，人人都可以成为邻居。

---

① 随着通信及交通技术的进步，以及全球媒体和跨国组织的不断发展，世界变得更小了。这使得很难不对世界范围内的联系加以考虑。这种变化不仅仅对正义理论的形式和内容(我在这里最为关注的)，而且对全球政治，实际上也对人类生存产生了深远的影响。与此相关的内容，可见 Chris Patten, *What Next? Surviving the Twenty-first Century* (London: Allen Lane, 2008)。

② 我们更广泛的全球关注有时表现为有组织的示威和强烈的抗议上，有时表现为平和的政治述评、媒体言论或仅仅是个人对话。我将在第15～第17章继续讨论。

注释

1. William Shakespeare, *King Lear*, IV.6.150–54.
2. Thomas Nagel, *The View from Nowhere* (New York: Oxford University Press, 1986), p. 5.
3. See *Alberuni's India*, edited by A. T. Embree (New York: W. W. Norton & Co., 1971), p. 111.
4. G. A. Cohen, *Karl Marx's Theory of History: A Defence* (Oxford: Clarendon Press, 1978), pp. 328–9.
5. 对这些问题的讨论，见我的 'Gender and Cooperative Conflict', in Irene Tinker (ed.), *Persistent Inequalities* (New York: Oxford University Press, 1990)。See also my 'Many Faces of Gender Inequality', *New Republic*(2001) and *Frontline* (2001).
6. David Hume, *An Enquiry Concerning the Principles of Morals* (1777; republished, La Salle, Ill: Open Court, 1966), p. 25.

第8章

理性与他人

1638年，皮埃尔·德·费马（Pierre de Fermat），这位伟大的数学家给勒内·笛卡尔（René Descartes）写了一封关于最大化和最小化问题的信。这封书信在巴黎辗转了多年才送到笛卡尔手里，却没有引起笛卡尔对这一问题的重视。然而，费马信中的内容对于建立最大化和最小化这一数学领域起到了重要的作用。[①]最大化与最小化不仅在数学和哲学中十分重要，而且广泛应用于科学领域，包括社会科学，尤其是经济学。

经济学和社会科学主要将最大化作为一种行为特征（现在更是如此），但有趣的是，费马在光学上的“最少时间原则”（研究光从一点到达另一点的最快途径），尽管是一个很好的最小化问题，却不是一种有意识的行为，因为在从一点到达另一点的耗时最少的路径“选择”中，并不存在自主的意识。的确，在物理学和自然科学中，最大化问题通常都是在没有有意识的主体的情况下发生的。在早期运用最大化和最小化进行分析时，包括古希腊数学家寻找几何学中的“最短弧”，以及古代

① 最大化和最小化的分析特征并无本质上的区别，因为两者都是寻找“极”（extremal）值。事实上，可以通过反置所研究变量的符号，轻易地将最大化问题转换成最小化问题（反之也一样）。

"伟大的几何学家"如佩尔格的阿波罗尼斯（Apollonius）所从事的研究，一般也不存在决策性的选择。

与之相反，经济学主要将最大化过程看成是有意识选择的结果（尽管有时也会重视"习惯性的最大化行为"（habitual maximizing behaviour）的作用），理性选择的行为通常被理解为某人对自己有最充分的理由去推动的事情进行精心的最大化。正如乔恩·埃尔斯特（Jon Elster）在其短小、简洁而又不失优雅的著作《理性与合理性》（*Reason and Rationality*）中所写的，"理性行为者是那些因为充分的理由而采取行动的人"[1]。的确，选择的理性一定与理智有着很强的联系，这种想法是我们很难回避的。正是因为这样一种通常暗含而非明确表达的观念，使得理智可能会促使我们对自己想要推动或追求的事物采取最大化的策略（并不是狂热的举动）。经济学普遍采用这种寻找极值的方法对可能产生的选择进行预测，包括消费者效用最大化、生产者成本最小化、厂商利润最大化，等等。

反过来，这种对于选择理性的认识可以使我们作出当代经济学的基本假设，即某种形式的最大化可以对人的实际选择进行最好的解释。因此，在当代对于理性选择和实际选择的研究中，人们有理由使最大化的事物占据着重要的位置。

然而，经济学对于最大化的采用有一个非常基本的方法论问题需要首先引起我们的注意，那就是关于经济学中对于最大化行为的双重使用问题，将其既作为预测的方法（借此预测可能会发生什么），又作为理性的标准（判断行为是否理性所必须遵循的标准）。在这两个不同的问题（即理性选择与实际选择）之间画上等号，是当代经济学中一个相当普遍的现象，但这也提出了一个重要的问题，那就是：理性选择（无论对其如何定义）是否可以很好地预测实际所发生的选择行为？这显然需要进一步的讨论和思考。

· 理性决策和实际选择 ·

人类是否总是——甚至只是——受到理智而不是激情或冲动的引导？如果人们的实际行为并不是按照理性行为的规范进行的，那么我们怎么能够对下面这两个完全不同的问题作出相同的回答呢？对人们来说怎么做是理性的？人们实际上会怎么做？一般而言，我们怎么能够希望用同一个答案来回答两个完全不同的问题呢？难道我们不应该请那些对最大化进行双重使用的经济学家——无论通过直接的推理还是通过暗含的假设——对这个问题予以回答吗？

许多经济学家的确注意到人们在实际选择中对于理性的系统性偏离。对此，赫伯特·西蒙率先提出了“有限理性”（bounded rationality）的解释。[2]他认为，人们可能无法在所有情况下作出完全理性的选择，乃是由于人们在寻找和使用完全理性所需要的信息的过程中，不能保持始终的集中、充分的坚定和足够的警醒。许多经验研究都表明，人的实际行为可能与其对目标的最大化并不完全一致。例如，卡尼曼（Kahneman）、斯洛维克（Slovik）和特韦尔斯基（Tversky）都提出了有力的证据，表明人们可能没有充分认识不确定性的本质，而这种不确定性是在根据现有的信息判断某种情况下的预期结果时可能产生的。[3]

也有可能会出现一种有时被称为“意志薄弱”（weakness of will）的情况，这个问题长期以来引起了很多哲学家的关注，古希腊人称之为akrasia。某人可能十分清楚应该理性地去做些什么，却没有这么去做。人们可能暴饮暴食，而他们自己也会认为这是愚蠢的或不理性的，然而他们依然没能抵制住诱惑。这在经济学著述中有时被称为“有限的意志力”（bounded willpower）或“不充分的自制”（insufficient self-command）。许多经济学家也对这个问题进行了深入的探讨，从18世纪的亚当·斯密到当代的托马斯·谢林（Thomas Schelling）。[4]这个问题关注的是人们不能按照完全理性的方式行为，注意到这一点是很重要的，但是实际行为的偏离并不意味着我们需要对理性的概念或其要求进行修正。[5]

理性选择和实际行为之间的关系实际上与经济学领域中一种长期存在的割裂相关。有些学者认为，人们的实际行为应该服从理性的引导。这一假设总的来讲是正确的，其他学者则对这个假设表示高度怀疑。然而，对于人类行为基本假设的不同，尤其是对将实际行为看作完全理性的怀疑，并没有阻止现代经济学广泛地使用理性选择来作为预测方法。这种假设经常在没有任何说明的情况下被直接采用，而在对其合理性进行某种辩护时，则要么认为它作为一种总体原则已足够接近事实（除了一些众所周知的分歧外），要么声称这种假设对于问题的研究已经足够，但这些都不是最为真实的描述。

米尔顿·弗里德曼以极大的热情提出过这样一种观点，即允许除了精确性之外的原因而产生的相对于真实描述的偏离，比如说，只要能用简单的模型和充分的数据来进行预测就可以接受。[6]弗里德曼认为，即使是我们所认为的"现实"描述也不应以描述的真实性作为基础，而应"通过观察理论是否可行，即是否产生了足够精确的预测"来判断。这实际上是一种非常特别的关于描述现实主义的观点，已经受到强烈批判，尤其是保罗·萨缪尔森，称之为"F-扭曲"（F-twist）。我不会介入这个争论或讨论其背后的问题，因为这与本书的主题相去甚远，但我曾在其他地方对这一争论（及其背后的方法论问题）进行过评价。[7]

在审思实际行为的理性时，也存在一些重要的认识上的问题，这有时使得我们对非理性行为过快地作出判断。[8]例如，对其他人来说是极其不理性甚至是完全愚蠢的行为，实际上也许并非那么疯狂。针对不明智行为作出的判断有时可能是因为没有看到某种选择背后的深层原因，即使这些原因存在并且充分。

承认非理性行为的存在的确十分重要，但是对于非理性的判断也许比看上去要复杂得多。[9]对于本书而言，重要的并不是"人们总是以理性的方式行事"这一假设，而是认识到人们并非完全不服从理性的要求

(即使他们不时地做错事，或者在每件事上都没有按照理性的方式行事)。与人们在每个场合都毫无例外地按照理智的要求来行事的能力相比，人们能对其进行回应的理智的思考，其本质对于本书而言更为重要。人们不仅可以在日常的行为中，而且可以在思考更大的问题（如正义的本质和一个可接受的社会特征）时，进行理智的思考。本书会不断涉及人们对各种理智思考进行考量和作出反应的能力（其中一些是众所周知的，另一些则未必）。这些内容不会仅仅因为人们的实际行为与理性选择并不总是一致而与本书无关。对于本书的研究而言，重要的是这一事实，即人们总体而言是能够对他们自己与他人的决定进行理智的思考和审思的。这里没有不可跨越的鸿沟。

·理性选择与所谓的“理性选择理论”·

即便我们毫无保留地接受了这种认识，即实际行为或多或少与理性的要求有关，或受到后者的影响，对于理性选择的描绘依然是个大问题。理性选择的要求究竟是什么呢？

有种回答在经济学——最近又在政治学与法学——中获得了相当的认同，那就是只有当人们明智地追求自身利益，别无其他动机时，所作的选择才是理性的。这种十分狭隘的研究理性选择的方法有一个很大气的——古怪的非宗派的——名字，叫作“理性选择理论”（Rational Choice Theory，人们就是这么称呼的，但令人惊讶的是，这并不名副其实）。这个“理性选择理论”，或简称为 RCT，将选择的理性仅仅描绘成对于自身利益的最大化。这种方法认为，人们如果没有明智地而只是追求自身的利益，并且不对任何其他事物加以考虑（除非“其他事物”会直接或间接地推进他们自身的利益），那就不是理性的。既然人类能够有充分的理由去注意自身利益之外的其他目标，拥有更加广泛的价值观和适当的行为规范，那么理性选择理论确实反映了一种对理智和理性极为狭隘的认识。

可以理解的是，关于这个主题有大量的著述，包括将理性理解为自身利益而进行的各种精心辩护。其中一个重要的问题是，从个人缘由的角度来解释利他行为，这种缘由的存在是否意味着，个人会从按照这种缘由（“他自己的缘由”）进行的行为中实际获益？答案取决于这种缘由的性质。如果某人发现生活在一个存在极大不平等的社会中极为痛苦，而这正是他做一些事情来减少这种不平等的缘由，那么他的个人利益显然与减少不平等的社会目标交织在一起。另一方面，如果某人想要减少不平等，并不是出于减轻自己目睹不平等的痛苦这一缘由，而是因为在他看来，这对社会具有不利影响（无论他是否因目睹而感觉痛苦），那么这种社会动因就必须与个人痛苦的缘由区分开来。我曾在《理性与自由》（*Rationality and Freedom*，2002）一书中对涉及这个宏大且被研究很多的主题的不同观点进行了考察。[10]

在这里，我们将对这种从追求自身利益的角度来认识人类理性的狭隘观点进行分析。但在此之前，我希望思考一个曾在其他地方提出过的建议，就是如何以更广阔的视野和更有说服力的方式来描绘选择的理性。按照这种观点，选择的理性是将我们的选择明确或暗含地置于一种理智的思考的基础之上，而这种理智的思考是经得起批判性审思的。① 因此，理性选择在根本上是与这样一个过程联系在一起的，那就是使我们的选择能够经受对选择的缘由进行的批判性审思。理性选择的本质要求是将一个人的选择——关于行为、目标、价值和优先——置于理智的审思之下。

这个方法是基于这样一种认识，即在对我们而言理性的选择和我们有理由作出的选择之间，存在某种关联。有理由做某事不仅仅只是一种

① 虽然在这个观点形成的过程中会涉及一些技术性问题，包括一些数学问题，但我们从以下角度就能相当轻松地理解其主旨，即将理性视为与反思之后依然能持续的，而不只是第一眼便发觉的缘由相一致。对于这一方法的总体介绍和讨论，可见我在“*Rationality and Freedom*”（2002）中的论文“Introduction：Rationality and Freedom”。更技术性的问题可见该书第3～第7篇论文。See also Richard Tuck，*Free Riding*（Cambridge，MA：Harvard University Press，2008）.

未经思考的信念——一种强烈的“直觉”，即我们有“很好的理由”去做我们选择做的。相反，它要求我们去思考选择背后的缘由，去考量这些缘由能否经受不断的寻找和批判性分析。而只要认识到这种反思的重要性，我们是能够做到这一点的。选择的缘由必须经过仔细的推理（有充分的反思以及与他人必要的对话交流），并考虑到更多相关和可获得的信息。我们不仅只在既定目标和价值的前提下来评价我们的决定，也能对这些目标和价值本身的可持续性进行批判性的考察。[ii]

当然，这并不是说，我们每次在进行选择时都必须进行一次彻底的批判性思考。如果理性行为的要求是这样的，那么生活将是难以忍受的。但我们可以说，一个选择只有在经受了批判性思考后还能成立，才可以被称为理性的。当某个选择的缘由是我们头脑中已有的经验或习惯时，我们通常可以完全合理地采用这种选择，而不必去对每一个决定的理性加以思考。在这种感性化的行为方式中，并没有特别矛盾的地方（尽管有时新的环境要求我们改变一些固有的习惯，而我们受到这些习惯的束缚）。某人更喜欢普通的咖啡，但她却习惯于晚餐后喝不含咖啡因的咖啡。这并不是不理性的行为，尽管她没有在每次晚餐后饮用咖啡时都进行理智的思考。她的这种习惯可能是基于她的一种潜移默化的认识，即过去的经验告诉她，晚餐后饮用普通咖啡会使她难以入睡。她不必每次都去回忆晚餐后饮用普通咖啡会如何使她无法入睡。可持续的理智思考并不要求在每个场合都进行明白无误的审思。

这种对于理性选择的总体认知——将理性选择视为基于可持续的理智思考的选择——在一些人看来过于一般化，这显然促使他们认为这种方法可能等于什么也没说。然而，将理性选择视为基于可持续的理智思考的选择，这种认识实际上已经提出了非常强有力的主张，也否定了关于“理性选择”本质的许多其他观点。的确，将理性选择视为经过了批判性思考的选择，是一种既严格又宽松的方法。

之所以说其严格，是因为任何简单的公式（如对自身利益的最大化）如果未经思考，包括批判性地考察其所追求的目标，以及人们有理由采取的习惯行为所受到的限制，就不能理所当然地将其作为理性的行为。例如，所谓理性选择理论中反映出来的狭隘的理性观，就不能被轻易看作适当的观点。

这里值得注意的是，最大化的总体框架为约束条件下的选择提供了一个数学化的结构，但这个框架本身尤其比对于自身利益的最大化要大得多。①如果一个人的目标超越了其自身的具体利益，并将自己有理由去追求与赞同的更广泛的价值观带入其中，那么对于目标实现的最大化就会偏离自身利益最大化的特定要求。而且，如果一个人有理由认为自己应该遵循某种"适当的行为"所要求的规范（包括当火警响起时，按秩序撤离而不是抢先逃向出口，以及不在人群聚集的场合不顾别人争抢最舒适的座椅），那么在这种自己施加的限制条件下的目标最大化就合乎更广义的理性的要求。②

如果从这个意义上说，将理性选择作为"经过批判性反思的选择"（critically scrutinized choice）要比简单的自身利益最大化更严格，那么它同时也更加宽松，因为这种方法考虑到这样的可能性，那就是人们有理由且能经受批判性思考的选择不止一种。某个人可能会比另一个人更

① 我在"Maximization and the Act of Choice", *Econometrica*, 65（1997）中讨论了最大化的数学方法对于不同类型约束和目标的处理能力。也见 *Rationality and Freedom*（2002）。然而，我需要指出，分析意义上对于最大化的描述与随意的交谈中对这个词的使用并不完全一致。如果有人告诉我应该意识到"保罗是一个强烈的最大化者"，那么我不会认为这句话的意思是说保罗无私地追求社会品的最大化。在特定的语言背景下，中性地使用"最大化者"（maximizer）这个词一般是没有问题的，但是必须将它与从分析意义上对最大化的定义区分开来。

② 有时，关于这些得体行为的规范在长期也是符合个人利益的，但是其合理性并不仅仅基于对于个人利益的追求。我们需要弄清楚的并不是一种行为是否合乎个人利益（那可以是其他人遵守某种规则的重要原因），而是某人是否有足够的理由去遵守那种规则（无论是基于个人利益还是其他的合理缘由）。我在"Maximization and the Act of Choice", *Econometrica*, 65（1997）一文中对这种区别进行了分析。See also Walter Bossert and Ravi Kanbur, 'Rational Choice on General Domains', in Kaushik Basu and Ravi Kanbur（eds）, *Arguments for a Better World: Essays in Honor of Amartya Sen*, Vol. I（Oxford: Oxford University Press, 2009）, and Shatakshee Dhongde and Prasanta K. Pattanaik, 'Preference, Choice and Rationality: Amartya Sen's Critique of the Theory of Rational Choice in Economics', in Christopher W. Morris（ed.）, *Amartya Sen*, Contemporary Philosophy in Focus series（Cambridge: Cambridge University Press, 2009）.

能为他人考虑，但两者都不违背理性的标准。我们也许会发现某个人的行为要比另一个人更为合理，这里所说的合理指的是——或许是以暗含的方式——某种社会背景下的合理（如约翰·罗尔斯那样），但是那并不意味着后者就必然不理性。尽管批判性反思的要求是很严格的，但它也允许我们关注行为背后存在的多种不同的缘由。①

然而，这种宽松性会产生一种直接的影响，对此需要加以讨论。既然理性选择的要求往往会产生不止一种可供选择的结果，那么通过理性选择来进行预测就会有问题。如果有多种理性的选择，那么它如何能够指出实际的选择会是哪一种呢？由于其自身的重要性和在分析实际选择时的作用，我们需要认识理性选择的实质，这是一回事。但即使我们假定人类总是会作出理性的选择，期望根据所有可称为理性选择的集合，将这种对于选择理性的认识立即转化为对于实际选择的预测，又是另外一回事。

可持续缘由的多样性不仅还原了理性本来的面貌，也将我们对理性选择的认识与其作为对实际选择的预测工具区分开来，而后者恰恰是主流经济学所广泛采用的方法。即使在能经受批判性思考且具有可持续性的意义上，每一个实际选择都是理性的，理性选择的多样性还是让我们难以从理性这一概念本身来获得关于实施选择的唯一预测结果。

·主流经济学的狭隘性·

弗朗西斯·埃奇沃思（Francis Edgeworth）或许是19世纪末最杰出的理论经济学家。在其关于经济理论的经典著作《数学心理学》（*Mathematical Psychics*）中，他讨论了经济学对于人类行为的基本假

---

① See also George Akerlof, 'Economics and Identity', *Quarterly Journal of Economics*, 115 (2000); John Davis, *Theory of the Individual in Economics: Identity and Value* (London: Routledge, 2003); Richard H. Thaler and Cass R. Sunstein, *Nudge: Improving Decisions about Health, Wealth and Happiness* (New Haven, Conn: Yale University Press, 2008).

设与他自己对于个人行为本质的理解，以及这两者之间的不同。[12]埃奇沃思注意到“经济学的首要原则是每个主体都是受自身利益的驱动”。尽管他确实认为在当时“绝大多数人都不是纯粹意义上的自我主义者，其功利主义动机中也混杂了其他成分”，但埃奇沃思并不打算偏离这一原则，至少在其正式理论中是如此。如果我们对一位如此重要的经济学家花费如此多的时间与精力对经济学的“首要原则”产生质疑还感到奇怪的话，那么在其后一个世纪经济学的发展中，我们可以越来越多地看到这种信念与假设之间的矛盾。尽管人类完全利己的假设的真实性受到了许多经济学者的怀疑，但它依然主导着主流经济学理论。

经济学中并非一直存在这种对立。早期研究经济问题的学者，如亚里士多德，以及中世纪的一些研究者（包括阿奎那（Aquinas）、奥卡姆（Ockham）、迈蒙尼德（Maimonides）以及其他一些学者），都将道德作为认识人类行为的一个重要部分。他们确定了道德在社会行为关系中的重要作用。[①]现代早期的经济学家也是如此（如威廉·配第、格雷戈里·金（Gregory King）、弗朗索瓦·魁奈（François Quesnay），以及其他一些人），他们以各自不同的方式关注道德问题。

现代经济学之父亚当·斯密也在这个问题上持有相同的立场，甚至以更加明确的方式。因其所谓的“经济人”（economic man）一说，斯密经常被误认为是“人仅仅追求自身利益”这一假设的支持者。事实上，斯密对这一假设的局限性进行了相当深入的讨论。他指出“爱自己”（self-love），即他对自利行为背后推动力的指称，也许只是人类众多动机中的一种。他清楚地区分了各种不同于“爱自己”的动机，其中包括：

同情（“最人道的行为不需要自我否定，不需要自我控制，不

① 这里指的是西方传统，但是对其他传统也可作类似的分析。例如考提利亚，这位公元前4世纪的印度政治经济学家（与亚里士多德同时代），讨论了道德行为在经济和政治上的成功中的作用，尽管他对道德情操的作用相当怀疑（See Kautilya, *The Arthasastra*, translated and edited by L. N. Rangarajan, Harmondsworth: Penguin Books, 1992）。也见第3章“制度与人”。

需要有关合宜感的巨大努力”，“它们仅仅存在于做这种与其自身一致的强烈的同情促使我们去做的事情之中”）；

慷慨大方（“我们从来不是慷慨大方的”，“除非在某些方面我们宁愿先人后己，并且为了某个朋友或上级的一些重大利益而牺牲自己相等的利益”）；

热心公益的精神（“当他把这两个目标加以比较时，他不是用自己看待这两个目标时本来就具有的眼光，而是用他为之战斗的整个民族的眼光来看待它们”）。[13]

在很多情况下，一个人基本的“同情”能够让其自发地做些对他人有益的事情，其中“不需要自我控制”，因为这个人乐于帮助他人。在其他情况下，他可能需要“中立的观察者”（我已经讨论过这个概念）来指导“他的行为原则”[14]。这就可能涉及“慷慨大方”和“热心公益的精神”。斯密广泛地讨论了对非自利行为的需求，并且指出，尽管“审慎精明”“对个人来说是所有美德中最有用的一种”，但我们还是应该认识到“人道、公正、慷慨大方和热心公益的精神都是对别人最有用的品质”[15]。

一直以来，对于斯密的诠释都是争论的焦点。尽管斯密经常讨论除自利之外其他动机的重要性，但他以拥护“私利是人类唯一的追求”这一观点而著称。例如，在两篇有说服力的著名文章中，著名的芝加哥经济学家乔治·施蒂格勒（George Stigler）提出，他的“自利理论”（self interest theory，包括“私利左右着绝大多数人”的观点）是沿着“斯密开创的道路”前进的。[16]施蒂格勒的这一判断并不是随意作出的，因为这确实是标准的斯密的观点，并且受到许多学者的拥护，这些学者还不断地引用斯密的观点来支持他们的社会观。[17]甚至在英国文学作品中，如斯蒂芬·利科克（Stephen Leacock，既是作家也是经济学家）的打油诗，也能看到这种对斯密的误读：

亚当，亚当，亚当·斯密

听一听我对你的控诉
你难道没有说过
在某天的课堂上
私利是值得追求的
那是所有教义的精髓
不是吗，不是吗，不是吗，斯密？[18]

虽然一些人是生来就渺小，而有些人是后来变得渺小，但亚当·斯密显然有许多人们扣在他头上的渺小。[19]

产生这种误解的一个原因是，许多经济学家都倾向于关注一个不同的问题，那就是斯密所详尽描述的观点，即我们只需通过追求自利这一目标，就可以对市场上经济交换的动机加以解释。在《国富论》中，斯密讲了一段最著名且被广泛引用的话："我们所需的一日三餐，不是来自屠夫、酿酒人或面包师的施舍，而是来自他们为了自己利益的打算。我们唤起的是他们的利己心，而不是他们的仁慈心。"[20]屠夫、酿酒人和面包师希望通过给我们提供肉、啤酒和面包从我们手中得到金钱，而且我们消费者也准备向他们支付金钱以得到他们的肉、啤酒和面包。这种交换可以使我们都受益，而这种交换的发生并不需要我们去越俎代庖地一味利他。

尽管以上讨论只是针对一个非常具体的问题，即交换（而不是分配或生产）和交换背后的动机（而不是如信任等使交换过程可持续的东西），但是某些经济学流派对于斯密的认识似乎仅止于此。在斯密著述的其他篇章中，有着大量对于影响人行为的其他动机的讨论。

斯密也指出，我们的道德行为有时倾向于遵照既有的传统。尽管他指出"深思熟虑的人"会比"大多数人"更容易看到道德的力量[21]，但斯密并没有说，人们在选择其行为时一般不受道德的影响。然而更重要的是，斯密认识到，即使在受到道德力量的影响时，我们也可能并不是明确看到了道德因素的存在，而只是按照社会既有的方式来行动和进行选择。正如他在《道德情操论》中所说："许多人的行为是非常得体的。他们在自己的整个一生中避免受到任何严厉的责备，然而，他们也许从未感受到别人对他们行为的合宜性所表示的赞赏之情。他们尊重自己认为已经确立的一些行为准则，并仅据此行事。"[22]这种对于"已经确立的一些行为准则"的重视，在斯密对于人类行为及其社会意义进行的分析中起到非常重要的作用。这些已经确立的准则并不仅限于遵从利己主义的导向。

然而，尽管斯密在人类行为直接和间接动机（如本章开头所论述的）的多样性这一重要问题上的表述十分清晰，现代经济学的主题还是越来越倾向于对除利己之外的其他所有动机一概予以忽略，所谓的"理性选择理论"甚至将这种对于人类行为动机一致性的错误看法上升为理性的基本原则。我现在就转到这个问题上来。

·自利、同情和承诺·

尽管所谓的"理性选择理论"将追求私利作为选择理性的特征，但是这并不需要将人们对其他人的同情和反感排除在外。在理性选择理论的一个具有更多限制的版本中（现在逐渐不那么盛行了），它假设理性人不仅是追逐私利的，而且必须与他人完全无关，这样他们才能完全不受其他人福利和成就的影响。但如果关注其他人的利益最终提升了自己的福利，即从他人的福利中获得快乐或痛苦，那么关注他人将不影响人们对私利的追求（或正如斯密所说，"不需要自我否定"）。以下两种情形是有显著区别的：一是注意到自己的福利如何受到他人情况的影响，之后还是一味地追求自己的福利（包括对于他人生活的反应）；二是完全偏离这种对于自身福利的一味追求。前者仍然是更广义的自利行为的一种，可以为理性选择理论所涵盖。

30多年前，我在一篇题为"理性的傻瓜"（Rational Fools）的文章（这是我在牛津大学所作的赫伯特·斯潘塞（Herbert Spencer）讲座）

中探讨了“同情”与“信奉”之间的区别，希望能以此作为关注他人行为的基础。①“同情”（包括其对立面“反感”）指的是“一个人的福利受到其他人状况的影响”（例如，一个人会对所看到的其他人遭受的苦难而难过），而“信奉”指的是“打破个人福利（无论有无同情）与行为选择之间的关联（例如，某人自身并未遭受苦难，却努力消灭之）”[23]。同情可以与自利行为归为一类，其本质上与亚当·斯密所说的“爱自己”是一致的。如果一个人之所以努力去减轻他人的苦难，仅仅是因为——也仅仅在以下这个程度上——这影响了自己的福利，那么这就意味着爱自己依然是其行为的唯一可接受的原因。②但是如果某人承诺，比如说，尽自己所能来减轻他人的苦难——无论其自身的福利是否会受到影响，也不仅仅是在其自身福利受到影响的程度上，那么这就是明显的对于自利行为的偏离。

当代理性选择理论的缔造者之一加里·贝克尔（Gsry Becker）教授，通过系统地将对于他人的同情纳入人的情感，提出了一个广义的理性选择理论，尽管他依然坚持以对私利的追求为核心。的确，人们的自利不需要总是以自己为中心，也可以将其他人的利益纳入自己的效用。尽管贝克尔在《口味的经济学分析》（*Accounting for Tastes*，1996）中提出了新的分析，并取得了许多突破，但并未在根本上完全偏离其在早先的经典著作《人类行为的经济学方法》（*Economic Approaches to Human Behavior*，1976）中提出的信条。“所有的人类行为可以被看作行

① Amartya Sen, ‘Rational Fools: A Critique of the Behavioural Foundations of Economic Theory’, *Philosohpy and Public Affairs*, 6 (1977), reprinted in *Choice, Welfare and Measurement* (Oxford: Blackwell, 1982; Cambridge, MA: Harvard University Press, 1997), and also in Jane J. Mansbridge (ed.), *Beyond Self-Interest* (Chicago, IL: University of Chicago Press, 1990). 尽管同情与信奉两者之间的区别，没有亚当·斯密为反对“人的行为受个人利益的主导”的观点而对多种不同动机所作的区分那么清晰，但显然受到后者的启发。

② 在其率先对完全依赖于自利行为的批判（*The Possibility of Altruism*, Oxford: Clarendon Press, 1970）中，托马斯·内格尔对以下两种情况进行了区分。一种是某人可能受益于利他行为，但并不因此就采取利他行为。另一种是某人采取那种行为是因为他希望从中获得个人利益。尽管就观察到的选择而言，而不考察动机，这两种情况看上去基本是一样的，然而重要的是应该注意到，后者可以适用于基于自身利益的理性选择理论，而前者不可以。

为人最大化其效用，形成一个稳定的偏好，以及在多个市场上累积最优数量的信息与其他投入。”24

在没有任何不必要限制的情况下，理性选择理论真正的核心问题是，行为选择最大化的对象只是自己的利益和福利。这一核心假设与他人的福利可能对自己的利益和福利产生影响是一致的。因此，贝克尔的“效用函数”既代表了个人对于合理选择的对象的最大化，也代表了其自身的利益。这种一致性对于贝克尔进行的经济与社会分析而言是极为重要的。

对于将追求私利作为选择的唯一理性基础的理性选择理论而言，同情可以被纳入其中，但信奉却不行。在这一点上，迄今为止并无突破。贝克尔的分析当然对先前存在很大局限的理性选择理论予以了扩展，但是我们还是应该看到，贝克尔提出的理性选择理论仍然漏掉了什么。具体而言，它并没有考虑促使人们追求不同于自身利益的目标的原因（例如，“无论发生什么情况，我都必须帮助她”，或者“我准备为祖国独立所进行的斗争而牺牲一切”），或者更进一步说，甚至是偏离自身追求的目标（例如，“这的确是我的目标，但我不能不顾一切地去追求我的目标，因为我必须对其他人公平”）。或许在对原因和理性进行讨论的这一背景下，需要澄清的最重要的问题是，理性选择理论——即使是广义的理性选择理论——不仅假设人们实际上都在追求自身的福利，而且在注意到外部的影响因素后，假设任何不同于追求自身福利的目标或动机都是违背理性要求的。①

---

① 也见克里斯蒂娜·乔尔斯（Christine Jolls）、卡斯·森斯坦（Cass Sunstein）和理查德·塞勒（Richard Thaler）的重要论文‘A Behavioral Approach to Law and Economics’，*Stanford Law Review*，50（May，1998）。乔尔斯、森斯坦和塞勒在减少以自身为中心来定义自身利益这条道路上走得更远，他们提出的拓展具有经验上的说服力和解释价值。但是在这篇论文中，他们对于以下两者之间的基本一致不再反对，即某人自身的福利（考虑到所有的同情与反感）和某人为合理选择而进行的最大化。因此，他们所提出的批评是在广义的理性选择理论“内部”，对于理性概念理解的补充。我在 *Rationality and Freedom* 一书的导论“Introduction：Rationality and Freedom”（Cambridge，MA：Harvard University Press，2002，pp. 26-37）中，对乔尔斯、森斯坦和塞勒所提出的批评的作用及其局限进行了讨论。

·信奉和目标·

不难理解，某人选择追求一个并不只限于其自身利益的目标，这并没有什么奇怪的，也不是不无道理的。正如亚当·斯密所说，我们的确有许多不同的动机，这些动机远远超越了对于我们自身利益的追求。我们愿意去做一些并不完全服务于自身利益的事情，这并不是没有道理的。像斯密说的那样，其中一些动机，如“人道、公正、慷慨大方和热心公益的精神”可能对社会十分有利。①

然而，对于这种可能性，即使人们可能有很好的理由去超越对于自身目标的追求（无论这些目标本身是否只基于自身利益），反对的人似乎更多。他们的理由是：如果你有意识地不去追求那些你所认为的目标，那么实际上那些显然就不是你的目标了。的确，许多学者都同意这种观点，即认为有理由不将自己局限于追求自身的目标这一说法“没有道理，因为即使十分异类或利他的主体，也只有在将他人的目标当作自己的目标时，才有可能去追求前者”②。

这里要注意的是，理性要求必须根据自己的目标行事（仅仅受到非自我强加的限制），否认这一点并不一定意味着就是在为推动别人的目标而努力。我们可以根据在我们看来对他人也公平的方式来采取合理的行为，而不是不顾一切地追求我们自己的目标。我们对于合理的行为规

---

① *The Theory of Moral Sentiments*, p. 189. 斯密对这些动机存在的各种原因进行了思考，包括道德力量、行为合宜性及其社会作用。

② 这是在一部关于这一主题的非常有趣的论文集中，法比耶纳·彼得（Fabienne Peter）和汉斯·伯恩哈德·施密德（Hans Bernhard Schmid）撰写的引言（‘Symposium on Rationality and Commitment: Introduction’, *Economics and Philosophy*, 21（2005）, p. 1）所总结的对于偏离“自身目标选择”（self-goal choice）的批评。我对于这种反对意见的态度是基于我对彼得和施密德所编的一部更大的论文集（其中包括他们自己的文章）的回应，这个回应也收录在该论文集中：“Rational Choice: Discipline, Brand Name and Substance”, in Fabicnne Peter and Hans Bernhard Schmid（eds）, *Rationality and Commitment*（Oxford: Clarendon Press, 2007）。

则的尊重并没有什么特别神秘之处，它可以使我们有理由追求我们正确的、合理设定的目标，而这些目标正是我们所希望实现的。

来看一个关于这种限制性的例子，这种限制性并不要求我们必须将他人的目标作为我们的“真正目标”。你可能在一次飞机旅途中坐在靠窗的位置，而且遮阳板在这个晴天是打开的。这时你听到坐在你旁边的靠走廊位置的人要求你拉下遮阳板（“如果可以，请拉下遮阳板”），这样他可以更清楚地看电脑屏幕，从而全神贯注地玩电脑游戏。你知道那个游戏，在你看来那是“显然很傻”的游戏（“浪费时间”）。总之，你为周围有这么多无知的人而感到无奈，这些人都在玩愚蠢的游戏而不是看新闻——研究伊拉克、阿富汗或自己的家乡实际上发生了什么事情。然而你还是决定礼貌地满足那个游戏迷的要求，于是拉下了遮阳板。

我们应该如何评价你的选择呢？很容易看到，你并不反对帮助你的邻座或者其他人去追求他的福利，但巧的是，你认为你的邻座在一个愚蠢的游戏上浪费时间以及你帮助他去浪费时间，而这不会提高他自己的福利。事实上，你完全愿意将自己的《纽约时报》借给他，因为你相信阅读对他有启发并对他有好处。然而，你的行为并不是追求福利的体现。

这里的主要问题是，在这些目标并没有问题的情况下，你是否应该对他人追求或者拒绝取消其自身的目标设置障碍，即使——如在这个例子中——你认为这些目标无助于改进其福利。通常而言，你也许并不想对邻座的请求无动于衷（无论你怎么看待他们的目标），或者你会认为，尽管靠窗的座位使你能够控制身边的遮阳板，但你不应该利用这种偶然的优势，而不考虑其他人想做什么，也不考虑你选择是否拉下遮阳板会对其他人产生什么样的影响（尽管你自己喜欢阳光而现在却不得不拉下遮阳板，以及尽管你并没有考虑其他人的目标）。

在作决定的过程中，你会或实或虚地考虑到这些想法，但是否就可以认为，你因社会影响而作出的行为表明你的目标是帮助他人实现他们的目标，而无论你怎么看待他们的目标呢？幸亏你接受了关于行为的社会规范，最终帮助身旁的人实现了他的目标。但如果因此就说，你的目标是最大限度地帮助他人实现他们的目标，或者说他们的目标已经变成了你的目标，显然也不合常理（“感谢上帝，没有。”你终于放心了）。相反，你只是遵从一种你所认可的良好的行为规范（让其他人去做他们想要做的），这是你在选择做什么时，自己施加的、可接受的行为限制。

你“不干涉他人”的这一决定并没有非常特别、愚蠢或不理性的地方。我们生活在一个有很多其他人的世界里，我们可以让他们决定自己的生活方式，而不必将他们的方式看作必须推行的好事情。奉献不仅可以是追求那些并非完全符合自身利益的目标，而且可以是遵从可行的甚至是宽容的行为规范，这些规范可以限制我们这样一种倾向，即追求自身目标的实现，而不顾对他人造成的影响。考虑他人的愿望与追求并不违背理性的原则。

注释

1. Jon Elster, *Reason and Rationality* (Princeton, NJ, and Oxford: Princeton University Press, 2008), p. 2. 在这本篇幅不大的书中，乔恩·埃尔斯特对理智思考和理性之间的关系作了非常具有吸引力的描述，而他本人对这一问题也作出了杰出的贡献。他还批判性地回顾了这方面的文献。

2. 赫伯特·西蒙在“A Behavioral Model of Rational Choice”, *Quarterly Journal of Economics*, 69 (1955) 和 *Models of Thought* (New Haven: Yale University Press, 1979) 中，详细研究了有限理性。

3. See Daniel Kahneman, P. Slovik, and A. Tversky, *Judgement under Uncertainty: Heuristics and Biases* (Cambridge: Cambridge University Press, 1982). See also B. P. Stigum and F. Wenstøp (eds), *Foundations of Utility and Risk Theory with Applications* (Dordrecht: Reidel, 1983); Isaac Levi, *Hard Choices* (Cambridge: Cambridge University Press, 1986); L. Daboni, A. Montesano and M. Lines, *Recent Developments in the Foundations of Utility and Risk Theory* (Dordrecht: Reidel, 1986); Richard Thaler, *Quasi-Rational Economics* (New York: Russell Sage Foundation, 1991); Daniel McFadden, 'Rationality for Economists', *Journal of Risk and Uncertainty*, 19 (1999).

4. See Adam Smith, *The Theory of Moral Sentiments* (1759, 1790); republished and edited by D. D. Raphael and A. L. Macfie (Oxford: Clarendon Press, 1976); Thomas Schelling, *Choice and Consequence* (Cambridge, MA:

Harvard University Press, 1984), Chapters 3 ('The Intimate Contest of Self-Command') and 4 ('Ethics, Law and the Exercise of Self-Command').

5. 很多这种偏离都可以归结为一种理查德·塞勒称之为"准理性"(quasi-rational)的一般行为模式(见他的 *Quasi-Rational Economics* (New York: Russell Sage Foundation, 1991)。

6. See Milton Friedman, *Essays in Positive Economics* (Chicago, IL: University of Chicago Press, 1953).

7. Amartya Sen, 'The Discipline of Economics', *Economica*, 75 (November 2008).

8. On this and related issues, see Donald Davidson, *Essays on Actions and Events* (Oxford: Oxford University Press, 2nd edn, 2001).

9. 理性的要求和对理性的偏离可能有很多形式。我在*Rationality and Freedom* (Cambridge, MA: Harvard University Press, 2002)中有多篇文章对此有所讨论。

10. *Rationality and Freedom* (Cambridge, MA: Harvard University Press, 2002).

11. See John Broome, 'Choice and Value in Economics', *Oxford Economic Papers*, 30 (1978); Amartya Sen, *Choice, Welfare and Measurement* (Oxford: Blackwell, 1982; Cambridge, MA: Harvard University Press, 1997).

12. F. Y. Edgeworth, *Mathematical Psychics: An Essay on the Application of Mathematics to the Moral Sciences* (London: C. K. Paul, 1881), pp. 16, 104.

13. *The Theory of Moral Sentiments* (1770, 1790), p. 191 (in the 1976 edition, Clarendon Press, Oxford).

14. Ibid., pp. 190–92.

15. Ibid., p. 189.

16. See George Stigler, 'Smith's Travel on the Ship of State', in A. S. Skinner and T. Wilson (eds), *Essays on Adam Smith* (Oxford: Clarendon Press, 1975), particularly p. 237, and 'Economics or Ethics?', in S. McMurrin (ed.), *Tanner Lectures on Human Values*, vol. II (Cambridge: Cambridge University Press, 1981), particularly p. 176.

17. See, however, Geoffrey Brennan and Loran Lomasky, 'The Impartial Spectator Goes to Washington: Towards a Smithian Model of Electoral Politics', *Economics and Philosophy*, vol. 1 (1985); Patricia H. Werhane, *Adam Smith and His Legacy for Modern Capitalism* (New York: Oxford University Press, 1991); Emma Rothschild, 'Adam Smith and Conservative Economics', *Economic History Review*, vol. 45 (February 1992); Emma Rothschild, *Economic Sentiments* (Cambridge, MA: Harvard University

Press, 2001).

18. Stephen Leacock, *Hellements of Hickonomics* (New York: Dodd, Mead & Co, 1936), p. 75; see also my *On Ethics and Economics* (Oxford: Blackwell, 1987), Chapter 1.

19. 对这个误解更详尽的讨论，见我的 Adam Smith's Prudence , in S. Lal and F. Stewart (eds), *Theory and Reality in Development* (London: Macmillan, 1986); *On Ethics and Economics* (Oxford: Blackwell, 1987)。

20. Adam Smith, *An Inquiry into the Nature and Causes of the Wealth of Nations* (in the 1976 reprint, pp. 26–7).

21. *The Theory of Moral Sentiments*, p. 192.

22. Ibid., p. 162.

23. *Choice, Welfare and Measurement* (1982), pp. 7–8.

24. Gary S. Becker, *The Economic Approach to Human Behavior* (Chicago, IL: University of Chicago Press, 1976), p. 14; and *Accounting for Tastes* (Cambridge, MA: Harvard University Press, 1996).

第9章

中立缘由的多元性

在上一章中我们谈到，超越对于个人自身利益追求的狭隘局限而作出的选择和决定，并不是什么不正常和不理性的事情。人的目标可以远远超越对于自身利益的关注，而人的选择甚至可以不仅仅局限于追求个人目标。这或许是因为考虑到行为的得体性，从而允许他人也追求他们的目标。所谓的理性选择理论坚持将理性仅仅定义为提升个人的自身利益，这低估了人类的理智。

上一章讨论了选择的理性与选择背后缘由的可持续性之间的关联。在这种认识中，理性主要将我们的选择置于——无论是以明确的还是暗含的方式——能够通过反思得以持续的推理的基础之上。它要求我们的选择，以及我们的行为与目标、价值与优先判断，能够经得起自己认真的批判性思考的检验。我们也讨论了，为什么不需要将除追求自身利益之外的每一个动机都置于这样一种批判性思考之中。

然而，尽管选择的理性可以轻易地允许非自身利益的动机存在，理性本身并不要求这样。关注他人并没有什么奇怪或不理性的地方，但是很难因此就认为这是理性的必然要求和应尽义务。对于反映出我们的倾向和自我审思的行为，我们都可以有可持续的缘由。作为选择行为的特点，理性既可以包括完全利他，也可以包括合理地追求个人利益。

如果玛丽在进行了认真和明智的思考之后，决定即使自己需要作出重大牺牲，也要去追求自己所向往的社会目标，那么我们很难认为她是“不理性”的。但即使保罗热衷于个人利益的最大化，只要他的价值、偏好和选择能够经得起自己的严肃审思，我们也很难将“不理性”一词用到他身上。①对于保罗而言，关注他人并没有像对于玛丽而言那么重要。②我们完全可以认为玛丽是一个比保罗更“合乎情理”的人，但正如约翰·罗尔斯所说，这是一个与理性本身不同的问题。理性实际上是一种相当包容的准则，它要求理智的思考，但也允许合理的自我审思有不尽相同的形式，而不是一定要有统一的判断标准。如果理性是一种教派，那么它是一种相当宽泛的教派。的确，罗尔斯描述的合理性的要求要比理性的要求更为严苛。③

如果我们大体上采用约翰·罗尔斯对于理性与合理性这两个概念的解释，那么当我们从前者转到后者时，对于审思的要求会变得更苛刻。正如第5章“中立与客观”所讨论的，我们可以将实践理性和行为中的客观性与中立性的要求系统地联系起来。这样一来，我们就可以在一个

① 保罗可能还考虑到，直截了当地追求个人利益可能会对他与其他人的关系造成不利影响。即使出于个人利益考虑，也可能会带来损失。

② 我们可以对“理性的”这个词进行进一步的区分。托马斯·斯坎伦在这个问题上所做的工作极具启发性：（1）一个人有最好的理由去做的事情；（2）一个人为避免不理性而必须去做的事情（See Scanlon, *What We Owe to Each Other*（Cambridge, MA：Harvard University Press, 1988）, pp. 25-30）。从这两种意义上说，玛丽和保罗都是理性的。然而，关于所涉及缘由的可持续性，还存在进一步的问题，而这对于本书所理解的理性至关重要（见第8章）。我在《理性与自由》（2002）一书中对其进行了更详尽的讨论。

③ 然而，托马斯·斯坎伦在阐述“合理性和理性之间熟悉的区别”时，所举的一个例子似乎说明了相反的观点（《我们彼此负有什么义务》，第192～193页）。斯坎伦指出，一个人可能会发现，对于某个有权的人的反对意见完全是“合理的”，但是他可能会认为将那种反对意见表达出来会是“不理性”的，因为那个有权的人可能会因此而恼怒。因此在某些情况下，不需要将一个合理的陈述理性地表达出来。在我看来，两个不同的问题在这里被搅在了一起。首先，理性和合理性各自的要求不同，也不需要一致（我倾向于认为，合理性的要求一般而言比理性的要求更高）。其次，必须将某种认识和决定的理性与在公开场合表达这种认识和决定的理性区分开来。“一个好的表述”与“一个要表述得好的表述”之间的区别在具有思想和交流双重性质的领域中极为重要。我在“Description as Choice”, in *Choice, Welfare and Measurement*（Oxford：Blackwell, 1982, and Cambridge, MA：Harvard University Press, 1997）一文中，已经对此进行了分析。

开放和自由的公共理性的框架中，将道德原则客观性的标准与其合理性联系起来。①他人的视角、评价以及利益在这里有其相应的位置，而理性本身是不需要这些的。②

然而，我们必须对和他人讲道理时所使用的合理性进行更深入的研究。合理性要求什么？而这又是为什么？

·什么是其他人不能合理拒绝的？·

在威廉·莎士比亚的戏剧《约翰王》（*King John*）中，庶子菲利普（Philip）认为我们对世界的总体评价常常受到我们自身特殊利益的影响：

> 好，当我是一个穷人的时候，我要信口谩骂
> 说只有富有是唯一的罪恶；
> 要是有了钱，我就要说
> 只有贫穷才是最大的坏事。③

难以否认的是，我们所处的位置和困境会影响我们对于社会差别和不对称的总体态度和政治信仰。如果我们进行认真的自我审思，可能会足够坚定地使我们的总体判断更为一致（比如，我们对富人的评价就不会因为自己的贫富状况而产生太大的变化）。但是我们无法保证总是会有如此严格的审思，因为我们往往会沉溺于我们对于与自己直接相关的

---

① 罗尔斯自己的表述似乎是将注意力放在只与“合理的人”（而并非所有人）的开放的对话上。第5章讨论了这种带有明确表述的规范元素的方法（反映在对于“合理的人”的确认以及他们所认为的“合理的”事物上）与哈贝马斯更程序化的观点之间的区别。我在那里提出，这种区别可能并没有其看上去那么明显。

② 可以通过不同的方式来定义“开放和自由的公众推理框架”的作用。不同定义之间的区别对于理解罗尔斯和其他人，包括康德和哈贝马斯对于这种方法的使用之间的确切的——有时是细微的——差别十分重要。然而，我在这里不会对这些区分作进一步讨论，因为这不是本书所采用方法的核心问题。

③ William Shakespeare，King John，Ⅱ. Ⅰ. 593-6.

事物的看法和观点之中，而这会限制我们的自我审思。

在这种涉及公平对待他人的社会背景中，有必要从宽泛的自我审思的角度来超越理性的要求，从而考虑对于他人的“合理行为”。在这种要求更高的情形下，我们必须认真地对待他人的视角和关注，因为它们会在我们对自己的决定和选择进行反思的过程中发挥作用。从这个意义上说，我们对于社会中对与错的认识必须超越亚当·斯密所说的“爱自己”。

的确，正如托马斯·斯坎伦所认为的那样，“在最基本的层面上，思考对与错，就是从具有适当动机的他人不能合理地拒绝这一角度，来思考什么对他们来说是合理的”[2]。尽管能够经受自己的严肃审思是理性概念的核心，但是对从他人视角上进行的批判性审思加以认真的考量，能够使我们从理性本身跨越到与他人关系意义上的合理行为。显然，政治与社会道德的要求在这里有存在的空间。

我们在前面提到过，罗尔斯通过“初始状态”这一设计提出了公正的要求，斯坎伦的标准是否与之不同呢？当然，两者之间有着紧密的联系。的确，罗尔斯在“初始状态”下设计“无知之幕”（在那里没有人知道他在真实世界中会是谁），是为了使人们超越其个人既得利益与目标。然而，罗尔斯“契约论”的方法最终停留在了人们之间相互达成的协议上，而斯坎伦对于推理的分析更加广泛，两者之间存在显著差异（尽管斯坎伦坚持称自己的方法也是“契约论”，从而混淆了这种区别）。

在罗尔斯的分析中，当人民的代表齐聚一堂，决定指导社会基本制度结构的“公正”原则时，所有不同人的利益都可以得到体现（这是通过匿名的方式实现的，因为“无知之幕”使人们不知道自己会是谁）。正如罗尔斯在其《正义论》中对初始状态的描述，在对初始状态的思考中，各方或其代表并不表达自己任何具体的道德观或文化价值，他们的任务仅仅是最大限度地提升自己和他们所代表的人的利益。尽管所有各方都追求各自的利益，但是在罗尔斯看来，可以认为这个大家一致同意的协议对所有处于“无知之幕”下的人的总体最为有利（因为这块幕布使任何人都不知道他将一定会成为谁)。[①]必须强调的是，通过“无知之幕”进行的中立的加总，这种方法并不是没有任何问题的，因为从这种设计的不确定状态中，我们完全不知道选择的结果。缺乏唯一的各方一致选择的解决方案，与缺乏唯一的不同人的相互冲突的利益集合是对应的。例如，罗尔斯将弱势群体置于优先位置的分配方案，与功利主义使所有人的效用最大化的方法就是对立的。事实上，约翰·豪尔沙尼(John Harsanyi)正是通过采用类似的设计，使谁会成为谁成为不确定的事情，从而得出了上述功利主义的结果。

与之相反，在斯坎伦的方法中，尽管公共讨论的基础是各方的利益，但是那个社会中或其他地方的任何人都可以提出具体的理由，来判断将要作出的决定是否可以被“合理地拒绝”。虽然相关各方因为自身利益受到影响而采取各自的立场，但他们关于能不能合理拒绝的辩论——只要有一定道理——却产生了不同的道德视角，而不是只将注意力局限在思考相关各方自身的利益上。在这个意义上，斯坎伦的方法是朝着亚当·斯密在其“中立的观察者”中探索出的方向前进的(见第8章)，尽管其分析依然落脚在相关各方的关注和利益上。

斯坎伦方法的包容性也更广，因为利益受到影响的这些人不需要像罗尔斯“逐个民族”地去追求正义那样，只来自一个社会、国家或政体。斯坎伦的分析拓宽了利益相关者的群体集合：他们不需要像在罗尔斯的方法中那样，都是某个主权国家的公民。另外，既然寻找的是各个

---

① See John Harsanyi, ‘Cardinal welfare, Individualistic Ethics, and Interpersonal Comparisons of Utility’, *Journal of Political Economy*, 63 (1955). 有人也提出了其他的解决办法，如詹姆斯·米尔利斯(James Mirrlees)提出对经过权益调整的效用总和进行最大化(‘An Exploration of the Theory of Optimal Income Taxation’, *Review of Economic Studies*, 38, 1971)。See also John Broome, *Weighing Lives* (Oxford: Clarendon Press, 2004). 我在 *Collective Choice and Social Welfare* (San Francisco, CA: Holden-Day, 1970 and Amsterdam: North-Holland, 1979); *On Economic Inequality* (Oxford: Clarendon Press, 1973, expanded edition, jointly with James E. Foster, 1997) 以及 ‘Social Choice Theory’, in Kenneth Arrow and Michael Intriligator (eds), *Handbook of Mathematical Economics* (Amsterdam: North-Holland, 1986) 中对这个问题作过论述，这里不作更深入的讨论。

位置上的人所提出的一般性的缘由，当地人的评价就不再是唯一重要的观点。而罗尔斯的“契约论”方法限制了那些可以在公共协商中发挥作用的视角，我在第 6 章中已经对这种局限性进行了评价。就斯坎伦所称的“契约论”方法去除了这些限制而言，我们有很好的理由去采用斯坎伦而不是罗尔斯的方法。

斯坎伦对于将自己的方法称为“契约论”（我认为，这无助于表明他与契约主义思维方式的区别）的解释是，他使用了“这样一个观点，即为了找到一个其他人也有理由接受的合理的基础，我们都愿意对自己的要求进行调整”。尽管这并没有假定任何契约，但斯坎伦将其视为“自卢梭以来的社会契约传统的核心要素”并无不妥（第 5 页）。但是在这种一般化的表述形式中，也蕴涵着许多其他传统，其中包括基督教（我在第 7 章中分析了耶稣与律法师就如何认识“好心的撒玛利亚人”这个故事展开的讨论）、斯密，甚至功利主义者（尤其是穆勒）也具有的思想。斯坎伦的方法比他自己所认为的严格遵循“社会契约传统”要宽泛得多。

·多种不能拒绝的缘由·

我们现在转向另一个问题。斯坎伦认定合理原则的方法并不需要产生一套唯一的原则，认识到这一点是很重要的。许多不同的原则都可以被认为是不可拒绝的，斯坎伦对此并未作出很多解释。如果他那么做了，那么他所称的“契约论”方法与真正的“契约论”方法之间的对比就会更加明显。契约论方法，无论是霍布斯的、卢梭的，还是罗尔斯的，都必须引出一个具体的契约。在罗尔斯那里，他是在“作为公平的正义”下，指定了一套唯一的“公正原则”。的确，其原则的唯一性对于罗尔斯思想的制度基础十分关键，认识到这一点非常重要，因为正如罗尔斯所讲述的那样，这套唯一的要求决定了社会的基本制度结构。制度就建立在对这唯一的一套原则所达成一致的基础之上，而罗尔斯对于公正社会的描述也正是从这种制度出发，然后再涉及其他特征的（例如

“立法阶段”的运作)。如果存在其他不同的原则，从初始状态中衍生出不同的制度要求，罗尔斯就不能以现在认识到的方式来讲述他的故事了。

我在前面的第2章(“罗尔斯及其超越”)中讨论过这一问题，当时的注意力放在一个与此相关但是不同的主题上，即假设在罗尔斯的初始状态中，人们会一致选择唯一的某套原则，这是令人难以置信的。如果在这种对于公平的分析方法的结尾，还有许多可供选择的原则，就不会产生罗尔斯用作制度基础的唯一的社会契约了。

认识到反思的过程中可能会产生许多有力且正当的理由相当重要。正如前面(引言部分)讨论过的，我们有各种不同类型的关于正义的缘由，不可能拒绝所有的缘由，而只留下一套相互之间衔接得天衣无缝的原则。即使一个人有着明确的偏好，这种偏好也会因人而异，因此对于受到其他人重视而且合理的理由，一个人很难完全拒绝。

例如，在引言中讨论的三个孩子围绕长笛进行的争辩这一问题中，可以说所有三个行为过程都有其合理性，因此即使对其进行仔细的分辨，也难以合理地拒绝其中任何一个。这三个孩子各自合理的缘由都具备“中立”的形式，尽管其侧重的理由有所不同。其中一个是基于现实与幸福的重要性，另一个是基于经济平等的意义，第三个认为有权享用自己的劳动产品。当然，我们最后可以按照其中的某一个来作处理，但是很难说除了这个理由之外其他理由都是“非中立”的，因此必须拒绝。的确，即使是完全公正的法官，不受任何既得利益或个人喜好的左右，也很难在像这里的几个不同的理由之间作出判断。不同的法官最后可能会作出不同的决定，因为这些说法都有中立性的基础。

·合作的互利性·

不难理解为什么契约论方法对于一些自称是“现实主义者”的人而言具有很大的吸引力。他们希望对于个人优势的权衡考虑，最终会产生美好的行为。罗尔斯认识到“社会是一个公平的合作体系”的愿望就是这种情况。[①]正如罗尔斯所说，合作“包括每一个参与者的理性优势，或者好处”，而且“理性优势指的是合作的参与者从其自身好处的立场出发，希望获得提升的东西”。除了这是初始状态的情况，即个人身份藏匿在“无知之幕”的后面，这与理性选择理论的自身利益视角有共通之处，而且所有相关的人都明显认识到，如果没有与他人的合作，他们不可能获得自己想要的东西。因此，为了大家的利益，就选择了合作行为这种集体形式。这包含了对“每个参与者可以合理接受，而且有时只要所有其他人接受，自己也应该接受的条件”所进行的共同选择。[3]

我们完全可以称之为“社会道德”，但这在根本上是一种审慎的社会道德。既然互利合作的思想是罗尔斯初始状态分析的核心，罗尔斯所用的公平这一基本概念又来自其设计的初始状态，那么在罗尔斯分析“作为公平的正义”所用的方法背后，是本质上基于优势的考量。

这种基于优势的视角对于社会规范与行为来说的确十分重要，因为在许多时候，一个群体中的每个人都谨遵一套防止损人利己的行为规则，以更好地服务于群体的共同利益。真实的世界里到处存在这种问题，从环境可持续性与自然资源保护（“公共品”）、生产过程中的职业道德，到城市生活中的文明程度。[4]

在应对这些情况时，有两种方式可以通过合作实现互利，那就是强制执行的共同契约和在此方向上自行运作的社会规范。尽管政治哲学中对于契约研究，至少可以上溯至霍布斯，而且从各个角度对以上两种方法都进行过讨论，但是受到重视的还是基于契约的强制路径。与之相比，社会规范的演化一直是社会学与人类学探索的主题。具有远见卓识的社会研究者（如埃莉诺·奥斯特罗姆）对合作行为的优势以及群体成员通过自愿性的克制对其构成的维护进行了深入的研究，其目的在于讨

① 很明显，这是罗尔斯的《作为公平的正义：再评述》（Cambridge，MA：Harvard University Press，2001）第5～8页中第一部分的第二章的标题。

论如何通过行为的社会规范产生和维持集体行动。5

·基于契约论的推理及其功用·

毫无疑问，从根本上基于相互利益的视角来解释社会合作，以及由此而产生的社会道德与政治，对于认识社会及其兴衰有着广泛的意义。社会合作不是通过道德说教而是通过制度安排形成的，在解释和发展这一视角上，这种基于契约的推理发挥了巨大的作用。基于此的深刻洞察，也极大地推动了政治哲学和人类学的进展。

与托马斯·霍布斯最早通过直接的利益考量来对社会合作进行的分析相比，这一视角在罗尔斯，以及之前的康德那里已经得到了极大的丰富。的确，尽管“出于互利的合作”背后的推动力最终是对于利益的审慎考量，但罗尔斯采用的这一“相互利益”的视角，尤其是其采用的公正推理，还是具有几个重要特征。

首先，虽然罗尔斯通过契约来决定公正的社会制度与相应的行为要求，但他的分析并未过多地依赖于对契约的强制执行（像在许多契约理论中那样），而是依赖于人们遵照他们所达成的一致来行事的意愿。这种分析方法将罗尔斯与对强制执行的需要划分开来，而后者至少在理论上是完全可以避免的。于是，行为准则以一种契约后重建的形式出现。前面，尤其是第 2 章“罗尔斯及其超越”、第 3 章“制度与人”已对这一问题进行了讨论。在初始状态中订立契约之前展示相互利益，这有利于契约的订立，而这又反过来——至少在想象中（因为这是一个完全假设的契约）——对具有公正制度的社会中人的行为产生了影响，而这种公正制度正是在契约中所体现的那些原则的基础上建立起来的。①

---

① 与埃莉诺·奥斯特罗姆和其他学者提出的社会规范的逐渐演化这一社会学视角相比，罗尔斯从政治角度的描述采取了一条有些不同的道路，虽然这两种推理方法的行为后果具有相似性。在罗尔斯的描述中，在订立社会契约这样一种政治文明的基础上，人们从一开始就意识到有可能达成一个彼此互利的契约，这反过来对社会中的实际行为产生了限制性的影响。

其次，罗尔斯的分析远远超越了从互利角度对完美行为所作的一般解释。其另一个特征在于，罗尔斯的方法保证了在初始状态下，没有人能够以他对于自己在社会中实际位置的了解来讨价还价，只能从“无知之幕”后面争取自身的利益。这就在个人不知道自己在整个社会中的优势的情况下，将追求自身实际优势的行为，转变为提升整个群体的优势。在这方面，罗尔斯的理论当然具有足够的中立性。然而，这种拓展并没有超越从寻找优势的角度来解释合作的动机，仅仅采用了一种中立的形式（由于“无知之幕”）。

罗尔斯对于“作为公平的正义”所进行的分析超越了传统契约论的领域。但一般意义上的个人优势，或具体而言的相互优势，依然是罗尔斯推理过程的核心（尽管是以一种精妙的形式），这与整个契约论的方法并无二致。虽然这种拓展形式的契约论推理取得了一定的进展，但一个有待回答的问题是：无论是以直接的还是间接的形式，对于优势的寻找是不是社会中合理行为的唯一的坚实基础？与此相关的一个问题是：互利互惠是否一定是所有政治合理性的基础？

·权力及其义务·

作为对照，我们来思考一下另一种推理线索。这种推理一般认为，如果某人具有在他看来能够减少世界不公的力量，那么他就有足够的社会理由去这样做（不必通过某种想象中的合作利益，以此来作为他行为的理由）。在基本的动机层面上，有效权力（effective power）的这种义务，与合作的相互义务形成了鲜明对比。

释迦牟尼曾在《经集》(*Sutta-Nipata*)① 中对权力的义务这一视角

---

① *Sutta-Nipata* 的经典英文翻译可以见 F. Max Muller (ed.), *The Sacred Books of the East*, vol. X, Part II, *The Sutta-Nipata*: *A Collection of Discourses*, translated by V. Fausboll (Oxford: Clarendon Press, 1881)。更新近的翻译见 *The Sutta-Nipata*, translated by H. Saddhatissa (London: Curzon Press, 1985)。

进行了有力的阐述。释迦牟尼认为，我们对动物负有责任，恰恰是因为我们之间的不对等，而不是因为对等使我们有合作的需要。他说，既然我们比其他物种强大许多，我们就对其他物种负有责任，而这是与力量的不对等联系在一起的。

释迦牟尼继而以母亲对孩子的责任作比，来继续说明这一问题。这不是因为母亲赋予了孩子生命（在这里不予讨论那种联系，这在其他地方会有存在的空间），而是因为她能够做一些影响孩子的生命而孩子本人却无法做到的事情。在这种观点看来，母亲不是为了回报而帮助孩子，而是因为她认识到她能以不对等的方式为孩子做一些对孩子的生命很重要，而孩子本人却做不到的事情。母亲不必去寻找任何相互利益，无论是实际的还是想象的，也不必去寻找任何“虚拟”的契约来理解她对孩子的义务。这是释迦牟尼所要表述的观点。

这里的缘由是，如果一个人可以自由地采取某种行动（从而使之可行），并且认为采取那种行动会在世界上创造出一个更公正的情形（因此推进了公正），那么这就足以使此人在认识到以上问题之后，认真地考虑自己应该做什么。当然，可能有许多行为都符合这两个条件，而一个人不可能一一付诸行动。因此这里并不是要求，只要当两个条件得到满足，就去采取这个行动，而是承认我们有考虑采取行动的义务。尽管这里也可以采用拓展了的基于契约的推理——鉴于其独创性——来构造出一个理由，使母亲会考虑帮助她的孩子，但通过那种方式去得到一个由权力的义务就可以直接得到的结论，实在太费周折。

这里需要认识到的基本问题是，追求合理行为可以有不同的方法，而不是所有的方法都需要从基于优势的互利合作来加以思考。无论是直接以霍布斯的形式，还是以罗尔斯的方法，寻找相互利益这一动机的确有着强大的现实社会基础，但这并不是采取合理行为的唯一原因。

最后，我以一个观察来结束对于中立缘由多样性的讨论。对于义务的认识与现在所说的人权方法相关，长期以来它以不同的名义受到人们的追捧（至少可以上溯到18世纪的托马斯·潘恩（Thomas Paine）和玛丽·沃斯通克拉夫特），而且因为与有效权力的责任相联系，从而具有强烈的社会推理的特点，第 17 章“人权及其全球性”将对此予以讨论。[6]不是基于互利视角而是着眼于因权力不对等而产生的单边义务，这种视角不仅在今天的人权活动中得到大量运用，而且在早期为争取自由以及相应的人权而进行的斗争中也可以看到。例如，托马斯·潘恩和玛丽·沃斯通克拉夫特在为女性权利与男性权利进行“辩护”的著述中，对有效权力在帮助所有人提升其自由的义务的论述，就建立在这种动机的基础之上。当然，正如前面提到的，这种思考方法可以在亚当·斯密对于“道德缘由”的分析中，包括设计中立的观察者来启发人们的道德关注与义务，找到依据。

基于对等和互惠的相互利益，并不是考量对待他人的合理行为的唯一基础。具备有效权力及其间接产生的义务也可以成为中立的理智思考的重要基础，而这远远超越了互利的动机。

注释

1. See John Rawls, *Justice as Fairness: A Restatement*, edited by Erin Kelly (Cambridge, MA: Harvard University Press, 2001), pp. 5–8.
2. Thomas Scanlon, *What We Owe to Each Other* (1998), p. 5; see also his 'Contractualism and Utilitarianism', in Amartya Sen and Bernard Williams (eds), *Utilitarianism and Beyond* (Cambridge: Cambridge University Press, 1982).
3. Rawls, *Justice as Fairness: A Restatement*, p. 6.
4. See, for example, M. Sagoff, *The Economy of the Earth: Philosophy, Law, and the Environment* (Cambridge: Cambridge University Press, 1988); Bruno S. Frey, 'Does Monitoring Increase Work Effort? The Rivalry with Trust and Loyalty', *Economic Inquiry*, 31 (1993); David M. Gordon, 'Bosses of Different Stripes: A Cross-Sectional Perspective on Monitoring and Supervision', *American Economic Review*, 84 (1994); Elinor Ostrom, 'Collective Action and the Evolution of Social Norms', *Journal of Economic Perspectives*, 14 (Summer 2000); Andrew Dobson, *Citizenship and the Environment* (Oxford: Oxford University Press, 2003); Barry Holden, *Democracy and Global Warming* (London: Continuum International Publishing Group, 2002).

5. See, for example, Elinor Ostrom, 'Collective Action and the Evolution of Social Norms' (2000).
6. See also my essays, 'Elements of a Theory of Human Rights', *Philosophy and Public Affairs*, 32 (2004), and 'Human Rights and the Limits of Law', *Cardozo Law Journal*, 27 (April 2006).

第10章 现实、后果与主体性

引言部分曾讨论过古梵文史诗《摩诃婆罗多》中一段有趣的对话。这段对话发生在拘罗尸陀罗（Kurukshetra）战役前夕的阿朱那和克利须那之间。阿朱那是史诗中的战斗英雄，克利须那是他的朋友和军师，而拘罗尸陀罗是一个距德里不远的地方。这个对话大体上是关于人类的义务，具体而言是阿朱那的义务。在对话中，阿朱那和克利须那的观点大相径庭。本章就从研究他们对话中所涉及的问题开始。

拘罗尸陀罗战役是在般度族（Pandavas）和俱卢族（Kauravas）之间进行的。般度族是正宗的王族，由坚战王（Yudhisthira，即阿朱那的大哥和王位的合法继承人）所领导，俱卢族则是他们的亲族，篡夺了王位。在这场史诗般的战役中，印度北方、西方和东方各个土国的绝大部分王室家族都加入了其中的一方，双方的作战军队也大都由体格健壮的战士所组成。阿朱那是般度族人，即正义一方伟大且不可战胜的勇士。克利须那是阿朱那的御夫，也是神的化身。

阿朱那与克利须那之间的辩论，丰富了史诗的传说色彩，而且千百年来催生了许多对道德与政治的思考。史诗中对话所在的部分称为“薄伽梵歌”，或简称为“梵歌”。它不仅以辩辞本身的力量打动了许多普通读者，还吸引了许多宗教界和哲学界人士的关注。

阿朱那与克利须那看到了双方的军队，并思考即将开始的大规模战斗。对于是否应该参加战斗，阿朱那表示了深深的怀疑。他深信他们是代表正义的一方，这是正义的战争，以般度族的实力（也包括阿朱那自身的战斗技能与智慧才干），他们最终必定会赢得这场战斗。但阿朱那看到，战斗会带来大量的伤亡。他自己将亲手杀死许多人，而且绝大多数参加战斗并可能牺牲的人除了同意（通常是由于亲戚或其他关系）支持某一方外，并没有做任何其他应受谴责的事情，阿朱那对此深感不安。如果不考虑他自己在这场即将到来的血腥屠杀中所要扮演的角色，阿朱那的不安一部分源于这片土地上即将发生的悲剧，或者可以称之为灾难，另一部分则来自他对于自己将要杀戮那些与自己有亲密关系、自己也怀有感情的人的责任。因此，在阿朱那对于自己不想战斗的辩解中，既有其所处位置的因素，也有超越这种位置的因素。

阿朱那告诉克利须那他真的不应该去战斗和杀戮，也许他们应该让非正义的俱卢族去统治他们篡夺的王国，因为这可能是两种罪恶中比较轻的那一种。克利须那对此表示反对，他的理由主要是，应将完成自己的责任置于优先位置，而无论其后果如何。这在印度宗教和哲学中被不断地予以讨论。的确，随着克利须那逐渐从一个高贵的般度族拥护者转变为神的化身，《梵歌》也成为一部具有神学意义的重要文献。

克利须那认为，无论发生什么，阿朱那都必须完成他的义务，在这里他有战斗的义务，而无论其结果如何。这是一个正当的理由。作为一名战士和军队需要的一位将军，他不能逃避自己的义务。克利须那高调的道义论，包括他围绕义务和认为与后果无关的推理，对其后千年以来的道德辩论都产生了深远的影响。我认为，这是向纯理性力量的致礼。即使是非暴力运动的倡导者莫罕达斯·甘地，也感到被克利须那关于完成自己的义务而不惜计较后果的言辞所打动（他经常从《梵歌》中引用克利须那所说的话），尽管阿朱那在这里的义务是去参加武装战争而不是去避免杀死他人，当然这个理由一般是不会打动甘地的。

克利须那的道德立场得到世界上许多哲学与文学评论家的高度赞赏；对于《梵歌》——具体而言，对于克利须那的仰慕——已成为部分欧洲思想文化中一个不断出现的现象。①克里斯托弗·艾舍伍德（Christopher Isherwood）将《梵歌》译成了英文。[1]艾略特诠释了克利须那的推理，并将其主要的意思以警句的形式浓缩在诗句中："不必考虑行动的后果。向前行进吧。不是永别，而是扬帆前行，航海的旅人们。"[2]

·阿朱那的理由·

随着辩论的进行，阿朱那和克利须那都提出了各自的理由。这可以看作一方持有与后果无关的道义论，和另一方关注后果的评价方式之间的经典对决。阿朱那最终作出了让步，但这却是在克利须那展示其超自然的神性，用以支持自己的言论之后。

但阿朱那真的错了吗？我们为什么只想"向前行进"而不想"永别"呢？为正义的原因而不计后果的信念，就可以凌驾于不想去杀人，包括去杀那些自己怀有感情的人的想法之上吗？这并不是说阿朱那拒绝战斗就一定是对的（除了克利须那关注的理由之外，还有许多理由可以反对阿朱那在战斗面前退缩），而是说有许多东西需要权衡，不能仅仅因为不计后果去战斗的义务就摒弃阿朱那基于生命的考量。

的确，这是两种重要立场之间的对立，对每一方都可以用不同的方式进行辩护。正如我们在史诗中看到的，拘罗尸陀罗战役将改变人们的生活。因此关于应该做什么的决策必须有一个全面和批判性的评估，而不是一个简单的答案。将除阿朱那的战斗义务之外所有的关注都予以摒弃，而无论发生什么，这是不计后果的举措。尽管作为一个宗教文献，《梵歌》被视为坚定地站在克利须那这边，但这场对话只是一个宏大故事中的片段，史诗《梵歌》给了双方很大的空间去进行他们各自的说

---

① 19世纪早期，威廉·冯·洪堡（Wilhelm von Humboldt）将《梵歌》高度赞誉为"在所有现存语言中最美丽，也可能是唯一真正的哲学颂歌"。贾瓦哈拉尔·尼赫鲁（Jawaharlal Nehru）引用洪堡的话，并指出"每个思想和哲学的流派……都用自己的方式来诠释（梵歌）"（*The Discovery of India*（Calcutta：The Signet Press，1946；republished，Delhi：Oxford University Press，1981），pp. 108-9）。

理。的确，史诗《梵歌》很大程度上是以悲剧告终的，留下了对于死亡和屠戮的悲叹，而且伴随着正义缘由胜利的是悲痛和哀伤。在这里不难看到阿朱那深刻怀疑的道理所在。

当奥本海默这位在第二次世界大战期间领导美国研究团队开发出原子弹的科学家，于 1945 年 7 月 16 日目睹了人类设计的第一次核爆炸的惊人威力后，颇有感触地引用了《梵歌》中克利须那的话（“我变成了死神，世界的毁灭者”）。[3]就像克利须那告诫勇士阿朱那，后者肩负为正义而战斗的义务一样，奥本海默这位物理学家，当时也找到了他为正义的一方竭尽所能开发核武器的理由。后来，奥本海默对于他为原子弹研发所作的贡献产生了质疑，并以过来人的眼光对当年的情况进行了重新的思考：“当你看到某些东西在技术上有甜头时，会毫不犹豫地去做，而只有在取得了技术上的成功后，你才会去为你所做的进行辩护。”①尽管存在这种“向前行进”的欲望，但对于奥本海默而言，也有充分的理由去对阿朱那的关注加以思考（而不是只为克利须那的话感到振奋）：善怎么会源于如此这般的杀戮？为什么我应该仅仅完成物理学家的义务，而忽视所有其他的后果，包括我自己的行动可能会带来的痛苦与死亡？②

当我们从这里出发去认识正义的要求时，有必要对阿朱那的推理中三种迥然不同却又相互联系的元素加以区分。在由《梵歌》引发的大量

---

① See *In the Matter of J. Robert Oppenheimer*：*USAEC Transcript of the Hearing before Personnel Security Board*（Washington，DC：Government Publishing Office，1954）. 也见海纳·基普哈特（Heinar Kipphardt）根据这些素材所写的剧本 *In the Matter of J. Robert Oppenheimer*，translated by Ruth Speirs（London：Methuen，1967）。我在这里要强调的是，尽管奥本海默引用了克利须那的话，而且他对自己所从事的工作的正义性的信念与克利须那对于阿朱那使命的观点十分近似，但是克利须那与奥本海默采取的立场不尽相同。克利须那唤起阿朱那作为勇士有义务去为正义的事业而战斗，奥本海默则用更含糊的理由来做一些“技术上有甜头”的事情。技术上的甜头是可能与成功地完成科学家的义务相联系的，但是与克利须那对阿朱那更直接的告诫相比，这里的表述含混不清。感谢埃里克·凯利（Eric Kelly）对这一问题具有启发性的探讨。

② 正如我在之前的一本书《惯于争鸣的印度人》（2005）中提到的，当我还是一名高中生时，曾经问自己的梵文老师，是否可以说神圣的克利须那侥幸采用了一种不完整和不令人信服的说辞来告诫阿朱那。老师回答道：“或许你可以这么说，但是你必须以充分的尊重来这么说。”许多年以后，我选择为阿朱那的位置进行辩护，提出——希望带着充分的尊重——为什么克利须那所信奉的不计后果的道义论真的相当不令人信服，见“Consequential Evaluation and Practical Reason”，*Journal of Philosophy*，97（September 2000）。

著述中，这三种元素经常被混在一起，但又互不相同，而每一种都值得我们注意。

第一，阿朱那推理的核心是，他信奉世界上发生的事件在我们的道德与政治思考中占有重要和显著的位置。一个人不能对实际发生的事情熟视无睹，坚持自己不计后果的正义，而完全忽视会出现的情状。阿朱那主张的这一部分，可称为“现实世界的相关性”，得到了他所注意到的现实世界一个具体部分的印证：人的生命与死亡。无论我们的注意力如何受到其他观点和说辞的影响，如出于正确行为的严格约束，或者为了维护某个王朝或者王国的荣誉（或者如在血腥的第一次世界大战期间欧洲所发生的那样，为了“国家”的胜利），这里存在一个一般意义上对于生命重要性的关怀。

就引言部分所讨论的正义与正理而言，阿朱那的理由肯定偏向正理一边，而不是自己作为军事领袖，将进行正义战斗的义务置于优先地位的这种正义。这种理由对于我们所说的“社会现实”是极为重要的。[①]在这个框架中，在阿朱那的推理中随处可见的一个具体理由是，在这种道德与政治评价中，我们不能忽视发生在具体人类生命上的事情。阿朱那认识的这一部分，我称之为“人类生命的意义”。

第二个问题是关于个人责任。阿朱那认为，如果一个人的决定产生了严重后果，那么这个人必须为他自己的选择所产生的结果承担个人责任。责任的问题是阿朱那与克利须那辩论的核心，尽管两人对于如何看待阿朱那所说的责任提出了截然不同的观点。阿朱那认为，在决定一个人应该做什么时，需要考虑其选择与行为的后果。克利须那则坚持，一个人必须完成自己的义务而无论发生什么，对义务的规定无须考察其行为的后果。

---

① 在《梵歌》里的辩论中，克利须那主要关注的是完成某人义务的基本正义，而阿朱那不仅质疑正义，（为什么我应该杀这么多人，即使这似乎是我的义务?）也问到战争会导致的社会正理。(通过滥杀能够建立一个公正的世界吗?)。我在这里想强调的是，虽然在阅读《梵歌》里的辩论时，绝大部分的注意力被吸引到关于义务与后果的讨论上，但除此之外（以及与此相关的道义论与后果主义的对立），还有其他重要的问题也以直接或间接的方式出现在这场辩论中，而这些不能被忽略。

在政治与道德哲学中，有大量的研究是关于后果评价和基于义务的推理的。这当然也是克利须那极端形式的道义论与阿朱那对于后果的谨慎考量之间的区别之一。这里需要注意的一点，也是经常被漏掉的一点是，阿朱那并不是否认个人责任重要。他不仅关注好的结果，而且也关注谁去做什么，具体而言也就是他自己要做什么，在这里即指杀戮。因此在阿朱那的推理中，除了对人的生命的关注外，他自己的主体性与对后果的责任也都很重要。需要注意的是，阿朱那并不是一味地关注后果，而不考虑主体的责任。

第三，阿朱那也注意到屠杀的对象，尤其对要屠杀那些他怀有感情的人们，包括他的亲人而感到不安。尽管杀戮的本身，尤其是鉴于战争的规模，已使他心怀忐忑，但是对自己将要屠杀那些对他尤其重要的人，他的感受还是不一样的。在这种心情背后，是阿朱那注意到自己与他人在某个具体行为中的关系。这显然是一种基于位置的关注，可以使人认识到对于他人，如自己的孩子，或自己养大的孩子的特殊责任（第7章“位置、相关性和幻象”对此已有讨论）。然而在某些道德背景下，我们可以正确地将与家庭关系和个人感情相联系的关系型义务，以及与主体性相关的关注予以排除，例如在官员制定社会政策时。但是我们需要在更广泛的道德与政治哲学（包括正义理论）中，在对个人责任及其重要性进行思考时，考虑到这些因素。

史诗当然没有将阿朱那描绘成一个哲学家，而从他在《梵歌》中的表述中也看不到他对自己所关注的事物进行任何精心的辩护。然而令人感到惊奇的是，这些不同的关注都在阿朱那对于结论的阐述中得到了清楚的体现，从而对他的观点，即自己从战斗中退出也许是正确的，构成了支持。在追求正理这一意义上的正义内容时，除了阿朱那基本的人道主义同情外，所有上述的三个方面显然都具有关联性。

·终极与全面的结果·

因为基于后果的观点总是被看作关注结果（在某些情况下被诠释为

仅仅只关注结果)，所以我们在认识阿朱那观点的同时，比通常更加细致和批判地考察“结果”这一概念也许是有用的。结果是事务的一种状态，这种状态来自我们关注的所有影响决策的因素，例如行为、规则或倾向。尽管不可能对所有的事务状态都进行“彻底的”描述（如果有必要，我们总是可以透过一个对着事件和行为的放大镜看到更多的细节），但对于事务状态的基本认识却可以包含丰富的信息，并注意到我们认为重要的所有特征。

没有特别的理由可以让我们始终以一种贫乏的语言对事务状态进行评价。具体地说，事务的状态，或者在有待考量的选择的情况下所产生的结果，可以包含选择的过程，而不只是狭隘定义的终极结果。也可以将结果的内容视为包括了所有相关的主体性信息，以及对于眼前的决策问题而言所有重要的个人与非个人关系。

我曾在之前的一本关于决策论与理性选择的书中提出，“全面结果”(comprehensive outcomes) 应引起我们特别的重视。这种结果包括了所采取的行为、相关的主体性、所经历的过程等，以及被视为与过程、主体性和诸多关系无关的简单结果，我称之为“终极结果”(culmination outcomes)。[①]这种区分对于经济学、政治学、社会学以及理性决策理论和博弈论中的某些问题，都是十分关键的。[②]正如已经看到的那样，在对基于后果的推理进行评价时，这种区分也是极为重要的，因为后果不仅仅只是一个结局。对全面后果的评价可以是对事务状态评价的一部分，因此也是后果评价的一个关键组成部分。

---

① 引言中讨论了终极结果和全面结果之间的区别，这对于本书所采用的研究正义问题的方法相当重要。终极结果不具有全面结果所具有的作用。的确，所谓的实践理性的后果主义理论的部分问题就在于其倾向于只关注最终结果。关于这个区别的广泛意义，可见我的论文“Maximization and the Act of Choice”，*Econometrica*，65 (1997)；“Consequential Evaluation and Practical Reason”，*Journal of Philosophy*，97 (2000)；以及 *Rationality and Freedom* (Cambridge，MA：Harvard University Press，2002)。

② 我们用一个关于过程和主体性在评价事务状态中的作用的简单例子，来说明决策背景下其中的一个问题。某人可能希望在一个很长的宴会上被分到一个非常舒服的椅子，但并不想在其他人面前跑到椅子跟前。当基于过程的考虑被纳入许多决策和博弈时，其结构就会发生改变。

这种区分又如何有助于我们理解阿朱那的推理呢？如前面提到的那样，在就《梵歌》的内容进行的哲学讨论中，通常都将克利须那看作典型的道义论者，即冷酷地专注于义务，而将阿朱那看作典型的后果论者，即将对于行为的评价完全基于行为所导致的后果的好坏。实际上，这两种看法都是有误导性的。即使道义论的方法是从义务本身的重要性入手，但它也还是在很大程度上注意到了后果问题。因此，将克利须那淡薄的道德观念看成是道义论的原型是错误的。例如，我们不能通过克利须那这种极端形式的道义论，去理解伊曼努尔·康德的道义论。[①]克利须那的道义论具有某种纯粹的形式，它不仅看到了基于责任的推理的重要性，更在决定是否应采取某种行为时，否定了所有关注，尤其是对于后果的关注。

类似地，阿朱那也不是一个典型的后果论者，即按照对于后果论的狭义理解，只坚持终极结果而忽视其他。相反，阿朱那的道德与政治推理对于全面形式的后果有着深切的关注。正如前面所说，社会现实的概念要求以更广的角度来看待结果，注意行为、关系与主体性。我们已经讨论过，阿朱那对于义务的理解的确包含很丰富的内容，他考虑到他对于自身主体性的责任，也认识到他与这场战争的众多潜在受害者之间的关系（除了他对大规模死亡和屠戮场面的悲痛之外）。这当然要比基于终极结果的后果主义要广泛。

对于事务状态的全面认识可以与对社会现实的整体评价结合起来，这是本书所提出的方法的一部分。尽管后果，甚至是终极结果，和其他的关注一样受到了重视，但这里并不是要对标准版本的后果主义，即近两个世纪以来在功利主义学派所引领的研究中所出现的范式进行辩护。我们要问的是，如果有的话，那么从何种意义上说，阿朱那是站在后果主义的立场上，即使那不是原型的后果主义。

---

① 实际上，康德在阐述其基本的道义论立场时，对于后果异乎寻常地关注，可见 *Critique of Practical Reason*（1788；translated by L. W. Beck（New York：Bobbs-Merrill，1956））。很难不将这些观点看作他整体道德立场的一部分。

·后果与现实·

要对后果主义进行准确的定义，使所有使用这个概念的人，无论是赞成者还是批评者都感到满意，是很困难的。巧的是，“后果主义”（consequentialism）这个词是由后果评价的反对者而不是支持者提出来的，而使用这个词的目的主要是通过各种反例对其加以驳斥，这也给道德哲学增添了许多趣味，以及一些思想上的乐趣。承认自己是一个“后果主义者”就像在自我介绍时说“我是来自伦敦的阿拉伯佬”（或者从其他地方来的“法国佬”或“英国佬”）。的确，任何想与“后果主义”这个词划清界限的人，都不想被扣上这样的帽子。①

然而重要的是认识到，基于后果的推理对于全面地理解责任这一概念是必需的。这种推理必须成为负责任的选择的一部分。它应基于选择者对于事务状态的评价，包括对所作选择可能带来的所有相关后果，以及与将要发生的事情相关的全面结果加以考虑。4当然，这个实质性的问题与对“后果主义”这个词的使用并无直接关联。是否应将这里所探讨的责任与社会现实这些概念，放到“后果主义”这个足够大的篮子里，并不是一个能引起人们多大的兴趣的问题（重要的是这些概念的内容）。②

---

① 虽然我对于定义后果主义不感兴趣，但应该指出的是，阿朱那的方法与菲利普·佩迪特（Philip Pettit）对后果主义的定义是一致的，正如后者在其所编撰的著名文集的导言中所说：“大体来讲，后果主义是这样一种理论，讲述的是辨别某个具体的选择是否是某个主体应该作出的正确选择的方法，就是看其决定的相关后果，看其决定在世界上产生的相关效应”（*Consequentialism*（Aldershot：Dartmouth，1993，p. xiii））。既然这里并未坚持将后果仅仅限定为终极结果，而忽视全面结果中所能反映的主体性、过程或关系，那么将阿朱那视为佩迪特所称的后果主义者就不存在矛盾。

② 实际上，这里存在一个“发信号”（signalling）的问题，这使得将后果主义作为一个从评价事务状态入手——并着眼于此——的方法的名称并不合适。将事务状态看作“后果”会引起这样的问题：什么的后果？因此，尽管自视为后果主义者的哲学家似乎倾向于从对事务状态的评价入手（然后推进到对于其他事物，如行为或规则的评价），但“后果主义”这个词却指向相反的方向——指之前引起事务状态这种后果的某种其他事物（一种行为或规则或其他的某物）的作用。这就像是首先将一个国家仅仅定义为殖民地，然后努力去证明不仅殖民地本身很重要，而且应完全根据殖民地的情况来评价宗主国。

事实是，个人责任的重要性在被称为后果主义的道德观中并未始终得到充分的认识。标准的功利主义道德观在这一点上尤为不足，它忽略了除效用之外的所有后果，即使这些后果也是事务状态的一部分（例如，某个主体已经发生的行为）。这是由于功利主义将后果主义与其他要求，尤其是“福利主义”（welfarism）合并在一起，并坚持认为事务状态只能通过与之相关的效用信息（如幸福或愿望的实现）来加以判断，无论其所导致的事务状态有什么样的其他特征，如无论某个具体行为的表现有多么龌龊，或者无论触犯其他人的自由有多么自私。①

·现实和主体性·

我将在这里结束对于后果主义的讨论。当然，大量的问题依然存在，而且本书的其余部分还会有许多涉及它们的内容。但是我想在本章结束之前作几点进一步的阐述。我已经强调过，与将事务状态视为终极结果的狭隘观点相比，社会现实的视角的包容性要强得多，认识到这一点非常重要。一个人不仅有充分的理由去注意到某个具体选择将会带来的后果，而且有充分的理由从一个充分宽广的角度来看待由之产生的社会现实，包括相关的主体性、使用的过程以及人与人之间的关系。在面对基于对社会现实的评价而要作出负责任的选择时，没有必要为了推翻狭义的后果主义的推理而列举其道义上的两难。

鉴于社会现实中事务状态的重要性，许多对结果主义的推理持批评态度的人会提出这样一个问题：如果我们想注重主体性、过程和个人关系，那么是否还有希望得到一个对合理与负责任的决定所基于的

---

① 的确，功利主义的推理是三个不同理论的混合物：后果主义、福利主义和总和排序（最后一个理论代表这样一种要求，即必须对不同人的效用进行加总来评价事务状态，而无须考虑，比如不平等）。对功利主义的剖析，见我的“Utilitarianism and Welfarism”，*Journal of Philosophy*，76（September 1979），pp. 463-489，以及 Amartya Sen and Bernard Williams (eds.)，*Utilitarianism and Beyond*（Cambridge：Cambridge University Press，1982），尤其见我们共同撰写的导论。

社会现实进行一致评价的系统？考虑到一致性的要求，两个人如何根据他们各自的行为和责任，对同一种事务状态进行不同的评价？显然，这个问题源于这些人倾向于从严格的非个人的角度，来看待对于社会现实的评价。如果你我二人都采取同样的道德标准，就必须以同样的方式来评价一种全面结果。这种看法与功利主义道德观的确是一致的，也是典型意义上的后果主义推理，但在信息上具有高度的限制。坚持认为对于全面结果的评价只能采用一种要求，即使当我们关注主体性、关系与过程时也是如此，这种看法是完全武断的，在动机上也自相矛盾。[5]

实际上，如果在一种事务状态的发展中，不同的人扮演完全不同的角色，那么要求其中两个人必须以同样的方式评价这种事务状态，就是很荒谬的事情。这会使我们对作为社会现实的一部分的主体性的关注变得毫无意义。例如，当奥赛罗告诉罗德里戈他杀死了苔丝狄梦娜时，他说“那就是从前的奥赛罗；我在这里”。坚持认为奥赛罗必须以与罗德里戈同样的方式来看待发生的一切，的确是不可理喻的。理解这个行为及奥赛罗自杀背后的主观动机的实质，要求他必须从他在这起谋杀中所扮演的角色这一角度，来思考所发生的一切，而这使他的视角与其他人不同。奥赛罗所处的位置是评价的关键，这并不是一个在其评价中可有可无的细节。①

在阿朱那基于后果的推理中，他对自己将要进行大规模的杀戮，以及还要杀害一些他怀有感情的人这一事实，极为重视，这并不让人感到意外。在对世界上所发生的事情进行评价时，对于后果的敏感并不意味着对于主体性和关系就不敏感。在评价中，我们有充分的理由既关注与主体相关的事物，也关注独立于主体的事物，从而在正理观的意义上对

---

① 如第7章“位置、相关性和幻象”所讨论的，对于一个人对事务状态的评价而言，位置究竟是一个重要的关注点，还是只应予以克服的不利影响，是一个推理评价的问题。在这个例子中，很难讲奥赛罗在谋杀苔丝狄梦娜中的角色是一个分散我们注意力的细节，应在奥赛罗对所发生的事情进行评价时予以忽略。

正义进行评价。①然而对其各自的相关性和重要性的评价都需要接受个人审思，或者公共辩论。在评价合理性的过程中，上述两者均有对于缘由的要求。

注释

1. In collaboration with Swami Prabhavananda (Madras: Sri Ramakrishna Math, 1989).
2. T. S. Eliot, 'The Dry Salvages', in *Four Quartets* (London: Faber & Faber, 1944), pp. 29–31.
3. See Len Giovannitti and Fred Freed, *The Decision to Drop the Bomb* (London: Methuen, 1957).
4. 关于后果评价中的程序，见铃村兴太郎（Kotaro Suzumurs）具有启发性的论文" Consequences, Opportunitie, and Procedures", *Social Choice and Welfare*, 16 (1999)。
5. 关于这些以及与此相关的问题，也可见我的论文"Rights and Agency", *Philosophy and Public Affairs*, 11 (Winter 1982) 和 "Evaluator Relativity and Consequential Evaluation", *Philosophy and Public Affairs*, 12 (Spring 1983)。后者也是对唐纳德·里甘（ Donald H. Regan ）有趣的批评论文"Against Evaluator Relativity: A Response to Sen" 在同一期刊物上所进行的回应。

---

① 根据研究的背景和目的的不同，责任的概念也有所不同。关于某些我在这里没有论及的重要的区分，除了许多其他相关的研究外，还见 Jonathan Glover, *Responsibility* (London: Routledge, 1970)；Hilary Bok, *Freedom and Responsibility* (Princeton, NJ: Princeton University Press, 1998)；以及 Ted Honderich, *On Determinism and Freedom* (Edinburgh: Edinburgh University Press, 2005)。See also Samuel Scheffler, 'Responsibility, Reactive Attitudes, and Liberalism in Philosophy and Politics', *Philosophy and Public Affairs*, 21 (Autumn 1992).

第三部分

正义的实质

第11章

生活、自由和可行能力

2 500年前，当年轻的释迦牟尼——后来被称作“佛祖”的人——离开他位于喜马拉雅山麓的王室之家去寻找大彻大悟的时候，他被身边所发生的死亡、疾病和残障景象深深震撼，并为此而感到不安。他也为自己所遭遇的无知感到苦恼。尽管他之后对宇宙终极本质的阐释需要我们更深的思考，但是不难理解其痛苦的原因，特别是人类生活所面临的剥夺和不安。我们不难看到，对我们所处的这个世界的理性评价一直围绕着人类生活而展开的。正如在引言和后面所讨论的，那正是正理观视角的核心特征。这与以规则为核心的正义形成了鲜明的对比，尽管正理并不是指出人类生活与评价社会如何运行相关的唯一概念。

的确，人类生活的本质多年来一直是社会学者关注的对象。即使一直以来那些经常通过现成的统计数据来反映和评价先进程度的经济指标，都是以便于计算的无生命的客体为对象的。例如，国民生产总值（GNP）和国内生产总值（GDP），一直是衡量人类进步的关键指标，也是众多经济研究关注的焦点。这种视角最终还是只能通过研究这些客体直接或间接地对人类生活产生的影响才能站得住脚，而且是在能够采用这种方法的范围内。人们越来越认识到使用直接指标来衡量生活质量，以及人类生活所具有的福利状况和自由的重要性。[1]

尽管定量测算国民收入方法的开创者的确曾经说明其终极目的在于

人类生活的富足，但是受到广泛关注的却是其技术方法，而非其终极目标。例如威廉·配第，17世纪国民收入预测的先驱者（他提出了计算国民收入的方法和工具，也就是现在所说的“收入法”和“支出法”），曾谈到他的兴趣在于研究“国王的臣民”是否处于“如此糟糕的状况中，以至于人们不满”。他继续对人们状况的各种影响因素进行了说明，包括“共同安全”（Common Safety）和“每个人的具体幸福”（each Man's particular Happiness）。[2]这种动机却经常被一些以生活手段为终极研究对象的经济分析所忽略。我们有充分的理由不去混淆手段与目的，不去认为收入和富裕具有内生的重要性，而是将其价值定位于它们帮助人们实现了包括良好和有价值的生活在内的某个目标。①

尽管经济富裕与实质自由之间并非没有联系，但是有必要注意到两者之间经常出现的不一致。在一些非常富裕的国家中，即使那些社会弱势人群能够活得足够长（没有可预防的疾病以及其他导致过早死亡的原因），他们受到的剥夺程度也与发展中国家相应的人群相差无几。例如，生活在美国中心城区的非裔美国人，总体上说其长寿的几率并不比一些贫穷地区——如哥斯达黎加、牙买加、斯里兰卡或中国和印度的大部分地区——的人要高。事实上，往往还会低许多。[3]当然，免于过早死亡很大程度上得益于收入的提高（这一点毋庸置疑），但也取决于许多其他，尤其是关于社会组织的因素，包括公共卫生、医疗保障、学校教育、社会凝聚力与和谐程度等。②我们是只看生活的手段，还是看人们

---

① “人类发展方法”（human development approach）是由一位具有远见卓识的巴基斯坦经济学家马赫布卜·乌尔·哈克（Mahbub ul Haq）创立的，他于1998年去世（我从学生时代起，就有幸与他成为亲密的朋友）。其背后的动机是在现有国际数据所能允许的程度上，从国民生活总值这一基于手段的视角，转向关注人类生活的某些方面。联合国从1990年开始定期发布《人类发展报告》。

② 除了经常讨论到的可行能力方法的应用之外，基于可行能力的推理也可以用于一些较少被涉及的领域，例如，在城市设计和建筑学中，关注与实现功能的可行能力相联系的自由。罗米·科斯拉（Romi Khosla）与其同事所从事的重要的开创性工作对此予以了阐明，见 Romi Khosla and Jane Samuels, *Removing Unfreedoms: Citizens as Agents of Change in Urban Development* (London: ITDG Publishing, 2004)。

实际享有的生活本身，这两者之间有着很大的差别。[4]

在评价自己的生活时，我们不仅有理由对能过上什么样的生活发生兴趣，而且更有理由关注在不同的生活方式之间选择的自由。事实上，作为生活的一个重要方面，我们有理由珍视决定生活道路的自由。认识到这种自由的重要性，将能拓宽我们关注和义务的范围。我们可以通过这种自由来提高许多从严格意义上来说并非是我们自己生活的一部分的目标（例如，保护濒临灭绝的动物物种）的意义。对于环境责任和“可持续发展”等诉求，这也是一个重要的问题。我将在对评价人类生活的自由视角进行一般性的考察后，再回到这一重要问题。

·评价自由·

对于自由的评价，几个世纪以来，甚至几千年以来一直是争议不断，既有支持者和追捧者，也有批评者和贬低者。然而这种分歧并非像有人提出的那样，主要是地理意义上的。并不是说“亚洲价值观”——一个当前讨论中常用的术语——是专制性的，因此对自由的重要性存疑，而传统的“欧洲价值观”都是崇尚自由反对专制的。的确，当代许多“分类主义者”（categorizers）将对于个人自由的信仰视作区分“西方”和“东方”的标准。事实上，这种分类的做法既来自对于“西方文化”独特性的守护者，也来自“亚洲价值观”的捍卫者，据称后者认为纪律高于自由。然而，以这种方式来划分思想史是缺乏经验依据的。[5]

在经典的西方著作中，既有自由的支持者也有贬低者（例如亚里士多德和奥古斯丁），在非西方的著作中也是如此（如在第 3 章中所讨论的阿育王与考提利亚）。当然，我们可以去统计不同历史时期和世界不同地区对于自由思想的论述，并对其频率加以比较，那样也许真的会有一些有趣的发现，但是想通过地理上的东西方划分来看出其在意识形态上对自由支持与否将是不大可能的。

·自由：机会与过程·

自由之所以重要，至少是出于两个原因。首先，更大的自由使我们有更多的机会去实现我们的目标——那些我们所珍视的事物。例如，它有助于提高我们按照自己的意愿生活的能力。自由的这个方面所关注的，是我们实现我们所珍视的事物的能力，而不管实现的过程如何。其次，我们可以将注意力放在选择的过程上。例如，我们希望不因他人施加的限制而被迫处于某种状态。区分自由的机会和过程这两个方面具有重大和深远的意义。①

我们先来试想一个关于自由的机会和过程这两个方面差别的简单例子。金决定某个星期天待在家里，不出去进行任何活动。如果他正是这么做的，我们可以称其为“情景 A”。另一种情况是，一些强悍的暴徒打乱了金的生活，把他拖出去后扔在一个大水沟里，这种可怕的、确实令人不愿看到的情形，可以被称为“情景 B”。第三种情况，“情景 C”，这些暴徒限制了金的行动，命令他不得走出他的房子，并以严厉的惩罚相威胁。

很容易看出，金的自由在情景 B 中是受到严重影响的：他不能做他想做的事（待在家里），并且失去了自己作出决定的自由。因此，金的自由在机会方面（他的机会受到严重削减）和过程方面（他不能决定自己要做什么）都受到了侵犯。

那么情景 C 呢？很显然，金的自由在过程方面受到了影响（即使他在被胁迫的情况下做了他本该做的，但选择并不是出他作出的）：他做其他任何事情都会受到严厉处罚。这里一个有趣的问题是关于金的自由

① 自由作为一种思想具有截然不同的两个方面，而一些评价方法可能只抓住了其中的某一个，认识到这一点是非常重要的。我在 Kenneth Arrow Lectures 中对这种区别的本质和意义进行了研究，被编入 *Rationality and Freedom*（Cambridge，MA：Harvard University Press，2002）中的第 20～第 22 章。

的机会方面。既然在被胁迫或没有被胁迫的情况下，他都做了同样的事情，是否因此可以说，在两种情景中，他的自由的机会方面都是相同的？

如果我们仅仅从人们最终是否做了他们在不受限制的情况下会选择做的事情这一角度，来对人们所享有的机会进行判断，那么情景A和情景C之间就没有差别。按照这种狭义的关于机会的观点，金的自由的机会方面没有改变，因为他在任何一种情景中都可以如其计划的那样待在家里。

但这是对我们所理解的机会的充分认识吗？我们能够仅仅从我们是否最终处于所选择的状态这一角度来判断我们拥有的机会，而不管我们是否还有选择其他重要选项的可能性吗？如果选择出门散步会怎么样？这并不是金在那个周日所倾向的选择，但也许是一个有趣的可能，当然要好过被扔在水沟里。或者说，有一个改变主意的机会怎么样？也许更为直接的是，自由地选择待在家里，而不是只能待在家里（别无选择）的机会怎么样？即使就机会而言，这些也都是情景A和情景C之间的区别。如果认真地考虑这些问题，那么说在情景C中金自由的机会方面受到了影响也是站得住脚的，尽管这没有在情景B中那么明显。

这里涉及我们之前讨论过的“终极结果”和“全面结果”之间的区别。也可以按照这种区别对自由的机会方面加以不同的定义。如果我们狭义地理解机会，并认为其他选择和选择的自由不是那么重要，那么自由的机会方面可以被定义为实现“终极结果”的机会。[6]或者我们可以广义地定义机会——我相信这更为可信——从取得“全面结果”的角度来定义，即注意到实现最终结果的方法（例如，是通过自己的选择，还是受其他人的命令）。按照后一种定义，金的自由的机会方面在情景C中是显然受到破坏的，因为他是被强制待在家里（他没有任何其他选择）。相反，在情景A中，金有机会考虑各种可行的方案，然后可以按照自己的意愿来选择待在家里，而在情景C中他显然没有这种自由。

当我们从基本的自由概念推演到更具体的概念，如一个人所拥有的可行能力时，这种对于机会的狭义和广义的理解就会变得相当重要。我们必须在这个背景下研究，是应仅从一个人事实上最终选择的角度，还是应通过一个考虑到选择过程的更宽广的方法，尤其是在他力所能及的范围内，他可能作出的其他选择，对一个人过上他所珍视的生活的能力进行评价。

·可行能力方法·

任何关于道德和政治哲学的实质理论，尤其是关于正义的理论，都要选择一个信息焦点，也就是说，在判断一个社会和评价正义与非正义的过程中，必须决定我们应将关注点集中在世界的哪些特征上。7正是在这个背景下，如何评价个人的总体优势尤其重要。例如，杰里米·边沁所开创的功利主义着眼于个人幸福和快乐（或对个人“效用”的其他一些解释），以此作为评估个人绝对和相对优势的最好方式。在经济学的许多实际应用中，还有一种方法，是根据收入、财富或资源来评价个人优势的。通过与基于自由的可行能力方法的对比，这些不同的视角也表明了基于效用和基于资源这两种方法之间的差别。①

与基于效用或基于资源的思考路径不同，可行能力方法通过对一个人做他有理由珍视的事情的可行能力来评价其优势。而就机会而言，如果一个人实现那些他有理由珍视的事情的可行能力更低——实际机会更少，其就机会而言的优势也将更小。这里的关注点是一个人实际拥有的做他所珍视的事情的自由。显然，实现我们最为珍视的事物对于我们而

① 我对可行能力方法的研究始于寻找一个比罗尔斯的基本品更好地认识个人优势的视角，见“Equality of What?” in S. McMurrin（ed.），*Tanner Lectures on Human Values*，vol. 1（Cambridge：Cambridge University Press，and Salt Lake City，UT：University of Utah Press，1980）。但我很快就发现，这种方法可以有更广泛的意义，见 *Commodities and Capabilities*（1985）；“Well-being，Agency and Freedom：the Dewey Lecture 1984”，*Journal of Philosophy*，82（1985）；*The Standard of Living*（Cambridge：Cambridge University Press，1987）；*Inequality Reexamined*（Oxford：Oxford University Press，and Cambridge，MA：Harvard University Press，1992）。玛莎·努斯鲍姆向我指出了这种方法与亚里士多德思想之间的关联，她在这一不断壮大的研究领域内作出了开创性的贡献，并对这种方法的发展产生了深刻的影响。见我们共同编撰的 *The Quality of Life*（Oxford：Clarendon Press，1993）。

言尤为重要。但自由这一概念同样也尊重我们能自由地决定自己想要什么、珍视什么和最终决定选择什么。能力的概念就这样和自由的机会方面紧密地联系在一起。从“全面”机会，而不仅仅是“终极”发生的结果这一角度，我们可以看到这一点。

由于这种方法的某些特征有时受到误解，因此有必要在一开始就对其予以强调和澄清。首先，这种可行能力方法在判断和比较个体整体优势时所指向的是一个信息焦点，但其自身并不就如何使用该信息提出任何具体的方案。当然，根据所面对的问题的不同（例如，分别应对贫困、残疾或文化自由的政策），而且更为现实的是，根据数据可得性和材料可用性的不同，对信息也会有不同的使用。可行能力方法是一种一般的方法，着眼于有关个人优势的信息，并且根据机会来判断这种优势，而不是如何组织一个社会的具体设计。近年来玛莎·努斯鲍姆和其他人通过应用能力方法，在社会评价和政策问题上作出了很多突出的贡献。应将这些贡献的全面性及其成效与它们所基于的信息视角区分开来。[8]

可行能力视角指出了能力不平等在社会不平等的评估中的核心作用，但它本身并没有提出任何具体的政策决定。例如，与通常看到的解读相反，通过可行能力方法进行评估并不要求我们一定要制定社会政策，以使每个人都具有同样的可行能力，而无论这些政策可能会有哪些其他后果。同样，在评价社会的整体进步时，能力方法当然会将注意力放在全体社会成员的可行能力拓展的重大意义上，但是它并没有就如何处理冲突——如对总额和分配的考量之间的冲突——制定任何蓝图（尽管是通过能力来判断每一种考量的）。这一方法所选择的信息焦点，即对于可行能力的关注，使我们将注意力放在必须作出的决策和必须考虑到的对适当信息的政策分析上来。这种方法所关注的信息，可以深刻地影响对于社会及社会制度的评价，而这正是可行能力方法的主要贡献。[9]

第二个需要强调的问题是，可行能力视角必然会涉及我们的生活和我们所关注事物的多个特征。在我们所珍视的人类的各种功能上，能实现的目标是多种多样的，从良好的营养、避免过早死亡，到参与社区生活、培养有利于实现事业抱负的技能。我们所关注的可行能力，是实现各种功能的组合的能力。我们可以根据自己有理由珍视的事物，对这些功能进行比较和判断。①

可行能力方法的着眼点在人类生活，而不单单只是在一些容易计算的客体对象，如人们所拥有的收入和商品，尽管后者经常被看作成功的主要标志，在经济学分析中尤为如此。事实上，可行能力方法正式提出了超越对于生活手段的关注，而转向实际的生活机会的视角。这也有助于改变以手段为导向的评价方法，这些方法尤为专注于被约翰·罗尔斯称为“基本品”的事物，即适用于各种目的的手段，如收入和财富、权力和职权、自尊的社会基础等。

尽管基本品最多不过是实现人类生活有价值的目的的手段，但在罗尔斯的正义原则中，它们却是判断分配公正与否的核心问题。我已经指出，这是错误的，因为基本品只是实现其他事物（尤其是自由）的手段（如第 2 章中所简要讨论的那样）。但在前文的讨论中也简单地提到，罗尔斯推理过程背后的动机，尤其是他对于提升人类自由的关注，与直接对自由进行评价，而并非计算那些实现自由的手段是相当一致的，或许对自由的评价还有助于提升人类的自由（因此我认为这种对比并没有如起初看上去那么绝对）。下一章将对这些问题进行更深入的思考。可行能力方法所关注的，是纠正那些专注于手段的方法，从而将注意力放在实现合理的目的的机会与实质自由上。②

① 尽管研究个别的可行能力（就实现对应的个别功能的能力而言）往往会更加方便，但重要的是记住可行能力方法最终关注的是实现有价值的功能的组合的能力。例如，在一个人获得全面营养的可行能力与其具有较好居所的可行能力之间，可能存在取舍（贫困可能会导致这种困难的选择），但是我们必须从她所能达到的整体成就的角度，来看待她的总体的可行能力。然而，对单个的可行能力进行研究往往会更加方便（暗含地假设其他要求得到了满足）。为了表述的简练，我在下文中也会不时地采取这种做法。

② “人类能力形成”（human capability formation）对自由的意义意味着需要新的思路来研究认知与建设性能力的发展。一个重要的突破可见 James J. Heckman, “The Economics, Technology, and Neuroscience of Human Capability Formation”, *Proceedings of the National Academy of Science*, 106 (2007)。

不难看到，可行能力视角偏离传统方法背后的逻辑，具有重要和建设性的意义。例如，如果一个人有高收入但容易患病，或者有严重的身体残疾，那么此人不一定会只因为其收入高而被视为具有很大的优势。当然，在过上好的生活的某种手段上，她是富足的（即有许多收入），但由于疾病和残障的缘故，她却难以将其转化为好的生活（即以她有理由感到愉悦的方式来生活）。因此，我们必须看到她实际上能够在何种程度上实现良好的健康状况，如果她愿意这样的话，以及保持足够良好的状态来做她认为有意义的事情。实现满意的人类生活的手段本身并不是好的生活的目的，认识到这一点将有助于对评价的外延作出重要的拓展。可行能力视角也正是从这里开始的。这个领域的许多学者都从不同的方面对行可行能力视角作出了贡献，其中包括萨比纳·阿尔基尔（Sabina Alkire）、恩丽卡·基姆佩罗-马蒂内蒂（Enrica Chiappero-Martinetti）、弗拉维奥·科米姆（Flavio Comim）、戴维·A·克罗克（David A. Crocker）、后藤玲子（Reiko Gotoh）、莫扎法尔·基齐勒巴什（Mozaffar Qizilbash）、珍妮弗·普拉·鲁格（Jennifer Prah Ruger）、英格丽德·罗贝尼斯（Ingrid Robeyns）、塔妮娅·伯查特（Tania Burchardt）以及波莉·维扎德（Polly Vizard）。[10]

可行能力方法的其他一些特征也应该在这里加以评述（如果只是为防止误读），这些特征分别是关于（1）可行能力与成就的对比；（2）可行能力的多元组成以及理性（公共理性）在可行能力方法应用中的作用；（3）个人与社区的位置，以及它们在可行能力概念中的相互关系。我将依次论述。

·为什么从成就转向机会？·

可行能力方法的关注焦点不在于一个人事实上最后做什么，而在于他实际能够做什么，而无论他是否会选择使用该机会。可行能力方法的这一方面一直以来受到许多人的质疑（如理查德·阿尼森（Richard

Arneson）和杰拉尔德·艾伦·科恩）。这些人主张注重功能的实际成就（保罗·斯特里滕（Paul Streeten）和弗朗西丝·斯图尔特（Frances Stewart）也对此予以强调），而不是在不同成就之间选择的可行能力。这至少看上去有一定道理。[11]

这种思路受到这样一种观念的影响，那就是生活是由实际发生的事情所构成，而不是由如果相关的人有不同的选择，则可能会发生的事情所构成的。这有点过分简单了，因为我们的自由和选择也是实际生活的一部分。在前面举过的例子里，如果金被强制待在家里，而不是在有其他选择的情况下主动待在家里，那么金的生活是受到影响的。由于基于成就的视角引起了许多人的共鸣，因此它对可行能力方法的批评值得认真思考。我们要问，根据人的实际成就而不是取得成就的可行能力对其优势与劣势加以社会判断是否真的更加合适。①

为了回应这种批评，我将从一个小的并且有相当技术性的地方入手，这在方法上是相当重要的，但许多批评者认为过于正式且缺乏趣味。可行能力的概念是从功能中衍生出来的，它包括关于一个人能够选择的功能组合的所有信息。实际选择的功能组合显然是所有可行的功能组合中的一个。如果我们真的仅仅只热衷于实现的功能，那么我们必然会根据对所选择的功能组合的评价来评价相应的可行能力组合。[12]如果自由对于一个人的福利只具有工具性意义，并且选择也没有内在价值，那么这就会成为对可行能力进行分析的信息基础。

将可行能力组合的价值等同于所选择的功能组合的价值，使可行能力方法赋予实际成就以极大的——包括所有可能的——权重。就全面性而言，与仅仅着眼于所实现的功能相比，可行能力视角更加一般化，也包含更多的信息。至少从这个意义上说，看到可行能力更为广泛的信息

---

① 也有一种从实际角度出发的观点，认为当对某些人应具有的一些可行能力的现实性存疑时，我们应特别注重实际的成就。对于评价性别平等而言，这是一个重要的问题，因为寻找实际的证据以证明极为重要的成就，比相信对应的可行能力的存在更能说明问题。关于这一点及其相关问题，见 Anne Philips，*Engendering Democracy*（London：Polity Press，1991）。

基础，是不会有任何损失的。这既允许我们仅仅依赖对所实现的功能的评价（如果我们希望如此），也允许我们在评价中采用其他标准，重视机会与选择。这一点显然只是最低的标准，对于可行能力和自由视角的重要性，我们可以从正面进行更多的论述。

第一，即使两个人之间在实现的功能上完全一样，还是会掩盖他们在优势上的明显差别，这种差别会使我们认识到其中一个人真正的劣势。例如，就饥饿和缺乏营养而言，一个因为政治或宗教原因而自愿绝食的人，与一个遭受饥荒的人，可能同样地缺乏食物与营养。他们表面上的营养缺乏——他们实现的功能——也许基本一样，但是选择绝食的人可能比因贫穷而挨饿的人具有更大的可行能力。由于可行能力的概念是以自由和机会，即人们选择不同类型生活的实际能力为导向的，而不是仅仅着眼于最终的选择或后果，因此可行能力视角能够反映以上这种差别。

第二，在不同的文化生活之间进行选择的可行能力具有个人意义和政治意义。试想来自非西方国家的移民，他们在来到欧洲国家或者美国定居后，依然保留其所珍视的文化传统与生活方式的自由。如果不对做某事和自由地做某事这两种情况进行区分，我们就很难评价上述主体。我们可以认为，如果这些移民在将其母国文化与所在国家的主流行为方式进行比较，而且通常注意到了所在国家对不同文化持支持态度的主流观点后，认为其母国文化依然重要，那么他们有保留其祖先文化（比如遵守宗教崇拜的模式，或者推崇母国的诗歌和其他文学作品）的自由。[1]

然而，我们不能将这种文化自由的重要性视为对以下观点的支持，那就是无论是否有理由，都毫无例外地选择其先祖的生活方式。这里的核心问题是选择生活方式的自由，包括在愿意的情况下，去寻求先祖的

① 经常会有这样一种观点，即认为外向移民不应该在他们所在的国家依然保留专制且暴虐的祖制传统，如对年轻女性实施割礼，或者惩戒通奸妇女，因为这些举措会侵犯该国公民。但这些坚定的反对声音所针对的肯定是这些做法本身，而无论其发生在哪里。而且要求根除这些做法的呼声也很高，理由是受害人自由的丧失，这与其是不是移民并无关系。这种观点基本着眼于自由的重要性，其中包括女性的自由。这些做法是否会侵犯他人——当地原先的居民——并不是最强的反对理由，最有力的反对声音所关注的应是受害者而不是其邻居。

生活方式的机会。因此，文化自由并不是要求移民一定按照其先祖的行为模式去生活，而不论其是否愿意或者是否有理由去保留那些习惯。这里问题的核心是可行能力在反映机会与选择上的重要性，而不是无论偏好或选择为何，对于某种具体生活方式的盲目膜拜。

第三，一个与政策相关的问题也使得有必要对可行能力与成就加以区别。这是有关社会和他人帮助受剥夺人群的责任和义务，这对于国家公共服务的提供和人权的保护都相当重要。在思考一个负责任的成年人所具有的优势时，应从获得的自由（实际机会的组合所赋予的）而不是事实成就的角度，来看待个人对于社会的诉求。例如，建立某种基本医疗保障的重要性主要在于赋予人们改善健康状况的可行能力。如果一个人即使享有社会医疗保障的机会，但还是在完全知情的情况下决定不使用这个机会，那么我们可以认为，由此导致的后果与没有社会医疗保障的情况相比较，就不是那么严重的社会问题。

所以我们有很多理由选取信息量丰富、更广阔的可行能力视角，而不是仅仅局限于所实现的功能这一狭窄的视野。

·对于不可比性的畏惧·

功能与可行能力是多种多样的，也必须是多种多样的，因为它们涉及我们生活与自由的不同特征。当然，这是个寻常的事实，但是在经济学和政治哲学的某些部分中，却有着一种很悠久的传统，将一种所谓同质的特征（如收入或效用）当作唯一的“好东西”，可以轻易对其进行最大化（越多越快乐），而在面对涉及异质物体，如可行能力和功能的评价问题时，却有些不知所措。

功利主义的传统，即倾向于将每个有价值的事物都简化为某种所谓同质的“效用”的大小，在很大程度上使我们得以具有“计算”一种事物的安全感（这里是多了还是少了?），也促使产生对“判断”许多不同好东西组合肯定性的质疑（这个组合是否更有价值?）。然而正如以赛亚·伯林和伯纳德·威廉斯所讨论过的那样，任何严肃的社会判断都必然会涉及多种价值。[13]我们不能将所有我们认为有价值的事物都压缩为一个同质的数量。的确，即使我们决定在社会评价中忽略除效用之外的所有其他事物，效用本身也是具有多样性的（如亚里士多德和约翰·斯图尔特·穆勒所注意到的）。①

如果功利主义假定效用同质的悠久传统使我们产生对于可比较的同质性的安全感，那么将国民生产总值作为一国经济状况指标的大量实践也在该方向上作出了贡献。关于让经济工作者不再完全依赖国民生产总值的提议导致了这样一种担忧，那就是由于有多种需要判断的对象，我们在核查国民生产总值高低时就不会感到轻松。但是严肃的社会评价必然会以这样或那样的方式，涉及对于多种事物的评价，而这些事物都会竞相吸引我们的注意力（除了像在许多情况下那样产生互补外）。尽管艾略特深刻地注意到（这出现在《燃烧的诺顿》（*Burnt Norton*）中）："人类忍受不了太多的现实"[14]，但对于比只有一种好东西的世界图景要多一些内容的现实而言，人类还是应该能够面对的。

这个问题有时与"非可比性"（non-commensurability）相关，后者是一个似乎在研究评价问题的学者中引起焦虑和恐慌并得到广泛使用的哲学概念。可行能力显然是不可比的，因为它的多样性无法被简化。但这并没有告诉我们，对不同的可行能力的组合进行判断和比较的难度有多大。[15]

究竟什么是可比性？如果可以以同样的单位对两个不同的事物进行度量，就可以认为它们是可比的（如两杯牛奶）。当价值的几个维度无法按照某一种标准进行统一时，非可比性就产生了。就评价某个选择而言，可比性要求在评价其结果的时候，我们从一个维度看到所有相关结果的价值，以同一个尺度来度量所有不同结果的重要性。这样，在决定哪一个最优时，我们就可以只"计算"以那把同质尺子所度量的全部价

① 关于这个问题，包括对于亚里士多德与穆勒的多元性的讨论，见我的"Plural Utility", *Proceedings of the Aristotelian Society*, 81（1980-81）。

值。既然结果都以一种维度来体现，每种价值都被简化为“一个好东西”，那么我们只需看看每种选择可以提供多少那种“好东西”就可以了。

如果两种选择都能提供这种“好东西”，但其中一个可以提供更多，那么我们在两个选项之间作选择时当然不会有什么大问题。这虽然是一个很小的例子，但是如果因此就认为，当我们面对更大的选择问题时，明智地决定我们应该做什么也一定会有“大困难”，似乎特别经不起推敲。（不禁要问，你会变得有多“糟糕”?）的确，如果我们在思考选择什么时所能做的只是计算一大堆实际数字，那么并没有多少选择需要我们在深思熟虑后作出。

无论我们是在购买不同的商品组合之间作决定，还是在某个假日的计划安排上进行选择，抑或在选举哪个候选人的问题上掂量，都必然涉及对具有不可比方面的一些选项进行评价。任何去过购物中心的人都知道必须在不可比的物品之间选择，不能以苹果的单位来衡量芒果，也无法以肥皂的单位来测度糖（尽管我听到有些父母告诉我说，如果可以那样做的话当然更好）。非可比性并不是我们所生活的这个世界一个什么了不起的发现，它本身也不会使明智的选择变得极其困难。

例如，接受医学治疗与到国外访问是两个完全不可比的事情，但是一个人根据自身的情况决定两者之间谁更有价值，这也许不会有多大问题。当然，这种判断取决于根据他对自己健康状况的了解以及他的其他关注点。选择与权衡有时候是很困难的，但一般来说，对不同事物的组合作出合理的选择并不是不可能的。

在不可比的事物之间选择就像是读散文。一般而言，读散文并不是什么困难的事情（即使莫里哀《贵人迷》（*Le Bourgeois Gentilhomme*）中的茹尔丹（Jourdain）会对我们做到这一点而感到惊讶）。但这并不否认，读书有时候也是件非常困难的事情，这不是说以散文的方式表达本身很费力，而是说当一个人情绪激动的时候可能会这样。非可比结果的存在仅仅意味着选择—决定的过程并不容易（可以简化为计算哪个

“更多”，哪个“更少”)，但并不意味着那不可能，甚至也不意味着永远都极其困难。

·评价与公共理性·

反思性的评价要求对相对重要性进行理智的思考，而不只是计算。这是一种我们经常做的事情。除此之外，作为一种将评价的范围和可靠性加以延伸并使其更能站得住脚的方法，公共理性的重要性也不可忽视。反思与批判性评价不仅仅只是个人孤立进行的以自我为中心的评价，而是指向公共讨论与互动的公共理性的丰富内容。如果社会评价完全是基于相互分离和对外隔绝的认知，就会缺乏有用的信息和较好的辩论。公共讨论与思考能够使我们更好地理解具体的功能及其组合的角色、范围以及意义。

为了说明这一点，在近年来印度对于性别不平等的公共讨论的推动下，某些以往并没有被充分认识到的自由的重要性开始显现出来。[①] 这样的例子包括摆脱确立已久的家庭角色定位的自由（这种角色定位限制了妇女的社会经济机会），还包括摆脱更加重视男性剥夺的社会价值体系的自由。这些存在于由来已久的男性主导社会中的性别不平等的传统形式，不仅需要个人对其给予关注，而且需要信息充分的公共讨论，以及充分的激烈争论。

在社会评价中，需要着重强调公共理性与对可行能力的选择和权重赋值之间的联系。这种联系也指出了某种观点的荒谬之处，而下面这种观点我们有时还会听到，即认为只有当可行能力方法为某种固定不变的可行能力条目中的不同功能生成一套“既定的”权重时，这种方法才可以被采用且“可操作”。寻找既定的权重不仅在理论上缺乏根据，而且忽视了这样一个事实，即评估和权重会受到我们自身不断反思和公共讨

① 这将在第16章“民主的实践”中进行讨论。

论所涉及范围的影响。[①]这种认识与一成不变的形式和权重不尽一致。[②]

当然，对于所用权重所达成的一致也许并不完整，因此我们有理由使用我们可以达成部分一致的权重范围。由于已经讨论过的原因（在引言部分的开头），这并不会打乱对于不公正的评价或者公共政策的制定。例如，奴隶制严重限制了奴隶的自由，或者医疗保障的缺乏减少了我们生活的实质机会，或者儿童严重的营养不良引发痛苦和包括推理能力低下在内的认知能力发育迟缓，为了说明这些都对正义不利，我们并不需要对这些判断所涉及的不同维度都赋予唯一的权重。尽管权重并不完全一致，但只要其范围宽广，就能够产生相似的基本原则。[③]

可行能力方法与部分排序和有限一致的思想完全契合，其重要性在本书中自始至终都得以强调。本书的主要任务是通过个人和公共理性都可以触及的比较判断使事情的发展朝着正确的方向，而不是必须对所有可能被考虑的比较进行逐一的评价。

·可行能力、个体与社群·

现在我们再来看前面提到的第三个问题。可行能力被认为主要是人

---

① 除了社会环境和政治气候所导致的各种不同的权重赋值外，还有一个重要的原因也使我们应该允许人们提出有关可行能力的内容与权重的新鲜、有趣的问题。例如，最近出现了非常有趣且重要的观点，是关于在可行能力方法的应用中应该特别重视如“文明”（civility）的价值，以认识自由的作用与普适性。关于这一问题，见 Drucilla Cornell，“Developing Human Capability：Freedom，Universality，and Civility”，in *Defending Ideals*：*War*，*Democracy*，*and Political Struggles*（New York：Routeledge，2004）中的深入分析。

② 此外，权重的选择也取决于我们评价的对象（例如，我们是用可行能力的视角来评价贫困、指导卫生政策，还是用其来评价不同人的总体优势的不平等）。可以通过可行能力的方法来讨论不同的问题，但所涉及问题的多样性必然会导致对于权重的不同选择。

③ 我在“Interpersonal Aggregation and Partial Comparability”，*Econometrica*，38（1970）；*On Economic Inequality*（Oxford：Oxford University Press，1973，expanded edition，with James Foster，1997）中，考察了使用权重范围（而不是一套唯一的权重）来产生一般的部分排序背后的分析和数学问题。See also Enrica Chiappero-Martinetti，‘A New Approach to the Evaluation of Well-being and Poverty by Fuzzy Set Theory’，*Giornale degli Economisti*，53（1994）.

的特性，而不是诸如社区这样的群体的特性。当然，对群体的可行能力进行思考也并不是特别困难的事。例如，如果我们试想澳大利亚能够在板球比赛中击败其他所有国家（在我开始撰写本书时似乎如此，但或许现在已经不是了），那么讨论的对象是澳大利亚板球队，而不是任何一个具体的澳大利亚板球队队员的可行能力。对于正义问题的思考难道就不应该在研究个人可行能力的同时，也注意到这种群体的可行能力吗？

的确，一些可行能力方法的批评者将目光集中在人的可行能力上，指出“方法论上的个人主义”（methodological individualism）不是褒义词的负面影响。首先，我将讨论为什么将可行能力方法定位为方法论上的个人主义会是一个重大的错误。尽管对于方法论上的个人主义已有不同的定义①，但弗朗西斯·斯图尔特（Frances Stewart）与斯维凌·戴纽凌（Séverine Deneulin）将注意力放在“所有社会现象必须通过个人思考、选择和行为的内容获得解释”上。[16]当然有一些思想流派是基于个人的思想、选择与行为，与它们所在的社会是分离的。但是可行能力方法不仅没有假设这样的分离，而且关注人们过上其有理由珍视的生活的可行能力，而这就通过他们所珍视的事物（例如，参加社区生活），以及对他们的价值观造成影响的事物（例如，公共理性与个人评价的关系）将社会影响纳入其中。

可见，要想象出社会中的人如何能够在不受自然与周边环境影响的情况下，进行思考、选择与行动，是很困难的。例如，如果在传统性别不平等的社会中，妇女对于自身的地位必须普遍低于男性表示接受，那么这种观念——许多受社会影响的妇女都有——从任何意义上说都不是独立于社会情况的。② 为了合理地拒绝这种观念，可行能力视角要求在这一主题上有更多的公共参与。的确，本书所阐述的观点的基础，即

① 关于甄别个人主义方法论的复杂性，见 Steven Lukes，*Individualism*（Oxford: Blackwell，1973），及其论文“Methodological Individualism Reconsidered”，*British Journal of Sociology*，19（1968），以及卢克斯（Lukes）所引用的文献。

② 第 7 章“位置、相关性和幻象”对这个问题进行了讨论。

“中立的观察者”这一方法，就是将注意力放在社会以及身边的与远处的人对个人所进行的评价的影响上。可行能力方法（例如，在我的另一本书《以自由看待发展》（1999）中）并没有假设人脱离其所处的社会，这一点一直都是十分清楚的。

或许这种批评中的误解源于不愿将可行能力方法中所使用的个人特性与在其之上产生的社会影响明确区分开来。从这个意义上讲，这种批评止步过早了。注重个人的“思考、选择与行动”只是研究实际上所发生的事情的开始（我们当然是作为个人去思考问题、作出选择和采取行动的），但是我们不能就此结束，而不去考察社会对于我们的“思考、选择与行动”的深远而广泛的影响。当某个人思考、选择和做某些事情的时候，那样做的肯定是那个人而不是其他人。但是在不了解他或她的社会关系的情况下，就会难以理解他为什么和怎样去发生那些行为。

卡尔·马克思在150多年前清楚而深刻地提出了这个问题：“首先需要避免的是将‘社会’作为相对于人的抽象物进行重建。”[7]一种方法中存在进行思考、选择与行动的个人——一个世界上明显的现实，这并不会使这种方法具有个人主义的色彩。而对人的思想和行为独立于其所处的社会的不合理假设，将这头可怕的猛兽带进了房间。

尽管对个人主义方法论的批评声音难以持续，人们还是会问：为什么将被认为是有价值的可行能力只限定在个人层面，而不是群体层面？确实没有具体的原因使群体能力（如美国的军事实力或者中国人的对弈能力）必须被排除在各个社会或世界对正义或非正义的讨论之外。这么做的原因在于这里所采用的推理的性质。

既然群体并不是以个人思考的方式来进行思考的，那么由于显而易见的原因，就需要通过群体的成员（或者其他人）对于该群体的可行能力的重视，来认识群体所具有的可行能力的重要性。从根本上讲，尽管我们知道个人之间的互动，以及其评价之间深刻的相互依赖，但还是不得不使用这种个人评价方法来认识群体的可行能力。个人评价可能会基于人们对于与其他人合作的重视程度。①我们在评价一个人参与社会生活的能力时，也暗含地对社会生活进行了评价。这是可行能力视角的一个非常重要的方面。②

还有第二个问题也与此相关。一个人属于许多不同的群体（基于性别、阶级、语言、职业、国籍、社区、种族和宗教等），将其仅仅视为某一个具体群体的成员，是在根本上否定了每个人决定如何认识他自己的自由。从某个主要的“身份”来看待一个人（“这是你作为一名美国人的责任”，“作为一名穆斯林，你必须完成这些行为”，或者“作为一个中国人，你应该将爱国置于优先位置”），这种越来越明显的趋势不仅强加了一个外部的、武断的优先判断，而且否定了一个人可以决定自己对于不同群体的忠诚的自由（他属于所有这些群体）。

巧的是，较早对忽略了个人对不同群体的多个归属发出警告的是卡尔·马克思。马克思在《哥达纲领批判》中指出了超越阶级分析的必要性，尽管其具有很强的社会解释力（当然，他在这个问题上作出了主要贡献）：

> 不同等的个人（而如果他们不是不同等的，他们就不成其为不同的个人）要用同一的尺度去计量，就只有从同一个角度去看待他们，从一个特定的方面去对待他们。例如现在所讲的这个场合，只把他们当作劳动者，再不把他们看作别的什么，把其他的一切都撇

---

① 可以区别“集体内疚”（collective guilt）与构成集体内疚的个人的内疚。也可以将“集体内疚感”（collective guilt feelings）与该集体中个人的内疚感区分开来。关于这一问题，见 Margaret Gilbert，“Collective Guilt and Collective Guilt Feelings”，*Journal of Ethnics*，6（2002）。

② 显然并未禁止对这种相互联系的能力给予关注，事实上对这一问题给予关注的呼声相当强烈。詹姆斯·F·福斯特与克里斯托弗·汉迪（Christopher Handy）在其洞见深刻的文章“External Capabilities”，mimeographed（Vandebilt University，January 2008）中，研究了这种相互依赖的能力的作用与运作。See also James E. Foster，‘Freedom，Opportunity and Well-being’，mimeographed（Vanderbilt University，2008），and also Sabina Alkire and James E. Foster，‘Counting and Multidimensional Poverty Measurement’，OPHI Working Paper 7（Oxford University，2007）.

开了。[18]

我相信，这里警告的是将某个人仅仅视为他所从属的某一个群体的成员（马克思在这里是批判《德国联合工人党哥达纲领》（*Gotha Programme of the United Workers' Party of Germany*）所认为的工人"仅仅只是工人"），这对于当前认为个人属于某个社会类别，如穆斯林、基督徒、印度人、阿拉伯人、犹太人、胡图人、图西人，或者西方文明的一分子（无论是否会与其他文明发生必然冲突），而不从属于其他类别（"看不到他们中还有什么其他的"）的思想氛围是极其重要的。具有多重身份、多种从属关系和各种联系的个人，是典型的不同类型社会互动的产物。将一个人仅仅视为某个社会群体的成员，在这种认识的背后，是对世界上任何社会的广度与复杂性的不充分认识。①

·可持续发展与环境·

我将以对可持续发展的实际层面的说明来结束关于自由和可行能力的讨论。在最近的讨论中，当今环境所面临的威胁都得到了应有的重视和强调，但是有必要进一步澄清应该如何认识当今世界所面临的环境挑战。将着眼点放在生活质量上有助于厘清这种思路，这既可以使我们了解可持续发展的要求，也能阐明我们所认识的"环境问题"的内容与关联。

环境有时被看作（我认为这过于简单化了）是"自然的状态"，包括诸如森林覆盖率、地下水表层深度、物种数量等指标。如果按照这样一种假设，即除非我们向自然界加入了不纯的东西或者污染物，否则原先就存在的自然不会发生改变，那么下面这种结果看上去就是十分可信

① 关于此，见 Kwame Anthony Appiah，*The Ethics of Identity*（Princeton，NJ：Princeton University Press，2005）和 Amartya Sen，*Identity and Violence*：*The Illusion of Destiny*（New York：W. W. Norton & Co.，and London：Allen Lane，2006）。

的，即如果我们尽可能少地影响环境，环境就会得到最好的保护。然而由于以下两个原因，这种认识是存在缺陷的。

第一，环境的价值不仅仅在于有什么，而且在于向人类提供的机会。在评价环境的价值时，环境对人类生活的影响应该是我们要考虑的基本问题之一。举一个极端的例子，为什么消灭天花不被看作破坏自然，而砍伐具有生态意义的森林却被认为是，认识这个问题需要考虑自然与一般意义上的生活，具体而言是与人类生活之间的联系。

因此我们可以看到，对于环境可持续性的定义是围绕着人类生活质量的保护和提高展开的。1987 年发布的《布伦特兰报告》（Brundtland Report）当然是值得重视的，它将“可持续发展”定义为“既满足当代人的需求，又不对后代人满足其自身需求的能力构成危害的发展”[19]。布伦特兰委员会关于持续的对象的观点是否绝对正确，是一个可以讨论的问题，我也想对布伦特兰的具体表述进行更多的评论。但是我首先必须说，我们都应该对格罗·布伦特兰（Gro Brundtland）与她所领导的委员会所表述的，关于“环境价值与生命体的生活不可分离”的认识表示感谢。

第二，环境不仅仅需要消极的保护，而且还需要积极的保护。尽管伴随发展过程的许多人类活动可能具有毁灭性的后果，但提高和改善我们的生活环境同样需要我们的努力。在思考我们应该采取哪些步骤来阻止环境破坏时，我们也必须考虑建设性的人为干预。我们有效与合理的干预能力可以通过发展过程本身获得极大提高。例如，更好的女性教育与女性就业有助于降低生育率，这在长期可以减轻对全球变暖和对自然栖息地与日俱增的破坏的压力。同样，学校教育的普及与其质量的提高可以增强我们的环境意识。更好的通信与更加活跃和丰富的传媒能让我们更加意识到需要以环境为本进行思考。其他积极参与的例子比比皆是。总的来说，从增加人类有效自由的角度来看待环境，就是将进行环境友好活动的人们所具有的建设性意义的主体性纳入到发展成就的领域之中。

发展在本质上是一种赋权过程，这种能力可以被用来保护和丰富环境，而不是毁灭它。因此，我们不能完全从保护预先存在的自然条件这一角度出发来考虑环境问题，因为环境也包括人类创造的结果。例如，水的净化是改善我们生存环境的一部分，传染病的消灭则有利于经济发展和环境改善。

然而，在应该如何认识可持续发展的要求这一问题上，并没有统一的定论。《布伦特兰报告》将“可持续发展”定义为“既满足当代人的需求，又不对后代人满足其自身需求的能力构成危害的发展”。这个关于可持续性的定义已经表述得够好了。但我们还是要问：这个关于可持续性的定义中所暗含的人类观是否充分地考虑了人性的多个方面？当然，人的确有需求，但人也有价值观，具体地说，就是推理、评价、选择、参与和行动的能力。仅仅从需求的角度来认识人性未免有些过于狭隘。

这个时代的伟大的经济学家罗伯特·索洛（Robert Solow），在《通向可持续的一条几乎可行之路》（*An Almost Practical Step toward Sustainability*）一文中，对布伦特兰关于可持续性的定义进行了进一步的提炼和扩展。[20]索洛将可持续性视为一种如下的要求，即必须为下一代留下“至少能够用来达到我们的生活标准的东西，同样他们的下一代也须如此”。他的表述有几个重要的特征。第一，索洛将重点放在保持生活标准上。这提供了环境保护的动机，也拓展了布伦特兰在满足需要上的局限。第二，在索洛的循环逻辑中，所有后代人的利益都以前一代人向其提供这一方式得到了关注。索洛对于代际传承的考虑，是令人钦佩的。

但索洛对于可持续发展的重新定义就充分地考虑到了人性的丰富内涵吗？尽管其对于保持生活标准的关注具有一些明显的价值（在索洛努力保证为后代留下“至少能够用来达到我们的生活标准的东西的”表述中，有着极具吸引力的东西），我们还是会问：是否保证生活标准就充分地包含了一切？具体而言，维持生活标准与维系人们拥有与保护他们所珍视和有理由重视的事物的自由与可行能力并不是一回事。我们之所以珍视某些机会，并不总是因为它们对我们的生活标准——或者更一般地说，对于我们自身的利益——作出的贡献。[①]

为了说明这个问题，试想我们对于濒临灭绝的其他物种的责任感。我们重视对于这些物种的保护不仅仅是因为——也不仅仅是在以下这个意义上——这些物种的存在提高了我们的生活标准。例如，某人也许认为我们应该做些力所能及的事情，来保护一些受到威胁的物种，如斑点猫头鹰。如果这个人说："斑点猫头鹰存在与否基本上，甚至事实上完全不影响我的生活标准，实际上我也从未见过一只斑点猫头鹰，但我坚信我们不应该让这些猫头鹰灭绝，其原因与人类的生活标准无关"，那么他的话并无矛盾之处。[②]

这正是《经集》中佛祖释迦牟尼的理由（在第9章"中立缘由的多元性"中讨论过）可以直接适用的地方。既然我们比其他物种都要强大得多，那么这种力量的不对等就意味着我们对其负有责任。我们为保护其所作的努力可以有很多原因，不是都出于我们对自身的生活标准（或者需要的满足）的考虑，其中一些是因为我们的价值观和我们对责任的意识。

如果人类生活的重要性不仅仅存在于我们的生活标准和需求得到满足，而且存在于我们所享受的自由，这就需要对可持续发展的概念进行相应的修正。我们不仅应该思考如何持续满足我们的需要，而且应该更广泛地思考如何维系或者拓展我们的自由。这样一来，可持续的自由就能够从布伦特兰和索洛提出的定义拓展为，包含了对当今人的实质自由与可行能力的保护以及可能条件下的拓展，"又不对后代人获得相似的或者更多的自由的可行能力构成危害"。

---

① 见第8章"理性与他人"中对于这一问题的讨论。

② 许多人执著于帮助某些人群，以免他们受到不利环境的伤害，而前者自己的生活并未直接受到这种环境的影响。在理解这一现象时，也需要超越他们关注自身的动机。海平面上升给马尔代夫或者孟加拉国带来的淹没威胁也许会影响到许多人的思想和行为，尽管后者自身并未面临被淹没的危险。

用一个古老的比喻，我们不仅是自身的需要应被考虑的“病人”，而且是“能动的主体”，我们决定价值判断和其实现方式的自由远远超越了我们自身的利益和需要。我们不能将生活的意义置于自己的生活标准中，或者需求满足的狭小空间里。尽管病人的需求十分重要，但这并不能使主体的合理价值判断所具有的重大意义黯然失色。

注释

1. 我最早是在1979年的Tanner Lecture中开始对基于可行能力的方法进行研究的。这些研究发表于“ Equality of What?” in S. McMurrin, *Tanner Lectures on Human Values*, vol. I (Cambridge: Cambridge University Press, and Salt Lake City, UT: University of Utah Press, 1980)。在此后出版的一系列论著中，我都对这种直接的方法进行了探索。见 *Commodities and Capabilities* (Amsterdam: North-Holland, 1985, and Delhi: Oxford University Press, 1987); *The Standard of Living*, edited by G. Hawthorne (Cambridge: Cambridge University Press, 1987); *Development as Freedom* (New York: Knopf, 1999)。也见我与玛莎·努斯鲍姆共同编撰的文集 *The Quality of Life* (Oxford: Clarendon Press, 1993)。

2. 见威廉·配第的《政治算术》（*Political Arithmetick*），该书写于1676年，但出版于1691年，见 C. H. Hull (ed.), *The Economic Writings of Sir William Petty* (Cambridge: Cambridge University Press, 1899), vol. I, p. 312。我在1985年的 Tanner Lectures 中，讨论了关于这些早期的国民收入与生活标准的辩论的性质。这与伯纳德·威廉斯、约翰·米尔鲍尔(John Muellbauer)、拉维·坎波尔（Ravi Kanbur）和基恩·哈特(Keith Hart）等其他人的评论一起见于 *The Standard of Living*, edited by Geoffrey Hawthorn (Cambridge: Cambridge University Press, 1987)。

3. 我在 *Development as Freedom* (New York: Knopf, 1999) 的第1章和第4章，讨论了这些和其他与此相关的比较。See also my ‘The Economics of Life and Death’, *Scientific American*, 266 (1993);‘ Demography and Welfare Economics’, *Empirica*, 22 (1995); and ‘Mortality as an Indicator of Economic Success and Failure’, *Economic Journal*, 108 (1998).

4. 苏底尔·阿南德(Sudhir Anand)和马丁·拉瓦莱昂(Martin Ravallion)对这种区别的政策意义进行了开创性的统计分析，见“ Human Development in Poor Countries: On the Role of Private Incomes and Public Services”, *Journal of Economic Perspectives*, 7 (1993)。

5. 我在 *Development as Freedom* (1999); *The Argumentative Indian* (London and Delhi: Penguin, and New York: FSG, 2005) 以及 *Identity and*

Violence: The Illusion of Destiny (New York: W. W. Norton & Co., and London and Delhi: Allen Lane, 2006) 中，对这一问题进行了考察。也见我的论文“ Human Rights and Asian Values”, *New Republic*,14 and 21 July, 1997。

6. 那种狭隘的机会观——只关注终极结果——在关于行为和选择的传统经济理论，尤其是“显示性偏好法”(revealed preference approach)(尽管由保罗·萨缪尔森所开创的这一理论并不是为了对自由进行评价)有一些追随者。例如，在“显示性偏好法”中，从“预算集合”(budget set，即某人在总预算的范围内，从一系列的商品堆中选择某一堆商品）中进行选择的机会的价值恰恰就是从那堆商品中所选择的元素的价值。按照这种“微弱的”(thin) 机会观，如果预算被削减了，只要以前选择的元素还在，那么也不会有任何损失。作为对比，我在“Maximization and the Act of Choice”, *Econometrica*, 65 (1997) 中，对选择的过程进行了考察。

7. 即使在自由这一概念的范围内，也存在类似的信息选择的问题，因为自由具有许多特征，我在 Kenneth Arrow Lectures 中对此进行过讨论，收录在 *Rationality and Freedom* (Cambridge, MA: Harvard University Press, 2002)。的确，在对自由的机会方面进行评价时，不同的评价方式会有很大的差别。尽管我自己的方法与社会选择理论中的推理相关，而且考虑到了个人的偏好，但是其他有趣的评价方法是在可供选择的范围内的。例如，某些方法计算的是一个人能够选择的选项数目。与此有关的各种问题，也见 Patrick Suppes, ‘Maximizing Freedom of Decision: An Axiomatic Approach’, in G. Feiwel (ed.), *Arrow and the Foundations of Economic Policy* (London: Macmillan, 1987); Prasanta Pattanaik and Yongsheng Xu, ‘On Ranking Opportunity Sets in Terms of Choice’, *Recherches économique de Louvain*, 56 (1990); Hillel Steiner, ‘Putting Rights in Their Place’, *Recherches économique de Louvain*, 56 (1990); Ian Carter, ‘International Comparison of Freedom’, in *Economics and Philosophy*, 11 (1995), 以及 *A Measure of Freedom* (Oxford: Clarendon Press, 1999); Robert Sugden, ‘A Metric of Opportunity’, *Economics and Philosophy*, 14 (1998)。

8. See particularly Martha Nussbaum, ‘Nature, Function and Capability: Aristotle on Political Distribution’, *Oxford Studies in Ancient Philosophy*, supplementary volume, 1988; ‘Human Functioning and Social Justice’, *Political Theory*, 20 (1992); Nussbaum and Jonathan Glover (eds), *Women, Culture and Development* (Oxford: Clarendon Press, 1995).

9. 萨比纳·阿尔基尔在 *Valuing Freedoms: Sen's Capability Approach and Poverty Reduction* (Oxford and New York: Oxford University Press, 2002) 中对该方法作了全面和富有启发性的介绍。

10. See the collection of essays in Flavio Comim, Mozaffar Qizilbash and Sabina Alkire (eds), *The Capability Approach: Concepts, Measures and Applications* (Cambridge: Cambridge University Press, 2008); Reiko Gotoh and Paul Dumouchel (eds), *Against Injustice: The New Economics of Amartya Sen* (Cambridge: Cambridge University Press, 2009); Ingrid Robeyns and Harry Brighouse (eds), *Measuring Justice: Primary Goods and Capabilities* (Cambridge: Cambridge University Press, 2009); Kaushik Basu and Ravi Kanbur (eds), *Arguments for a Better World: In Honor of Amartya Sen* (Oxford and New York: Oxford University Press, 2009). 最后一本书的内容更多，但其中多篇文章是与能力视角直接有关的，其中包括Bina Agarwal, Paul Anand (and Cristina Santos and Ron Smith), Amiya Kumar Bagchi, Lincoln C. Chen, Kanchan Chopra, James Foster and Christopher Handy, Sakiko Fukuda-Parr, Jocelyn Kynch, Enrica Chiappero-Martinetti, S. R. Osmani, Mozaffar Qizilbash, Sanjay G. Reddy (and Sujata Visaria and Muhammad Asali), Ingrid Robeyns, and Rehman Sobhan，其他一些文章也间接地与这一主题相关。在这一领域涌现出的众多著述有：Marko Ahtisaari, 'Amartya Sen's Capability Approach to the Standard of Living', mimeographed, Columbia University Press, 1991; Sabina Alkire, *Valuing Freedoms: Sen's Capability Approach and Poverty Reduction* (Oxford: Clarendon Press, 2002); 'Why the Capability Approach?' *Journal of Human Development and Capabilities*, 6 (March 2005); 'Choosing Dimensions: The Capability Approach and Multidimensional Poverty' in Nanak Kakwani and Jacques Silber(eds), *The Many Dimensions of Poverty* (Basingstoke: Palgrave Macmillan, 2008); Anthony B. Atkinson, 'Capabilities, Exclusion, and the Supply of Goods', in Kaushik Basu, Prasanta Pattanaik and Kotaro Suzumura (eds), *Choice, Welfare, and Development* (Oxford: Oxford University Press, 1995); Kaushik Basu, 'Functioning and Capabilities', in Kenneth Arrow, Amartya Sen and Kotaro Suzumura (eds), *The Handbook of Social Choice Theory*, vol. II (Amsterdam: North-Holland, forthcoming); Enrica Chiappero-Martinetti, 'A New Approach to Evaluation of Well-being and Poverty by Fuzzy Set Theory', *Giornale degli Economisti*, 53 (1994); 'A Multidimensional Assessment of Well-being Based on Sen's Functioning Theory', *Rivista Internazionale di Scienze Sociali*, 2 (2000); 'An Analytical Framework for Conceptualizing Poverty and Re-examining the Capability Approach', *Journal of Socio-Economics*, 36 (2007); David Crocker, 'Functioning and Capability: The Foundations of Sen's and Nussbaum's Development Ethic', *Political Theory*, 20 (1992); *Ethics of Global Development: Agency, Capability and Deliberative Democracy*

(Cambridge: Cambridge University Press, 2008); Reiko Gotoh, 'The Capability Theory and Welfare Reform', *Pacific Economic Review*, 6 (2001); 'Justice and Public Reciprocity', in Gotoh and Dumouchel, *Against Injustice* (2009); Kakwani and Silber (eds), *The Many Dimensions of Poverty* (2008); Mozaffar Qizilbash, 'Capabilities, Well-being and Human Development: A Survey', *Journal of Development Studies*, 33 (1996); 'Capability, Happiness and Adaptation in Sen and J. S. Mill', *Utilitas*, 18 (2006); Ingrid Robeyns, 'The Capability Approach: A Theoretical Survey', *Journal of Human Development*, 6 (2005); 'The Capability Approach in Practice', *Journal of Political Philosophy*, 17 (2006); Jennifer Prah Ruger, 'Health and Social Justice', *Lancet*, 364 (2004); 'Health, Capability and Justice: Toward a New Paradigm of Health Ethics, Policy and Law', *Cornell Journal of Law and Public Policy*, 15 (2006); *Health and Social Justice* (Oxford and New York: Oxford University Press, forthcoming 2009); Robert Sugden, 'Welfare, Resources and Capabilities: A Review of *Inequality Reexamined* by Amartya Sen', *Journal of Economic Literature*, 31 (1993)。

11. See Richard A. Arneson, 'Equality and Equality of Opportunity for Welfare', *Philosophical Studies*, 56 (1989), and G. A. Cohen, 'Equality of What? On Welfare, Goods and Capabilities', in Martha Nussbaum and Amartya Sen (eds), *The Quality of Life* (Oxford: Oxford University Press, 1993). See also Paul Streeten, *Development Perspectives* (London: Macmillan, 1981) and Frances Stewart, *Planning to Meet Basic Needs* (London: Macmillan, 1985).

12. 这在我的第一本关于能力方法的书 *Commodities and Capabilities* (1985) 中被称为"初级评价"(elementary evaluation)。

13. See Isaiah Berlin, *The Proper Study of Mankind*, edited by Henry Hardy and Roger Hausheer (London: Chatto & Windus, 1997) and *Liberty*, edited by Henry Hardy (Oxford: Oxford University Press, 2002); Bernard Williams, 'A Critique of Utilitarianism', in J. J. C. Smart and Bernard Williams, *Utilitarianism: For and Against* (Cambridge: Cambridge University Press, 1973), and Bernard Williams, *Ethics and the Limits of Philosophy* (Cambridge, MA: Harvard University Press, 1985).

14. T. S. Eliot, *Four Quartets* (London: Faber and Faber, 1944), p. 8.

15. 我在" Incompleteness and Reasoned Choice ", *Synthese*, 140 (2004) 中讨论过这个问题。

16. Frances Stewart and Séverine Deneulin, 'Amartya Sen's Contribution to Development Thinking', *Studies in Comparative International Development*, 37 (2002).

17. Karl Marx, *Economic and Philosophical Manuscripts of 1844* (Moscow: Progress Publishers, 1959), p. 104. See also Jon Elster, *Making Sense of Marx* (Cambridge: Cambridge University Press, 1985).
18. Karl Marx, *The Critique of the Gotha Programme* (1875; London: Lawrence and Wishart, 1938), pp. 21–3.
19.《布伦特兰报告》是由世界环境与发展委员会发布的报告，该委员会主席是格罗·布伦特兰（挪威前首相，后任世界卫生组织总干事）。该报告见 *Our Common Future* (New York: Oxford University Press, 1987)。
20. Robert Solow, *An Almost Practical Step toward Sustainability* (Washington, DC: Resources for the Future, 1992).

第12章

可行能力与资源

关于收入或财富的多少并不足以证明优势之所在，亚里士多德在其著作《伦理学》中早就有过深刻的阐述："财富显然不是我们所要追求的目的，而只是实现其他事物的手段。"[1]财富本身并没有价值，也很难总是真实地反映我们所能享受的生活品质。我们不能仅仅因为一位患有严重残疾的人所拥有的收入和财产比他的邻居更多，就断定前者具有更大的优势。事实上，身体有残疾的富人可能会比身体健全的穷人受到更多的限制。在对不同的人的相对优势加以判断的时候，我们必须看到他们所拥有的整体可行能力。这就是必须以可行能力方法，而不是以资源为中心的对于收入和财富的关注，作为评估基石的重要原因。

既然可行能力的概念与实质自由联系在一起，那么一个人从事各种他认为有价值的事情的实际能力就具有核心意义。可行能力方法关注的是人的生活，而不只是人所占有的资源，即以所有或使用的方式所占用的可供使用的实物。收入和财富往往被看作成功的主要标志。可行能力方法通过将关注的焦点由生存手段转向人所具有的实际机会，致力于从根本上推动经济学和社会研究中所广泛采用的标准评价方法的改变。

此外，可行能力方法也不同于政治哲学中一些以手段为导向的标准方法，如约翰·罗尔斯在其正义论中讨论分配问题时对于"基本品"（纳入其"差异原则"）的关注。"基本品"，如收入和财富、权力与地位、自尊的社会基础等等，是实现所有目的的工具。这些事物本身并无价值，却在不同程度上有助于实现我们认为有价值的追求。尽管“基本品”是实现人类生活目的的手段，但在罗尔斯的正义论中却一直被视为判定分配平等与否的主要指标。通过明确认识到获得满意生活的手段本身并不是生活的目的（亚里士多德曾提出的观点），可行能力方法将有助于进一步扩展社会评价的外延。①

·由可行能力被剥夺引起的贫困·

这个背景下的一个核心议题是贫困的标准。尽管将贫困与低收入画等号的做法由来已久，然而目前已有大量的著述批评其不足。罗尔斯对于“基本品”的关注要比收入（当然，收入只是前者的构成要素之一）深入，但在罗尔斯的分析中，“基本品”的确定还是受到实现所有目的的必需手段的引导，其中收入和财富是尤其重要的手段之一。然而，不同的人将收入和其他基本品转化为优质的生活和有价值的自由的机会是不同的。因此，资源与贫困之间的关系并非一成不变，它很大程度上取决于具体的人与其所处的环境——自然和社会环境。②

事实上，很多种情况可导致将收入转化为生活品质的过程产生千差万别的差异。这些原因至少可归为四类。

（1）个体差异。人们在年龄、性别、肢体、疾病抵抗力等生理特征上会有很大差异，从而会使得他们的需求多样化。例如，与一个更加健

---

① 我曾在“Well-being, Agency and Freedom: The Dewey Lectures 1984”, *Journal of Philosophy*, 82, April 1985 和 “Justice: Means versus Freedom”, *Philosophy and Public Affairs*, 19, Spring 1990 中提出过这种转型。

② 早在1901年，朗特里（Rowntree）就从一个侧面注意到了这个问题。为了与以低收入定义的“第一贫困”相对照，他提出了“第二贫困”（B. Seebohm Rowntree, *Poverty. A Study of Town Life*, London: Macmillan, 1901)。在对“第二贫困”现象的讨论中，朗特里重点关注习惯和行为方式对家庭消费品组成结构的影响。该问题即使在今天依然重要，但其他原因也会导致低收入与实际剥夺之间的差异。

全的人相比，一个残障或患病的人会需要更多的收入来完成同样的基本事务。事实上，一些严重残障的人士，即使在身体治疗和肢体修复上花费巨大，可能也无法完全获得康复。

（2）物理环境的多样性。既定的收入水平能够带来什么样的生活也取决于环境条件，包括气候特征，如温度变化、洪水泛滥等。环境状况也无须一成不变，既可因共同努力而获得改善，也可因污染和采掘而恶化。但对于个人而言，在其将收入和个人资源转化为日常生活的过程中，环境状况是不受其控制的。

（3）社会气候的变化。将个人资源转化为实际的生活功能还会受到社会条件的影响，包括公共医疗卫生、公共教育资源配置，以及犯罪和暴力在具体地点是否存在。除公共设施外，正如最近关于"社会资本"的著述所强调的那样，社区关系的状况也十分重要。[2]

（4）基于关系视角的差异。为获得同样的基本功能而需要的收入，也会因一个社区中业已形成的行为模式的不同而发生变化。例如，在一个更富庶的社会中，要做到"体面地出现在公共场合"可能会比在一个更贫穷的社会中需要更好的服饰，以及更多其他可见的消费（如两个多世纪以前亚当·斯密在《国富论》中所描述的那样）。① 同样的情形也适用于参加社区活动所需要的个人资源，以及在许多情况下为实现基本自尊而产生的需求。这种差异主要存在于不同的社会之间，但是也会对处于不同国家的两个人之间的相对优势产生影响。②

---

① See Adam Smith, *An Inquiry into the Nature and Causes of the Wealth of Nations* (1776; republished, R. H. Campell and A. S. Skinner (eds) (Oxford: Clarendon Press, 1976)), pp. 351-2. 关于相对弱势与贫困之间的关系，见 W. G. 朗西曼（W. G. Runciman）的近期著作，*Relative Deprivation and Social Justice: A Study of Attitudes to Social Inequality in Tewntieth-Century England*（London：Routledge，1966）和 Peter Townsend，*Poverty in the United Kingdom*（Harmonds-worth：Penguin，1979）。

② 事实上，收入意义上的相对剥夺可以产生能力意义上的绝对剥夺。一个富国中的相对贫困可以表现为能力上的障碍，尽管其绝对收入在全世界而言仍然很高。在一个富足的国家，需要更多的收入购买足够的商品来完成同样的社会功能。关于这一点，见我的论文"Poor, Relatively Speaking"，*Oxford Economic Papers*，35（1983），reprinted in *Resources, Values and Development*（Cambridge，M A：Harvard University Press，1984）。

造成剥夺的各种不利因素之间还可能会产生耦合，这是在认识贫困以及制定相应公共政策时非常重要的考量。3生理或心理上的障碍，如年龄、残障或疾病，都会削弱一个人赚取收入的能力。这些障碍也使得将收入转化为可行能力变得更加困难，因为老人、残疾人或重病人可能需要更多的收入（用于帮助行动、康复或治疗疾病）来获得同样的功能（即使那种功能的获取是完全可能的）。① 因此，实际贫困（可行能力被剥夺意义上的）要比我们从收入数据上所推断的严重得多。这是对帮助老年人，以及帮助对其他除了收入较低外，还难以将收入转化为可行能力的群体的公共行为进行评估的关键考量。②

在家庭内部分配设施和机会时，通过收入来解决贫困的方法更显得捉襟见肘。挣钱的家庭成员使家庭收入增长，而不论其年龄、性别和工作能力。如果家庭收入被不成比例地用于提高一部分成员的利益，而忽视另一部分成员（例如，在家庭资源分配中存在男孩优先于女孩的偏见），那么被忽视的那一部分成员（在上面的例子中指女孩）的受剥夺程度就难以在家庭收入的总价值中得到充分反映。4这是在许多国家都存在的问题。性别偏见在亚洲和北非许多国家的家庭分配中似乎都是一个主要因素。对于女孩的剥夺可以通过可行能力剥夺，即通过诸如更高的死亡率、发病率、营养不良或得不到医治等得到反映。与比较不同家

① 在以下情况中也存在一个耦合的问题：（1）收入贫困导致营养不良；（2）由于营养不良导致工作剥夺，从而导致收入贫困。关于这些关联，见 Partha Dasgupta and Debraj Ray, "Inequality as a Determinant of Malnutrition and Unemployment：Theory", *Economic Journal*, 96（1986）和 "Inequality as a Determinant of Malnutrition and Unemployment：Policy", *Economic Journal*, 97（1987）。

② 这些障碍对于在英国广泛存在的收入贫困的作用是由 A. B. 阿特金森（A. B. Atkinson）在 *Poverty in Britain and the Reform of Social Security*（Cambridge：Cambridge University Press, 1969）中通过经验研究率先揭示的。在其后来的论著中，阿特金森进一步探讨了收入障碍与其他剥夺之间的联系，见 "On the Measurement of Poverty", *Econometrica*, 55（1987）和 *Poverty and Social Security*（New York：Harvester Wheatsheaf, 1989）。对于"弱势群体"这一概念及其对社会评价和公共政策意义的全面考察，见 Jonathan Wolff, with Avner De-Shalit, *Disadvantage*（Oxford：Oxford University Press, 2007）。

庭的收入相比，这更容易发现，结论也更可靠。①

·残障、资源与可行能力·

在认识世界上存在的剥夺问题时，残障的影响经常被忽视，而这恰恰是我们应该注重可行能力视角的重要原因之一。患有身体或精神残疾的人不仅是世界上受剥夺程度最为严重的群体，而且往往最容易被忽视。

在全球范围内，残障人群的规模极为庞大，超过6亿人——大约占全部人口的1/10都有某种形式的明显残障。[5]其中，4亿多人居住在发展中国家。而且在发展中国家里，残障人群通常是收入最低的群体，但他们对于收入的需求却比健全人更为迫切，因为他们需要这些来过上正常的生活并克服生理上的障碍。他们赚取收入能力的丧失——或可称为“赚取障碍”（earning handicap）——所产生的效应，往往会受到“转化障碍”（conversion handicap）的强化和进一步放大，即残障使他们将收入和资源转化为良好的生活品质变得更加困难。

残障所导致的“转化障碍”，其重要性可以通过一份对于英国贫困问题的经验研究得到说明。这项开创性的研究是威伯克·库克莱思（Wiebke Kuklys）在不幸因癌症去世之前，在剑桥大学完成的学位论文，后来以书籍的形式获得出版。[6]库克莱思发现17.9%的人都生活在收入处于贫困线以下的家庭中。如果将注意力转移到有残障成员的家庭上，这一比例则会上升到23.1%。两者之间约5个百分点的差距大体

① 性别偏见在评价欧洲和北美的不平等和贫困时显然并不是一个中心问题，但是其前提，通常是隐含的，也就是性别不平等问题不适用于“西方”国家，却是相当有误导性的。例如，根据联合国开发计划署（UNDP）的《人类发展报告》（1995），在纳入20世纪90年代中期标准国家账户的全世界所有国家中，意大利妇女中未获认可的就业（绝大多数从事单调的家庭工作）比率是最高的。对于其中所花费的劳动与时间的计算，及其对于女性个人自由的意义，欧洲和北美也有相关性。在最富裕的国家中，相当程度的性别偏见很多时候也存在于接受高等教育的机会，以及获得招募和晋升以进入顶级职业人员的机会中。

上反映了残障和对于残障人士的照料所导致的收入障碍。如果再加上转化障碍的因素，即需要更多的收入来降低残障带来的不利影响，那么在有残障成员的家庭中会有 47.4%的人生活在贫困线以下，这比全部人口中贫困线以下的人口所占的比例（17.9%）高出 20 多个百分点。从另一个角度看，在这 20 多个百分点的差距中，大约 1/4 可归因于收入障碍，而 3/4 是由转化障碍引起的（这是可行能力视角区别于收入和资源视角的核心所在）。

认识残障的道德和政治需要之所以重要，不仅仅因为残障是广泛困扰人类的问题之一，而且因为许多残障造成的悲剧性后果事实上是可以通过社会援助和创造性的公共干预得到避免或减轻的。应对残障的政策可以有多种形式，一方面包括降低残障的妨碍程度，另一方面包括防止残障的发生。认识到“许多残障是可以预防的”这一点极为重要，我们不仅可以做许多工作来减轻残障的不利影响，也可以努力防止其发生。

事实上，6 亿残障人士中的大多数残障都是人为造成的。例如，产前和产后的营养不良使得儿童更易生病并出现其他健康问题，感染和缺乏清洁水源所引发的疾病会导致失明，其他的残障则可能是由于骨髓灰质炎、麻疹或艾滋病，以及交通事故或工伤引起的。此外，在世界上某些战乱地区埋藏的地雷，也会导致人们（尤其是儿童）残废甚至死亡。针对残障的社会干预应该不仅只是事后的管理和治疗，还应该包括事前的预防和避免。如果公正这一理念所强调的是消灭明显的不公（正如我在本书中所呼吁的那样），而不是去寻找所谓绝对公正的社会，那么防止和缓解残障必然会在推进公正的事业中占有重要的中心地位。

尽管明智和人道的干预能够取得相当大的效果，但对于残障给个人带来沉重负担这一普遍存在的事实，绝大多数社会居然还能漠然视之，这着实令人感到诧异。对此，思想上的保守是重要原因之一。具体而言，将视野局限于收入分配上，并以此作为实现公平分配的基本原则，妨碍了我们正确认识残障所造成的问题，以及这些问题对于社会分析的道德和政治意义。即使是经常采用的以收入作为依据的贫困标准（如日收入在1美元或2美元以下的人数，经常被一些国际组织引用），也会使我们的注意力从社会剥夺的真正意义上转移开来，而后者是将转化障碍与收入障碍结合在一起的。世界上的6亿残障人口不是仅受到低收入的困扰，各种不同的方式也使他们失去了获得体面生活的自由。这些方式或独立作用，或相互影响，最终使6亿残障人口陷入困境。

·罗尔斯的基本品·

前文已经论及，对可行能力和资源加以区分十分重要。鉴于此，很难不对约翰·罗尔斯的差异原则产生怀疑。在其以“正义原则”作为社会的制度基础的过程中，罗尔斯提出的差异原则完全是通过基本品来判定分配问题的。当然，采用这种同样很重要的方法并不表示罗尔斯不关注实质自由的重要性——我在前面已有论述。尽管罗尔斯的正义原则着眼于基本品，他在其他地方也注意到有必要对这种以资源为核心的方法加以修正，以更好地把握人的实际自由。在罗尔斯的著作中，随处可见他对于弱势群体的同情。

事实上，罗尔斯确实为有“特殊需求”，如残障和有障碍的群体，提出了特殊的修正措施，尽管这些并没有出现在他的正义原则中。这些修正并不是作为社会的“基本制度结构”在“立宪阶段”设立的，而是在对业已建立制度的使用中，尤其是在“立法阶段”出现的。这清楚地表明了罗尔斯的出发点和落脚点。问题在于这是否足以修正罗尔斯正义原则中以资源和基本品作为视角的狭隘。

罗尔斯在对基本品赋予重要地位的同时忽略了这样的事实，那就是：由于个体的差异，或者物质和社会环境的影响，或者通过相对剥夺（当一个人的绝对优势取决于其相对于他人的位置时），不同的人所拥有的可以将普通资源（如收入和财富）转化为可行能力——他们能或不能做到的事情——的机会也会有很大差异。这种转化机会上的迥异不仅仅只是“特殊需求”，而且反映了人类状况和社会环境中的各种差异和不同——大的、小的和中等的。

随着其正义理论的逐步展开，在罗尔斯后期的著述中确实涉及针对“特殊需求”（如盲人或其他有明显的残障的人）的特殊供给。这表明了罗尔斯对于弱势人群的深切关怀，但是他对于这个带有普遍性问题的处理方法却存在很大的局限性。第一，这些修正是在罗尔斯通过“正义原则”建立起了基本制度结构之后才出现的，而那些基本制度的根本特性丝毫不会受到这些“特殊需求”的影响（通过差异原则的作用，诸如收入和财富等基本品在建立关于分配问题的制度基础上，具有决定性的意义）。

第二，即使在“特殊需求”后来得到注重时，罗尔斯也并没有试图去接受不同人之间普遍存在的在转化机会上的差异。我们当然应该注意到明显的残疾（如失明），但导致差异的各种原因（如与更差的疾病抵抗力、传染病更流行的环境、各种程度和类别的生理和心理残障等相关）使得在思考社会安排和社会现实时，即在设立制度结构，保证其运行顺畅并充分考虑到人道主义因素时，对于功能和可行能力的关注尤为重要。

我相信罗尔斯同样关注自由和可行能力分配的公平程度，然而通过将正义原则技术性地建立在差异原则所包含的基本品的基础之上，罗尔斯把实现公平分配的“正义制度”的决定因素完全置于基本品的孱弱肩头，冀望以此来提供基本的制度框架。这就使得他内心对于可行能力的关注无法在制度层面，也就是其正义原则所关注的层面发挥影响。

·超越罗尔斯的理论·

与罗尔斯专注于抽象制度来研究正义问题不同，本书采用的方法不是通过一个有优先序列的场景假设来展现一个理想化的正义社会的面貌。因而在通过制度和其他改变来推动公正的过程中，该方法并不是将转化和可行能力问题降低到次一级的地位，放到后面再作论述。对于公共理性所能确认的明显的不公正，认识到可行能力剥夺和不平等的本质和来源是消除其存在的关键所在，对此已有大量的共识。①

由于罗尔斯采用的方法已成为当代道德和政治哲学中关于公正问题的主流推理模式，因此它在其最初所涉足的领域之外也产生了广泛的影响。例如，一些学者努力将罗尔斯的契约基础保留在一个全新的——更为广泛的——涵盖全世界范围的正义理论（这样的一个“全球性正义理论”比罗尔斯的国别方法具有更广泛的应用领域）中，一直在寻找一个完整的排序来对分配问题作出判断，从而建立全球范围内的抽象化制度公正。[7]可以预见的是，这些理论学者并不满足基于可行能力视角的部分不完整的排序，正如托马斯·波格所说，为了研究出“应如何设计一个制度序列”，“仅仅进行部分的序数排列”并不能满足其要求。[8]对于这些有志于在全球范围内建立一套抽象意义上的公正制度的人，我愿意致以良好的祝愿，但是对于另一些准备致力于——至少目前是如此——减少严重影响世界的明显不公的人们而言，一个为某种正义理论所用的“仅仅”只是部分的排序就已经相当够用了。②

我认为，我们所要讨论的核心问题并不是某种方法能否对任何两种选择进行比较，而是依据这种方法所作的比较是否具有针对性和合理性。对自由和可行能力进行比较是应该遵循的正确方向，我们不应该为了寻求所谓的完整序列（抛开其所排序的对象孤立地考察）而偏离这条道路。

相对于资源视角，可行能力视角的优势在于其相关性和实质性，而

---

① 在考察罗尔斯的正义原则以其着眼于基本品的测度所具有的局限性时，我并非意在表明，只要用对能力的直接论述代替其对于基本品的讨论，其抽象制度的方法就不会再有任何问题。无论从哪个角度来讨论分配问题，罗尔斯的先验主义，而不是基于比较视角的方法，以及其正义原则对于制度的关注，都依然会存在严重的问题。在这里，除了依赖抽象制度方法所产生的问题之外，罗尔斯的理论还因为其在正义原则中主张通过基本品来解决分配问题，而受到进一步削弱。

② 对于这个问题的讨论，详见引言及第1～第4章。

不在于它会生成某个完整的序列。正如伊丽莎白·安德森(Elizabeth Anderson)所令人信服地指出的那样,以可行能力作为分析的基准之所以"优于以资源作为分析的基准,是因为前者关注的是目的,而后者仅仅着眼于手段。可行能力方法可以更好地应对对于残障人士的歧视,可以更适度地关注到个体在功能上的差异,也能很好地指导公共服务的供给,尤其是在卫生和教育领域"9。

·德沃尔金的资源平等·

罗尔斯在其正义原则中,从资源视角对基本品加以分类排序,从而忽略了不同人之间将资源转化为可行能力的差异,而罗纳德·德沃尔金采用的资源方法则是通过一个巧妙的市场化视角,具体而言是通过一个虚构的为应对转化障碍而出现的初级保险市场,将这些差异明确地纳入其分析。在这个想象出来的实验场景中,市场上出售为预防残疾而设置的保险,并假设处在罗尔斯"无知之幕"和初始状态下的人进入这个市场。尽管没有人知道谁会有残疾,或者会有什么样的残疾,他们还是都购买了这种保险,用以预防可能发生的不利情况。后来,其中一些有残疾的人可以依据市场规则向保险公司索赔,这些补偿也就成为他们获得的另一种资源。德沃尔金认为,这是基于有效的"资源平等"。

这当然是一种非常有趣且极具创造性的思路(我与德沃尔金在剑桥共同讲授一门课程长达十年,对其惊人的思想能力有相当程度的了解,当然很难再有更多的期待)。但是在虚构出那样一个市场之后,德沃尔金好像径直走入了一个"破论",其分析似乎专门针对那些对可行能力方法不认可的人。① 他认为可行能力的平等要么真的意味着福利的均

① 对于人们普遍将我看作德沃尔金所认为的并不那么令人满意的能力方法的主要倡导者,我想我应深感荣幸。见德沃尔金的论著 *Sovereign Virtue: The Theory and Practice of Equality* (Cambridge, MA: Harvard University Press, 2000), pp. 65-119。也见其论文"Sovereign Virtue Revisited", *Ethics*, 113, 2002。

等，要么在事实上与他提出的资源平等殊途同归。在后一种情况下，我们之间并没有实质区别（可行能力方法也就没有优势可言）。

尽管对于罗纳德·德沃尔金的工作怀有极大的敬佩，我还是不得不指出其与可行能力方法相左的这种分析有许多不足之处。第一（这里从一个非常小的地方开始，是为了便于入手），即使可行能力的平等最终意味着关于福利的可行能力的平等，那也并不等同于福利的平等（可行能力与实际获得之间的区别在上一章已经作过讨论）。[①] 然而更为重要的是，在对可行能力视角进行阐述的一开始，我就已经清楚表明我主张的既不是福利的均等，也不是获得福利的可行能力的平等。[②]

第二，如果资源的平等与可行能力和实质自由的平等没有区别，那么既然资源只是实现其他目的的工具，为什么是前者而不是后者更有意思呢？既然资源“只是实现其他事物的手段”（如亚里士多德所言），既然资源的平等最终落脚在“其他事物”上，那么为什么不将资源平等定位为实现可行能力平等的一种方式呢（如果两者之间的一致性确实存在）？

当然，将一个可以视为目的的事物（如效用或可行能力）以“同等”的可用于实现该目的某种手段（如收入或资源）来表示，在数学上并不存在太大的困难，只要后者在数量上足以使我们达到我们希望前者达到的某个水平即可。这种分析技巧已在经济理论中得到广泛应用，尤其是用于效用分析，即通过同等的收入来非直接地度量效用

---

① 例如，一些人对于富裕的生活方式的实际追求，德沃尔金对此并不表示支持，不应该与沉溺于这种生活方式的可行能力相混淆——许多人具有这种可行能力，但实际上并不使用。

② 我在1979年关于可行能力问题的Tanner Lecture中，当对可行能力视角加以阐述时，不仅将其与罗尔斯的基本品进行了对比，而且将其与其他以福利为核心的方法进行了对比，并对后者进行了批判。后收录在S. McMurrin (ed.)，*Tanner Lectures on Human Values*, vol. I (Cambridge：Cambridge University Press，1980)。德沃尔金在其第一篇关于资源平等的论文“What Is Equality?：Part 1：Equality of Welfare”和“What Is Equality? Part 2：Equality of Resources”，*Philosophy and Public Affairs*，10 (1981) 中并未涉及这种比较，据我所知，它首次出现于德沃尔金的论著 *Sovereign Virtue*：*The Theory and Practice of Equality* (Cambridge, MA：Harvard University Press，2000)。

（常被称为"间接效用"）。在这个意义上，德沃尔金的资源平等可以被视为"间接可行能力"。只要保险市场能够保证在德沃尔金资源平等的前提下，所有人能够拥有同样的可行能力，这种资源平等就与可行能力平等是一致的。既然如此，那么我们又为什么会对工具层面的物质获得如此痴迷，而对真正重要的目的（所有人都有同样的实质自由或可行能力）置之不理呢？

第三，由于保险市场并不能解决所有的问题，资源平等和可行能力平等之间事实上并非总是一致的。某些可行能力上的不足并不是由于个人原因（如残疾），而是由关系和环境（如最早由亚当·斯密在其《国富论》中所讨论的相对剥夺）引起的。因此我们不难理解，为什么在由个人客户构成的保险市场里，很难有针对非个人因素的保险产品。①

导致资源平等和可行能力平等有可能不一致的另一个原因是，尽管对人与人之间在剥夺程度上的差异加以评估，是我所用的方法中公共理性的主题，但在德沃尔金的保险市场中，这种评估是由微观主体完成的。在德沃尔金的理论中，市场价格和各种保险的补偿标准是由不同的个体评估之间的相互作用共同决定的。价值确认在德沃尔金的体系中是通过市场进行的，而这可能需要公共理性和互动讨论。

第四，与其他抽象制度学派一样，德沃尔金关注的焦点在于实现理想化的公正制度（一蹴而就地）。但在需要通过消灭极度不公正来推动公正的时候，当理想化的公正制度（或者任何被认为是应该采取的形式）难以实现的时候，我们却可以从那些曾经被视为"只是不完整的部分序列"中获得启发。由于其完全局限于抽象意义上的虚拟公正，德沃尔金为预防残障而想象出来的保险市场甚至没有为我们指出任何推动公正进步的路径和方法。

第五，德沃尔金认为完全竞争的市场均衡的存在、唯一和效率是毫

---

① 关于资源平等和能力平等不一致的原因，在 Andrew William，"Dworkin on Capability"，*Ethics*，113（2002）和 Ronald Pierik and Ingrid Robeyns，"Resources versus Capabilities：Social Endowments in Egalitarian Theory"，*Political Studies*，55（2007）中都有过分析。

无问题的，因为他需要以此来完成其制度理论的建构。尽管我们知道这些假设存在的严重问题，然而正如半个世纪以来经济学理论对于“一般均衡”所进行的研究那样，它们都被理所当然地予以全盘接受。许多与信息限制（特别是信息不对称）、公共产品的作用、规模经济和其他障碍相关的问题都会在保险市场中有突出的反映。[10]

我担心，德沃尔金采用的方法中存在制度原教旨主义的思想，而有关以下内容的论断也有些天真，即只要就有关基于保险的资源分配规则达成一致，我们将不再为不同的人所具有的实际结果和实际可行能力所困扰。德沃尔金假设，实际拥有的自由和结果可以通过虚拟的市场，放心地交由制度去完成，而不必担心人们的期望和实际的结果会不一致。保险市场也被设定为以一锤子买卖的方式运作——没有意外，没有反复，也没有对于希望是什么和事实会是怎样的讨论。

如果说德沃尔金天才般虚构出的保险市场还有什么实际作用的话，那种作用也并不像其所宣称的那样，是一个新的可行的分配正义理论。德沃尔金理论中的资源平等无法取代可行能力方法，但它还是可以作为一种途径——好几种方法中的一种①——从收入转移的角度理解对于残障者的补偿。在这个领域内，德沃尔金的虚拟实验或许可以给我们一些帮助，只要这样的方法不是以权威仲裁者的面貌出现。

正如我们之前所讨论过的（尤其在第3章），公正的推动和不公的消除需要制度设计（协调个人收入与公共物品）、相应的行为调整和社会制度修正程序的联动，而这些都是以对政府承诺、实际制度运行和改进方法的公开讨论为基础的。阻止建立互动的公共理性，而冀望一劳永逸的市场化制度设计描绘出美好的图景是行不通的。制度，包括虚拟制度的社会作用，远比想象的要复杂得多。

---

① 相对于给予残障人士额外的个人收入，另一种方法自然是通常采用的向他们提供免费或有补贴的社会服务——这是欧洲“福利国家”的核心。例如，国家卫生服务就是通过这样的方式来运行的，而不是给予病人更多的收入来支付其医疗服务。

注释

1. Aristotle, *Nicomachean Ethics*, translated by D. Ross (Oxford: Oxford University Press, revised edn, 1980), Book I, section 5, p. 7.
2. 关于该主题的其他论述，见Robert Putnam, *Bowling Alone: Collapse and Revival of American Community* (New York: Simon & Schuster, 2000)。
3. On this see my 'Poor, Relatively Speaking', *Oxford Economic Papers*, 35 (1983), included in *Resources, Values and Development* (Cambridge, MA: Harvard University Press, 1984) Also, Dorothy Wedderburn, *The Aged in the Welfare State* (London: Bell, 1961), and J. Palmer, T. Smeeding and B. Torrey, *The Vulnerable: America's Young and Old in the Industrial World* (Washington, DC: Urban Institute Press, 1988).
4. 关于此，见我的 *Development as Freedom* (New York: Knopf, 1999)，第8章和第9章，以及这两章所引用的文献。这个领域的两篇开创性的论文是 Pranab Bardhan，" On Life and Death Questions ", *Economic and Political Weekly*, 9 (1974)，和 Lincoln Chen, E. Huq and S. D'Souza, "Sex Bias in the Family Allocation of Food and Health Care in Rural Bangladesh", *Population and Development Review*, 7 (1981)。See also my joint paper with Jocelyn Kynch, 'Indian Women: Well-being and Survival', *Cambridge Journal of Economics*, 7 (1983), and jointly with Jean Drèze, *India: Economic Development and Social Opportunity* (New Delhi and Oxford: Oxford University Press, 1995), and *India: Development and Partici-pation* (Delhi and Oxford: Oxford University Press, 2002).
5. 这些估算来自世界银行。
6. Wiebke Kuklys, *Amartya Sen's Capability Approach: Theoretical Insights and Empirical Applications* (New York: Springer-Verlag, 2005).
7. 托马斯·波格在这方面作出了重要贡献，见其论著 *World Poverty and Human Rights: Cosmopolitan Responsibilities and Reforms* (Cambridge: Polity Press, 2002; 2nd edn, 2008)。
8. Thomas Pogge, 'A Critique of the Capability Approach', in Harry Brighouse and Ingrid Robeyns (eds), *Measuring Justice: Primary Goods and Capabilities* (Cambridge: Cambridge University Press, forthcoming).
9. Elizabeth Anderson, 'Justifying the Capabilities Approach to Justice', in Brighouse and Robeyns (eds) *Measuring Justice: Primary Goods and Capabilities* (forthcoming). On related issues, see also her 'What Is the Point of Equality?' *Ethics*, 109 (1999).

10.参见 Kenneth Arrow and Frank Hahn, *General Competitive Analysis* (San Francisco, CA: Holden-Day, 1971; Amsterdam: North-Holland, 1979); George Akerlof, 'The Market for "Lemons": Quality Uncertainty and the Market Mechanism', *Quarterly Journal of Economics*, 84 (1970); Joseph Stiglitz and M. E. Rothschild, 'Equilibrium in Competitive Insurance Markets', *Quarterly Journal of Economics*, 90 (1976); 等等。

第13章

幸福、福利与可行能力

无论我对哲学有多么钟爱，但既然从事的是经济学研究，我还是首先要承认我的职业与幸福视角之间的关系十分复杂。自托马斯·卡莱尔（Thomas Carlyle）之后，经济学就经常被称为“沉闷的科学”。经济学家也往往被视为快乐杀手，将人类本能的快乐以及相互之间的友善扼杀在他们炮制出的经济学公式之中。埃德蒙·克莱里休·本特利（Edmund Clerihew Bentley）将当时伟大的功利主义者约翰·斯图尔特·穆勒的著作评价为毫无欢乐可言的政治经济学牢笼——没有愉悦，也没有友善：

> 约翰·斯图尔特·穆勒
> 以其惊人的意志
> 压抑住内心的友善
> 撰写了《政治经济学原理》。

难道经济学果真与幸福和友善如此对立，以至于我们必须压制内心的友善，才能研究政治经济学吗？

当然，我们必须承认，经济学所研究的内容通常是相当严肃的，有时甚至令人感到压抑。因此，很难在研究饥饿、贫穷或者恶性失业与极度匮乏的原因和效果的同时，仍保持内心的愉悦。但这也本应如此：对于分析失业、贫穷或饥饿等问题而言，快乐本身于事无补。

但是经济学作为一门涉及诸多领域，而不仅仅只是以上问题的学科，其本身应该是什么样的？它是否在某个方面以幸福作为研究的视角，是否认可幸福对于人类生活以及有效经济政策的重要意义？这是我在本章中要回答的第一个问题。

第二个问题是，幸福是否足以判断一个人的福利或优势？我们或许对幸福没有给予足够的重视，或者高估了其对于判断福利状况所起的作用，或者没有认识到以幸福作为评价社会公正和社会福利基础的局限所在，这都会使我们作出错误的分析。除了研究幸福与福利之间的关联外，弄清幸福与自由和可行能力的视角有什么样的关系也是很重要的问题。由于我一直在对可行能力的重要性进行研究，因此，对以幸福为视角和以可行能力为视角这两种方法的差异程度加以考察也就变得尤为重要。

第三，可行能力与一个人的福利有什么样的联系？可行能力的扩展是否永远意味着福利的改进？如果不是，可行能力在何种程度上反映了一个人具有的“优势”？

本章将对以上问题加以考察，但是在此之前，我想讨论这样一个命题，那就是：可行能力的作用并不是只告诉我们一个人的优势所在（当然幸福是不具备这种作用的），因为可行能力也或多或少包含着一个人的义务和责任。正如前文提到的，可行能力也是一种权力，而幸福显然不是。但这种比较对于道德和政治哲学，对于正义理论的建立，又有着什么样的重要意义？

·幸福、可行能力与义务·

这里的问题与第 9 章“中立缘由的多元性”中涉及的有效权力的责任有关。有效权力的责任发挥作用的场景，并不是合作带来的互利，也不是社会契约作出的承诺，后者是契约论采用的方法。相反，它是建立在这样一种逻辑之上，那就是：如果某个人具有某种权力，而且他认为这种权力的行使会减少世界上的不公正，那么这个人就有很充分和合理的理由去那么做（而无须借助一个假想的合作场景构建出的某种优势）。尽管我将这种推理上溯到佛祖释迦牟尼对于义务的分析，他认为义务应与一个人的能力和权力相对应（释迦牟尼在《经集》中对此进行了阐述），但在许多国家和许多时代的道德与政治哲学中，都可以看到其不同形式的表述。

自由——或者具体地讲，主体性自由（agency freedom）——是一个人拥有的有效权力的一部分。将与这种自由相联系的可行能力仅仅看作一种个人优势是错误的，这也是认识我们所应承担的义务的一个核心问题。这种考量就在幸福与可行能力之间产生了强烈对比，因为一旦我们认识到有效权力的责任，可行能力就会不可避免地带来义务，而幸福则不会。在这个意义上，在以福利与幸福为一方和以自由与可行能力为另一方的阵营之间，就产生了很大的区别。

可行能力在社会道德与政治哲学中发挥的作用，远远超出了幸福和福利作为个人优势所发挥的优势。尽管在解释为什么个人自由的提升不一定会增进其福利时还会涉及这两者之间的区别，但我在这里不再进一步论述，至少不再以直接的方式展开。我将对可行能力在评价个人状态和优势时的作用予以集中阐述，并与传统福利经济学强调的幸福视角进行对比。与可行能力相关的义务问题是本书采用的研究公正问题的方法的一个重要部分。

·经济学与幸福·

作为以评价事务状态的优良程度或评估政策为主要研究对象的经济学的一个部分，福利经济学一直将幸福置于这门评价学科的核心，并将其视为指向人类福祉和不同人所拥有的优势的唯一导引。的确，一个多世纪以来，福利经济学一直由一种被称为功利主义的方法所主导，其现代形式最早是由杰里米·边沁所开创，并经约翰·斯图尔特·穆勒、弗朗西斯·埃奇沃思、亨利·西季威克、艾尔弗雷德·马歇尔，以及庇古（A. C. Pigou）等人发展至高峰。这种方法认为幸福是评价人类福利和优势的唯一重要的因素，因此也是社会评价和制定公共政策的基础。尽管（如约翰·罗默（Joho Roemer）的精彩分析所揭示的那样）也存在其他有说服力的学说[1]，但在相当长的时期内，功利主义都像是福利经济学的“官方理论”。

的确，即使是当代福利经济学，其中的一大部分依然是以功利主义为基础的，至少在形式上是如此。然而，在当代主流经济学的讨论中，幸福对于人类生活的重要性往往被忽略了。大量的经验证据表明，世界上的许多人即使比以往更富裕，拥有更多的实际收入，也并未感到比过去更幸福。对于那些将经济增长作为包括痛苦与不幸在内的所有经济问题的万能解药的人而言，其理论前提正受到来自理论推理和经验事实的质疑。如果借用理查德·伊斯特林（Richard Easterlin）一篇著名论文的题目，人们会问：“提高所有人的收入会增进所有人的幸福吗?”[2]经济繁荣并没有给人们的生活带来快乐，这个问题的本质和原因正受到许多经济学家的关注，他们开始摆脱这种简单的函数化假设，即效用总是随收入和财富的增加而增加。在这个被忽视的研究领域中，蒂伯·西托夫斯基（Tibor Scitovsky）对于“无快乐的经济”（the joyless economy，其著作的标题）的分析——部分是经济学，部分是社会学——具有标志性的意义。[3]

没有理由怀疑幸福对于人生的重要性。我们也乐于看到，收入视角与幸福视角之间的差别正受到学界主流越来越多的关注。尽管我与交往多年的朋友理查德·莱亚德（Richard Layard）经常进行辩论（本书会涉及其中一些），但对于其就下面的悖论所作的深入研究（促使其写成《快乐经济学》（*Happiness: Lessons from a New Science*）一书），我怎么强调都不为过。这个悖论是：“我们的内心深处存在一个悖论。人们都希望有更多的收入并为此奋斗。然而当西方社会变得更加富裕时，其人们却并未因此而感到更加幸福。”[4]这个问题是在完全认同幸福对于人生的重要性之后才提出的。这将对生活方式产生深远的影响，并有助于认识这样一个事实，那就是：收入与幸福之间的关系比那些以收入为对象的理论学者想象的要复杂得多。

这些问题关系到判断人类生活状态的其他方式所应有的地位，自由对于我们生活的重要意义，以及所有其他的关注应该被视为效用的附带物，还是影响幸福的因素或者促进幸福的工具。问题的关键不在于幸福的重要性，而在于是否如幸福视角的倡导者所坚持的那样，其他的所有事物都不重要。

·幸福的作用与局限·

幸福的重要性不可否认，我们也有足够的理由去努力增进人们的幸福，包括我们自身的幸福。在其对于幸福视角雄辩而生动的倡议中，理查德·莱亚德也许稍稍低估了我们讨论复杂问题的能力，但是从下面的表述中我们不难理解他的本意：“要问幸福为什么重要，我们无法给出任何其他的外在理由。幸福的重要性是不言而喻的。”[5]显然，幸福是人生重大的收获，其意义不言自明。

问题在于这样的表述：“幸福就是那个终极目标，因为与所有其他的目标不同，幸福的好处不言自明。”莱亚德提到这样的事实，“美国的《独立宣言》讲到，这是一个‘不言而喻’的目标”[6]。（事实上，美国《独立宣言》所说的“不言而喻”，是“造物主赋予所有人若干不可让与的权利”，幸福的权利出现在对这些不同权利的阐述中，和其他几种目标一样，而并非完全“与所有其他的目标不同”。）其他任何事物——自由、平等、博爱，或者是别的什么——都不是终极目标，这样的表述或许很难与人们过去和将来对于不言而喻的内容的认识一致。无论我们考察的是两个多世纪以前法国大革命的推动力，还是人们今天的价值观，无论是在政治实践，还是在哲学分析中（例如，后者包括罗伯特·诺齐克对自由所具有的不言而喻的重要性的高度强调，以及罗纳德·德沃尔金将平等作为唯一的至高无上的价值予以关注)，都可以看到类似的表述。7我们还需要更多的推理和思考，而不能只通过称其具有“不言而喻的价值”，就将幸福置于莱亚德所希望置于的特有地位。

尽管莱亚德在说明幸福的重要性时，强烈地表示“我们无法给出任何其他的外在理由”，但他还是给出了一个这样的理由，确实，这个理由有一定的道理。在与可行能力视角进行辩论时，莱亚德提出了这个批判性的命题：“但是除非我们知道人们是怎么感受的，家长制作风真的十分危险”(第113页)。显然，与其所宣称的幸福的不言而喻的重要性不同，避免家长制就是一个外在的理由。莱亚德批评一些社会观察家所具有的家长制——扮演“造物主并代替他人作出选择”，后者认为遭受剥夺的人们通常默认了他们的遭遇，这样他们也就更能忍受生活的现状，而不会去试图改变。

莱亚德在其评论的结尾给出了具有实质意义的推断，呼吁人们不要去做那些我们认为“对别人好的事情，即使是别人从未这么觉得”(《快乐经济学》，第120～121页)。在那些莱亚德所反对的人看来，这是否公平呢?批判“被动地接受不断的剥夺而不去反思”这种现象的人认为，我们应该对其受到压迫的原因进行更多的思考，而且只有经过更多的思考，这些已经适应了剥夺状况的人们才会具有反抗的自觉。在前面的第7章“位置、相关性和幻象”中，我们已经谈到，印度在过去的几十年里，一些“创造性的不满”逐渐取代了传统妇女对其所遭受压制的顺从和接受，从而推动了社会变革。对于妇女被动地接受受压制的社会地位提出质疑和挑战，在变革的过程中起到了主要的作用。[①] 而其中重要的组成部分，是就长期剥夺的忍受展开互动的公共讨论。这通常是以妇女运动为先导的，但更多的时候是对印度不平等的各种来源进行激进的政治反思。

我们可以——而且通常也是这样做的——通过自身的反思，以及互

---

① 我希望能将我的朋友莱亚德从完全的边沁一方稍稍倾向穆勒一方。

相之间公开的讨论，对我们内心的信念和对事物反应的可靠性进行辨别，从而保证我们没有受到直觉的误导。无论是李尔王坚持将自己置于他人所处的位置来评价自己的倾向（例如，当“那个法官”痛骂“那个可怜的小偷”时，对此场景不加批判地予以接受的倾向），还是亚当·斯密所论述的即使是在具有光辉思想的古代雅典，文化上处于隔离状态的人也应理智审思他们对于当时普遍存在的杀婴行为所持的积极态度，这些都表明有必要对我们不经审思的直觉感受进行理智的思考。①

今天对于诸如医疗保健、饮食习惯或者吸烟等问题所进行的公共教育，同样促使我们对直觉感受加以反思，而这也有助于我们认识就移民、种族对立、医疗保险改革或妇女社会地位进行公开辩论的必要，这与一般的家长制并无关联。有许多理智的思考能够——在许多社会中已经——对未经质问的“感觉”和不加甄别的情感所具有的主导地位提出挑战。

·幸福的印证作用·

尽管幸福十分重要，但它并不是我们应予以珍视的唯一事物，也不是我们可用于度量其他我们所珍视的事物的唯一标尺。当幸福未被赋予压倒其他一切事物的重要性时，我们可将其视为非常重要的人类能力之一。相似地，获得幸福的可行能力也是我们所珍视的自由的一个主要方面。幸福视角揭示了人类生活中极为重要的一部分。

除了其本身的重要意义外，幸福还具有印证其他事物的作用和功效。必须看到，我们获得或实现自己所珍视（和认为值得珍视）的其他事物，往往会影响我们对于幸福的感受，因为这种感受来自那种成就。为得到我们致力于去得到的事物而感到高兴，是很自然的。类似地，在

---

① 诺齐克对生命、信仰与实践进行不断反思的原因作了精彩的分析，见 Robert Nozick, *The Examined Life: Philosophical Meditations* (New York: Simon & Schuster, 1989)。

另一方面，未能得到所珍视的事物则会使我们感到失望。因此，幸福和挫折与目标的实现与否相关，而不论目标是什么。这有助于判断人们是否获得或实现了他们所珍视和认为值得珍视的事物。

然而，认识到幸福的上述作用并不意味着，我们之所以珍视我们所珍视的事物，只是因为得不到就会令我们感到沮丧。相反，我们珍视这些目标的缘由（无论这些目标距离幸福有多远）实际上有助于解释我们为何会因实现目标而感到幸福，为未能成功而感到沮丧。因此，幸福可以标示人生中的成功或失败。即使幸福并不是我们所要追求或认为值得追求的唯一目标，也是如此。

·功利主义与福利经济学·

现在回过头来看经济学，尤其是福利经济学（从学术或者政策的角度研究人的福利）中对于幸福的讨论。功利主义者，如边沁、埃奇沃思、马歇尔或者庇古，都将社会选择简单地视为个人福利的加总。他们用个人“效用”来代表个人福利，将效用等同于幸福，并倾向于忽视不同人之间福利和效用的分配不平等。因此，他们依据各种状态和政策下幸福的总和，对各种可能的状态和可能的政策作出判断。

福利经济学的命题在20世纪30年代曾受到猛烈抨击。莱昂内尔·罗宾斯（Lionel Robbins）等人（受“逻辑实证主义”（logical positivist）哲学的影响）指出，不能随意在人与人之间进行效用比较，因为这缺乏科学依据。而这对当时的经济学家产生了很大影响。他们认为，不能以任何方式将一个人的幸福与另一个人的幸福作比较。罗宾斯引用威廉·杰文斯（W. S. Jevons）的话说，“每一个人的思想对另一个人来说都是难以获悉的”，“而且共同的感觉是不可能的”。[8]

这种悲观的看法存在很大的问题，因为可以通过多种方法对人生的快乐和痛苦作出比较和评价。即使对此存有怀疑和争论，我们还是不难看到，对于某些人际比较还是很容易达成共识的，因此也就产生了一个部分排序（对于这个问题我已在其他地方作过讨论）。[①] 这种共识可以从我们在描述不同人的幸福时所用的语言中得到反映。这些语言并未将人置于相互隔绝的孤立岛屿上。[②] 如果不能进行人际比较，那么李尔王的悲剧将很难上演。

然而，自从经济学家确信——以很快的速度——进行人际效用比较在方法论上存在错误之后，这种更彻底的功利主义传统很快就在 20 世纪四五十年代被单纯依赖效用和幸福的狭义功利主义所取代。后者被称为“新福利经济学”（new welfare economics）。其在形式上继续以效用作为唯一的依据（这被称为“福利主义”），但完全摒弃了人际比较。不仅福利经济学的“信息基础”（informational basis）被狭义地限制在效用的范围内，而且人际效用比较也遭到禁止。事实上，以没有人际比较的福利作为社会判断的基础，其信息量是非常有限的。我们可以对一个人在某种状态下是否比另一种状态下更加幸福进行讨论，却被告知不能将一个人的幸福与另一个人的幸福作比较。

·信息限制与不可能·

肯尼斯·阿罗在反复寻找社会福利的公式化表达的过程中，提出了著名的“不可能定理”（impossibility theorem）。他的著作《社会选择

---

① See *Collective Choice and Social Welfare* (San Francisco, CA: Holden-Day, 1970; republished, Amsterdam: North-Holland, 1979). 该书赞成在社会选择理论中以部分排序的方式系统地采用福利的人际比较。也可见我的论文“Interpersonal Comparisons of Welfare”, in *Choice, Welfare and Measurement* (Oxford: Balckwell, 1982; republished, Cambridge, MA: Harvard University Press, 1997)。还可见 Donald Davidson, “Judging Interpersonal Interests”, in Jon Elster and Aanund Hylland (eds), *Foundations of Social Choice Theory* (Cambridge: Cambridge University Press, 1986) 和 Alland Gibbard, “Interpersonal Comparisons: Preference, Good, and the Intrinsic Reward of a Life”, in Elster and Hylland (eds), *Foundations of Social Choice Theory* (1986)。关于相关问题，见 Hilary Putnam, *The Collapse of the Fact/Value Dichotomy and Other Essays* (Cambridge, MA: Harvard University Press, 2002)。

② 关于语言在反映客观世界某个方面的作用，在第 1 章“理智与客观”和第 5 章“中立与客观”中已有论述。

与个人价值》(*Social Choice and Individual Values*，1951)开创了社会选择理论这一新的领域。[9]如在第4章“声音与社会选择”中提到的那样，阿罗设定了一套非常宽松的条件，将社会选择或判断与个人偏好联系起来，还使其成为任何社会评价程序都必须满足的最低要求。阿罗证明，要同时满足这些最低要求是不可能的。“不可能定理”引发了福利经济学的重大危机，并成为社会、政治与经济学史上的重要标志。

在对以个人倾向为基础的社会选择问题进行阐述时，阿罗采纳了以下观点（遵循了当时居于主导地位的传统），即“人际效用比较没有意义”[10]。在依赖个体效用的同时，否定效用的人际比较，这是不可能定理产生的先决条件。

这里举一个例子来从一个侧面对这种困难加以说明。假定两个或者更多的人要切分一个蛋糕，需要在不同的分配办法之间加以选择，那么可以发现，如果从阿罗1951年的理论框架中的信息可得性的角度出发，我们无法按照任何要求确认富人与穷人平等的原则来进行划分。如果“富”和“穷”是以收入或所占有的商品来定义的，这就是一个非效用化的特征，而这在阿罗完全需要依靠效用的体系中是看不到的。但是我们也不能将“富”和“穷”与其幸福程度的高低画上等号，因为那样必然要求对幸福或效用进行人际比较，而这也被阿罗的理论所排斥。在这样一个框架中，平等的考量基本不适用。将幸福的程度作为一个人境况的表征，只能分别用于单个的个体——两个人的幸福程度是无法比较的，而不能以幸福作为判断不平等或者公平诉求的标尺。

这种信息限制给我们留下了以不同的投票方法（如多数同意）为代表的一系列决策程序。由于这些投票程序不需要任何人际比较，因此它们可以存在于阿罗的框架之中。但是正如200多年前法国数学家孔多塞和波达所指出的，这些程序都有一致性方面的问题（第4章曾予以讨论）。例如，A在多数投票中胜了B，而B和C又分别在多数投票中胜了C和A。这样一来，我们就只能以独裁的方式进行社会选择（也就是交给一个人，即“独裁者”，由其偏好决定社会排序）。独裁者的决策当然不会有一致性的问题，但那显然是一个政治上不可接受的决策方法，也被阿罗的条件之一（即“非独裁”）所明确排斥。阿罗的不可能结果就是这样产生的。之后又出现了许多其他的不可能结果，但基本上都在阿罗定理的范围内。尽管原理有所区别，但结果大同小异。

自此之后，人们为寻求这种不可能的解决方法进行了很多探索。逐渐明朗的是，就匮乏信息的决策体系所导致的消极结果而言（如投票系统必然是这样的体系，尤其在用于解决经济和社会问题时），丰富社会选择的信息基础是解决这一问题的重要的必要条件。首先，在这种社会选择中，必须将个体优劣势的人际比较置于中心地位。如果效用代表个体优势，那么效用的人际比较就是一个可行的社会评价体系的关键所在。

当然，这并不是否认，社会选择机制可以不通过对优势或效用进行人际比较来运行，但是因为这种机制不能以统一的标尺对不同人的福利和相对优势进行比较，其实现公正的能力就受到了削弱。[①] 与此不同的是，正如前文所讨论的那样，社会选择过程中的以个体排序方式存在的信息输入，可以通过除效用排序或者幸福序列之外的其他方式来加以诠释。的确，阿罗自己也注意到了这一点，而且可以（并且正在）通过重新解释社会选择体系背后的数学模型中的变量，从而将关于社会选择体系一致性的辩论移至一个更加广阔的舞台。这个问题在第 4 章“声音与社会选择”中已有讨论。与幸福的概念相比，“声音”是一个非常不同——在许多方面还是具有多种功用——的理念。[11]

对于福利主义，即仅仅依赖效用——被理解为幸福或愿望的实

---

① 这种社会选择模式的典型例子包括约翰·纳什（John Nash）关于“讨价还价问题”（The Bargaining Problem）的经典模型（‘The Bargaining Problem’, *Econometrica*, 18 (1950)）以及最近的一些创新，如马克·弗勒贝（Marc Fleurbaey）的制度探索（‘Social Choice and Just Institutions’, *Economics and Philosophy*, 23 (2007)），以及 *Fairness, Responsibility, and Welfare* (Oxford: Clarendon Press, 2008)。这些研究都在寻找过程的对称性，但并不直接进行福利的人际比较。

现——作为社会评价的基础，人们已有很强烈的质疑。这种方法本身是研究社会道德的一条特殊途径。但其主要局限在于，个人福利的简单集合可能与其构成的社会结果大相径庭，两者有着不同的社会安排、机会、自由和个人选择。

福利主义要求在进行评价时不直接关注那些差异化（非效用化）的特征，而只关注与其相关的效用或幸福。但是同样的效用数字在某些情况下可能会违背基本的人类自由，或者可能会否定某些公认的个人权利，而在另一些情况下又不会。无论出现什么样的情况，福利主义总是会忽略评价过程中的这些差异，而只会通过所产生的效用总和对每种选择加以评价。不承认效用或幸福之外其他任何概念所具有的内在价值，这种存在于社会状态和政策评价中的固执偏见实在令人称奇。

在自由问题上经常可以发现这种忽视，这包括实质机会，有时被称为“积极的”自由（例如，享有免费或支付得起的学校教育的自由，享有基本医疗的自由）。但是这种忽视也存在于“消极的”自由，即要求包括国家在内的他人不进行不适当干预的自由（如个人自由的权利）。[①] 福利主义将标准评价和福利经济学局限在非常狭小的范围内，一方面坚持效用的重要性，另一方面否认其他事物的重要性。我们有理由希望，在评价社会制度的时候，对于自由的考量给予实质性的关注。

此外，对于个人福利的效用化解释，即完全从幸福或愿望实现的角度来看待个人福利，使其受到的信息局限性进一步强化。当对剥夺进行人际比较时，这种对于个人福利观的狭隘性就显得尤为突出。对于这个问题，需要在这里进行一些讨论。

---

① 需要指出的是，福利经济学中对于“积极的”和“负面的”自由进行的区分，与以赛亚·伯林1969年在牛津所作的经典演讲“The Two Concepts of Liberty”中所进行的哲学层面的对比有着根本的不同。后者指的是施加在一个人从事那些他有理由珍视的事情的能力之上的内部和外部限制。See Berlin, *Four Essays on Liberty* (London: Oxford University Press, 1969).

·幸福、福利与优势·

对于那些一直遭受剥夺的人们来讲,功利主义者将基于幸福或愿望实现的数学计算作为社会选择的依据是极为不公的，因为我们的思想和愿景会随环境的变化进行相应的调整，从而使我们更能忍受一些不利的境遇。对于困境的“隐忍”使得那些传统的无助的受压迫者对生活习以为常，如对立情绪严重的社区中受到压制的少数族裔、血汗工厂中受到剥削的工人、靠天吃饭却又缺乏保障的佃农、存在性别歧视的社会中的家庭妇女。这些受到剥夺的人也许缺乏企望根本改变的勇气，因此通常会根据自己觉得可能得到的事物，来调整他们的愿望和预期。因此，对于极小的施舍，他们也会感到欣喜不已。

对于长期处于这种境况中的人们所具有的这种适应能力，我们并不难理解其实用价值。这是一种在无力改变持续剥夺的情况下求得生存的方法。但是这种适应也通过幸福或实现愿望的形式，产生了对于效用尺度的扭曲效应。如果就幸福或实现愿望而言，受压迫者所面对的不公会显得比他们实际所遭受的小得多，而后者所依据的，是对于他们所受剥夺和不自由的更为客观的分析。预期和感受的适应性，对于固化包括妇女相对剥夺在内的社会不平等，起到了主要的作用。①

幸福视角近来受到了强烈的推崇，而这不只是来自理查德·莱亚德。[12]对于这种新的功利主义幸福观，有必要弄清其中所涉及的新问题。边沁所阐述的18世纪启蒙运动哲学正在试图复兴。[13]我们必须在承认上

---

① 关于效用尺度对剥夺作出的适应性调整，我在以下论述中已讨论过其深远的影响效应：“Equality of What?” in S. McMurrin (ed.), *Tanner Lectures on Human Values*, vol. I (Cambridge: Cambridge University Press, 1980); *Resources, Values and Development* (Cambridge, MA: Harvard University Press, 1984); *Commodities and Capabilities* (Amsterdam: North-Holland, 1985; Delhi: Oxford University Press, 1987)。See also Martha Nussbaum, *Women and Human Development: The Capability Approach* (Cambridge: Cambridge University Press, 2000).

述的幸福适应性的基础上，具体考察其主张是否可以接受，以及在何种程度上可以接受。

人际福利比较和同一个人的不同状态间的比较是不同的。上述的适应性问题所影响的是人际效用比较，因为它使得长期受剥夺的人并未对其遭受的困境给予应有的重视。他们偶尔才有的快乐也许减轻了精神上的压抑，却并未消除，甚至没有明显减轻他们在生活中受到的事实上的剥夺。仅仅因为他们微不足道的快乐就忽视了其生活中的更大不幸，绝不是认识社会公正问题的正确方法。

对于比较同一个人的不同状态而言，这个问题或许要小一些。尽管幸福并不能很好地反映生活质量的其他相关特征，但既然它与生活质量相关，那么使预期更适应现实和使愿望更切合实际所带来的些许快乐，可以被视为这些受剥夺的人群得到的收益。而这可以被看作赋予了幸福和实现愿望一定的重要性，即使这是对持续存在的剥夺所产生的适应性所引起的。这种认识显然有一定的道理。然而，即使对于同一个人而言，如果在以幸福作为评价的尺度的同时忽视了其他难以为幸福所评价的剥夺及其重要性，就会产生严重的误导。

的确，对于通过感官测度效用的方法而言，社会境况与感受之间的关系还会产生其他的问题，因为我们的感受会使我们看不到事实上所遭受的剥夺，而这只有一个更加清醒和全面的认识才可以做到。对此，让我用一个有关健康与幸福的例子来予以说明。

·健康：感受与测度·

在评价健康状况时遇到的一个复杂问题是，个人对于自身健康的认识可能受到其缺乏医学知识和比较经验的限制。一般来讲，基于病人自身感受的“内部”健康观和基于专业医生和病理学家观察诊断的“外部”观点，在原理上是截然不同的。尽管两种认识常常能被有机地结合起来（一个好的医疗从业者会对两者都产生兴趣），但二者之间还是会产生难以避免的冲突。[14]

外部视角近来受到了大量的批评，指责其对疾病和健康采取远视和漠然的态度，其中以著名人类学家阿瑟·克莱曼（Arthur Kleinman）以及其他一些人的分析最为突出。[15]这些观点将痛苦视为疾病的核心特征。但疾病的这种特征却无法通过现有的医学统计予以确认和了解，因为正如维特根斯坦所指出的，痛苦是一种自我感受。也就是说，如果你觉得痛苦，那么你就有痛苦，而如果你没有感到痛苦，任何其他人都不能对此予以断然否认。因此在这个问题上，医疗从业者、经济学家，以及成本收益研究者所依赖的经验材料也许没有太多的用武之地，有必要利用人类学的调查方法对此形成正确的判断和认识。

认为公共卫生决策对于病人的实际苦痛和痊愈体验不够敏感，这种看法有一定道理。但另一方面，在对这个过去和现在始终存在的争论进行评价时，也应考虑到其内部视角的多种局限。① 尽管就感观诊断而言，内部视角理应被优先考虑，但医学实践并非仅仅限于疾病造成的身体感受（无疑这很重要）。依赖病人自身的感受，其问题之一在于这种内部视角可能会受到病人的知识和社会经验的严重限制。一个在存在诸多疾病和医疗设施极少的社区中长大的人，对于某些在临床上可预防的症状的存在，可能认为是“正常的”。如同适应性愿望和愉悦一样，这里也同样存在对于社会环境的适应，尽管其后果并不十分明朗。这个问题在前面第 7 章“位置、相关性和幻象”中已有论述。

虽然对于获得某些（具有感官特性的）信息而言，内部视角是有优势的，但它在其他方面却有明显的缺陷。对于疾病的自我感受需要被置于社会背景下，结合受教育水平、卫生设施状况，以及疾病和治疗的知识传播来考虑。内部视角固然应予以重视，但是完全依赖它来作出卫生医疗方面的评估却可能产生严重的误导。

---

① 自行报告的发病率事实上已被广泛用于社会统计，核查这些统计数字的困难会彻底误导卫生公共政策的制定。我在“Health: Perception versus Observation”，*British Medical Journal*，324（April 2002）中对该问题进行过讨论。

这种认识对于卫生政策，以及那些有利于改善卫生状况的政策，具有重要意义。后者受到除狭义的“卫生政策”之外的许多其他因素的影响（如普及教育和社会不平等）。[①] 然而，对于这里所讨论的主题而言，健康感受与实际健康状况之间的不一致所引出的，是主观评价视角在对人的福利进行判断时所具有的局限性。幸福、快乐与痛苦当然具有内在的重要价值，但是将它们作为涵盖福利所有内容的全能标志，至少从部分意义上说，却有可能是轻率的举措。

·福利与自由·

我们现在回到前面提到的第三个问题：可行能力与一个人的福利有什么样的关系？而为了回答这个问题，我们必须回答，可行能力的扩展是否必然会带来福利的改进。

正如已经讨论过的，可行能力是自由的一个方面，具体而言，它指的是实质机会。对于可行能力的评价能够反映出一个人的福利状况，但在作出这一论断之前，我们必须对以下两方面的内容加以区分：主体性与福利的对比、自由与成就的对比。这两组概念之间的区别，在前面的内容中已经有所提及。但是这里有必要直接对其加以讨论，从而进一步明确可行能力与福利的关系。

---

① 对于医疗卫生政策本身与有利于改进医疗卫生状况的政策之间的重要区别，珍妮弗·普拉·鲁格（Jennifer Prah Ruger）已作了全面论述，见“Aristotelian Justice and Health Policy：Capability and Incompletely Theorized Agreements”，哈佛大学博士论文，1998（将以“*Health and Social Justice*”为名由 Clarendon Press 出版）。也见她的论文“Ethics of the Social Determinants of Health”，*Lancet*，364（2004）和“Health，Capability and Justice：Toward a New Paradigm of Health Ethics，Policy and Law”，*Cornell Journal of Law and Public Policy*，15（2006）以及 Sridhar Venkatapuram，“Health and Justice：The Capability to Be Healthy”，Ph. D. dissertation，Cambridge University（2008）。由迈克尔·马默（Michael Marmot）担任主席的世界卫生组织下属机构 Commission on Social Determinants of Health 考察了对于医疗卫生状况的影响因素更为广泛的认识所带来的政策效应（World Health Organization，*Closing the Gap in a Generation：Health Equity through Action on the Social Determinants of Health*（Geneva：WHO，2008））。

第一个区别是个人福利的增进与个人对于主体性目标的追求。主体性涵盖了个人有理由去追求的所有目标，包括除了其自身福利改进之外的其他目标。因此，主体性能够产生与福利完全不同的优先序列。一个人的主体性目标通常包含了其自身的福利，因此主体性与福利之间有着共同的交集（例如，在其他条件不变的情况下，福利的改进会带来更高的主体性成就）。同样，非福利目标的未能实现也可能带来挫败感，并因此减少福利。虽然福利与主体性之间存在这种关联，但是这两个概念并不因此总是一致。

第二个区别是成就与取得成就的自由，这在第 11 章中已有讨论。这一对比既可用于福利视角，也可用于主体性视角。于是，这两组区别一道产生了四个不同的有关个人优势的概念：福利成就（well-being achievement）、主体性成就（agency achievement）、福利自由（well-being freedom）和主体性自由（agency freedom）。因此，在进行以上两组区别的基础上，我们可以在这四个方面对人的优势进行评价。[16]

对这四种利益中的每一种进行的评估都互不相同。对于与评价和比较个人优势相关的事物，它们也具有不同的意义。例如，在判断一个需要他人或国家援助的人所遭受的剥夺程度时，可以认为其福利状况要比其获得主体性意义上的成功更有意义（例如，与帮助他建造一座其所崇拜的英雄的丰碑相比，国家也许更应向其提供减轻饥饿或疾病所需的帮助，即使他对前者更为重视）。

而且在制定针对成年公民的国家政策时，福利自由也许比福利成就更应引起注意。例如，国家有理由向人民提供解除饥饿的充分机会，而不是去强制所有人都必须无一例外地接受这种机会。① 向所有人提供实现最低生活保障的机会，并不意味着一定要让所有人都必须使用这些机

---

① 当由于家庭主要成员的优先排序不一致，家庭为其所有成员避免饥饿的能力并没有转化为那种成就（例如，男性户主所热衷的目标，与其他家庭成员感兴趣的对象并不一致）时，社会政策会变得更加复杂。因多人决策引起的这种能力与成就之间的差异，趋向于强化成就视角在评价优势时的相关性。

会。例如，在保障人人可获得充足的食物的同时，并不需要去禁止斋戒。

主体性成就或主体性自由使我们不再将人仅仅作为福利的载体来看待，而是开始重视人自身的判断和优先排序。与这种区别相对应，对于可行能力的分析也可采取不同的形式。一个人的可行能力可以通过福利自由（所反映的是改进自身福利的自由）和主体性自由（推进其认为应该推进的目标和价值取向的自由）来进行描述。尽管前者对公共政策作用更大（例如减少贫困，以消除福利自由中这种主要的剥夺形式），但后者被认为对于个人自身的价值观更有意义。如果一个人对某些目标或行为规则，比对个人福利更为重视，那么这是一个应由其自己作出的选择（除非有某些特殊情况，如精神疾病妨碍了其对优先程度的正常思考）。

这种区别也回答了这样一个问题，那就是：一个人的可行能力是否可以与其福利不一致？确实，由于已经阐述过的原因，主体性自由——这个角度所看待的可行能力——可以与个人对自身福利的追求相左。这种不一致并不难理解。如果主体性的目标与个人福利的最大化不同，那么作为主体性自由的可行能力就可以与福利成就或福利自由的视角不一致。正如在第 9 章“中立缘由的多元性”和本章前面部分所讨论的那样，当更多的可行能力意味着能够对他人生活产生更大的影响时，一个人就可以有充分的理由来利用他这种更强的可行能力——更大的主体性自由——去改善他人的生活，尤其是当后者处于相对弱势时，而不是只着眼于他自身的福利。

鉴于同样的原因，我们也不难理解，从主体性角度看到的一个人的优势，可能与从福利角度看到的优势不一致。例如，当处于英国殖民统治下的印度当局允许莫罕达斯·甘地出门且参加政治活动时，他的主体性自由（还有他的主体性成就）得到了扩展。与此同时，他选择承受的苦难和他为争取印度独立而采取的非暴力抵抗所带来的痛苦，却对他的个人福利造成了明显的不利，但他愿意为此而承担这些。的确，甘地为政治斗争而进行的长时间绝食清楚地反映了他将主体性自由置于比其自身福利更为优先的位置。

具有主体性意义上的更多的可行能力是一种优势，但仅从这个角度而言是如此，而从福利角度而言却不是，至少不一定是。对于那些除了自身利益（有以此为方向的一些思想流派，见第 8 章“理性与他人”）以外，对于再不能从优势的概念中发掘任何其他意义的人而言，他们也许很难理解为什么可以将主体性自由看作人的一种优势。但是我们不必一定要成为甘地（或马丁·路德·金，或纳尔逊·曼德拉，或昂山素季（Aung San Suu Kyi））那样的人，才能认识到人的目标和优先排序可以远远超越个人福利的狭隘局限。

注释

1. See John E. Roemer, *Theories of Distributive Justice* (Cambridge, MA: Harvard University Press,1996). 在该书中，作者对不同的正义理论进行了逻辑严谨的批评，并提出了他对于当代政治哲学和福利经济学中研究正义理论的主要方法的合理评价。

2. Richard Easterlin, 'Will Raising the Income of All Increase the Happiness of All?', *Journal of Economic Behaviour and Organization*, 27 (1995).也见伊斯特林对于收入与幸福之间不一致， 以及通过提高收入以及其他方法来增进幸福的深刻论述：" Income and Happiness: Towards a Unified Theory", *Economic Journal*,111(2001)。See also Bernard M. S. van Praag and Ada Ferrer-i-Carbonell, *Happiness Quantified: A Satisfaction Calculus Approach* (Oxford : Oxford University Press, 2004).

3. Tibor Scitovsky, *The Joyless Economy* (London: Oxford University Press, 1976).

4. Richard Layard, *Happiness: Lessons from a New Science* (London and New York: Penguin, 2005), p. 3.

5. Ibid., p. 113.

6. Ibid.

7. See Robert Nozick, *Anarchy, State and Utopia* (New York: Basic Books, 1974); Ronald Dworkin, *Sovereign Virtue: The Theory and Practice of Equality* (Cambridge, MA: Harvard University Press, 2002).

8. Lionel Robbins, 'Interpersonal Comparisons of Utility: A Comment', *Economic Journal*, 48 (1938).

9. Kenneth J. Arrow, *Social Choice and Individual Values* (New York: Wiley, 1951; 2nd edn, 1963).
10. Ibid. p. 9.
11. On this issue, see also my *Choice, Welfare and Measurement* (Oxford: Blackwell, 1982; Cambridge, MA: Harvard University Press, 1997), and 'Social Choice Theory', in K. J. Arrow and M. Intriligator (eds), *Handbook of Mathematical Economics* (Amsterdam: North-Holland, 1986).
12. Layard, *Happiness: Lessons from a New Science* (2005). See also Daniel Kahneman, 'Objective Happiness', in Daniel Kahneman and N. Schwartz (eds), *Well-being: The Foundations of Hedonic Psychology* (New York: Russell Sage Foundation, 1999), and Alan Krueger and Daniel Kahneman, 'Developments in the Measurement of Subjective Well-being', *Journal of Economic Perspectives*, 20 (2006). On related issues, see van Praag and Carbonell, *Happiness Quantified: A Satisfaction Calculus Approach* (2004).
13. Layard, *Happiness* (2005), p. 4.
14. 我在其他地方对此有过更为充分的讨论，详见"Economic Progress and Health", with Sudhir Anand, in D. A. Leon and G. Walt (eds), *Poverty, Inequality and Health* (Oxford: Oxford University Press, 2000), 以及"Health Achievement and Equity : External and Internal Perspectives", in Sudhir Anand, Fabienne Peter and Amartya Sen (eds), *Public Health, Ethics and Equity* (Oxford: Oxford University Press, 2004)。
15. See, particularly, Arthur Kleinman, *The Illness Narratives: Suffering, Healing and the Human Condition* (New York: Basic Books, 1988) and *Writing at the Margin: Discourse between Anthropology and Medicine* (Berkeley, CA: University of California Press, 1995).
16. 我在1984年的 Dewey Lectures 中曾对这四种类别之间的差异进行过讨论，见"Well-being, Agency and Freedom: The Dewey Lectures 1984", *Journal of Philosophy*, 82 (1985)。我在 *Inequality Reexamined* (Cambridge, MA: Harvard University Press, and Oxford: Oxford University Press, 1992) 中，对这些差异以及它们各自的应用范围有过论述。

第14章

平等与自由

平等不仅是18世纪欧洲和北美革命运动最重要的诉求之一，而且其重要意义自启蒙运动之后也获得了全世界的一致认同。我曾在早先的《不平等之再考察》（*Inequality Reexamined*）一书中讲到以下事实，那就是近代受到支持和拥护的每一个关于社会正义的规范理论，都要求在某些事物上实现平等，这些事物是该理论所重视的内容。[1]尽管这些理论极为纷繁多样（如关于平等的自由、平等的收入或平等对待每个人的权利或效用），而且相互之间会产生争论，但它们都具有在某些方面（各种方法的重要特征）要求实现平等的共同特征。

平等主要出现在政治哲学家的著作中，这些政治哲学家通常被认为是“平等主义者”，或在美国被称为“自由主义者”，如约翰·罗尔斯、詹姆斯·米德、罗纳德·德沃尔金、托马斯·内格尔、托马斯·斯坎伦等。也许更重要的是，即使是那些不认同“平等的正当理由”并对“分配公正”的重要性产生质疑的人，也曾要求过基本的平等。例如，罗伯特·诺齐克也许并不认同效用平等（如詹姆斯·米德那样），或者平等地持有基本品（如约翰·罗尔斯那样），然而诺齐克要求自由权利的平等，即任何人都不应该比其他人有更多的自由权利。詹姆斯·布坎南，“公共选择理论”的奠基人（在某些方面以其保守立场与社会选择理论相对立），对于平等的主张持怀疑态度，事实上却将人人平等的法律和政治制度烙印在理想的社会状态中。[2]每一种理论总会在某些“领域”提出对于平等的要求（即通过该学者提出的某些概念），而这些领域往往被视为在那种理论中占据中心地位。①

那么，以上归纳是否适用于功利主义呢？我们很容易对此作出否定的回答，因为功利主义者一般而言并不希望不同人的效用取得平等。他们所希望得到的是效用总和的最大化，而不关心其分配。这使他们看上去并不像平等主义者。然而功利主义者也寻求一种平等，即将所有人视为同质的，使其效用上的损益毫无例外地具有同等的重要性。通过对每个人的效用收益赋予相同的权重，功利主义也采用了某种形式的平等主义。有人因此提出，正是这种平等主义的特征与功利主义“对所有主体的平等利益给予平等的权重”（引用当代著名的功利主义者理查德·黑尔（Richard Hare）的话）的基本原则，和功利主义要求对“所有人的利益赋予同样的权重”（引用另一位当代著名的功利主义者约翰·豪尔沙尼的话）之间产生了关联。[3]

各种理论均要求某些方面的平等，而且这些方面在各个理论中都占有重要地位，那么这种形式上的相似性是否具有任何意义呢？很容易认为这一定只是一种巧合，因为这种相似性完全是形式上的，而在“什么的平等”这一实质内容上却不然。然而，这些理论都需要以平等作其立论的基础，表明了它们对于非歧视的普遍重视，而这可以被看作受到以下考量的推动，即如果一种规范性的理论没有对于平等的基本要求，那么这种理论可能会因主观臆断且不免偏颇。在这里，人们似乎认识到，

---

① 在 *Rescuring Justice and Equality*（Cambridge，MA：Harvard University Press，2008）一书中，科恩对于罗尔斯在其差异原则中以激励为由允许不平等存在进行了批评，对此我在本书前面部分曾进行过评述（见第 2 章）。可将其视为批评罗尔斯在对绝对正义进行定义时，未能充分严肃地论述基本品均等化的重要性。科恩并未否认在实际政策的制定中存在行为与其他的限制，他对罗尔斯的批评仅仅是关于后者对于绝对公正社会的先验描述。正如前面所讨论的，罗尔斯的思想中显然具有非先验主义的元素，这从以下事实可以得到反映，即他并未将后契约世界中的行为要求予以拓展，来假设不存在激励的行为。

需要有某种形式的公平来使一个理论具有生命力。[①] 套用托马斯·斯坎伦的观点，即认为应该以那些不能“合理地拒绝”的原则作为评价标准，那么在可接受与非歧视之间可能也存在很强的关联。这就要求人与人之间至少应该在某个基本层面上保持平等，而拒绝接受这一点则会产生重大的影响。[②]

·平等、中立与其实质内容·

前面章节中所阐述的可行能力方法建立在这样的认识基础上，那就是：真正关键的问题是“什么的平等”，而并非我们是否在任何方面都需要平等。[③] 这并不意味着后一个问题不重要，对于某个方面平等要求的广泛共识也不意味着这一认识就是正确的。我们当然可以认为所有这些理论都是错误的。但什么使得平等这一各种理论所共有的特征听起来如此言之凿凿？对于这个宏大的问题我们很难在这里给出全面的回答，但是值得我们去思考答案可能存在的方向。

我认为，视人人为平等（在某些重要的方面）的这一要求，与对中立和客观的规范性要求是相联系的。当然，这不能作为完整独立的回答，因为人们要求公正与客观的合理理由也需要答案（第 5 章给出了关于这个问题的一些思考）。但对于这一问题的审思最终会有助于我们理解，为什么每一个关于正义的主要理论都试图在某一基本层面上（“基本”是对于每一种理论而言的）视人人为平等。

由于对“什么的平等”这一问题有着不同的回答，仅仅平等主义本身显然也不能作为“完整的”答案。事实上，正是因为不同的理论学者

① 这种认识与第 5 章“中立与客观”中的论述相关。

② 前面第 5～第 9 章中已讨论过斯坎伦的标准。

③ 关于这一问题的重要性以及能力对于回答这一问题的作用，1979 年我在斯坦福大学的 Tanner Lecture 中所作题为“Equality of What?”的演讲中曾经论述过。该演讲后来以同样的标题收录于 S. McMurrin（ed.），*Tanner Lectures in Human Values*，vol. I（Cambridge：Cambridge University Press，1980）。

推崇的是平等的不同方面，才使得“他们在关注平等上具有基本相似性”这一事实不易得到广泛的注意，然而这一相似性具有重要的意义。

我将引用威廉·莱特温（William Letwin）编著的文集《反对平等》（*Against Equality*）中有趣而重要的文章，来对这一问题予以进一步说明。[4]在其中一篇颇有说服力的文章里，哈里·法兰克福（Harry Frankfurt）反对“将平等作为道德理想”（equality as a moral ideal），并对他称为“经济平等主义”（economic egalitarianism）的主张，即“人人都希望有同样数量的收入和财富（简称‘钱’）的教义”进行了有力的批驳。[5]尽管在表达时，法兰克福称其反对的是“将平等作为道德理想”，但他实际上是用这个一般性的表述来指代一种具体版本的“经济平等主义”。“这种版本的经济平等主义（简称‘平等主义’）可能会形成一种教义，即在钱的分配上不应存在不平等。”通过对这种平等具有内在重要性的观点予以批驳，以及表明其违背了重要的价值观，即在其他更为重要的方面对所有人给予平等的关注，法兰克福的论述可以被看作打破了对于经济平等主义的单一诠释。因此，选择平等的方面对于法兰克福论述的展开极为重要。[6]

可以将这扩展为更一般的模式，即认为某种方面的平等违背了在其他更重要方面的平等。从这个角度看，关于分配问题的争辩并不是关于“为什么要平等”，而是围绕“什么的平等”这一问题展开的。由于我们关注的领域（明确提出平等诉求的领域）传统上与政治、经济或社会哲学中对于平等的要求相关，因此这些领域中的平等（如收入、财富、效用）就戴上了“平等主义”的帽子，而其他领域的平等（如权利、自由或被认为是人们最需要的东西）看上去倒像是反平等主义的主张。但是我们不应被这些传统的描述所迷惑，必须看到所有这些理论都只是在某些领域内要求平等，并在那个领域内坚持平等优先的同时，对在其他（在其看来较为次要）领域内的平等要求持有不同的——或明显的或隐含的——看法而已。

·可行能力、平等与其他关注·

既然平等如此重要，而可行能力又是人类生活的核心特征之一（正如我在本书前面所论述的那样），那么我们是否应该要求可行能力的平等呢？我必须指出，答案是否定的。这是出于几个原因。当然，我们可以重视可行能力的平等，但那并不意味着即使在其与其他的重要考量产生冲突时，我们也必须要求可行能力的平等。尽管可行能力的平等很重要，但它并非总是要“凌驾”于其他重要的但可能与之产生冲突的考量（包括平等的其他重要的方面）之上。

第一，我一直强调，可行能力只是自由的一个方面。它与实质机会相关，但对于与正义相关的程序公平和公正却关注不够。尽管可行能力这一概念在对机会意义上的自由进行评价时具有相当大的价值，但难以通过它对程序意义上的自由展开论述。可行能力是个人所特有的优势，尽管它也包含了相关过程的某些特征（如第 11 章所揭示的），但对于该过程的公平和公正，或者公民利用公正程序的自由，却语焉不详。

让我用一个听上去让人不那么舒服的例子对此予以说明。一个现在已广为人知的事实是，在接受同等医疗保健服务的情况下，女性的寿命通常比男性更长，在各个年龄段的死亡率都更低。如果我们一味关注可行能力（而忽视其他问题），尤其是长寿的可行能力的平等，就可能会要求对男性给予比女性更多的医疗保健服务，以抵消其在这一方面天然的不足。但是对于同样的一个健康问题，给予女性的医疗保健服务比男性要少，就可能公然违背程序公正的一个重要要求（即在生与死的问题上对所有人一视同仁），而且在这个问题上，认为自由的程序方面的平等应该优先于机会方面的平等，包括寿命的平等，并不是不合理的。

尽管可行能力视角对于判断人的实质机会非常重要（如我所阐述的，在判断机会分配的公正时也要优于其他着眼于收入、基本品或资源的方法)，但这并不否认，我们在评价公正时更需要注意自由的过程方面。① 一个关于公正的理论——或更一般地说，一个关于社会选择的规范理论——必须同时注意到相关程序的公平，以及人们所能享有的实质机会的公正与效率。

事实上，可行能力只是一种对人的优势和弱势进行合理评价的视角。这一视角本身具有内在的意义，而且对于有关公正的理论以及道德和政治评价的理论而言，也是极为重要的。但是公正也好，道德与政治评价也好，都不能仅仅关注个人在社会中的总体机会和优势。② 程序公平和交易公平，这样的主题已超越了个人的总体优势而涉及其他方面的关注，尤其是对于程序的关注，仅仅着眼于可行能力将无法对这些方面进行充分的论述和阐明。

这里的核心问题是平等的多个维度。无论是经济优势、资源、效用，还是生活质量或可行能力，哪一个方面都不能代表平等的全部内涵。对于从单个方面来认识平等的要求（这里指的是可行能力视角），我深表疑虑，而这只是对一元平等观更广泛的批评的一部分。

第二，尽管我对自由在判断个人优势以及评价平等时的重要性作过论述，但是判断分配问题还存在其他的要求，很难将这些也看作要求不同的人都享有平等的自由。的确，正如引言中提及的三个小孩围绕长笛展开争辩的例子所揭示的那样，其中一个小孩提出长笛是他自己亲手制作的，这一缘由使我们很难轻易地忽视。在这种对劳动赋予重要的地位，并认为报酬也应该与劳动相联系的推理中，蕴涵了诸如剥削等规范性的概念，这对于盲从于可行能力平等而无视其他方面的认识而言，无疑是一种有益的叫停。[7]关于对体力劳动者的剥削和劳动所得报酬不公的著述，采用的都是这种视角。

---

① 按照这种逻辑，我们也可以对人权内容作出类似的分析和结论。这将在第 17 章“人权及其全球性”中予以讨论。

② 的确，即使就罗尔斯对各种公正问题的论述而言，能力也只是对应于其差异原则中判断相对优势时所用的基本品。这就遗漏了包括个人自由和程序公平在内的其他问题。

第三，由于可以从不同角度——如福利自由和主体性自由（第13章“幸福、福利与可行能力”对此已有讨论）——对可行能力进行定义，因此可行能力可以有多种解读。而且正如已经阐述过的，由于我们对其不同的内容或功能赋予的权重可以有合理的变化（或不可避免的模糊），即使是对某个具体方面的可行能力（如主体性或福利）进行的排序也不需要产生一个完整的序列。尽管部分排序完全可以用于判别某些，尤其是极端情况下的不平等，但对其他情况下的不平等却不一定能作出很明确的判定。这并不是说我们不用去减少可行能力上的不平等。那当然是一个重要的问题，但是也有必要看到，作为公正要求的一个部分，可行能力平等的适用范围是有限的。

第四，平等并不是一个关于公正的理论需要关注的唯一价值，甚至不是可行能力视角的唯一主题。如果我们将对于社会公正的考量简单地划分为总量和分配两类，那么作为一种评价优势和劣势的重要方法，可行能力视角对以上两类问题都有涉及。例如，我们可以不从推动可行能力平等，而从拓展全体成员的可行能力（即使在分配上没有取得改进）的角度，为一项制度或政策进行很好的辩护。可行能力的平等，或者更现实的是可行能力不平等的减少，当然值得我们关注，但是社会全体成员的总体可行能力的提升同样值得关注。

尽管我们对完全局限于可行能力平等，或局限于更为一般的对于可行能力的考量持否定态度，但这并不是要贬低可行能力对于公正概念的重要意义（前面，尤其是第11～第13章对此已有讨论）。在对社会公正中一个非常重要的要素进行合理追求的同时，并不排斥其他的事物，这将在推动公正的进程中继续发挥关键的作用。

·可行能力与个人自由·

正如在第2章中所讨论的，在超越约翰·罗尔斯差异原则中的基本品，并运用可行能力这一影响深远的概念来处理分配问题时，我们并不想质疑罗尔斯在其他问题上的分析。这些问题包括自由的优先性，而这正是罗尔斯正义论的第一原则。

诚如我已阐述的那样（第 2 章“罗尔斯及其超越”），有充分的理由对个人自由给予实际的优先（不必像罗尔斯那样，采用极端的字典式的排序）。赋予自由以某种特殊地位——一般意义上的优先位置，不仅仅是将自由的重要性视为影响个人优势的诸多因素之一。像收入和其他基本品一样，自由当然是有实际用处的，但这不是其重要性的全部所在。自由在一个非常基本的层面上对我们的生活产生影响，它要求他人尊重这些人人都有的非常个人化的关注。

当我们在评价公正的过程中，为某一具体的目的对基本品和可行能力这两种视角进行比较，也就是在对总体个人优势进行比较的基础上评价一般性的分配问题时，记住两者之间的区别是十分重要的。这当然是罗尔斯差异原则的主题，但只是罗尔斯整个正义理论的一部分。当我们提出，正如我所主张的那样，可行能力可以比基本品更好地判断不同人的总体优势时，我们并不是说可行能力视角是无所不能的，甚至可以取代罗尔斯理论的其他内容，尤其是自由的特殊地位和对于程序公正的要求。在这一点上，可行能力并不比基本品更具优势。基本品和可行能力之间的比较只是在一个很有限的领域内进行的，即评价个人所具有的总体优势。

既然我对罗尔斯第一原则背后的推理——所有人平等享有的个人自由的优先性——基本上是赞同的，那么有必要看一下这种优先性是否一定如罗尔斯所说的那般绝对。尽管对于自由的侵犯是很重大的事情，但为什么总是认为这要比一个人遭受饥饿、疾病和其他灾难更重要呢？正如第 2 章“罗尔斯及其超越”所阐述的，我们需要将赋予自由的某种优先（既然自由对于我们的个人生活如此重要，那么就不应该仅仅将其视为“基本品”这个大口袋中的一部分），与必须给自由标上字典式的优先这种极端要求区分开来。因为后者会认为，哪怕只获得最微小的自由（无论其多么微不足道），都足以成为在良好生活的其他方面作出巨大牺性的充分理由（无论这种牺牲有多么大）。

罗尔斯令人信服地阐述了自由的重要性，却在差异原则的表述中给自由贴上了绝对优先的标签。正如在第 2 章中所阐述的那样，差异化权重赋值的数学原理允许在自由没有任何权重的一个极端和自由具有压倒一切的优先性的另一个极端之间，存在许多中间的可能性。就“自由的优先性”（priority of liberty）而言，我们可以是前一种意义上的“罗尔斯主义者”，而不必采取后一种极端的认知。

个人自由在一个特定的情况下能够被赋予的优先程度当然可以是一个好的公共理性的主题，但在我看来，罗尔斯的主要成功之处在于展示了为什么就一般而言，个人自由必须在公共理性中被赋予主导地位。他的论述有助于形成这样一种认识，那就是：在我们生活的这个世界上，公正要求我们对我们都享有的自由给予非常特殊的关注。① 这里值得注意的是，自由在一个公正的社会秩序中的地位不仅仅限于像收入或财富那样，只是个人优势的一部分。即使本书所强调的是以可行能力形式体现的实质自由的作用（偏离了罗尔斯的思想），也不是意在否定自由的特殊地位。②

·自由的多面性·

鉴于自由在有关正义理论中以不同形式呈现出的重要性，我必须对其内容进行更为细致的考察，而这正是争议的真正所在。“自由”与

---

① 在这里，共同享有（而不是一部分人享有）十分重要。玛丽·沃斯通克拉夫特曾批评爱德蒙·伯克支持美国独立但并未提出奴隶的自由问题，对此前文进行过讨论（第 5 章“中立与客观”）。

② 在我的论文“The Impossibility of a Paretian Liberal”，*Journal of Political Economy*，78（1970）所呈现的社会选择结果中，自由的优先性起着重要的作用。对此，约翰·罗尔斯在其论文“Social Unity and Primary Goods”，in Amartya Sen and Bernard Williams（eds），*Utilitarianism and Beyond*（Cambridge：Cambridge University Press，1982）中曾有过精彩评论。我在本章后面部分将会对此予以讨论。

“自主”这两个词被用于很多方面，因此有必要进一步阐述一下它们各自的领域。

第11章“生活、自由和可行能力”对自由的机会与过程这两个方面的区别进行了探讨。除了已经讨论的机会与过程这两个方面外，还可以通过其他方面来发现自由的多面性。获得有理由想要获得的事物的自由，与很多因素相关联，它们对于不同的自由概念有着不同的意义。

一个人能否获得他有理由选择的事物，这一问题对这里所讨论的自由概念至关重要，可行能力则是这种自由概念的一部分。① 但是偏好可以通过不同的方式产生影响。第一，一个人可以通过他自身的行为来引发其所选择的结果，即产生某种特定的后果，这是直接控制的情形。第二，还可以有更多的情形能使一个人的偏好产生效果——通过直接控制或者他人的帮助。通过“间接权力”导致所希望的结果，这样的例子不仅包括通过律师、忠诚的朋友或其他关系而产生行为等简单的情形，还包括更为复杂的情况，如在具有充分的知识和理解的前提下，医生为病人作出的决定所导致的结果也是病人所希望看到的，这也是一个关于有效权力的问题。由于自由往往只被看作控制，看作自己去做某件事情的选择，因此需要对通过间接控制施加的有效权力的重要性加以进一步的讨论。

许多自由都是我们通过直接控制以外的方式在社会中享受的。[8]例如，在一个意外事故中昏迷的伤者无法决定要对自己做些什么，但只要医生知道病人如果清醒的话会选择什么，并作出了这种选择，那么病人的自由就没有受到侵犯。如果医生是按照病人应有的意愿进行相应选择的，那么在“有效权力”的意义上，病人的自由事实上得到了维护。[9]这与他（即医生）所理解的病人福利是完全不同的两个问题，尽管医生也

① 在将自由视为一种能够导致某人有理由期盼的结果的能力时，当然会有一个深层的问题，即此人是否有充分的机会来理智地思考他真正想要的是什么。的确，理智评价（reasoned assessment）的机会不能不说是任何实质自由的重要组成部分。正如在第8章“理性与他人”中所讨论的，这是评价偏好和选择的理性的核心问题。

可以按照后一原则来进行选择。尊重病人的自由往往与提高病人的福利状况有着同样的要求，但两者不一定总是一致的。例如，医生可以尊重一个无意识的病人作出拒绝使用通过残忍的动物实验获得的药物的决定，虽然在医生看来使用那种药物会对病人更为有利。以福利作为行为准则可以不同于——可能根本区别于——病人自身有效自由的要求。

有效自由的概念还可以延伸到更为复杂的社会情形，例如，市政当局通过流行病学调查来设法消灭当地的传染性疾病（这是当地居民所希望的）。有效性的概念可用于群体及其成员，尽管在这里有效自由采取的是社会（或者说合作）形式，但这仍是有效性的一种，其中的任何个人都无法控制社会决策。以下两种情形是有显著区别的：一是当局制定某项政策的理由是，该政策正是当地居民所需要的且会选择的；二是在当局看来，该政策会提高当地居民的福利。后者当然也是一个充分的理由，但它并不等同于前者（尽管两者之间可能存在因果关系，如对于福利的考虑可能会影响当地居民作出的选择）。

在以下两种情形之间，存在显著差异：一是某种结果的产生恰恰是由于相应的偏好，而且该偏好可能与其他有关人员的偏好一致（例如，某人与当地其他人一样，都希望消灭传染病，这种偏好最终可能指导公共政策）；二是某人由于运气的缘故而得到某种结果。由于这样或那样的原因，某人所希望的事情恰恰发生了。这也是一种实现，但是并不一定就是个人偏好的有效表达，因为个人的优先排序对于所发生的结果可能没有影响（可能完全不是个人或者群体的愿望引致该结果的产生）。在这种情形下，不仅没有控制（无论是直接还是间接），而且也不存在任何形式的权力实施，以产生与偏好相一致的结果。某些结果可能是偏好产生的，但某些结果却未必。

例如，某人的宗教活动可能恰好与国家所希望推行的相一致，尽管其偏好并未对国家决策产生任何影响，此人因此可能会认为其宗教偏好得以实现。看起来在这种运气使然的过程中并没有可以称为“自由”的内容。从引致某种具体结果的角度来说——无论是通过直接还是间接控制，这种对于其中是否存在自由的怀疑是有道理的，因为此人只是处于一个有利的条件下，而不是以有效的方式得到了他所希望得到的事物。[①] 然而，此人能以自己所喜好的方式来生活的自由，与其他异教徒可能会面临国家对其宗教活动的阻碍形成了鲜明对比（也许在另一个时代，此人会不幸遭遇宗教裁判）。能够按照自己喜好的方式来生活是一种重要的自由，尽管在这个例子中没有真正意义上的选择自由（即与此人偏好的具体内容无关）。例如，当莫卧儿王朝的国王阿克巴以立法形式宣布其支持自由的决定时，即无人"因宗教缘由受到干涉，任何人都可被允许选择其愿意信奉的宗教"，他保证了许多人的有效自由。的确，大多数人之前都因自己不是穆斯林而受到歧视。然而如果阿克巴作出不同的选择，也无人可以阻止他。

这种区分与这里将要讨论的主题有关，涉及一般意义上的可行能力与没有依附的可行能力之间的对比，在通过其"共和"（republican）观来阐述自由问题的过程中，菲利普·佩迪特也对此予以了强调。但是我希望以上讨论有助于使我们认识到，需要从多个侧面，而不是只从一个角度来看待自由。

·可行能力、依附与干预·

一些人将"自由"与"自主"这两个词语混用，视二者具有同样的含义。然而在罗尔斯对于自主优先的论述中，特别关注个人生活中的自由，尤其是不受包括国家在内的他人干涉的自由。罗尔斯没有停留在人们可以做什么的层面上，而是进一步考察了人们自主地按照自己所希望的方式生活的重要性，尤其是不受他人干涉的自主。当然，这也是约

---

① 菲利普·佩迪特是持这种观点的。他仅仅从"不依赖于内容"（content-independent）的角度来看待自由（这样，一个人的有效性一定与此人所希望得到的事物无关）。See *Republicanism：A Theory of Freedom and Government*（Oxford：Clarendon Press，1997），and 'Capability and Freedom：A Defense of Sen'，*Economics and Philosophy*，17（2001）.

翰·斯图尔特·穆勒的开创性著作《论自由》(*On Liberty*)的主题。[10]

在一些关于自由的理论(如被称为“共和”或“新罗马”的理论)中,自主不仅被定义为一个人能够做什么,而且包括要求他人不破坏此人的这种能力,即使他人有这种意图。按照这种观点,一个人的自主即使在没有干预的情况下也有可能受到威胁,而这仅仅是由于另一个人的支配权的存在妨碍了此人按照自己意愿行动的自由,即使那种干预权并未获得行使。[11]

菲利普·佩迪特从“共和”的角度来反对将自由视为可行能力的观点,因为一个人可以具备做许多事情的可行能力,但这种可行能力取决于“他人的恩惠”(favour of others)。如果一个人的实际选择(或成就)具有这种依附性,那么他并不是真正自由的。佩迪特解释道:“想象你有意在A和B之间作出选择,两种选择都具有实质意义,且与其内容无关。但你能否表达出具有决定意义的偏好取决于周遭人的善意……可以说你有这种偏好,但偏好是否获得表达取决于他人的恩惠。”① 当然,自由地做想做的事而不受他人的影响(他人的想法因此而显得并不重要),这使得一个人的实质自由更加牢固,而在做某事的自由取决于他人的帮助或宽容时,或有赖于自己和他人的意愿恰好一致时(“碰巧发生”)时,这种特性是并不存在的。举一个极端的例子,我们完全可以说,即使奴隶的选择不与奴隶主的意愿发生冲突,前者依然是奴隶。

共和观的自由理念无疑是重要的,它捕捉到我们对于自由诉求的直觉感受的一个方面。我所不赞同的,是这种自由理念可以取代可行能力视角下的自由理念。两种理念都是成立的。这不应成为一个非此即彼的

① Philip Pettit, 'Capability and Freedom: A Defense of Sen', *Economics and Philosophy*, 17, 2001, p. 6. 我这里评述的并不是佩迪特分析中的“辩护”部分,而是他对于能力视角的批评。他认为能力应该沿着“共和”观的方向延伸,这样那些依赖于友善的能力不会被算作真正的自由。佩迪特将此看作能力视角的自然延伸和辩护(在我看来):“在我读到的内容中,森的自由理论与共和方法有共同之处,都强调自由与非依赖的关联”(第18页)。我也认同这种关联,但是必须指出两个概念——共和与基于能力的自由观——都有其价值,因为它们反映了自由多元概念的不同方面。

问题，除非我们坚持从一个角度来诠释自由，而这是我已经予以批驳的。

试想一位在没有帮助的情况下无力完成某事的残障人士 A，面临三种不同的情形。①

情形 1：没有人帮助 A，她因此而无法出门。

情形 2：A 总是受到当地社会保障机构安排的援助者（或者善意的志愿者）的帮助，她也因此完全能够在任何时候出门和自由行动。

情形 3：A 拥有酬劳的较高仆人，仆人遵照（也必须遵照）她的指令，她也因此完全能够在任何时候出门和自由行动。

从可行能力方法所定义的“可行能力”角度来看，情形 2 和情形 3 对这位残障人士而言是十分相似的（仅指残障人士的自由，而不涉及仆人，后者会涉及其他问题），且都以同样的方式与情形 1 形成了对比。在情形 1 中，A 不具备这种可行能力。因为一个人能做什么会产生实际的影响，所以在能做某事与不能做某事之间，显然有实质性的区别。

然而共和论的方法会认为，情形 1 和情形 2 中的残障人士都是不自由的：在情形 1 中，是因为她不能完成她想要完成的（即出门），在情形 2 中，是因为她完成想要完成的事情的能力（即出门）是“背景依赖”（context-dependent）的，即有赖于社会保障机构的存在，甚至是“恩惠依赖”（favour-dependent）的，即有赖于他人的善意和慷慨（借用佩迪特所作的区别）。我们当然可以说，情形 3 中的 A 拥有情形 2 中所不具有的自由。共和论的方法捕捉到了这个差别，因此也就有了可行能力方法所不具备的鉴别力。

然而这些都没有抹杀可行能力方法所重视的一种差别：这个人能否

① 这个例子改编于我对佩迪特的文章，以及另外两篇在 *Economics and Philosophy*，17，2001 上分别由伊丽莎白·安德森（Elizabeth Anderson）和托马斯·斯坎伦撰写的有趣且重要的论文的“回应”。

完成这些事情？在情形 1 一边，与情形 2 和情形 3 构成的另一边之间，存在一个极为重要的对比。在前一种情形中，A 缺乏出门的可行能力，因此在这个方面是不自由的，而在后两种情形下，她拥有在任何时候出门的可行能力和自由。这正是可行能力方法所要捕捉的，也是我们需要认识，并在公共政策制定中给予特殊注意的重要差别。将情形 1 和情形 2 都归于不自由的一类，而不作进一步区分，会让我们在面对残障问题时导向这样一种观念，即提供制度化的社会保障和建设一个具有支撑力的社会对于人的自由没有意义。对于一个正义理论而言，这将是巨大的缺陷。

确实，在许多情况下，了解一个人是否有能力去完成她想去完成的和有理由去完成的事情尤其重要。例如，父母个人也许并不能为自己的孩子开办学校，因此有赖于公共政策，而后者可能会由许多影响因素来决定，如国家和地方政治。但是在那个地区设立一所学校可以被看作增加了孩子们接受教育的自由。否认这一点可能会错失一个重要方法来认识自由背后有着理性与实践的自由。这个例子与该地区没有学校或没有接受教育的自由的情形构成了鲜明的对照。这两种情形之间的区别十分重要，这也正是可行能力方法的着眼之处，尽管在任何一种情形中，个人都无力在没有获得国家或他人支持的条件下开办学校。我们生活在这样一个世界中，完全没有他人的帮助或善意行为的情况几乎不存在，而这有时也许根本不是我们所需要做到的最重要的事情。

如果我们只能接纳“至多一种理念”，那么关于自由的可行能力方法与共和方法之间的矛盾就不可避免。尽管自由作为一种理念具有不可简化的多种要素，但当我们就某一方面去寻求对于自由的认识时，这种矛盾就会产生。[①] 我认为，共和论的自由是对可行能力视角的补充，而

① 佩迪特显然拥护一元论，他认为这是对于自由的全面认识：“这里所持的立场将有助于全面地思考自由，而不是以一种割裂的方式”（*A Theory of Freedom*，2001，p. 179）。佩迪特这里所谈的是另一种不同的二元性，包含了如自由意志这样的问题，但是其评论也可用于一种具体的内部对比——他称之为“割裂”，即共和方法与能力方法之间的对比。

不是对后者作用的否认。

然而，自由的多面性还不止于此。我们还可以围绕一个人缺乏可行能力是不是由于他人的干预造成的，来讨论自由的问题。这一点前面已经提到过。我们着眼的并不是有效干预的能力，无论是否行使了那种干预——那是共和论的关注点，而是这种干预的实际使用。潜在与实际干预之间的区别是很明显的，这一点引起了现代政治思想的先驱托马斯·霍布斯的注意。尽管霍布斯在其早期思想中表达了对“共和”或“新罗马”观的支持（当时英国政治思想中相当普遍的一种方法），但昆廷·斯金纳（Quentin Skinner）的研究令人信服地表明，霍布斯对于自由的认识建立在非共和观的基础上，所关注的是是否存在事实干预。[①] 因此，将他人的干预作为侵犯自由的核心特征是霍布斯的思想。

在自由的概念中包含几个完全不同的特征并无不妥，这几个特征分别集中于可行能力、无依赖性、无干预等几个方面。[12]对于希望从单个教条来理解自由的“真正”实质的人们而言，他们也许低估了自由与非自由进入我们感知、判断和评价的多种不同的方式。正如威廉·柯珀（William Cowper）所说：“只要是奴隶，无论他多么知足，都不可能知道自由可以显示出的万千魅力。”当涉及不同的概念问题时，一千条概念可能难以驾驭，但是将自由的几个不同方面看作互补的而不是对抗的，却不应该那么困难。每个关于公正的理论可以就其中的一方面展开论述。本书中讨论公正问题的方法，为公正评价所固有的多面性特征留出了空间。自由的多个方面可以存在于这个内涵丰富的框架之中。

---

① See Quentin Skinner, *Hobbes and Republican Liberty* (Cambridge: Cambridge University Press, 2008). 甚至在其早期著作《法的要素》(*Elements of Law*, 1640) 中，霍布斯就表达了自己对于以下观点的反对，即当不存在实际干预的情况下，自由也会受到侵犯。但他在该书中并未建立另一套理论。当他写作《利维坦》(*Leviathan*, 1651) 时，对于共和观的否定显露无遗，此时他已建立了一套不同的以事实干预为核心的方法。的确，正如斯金纳所说，“霍布斯是自由的共和论的最可怕的敌人，他对共和观的批判在英美政治思想史上具有划时代的意义”(*Hobbes and Republican Liberty*, p. xiv)。

·帕累托自由的不可能性·

正如已经阐述过的，一个人按照自己所希望的那样去影响结果的可行能力，也是自由的重要部分之一。在对于结果的认识中，可以包含导致最终状态——终极结果——的相关的实质过程（这种包含过程的结果观称为“全面的”结果观）。在关于社会状态的社会选择理论中（如第4章所讨论的），以结果为导向的自由观尤其引人注意。社会选择理论中对许多有关自主与自由的问题的讨论都是在这个框架下进行的。

有一个相当简单的定理，叫作“帕累托自由的不可能性”（the impossibility of the Paretian liberal），它的产生催生了相关研究的开展。这个定理描述的是，如果人们有偏好，那么帕累托的最优要求与个人自由的最低要求之间是矛盾的。[13]我无意在这里证明这个定理，而是想通过以下一个常用的例子来予以说明。有一本所谓的色情书和两个可能的读者。① 其中名叫普鲁德的人不喜欢这本书，也不会去读它，但是他更不愿意有其他人如卢德去读，尽管后者喜欢这本书（普鲁德尤其反感卢德对着书中内容发笑）。另一方面，卢德想读这本书，但是更希望普鲁德能读它（卢德对此感到很苦恼）。

那么，正如我们在印度常说的，“该怎么办?”按照自由原则，两个人都不去读这本书的情况是不存在的，因为卢德显然想读，而普鲁德对此无权干预。同样，普鲁德读这本的情况也是不存在的，因为他显然不想读，而卢德无权对这个与其无关的选择施加影响。唯一剩下的选择是卢德读这本书。而如果每个人单独决定读还是不读，这正是最后会出现的结果。然而，如果按照所描述的偏好，两人都会选择普鲁德读这本书，而不是卢德读这本书，那么自行选择的结果与按照两人偏好确定的

① 在20世纪60年代早期，我曾天真地将D. H. 劳伦斯（D. H. Lawrence）的《查太莱夫人的情人》（*Lady Chatterley's Lover*）用作例子。企鹅出版社在此之前刚在英国胜诉，被允许出版此书，这一事件对我产生了影响。

帕累托原则是不一致的。然而除此之外的两种情况又都违反了最低自由原则，而由于每一种选择都不是最优，因此没有任何一种选择可以满足社会选择的指定要求。这就是同时满足帕累托最优和最低自由原则的不可能性。

这种不可能性，和社会选择理论中的其他不可能定理一样，都只是我们讨论应该如何处理选择问题的开始，而不是任何论述的终结。它也确实起到了这个作用。一些学者在这个不可能定理的基础上提出，为了使自主性更有效，人们应该尊重他人自行选择的自由，而不应该把注意力更多地放在他人的选择上（像普鲁德和卢德那样）。[14]还有一些人通过数学结果提出，有时不得不背离被传统福利经济学视为教义的帕累托原则。[15]其原因在于，这里的个人偏好是狭义利他的，而这种利他的动机又会受到以下情形的影响，即如约翰·斯图尔特·穆勒所说："一个人对自己观点的感觉，和另一个人受到这种观点冒犯的感觉，这两者之间是不一致的。"① 还有一些学者提出，一个人的自由权利应该取决于他的偏好中是否存在对于他人自由的尊重。[16]

还有一些其他的解决方法。其中已经讨论很多的一个被称为"共谋解决"（solution by collusion）。其内容是，如果相关各方能达成一个帕累托改进协议，即普鲁德通过自己读这本书来防止卢德读它，那么问题可以得到解决。② 这样的一种解决方法有什么意义呢？[17]

首先，存在一个方法上的问题。帕累托改进协议永远只是帕累托无效状态下的一种可能，并不意味着可以解决个人选择带来的帕累托无效的局面。这种"解决"方法还存在一个问题：帕累托改进协议也许无法实行，因为有很强的激励不按协议执行。[18]这也许并不是反对这个解决

① 必须承认，对于无条件地接受帕累托原则的优先性进行质疑，是我列举此结论的主要动因。See also Jonathan Barnes, 'Freedom, Rationality and Paradox', *Canadian Journal of Philosophy*, 10 (1980); Peter Bernholz, 'A General Social Dilemma: Profitable Exchange and Intransitive Group Preferences', *Zeitschrift für Nationalökonomie*, 40 (1980).

② 许多学者都已找到这个方法，最近的是 G. A. Cohen, *Rescuring Justice and Equality*, 2008, pp. 187-188。

方案的主要依据（主要原因可能与交易双方在提出和接受协议背后的推断有关），却是实际采纳这一方案之前应该予以考虑的因素之一。我们必须考虑这样一个协议的可信度，以及保证其执行的难度（即如何确信普鲁德真的读了该书而不是好像读了）。

这并不是普通的问题，但也许更为重要的是，为强制执行协议所采取的手段（例如，警察保证普鲁德确实认真读了这本书而不是敷衍了事），尽管是以自由的名义，其自身却极大地、令人心寒地破坏了自由。对于那些旨在寻求一个自由的解决方案，却需要对个人生活采取强制行为的人而言，他们一定有着奇怪的对自由社会的设想。

当然，如果人们自愿遵守协议，就不需要这种强制措施。如果个人偏好对其选择有决定作用（没有因受到任何其他因素的影响而变化，这在第 8 章中已有讨论），这种可能性就不存在，因为普鲁德根本不会去选择读这本书（在没有强制措施的情况下）。另一方面，如果偏好仅仅代表了人们的愿望（不一定是其选择），这可能更合乎本例的实际，那么当然可以认为，即使普鲁德和卢德都希望不按协议行事，他们也不一定真的就会这么去做。因为他们既然签署了协议，就有理由不受个人愿望的驱使行事。但如果涉及这个问题，而且也允许实际行为与主观愿望相左，那么我们可以对这个“共谋解决”提出一个更为基本的问题：我们为什么还要假设普鲁德和卢德会选择事先达成一个协议呢（尽管他们可能希望得到相应的结果，可以简单地视作“最终结果”）？

我们完全不清楚普鲁德和卢德达成这么一个奇怪的“利他”社会协议的原因。普鲁德为了防止卢德读该书而同意去读这本他所厌恶的书，反过来卢德为了让不想读该书的普鲁德去读而同意不去读这本他喜欢的书。如果人们能够重视他们自己的事情而不是根据自己的愿望行事，那么事实上也就不需要这个奇怪的协议了（参考“我认为安如果与杰克离婚会更幸福，我希望她这么做，于是我要介入其中并告诉她应该这么去做”）。自由的方式是读自己喜欢读的，也让他人去读他们喜欢读的，这样就不需要为达成一个协议而再费周折。共谋解决的方式很难称得上是一个解决方案。

出于某些无法解释的原因，一些学者似乎认为问题在于权利是否可以“让与”（即允许人们进行某种权利的交易）以及相关人员是否应该被允许达成这样的协议。[19]我认为，我们没有理由去反对在双方同意的基础上进行这类权利的交换。的确，一般而言，人们不需要其他人的（或社会的）允许就能达成这样的协议。但他们需要缘由，这也正是困难所在。正如一些人所认为的那样，这个协议是实现和维系帕累托效率的唯一方法，并将此作为需要协议的理由，这无疑会招来进一步的质疑，因为我们讨论不可能定理的动因之一正是反思和评价帕累托效率优先。

真正的问题在于，我们是否有充分的理由在最初形成一个协议，之后再履行这个协议。当然，认真地对愉快或愿望实现（忽略关注自己的事情这一原则）进行最大化，可以成为寻找和接受这个协议的部分原因。但是这也可以成为普鲁德和卢德违背协议的很好理由（因为他们自身的偏好即是如此），他们在签署协议的时候也必须考虑到这一点。更为重要的是，即使对于以愿望为基础的选择来说，我们必须对以下两种愿望加以区别，一是对于某人应该以某种方式行动的愿望（例如，卢德的愿望是普鲁德读这本书），一是对于协议的愿望，这个协议将强制某人必须以某种方式行动（例如，卢德希望普鲁德签订一个协议，使后者去读一本他自己不会去读的书）。如果我们从“全面”的角度来看待结果，会发现这两种愿望不尽相同。① 的确，卢德对于普鲁德读该书的愿望并不意味着对于获得一份具有强制力的协议也存在同样的愿望。不能仅参照关于无协议时个人行为的简单愿望而忽略这份协议带来的问题。

像更为著名的阿罗不可能定理一样，我们最好将帕累托自由的不可能性看作对公共讨论的补充，将原来不被关注的问题带入我们的视野。

---

① 这里涉及本书前面部分（引言，尤其是第 7 章）所讨论的“全面”（comprehensive）视角与“终极”（culmination）视角之间的区别。

正如前文所说的（第 4 章“声音与社会选择”），这是社会选择理论在阐明相关问题和鼓励对于这些问题的公开讨论方面所发挥的主要作用之一。这种功能是本书论述公正问题所用方法的核心。

·社会选择与博弈形式·

30 多年前，罗伯特·诺齐克提出的一个重要问题，是关于帕累托自由的不可能性以及关于社会选择理论中自由的表达。

> 当我们将一个人进行选择的权利作为在社会排序中对这些选择进行相对排序的权利看待时，问题就产生了……一个更恰当的个人权利观是这样的：个人权利的实现建立在合作的基础上，每个人都可以按他所选择的方式行使他的权利。这些权利的行使就形成了这个世界的某些特征。在这些特征所限定的范围内，如果还有需要作出的选择，那么这些选择可以通过基于某种社会排序的社会选择机制来产生！权利并不决定社会排序，而是通过排除某些选择，圈定其他一些选择等方式，来设定进行社会选择的限制范围。任何合法的模式都是在社会选择的范围之内，因此也受到个人权利的限制。我们还能以其他的方式来认识森的结论吗？[20]

诺齐克因此将自由的权利表述为赋予个人对于个人决定的控制权，“每个人都可以按他所选择的方式行使他的权利”。但是这里并没有对于结果的任何保证，只是行为选择的权利。

事实上，这种以过程为导向的自由观提供了对于权利问题的另一种思路。顺着这条思路，在其后的著述中又产生了许多回应和进一步的发展。其复杂之处在于相互依赖的问题：一个人做某事的权利可能被看作取决于其他某件事的发生或不发生。如果将我加入其他正在唱歌的队伍的权利，与无论什么情况下我都唱歌的权利（例如，无论其他人在唱歌、祷告、进餐，还是演讲）区分开来，就必须通过与他人的选择之间的关系（在这一背景之下）来定义我可以采取的策略。既然权利是以结果来表述的（与策略的组合相联系），社会选择机制就可以很轻松地处理这种相互依赖性。而以过程为导向的自由观试图采用“博弈形式”（game forms）的概念来实现类似的功能（放弃了诺齐克将自由视为个人的权利，并孤立地加以定义的方法）。[21]

在以博弈形式进行的表述中，每个人都有一套可采取的行为或策略，从中每个人可选择一种。结果取决于每个人的行为或策略选择。自由的要求是通过对于可采取的行为或策略的限制（我们能做什么），而不是可接受的结果（我们得到什么）来阐明的。这个结构是否可以用来充分地阐述自由的内容呢？当然，它捕捉到了我们认识行为自由的一种方式。然而，自主和自由所关注的不仅是各自的行为，而且包括这些同时进行的选择所产生的结果。①

自由中的相互依赖问题，对于讨论“侵入性行为”尤为重要。试想一个不吸烟的人对于避免被动吸烟的权利。当然，这是一种对于结果的权利，任何完全脱离结果的对于自由的认识都是不充分的。博弈形式的表述必须从可接受的结果“向后”推演出导致这种结果的策略组合。因此，它是以间接的方式来研究这个问题的。程序要求是对策略选择进行限制，而不是拒绝被动吸烟这种可能的结果。我们可以分别尝试以下策略的有效性：

- 如果有人反对，则禁止吸烟；
- 如果有其他人在场，则禁止吸烟；
- 无论是否有其他人在场，公共场所一律禁止吸烟（其他人则无须躲避）。

如果较轻的限制没有使避免被动吸烟的自由得以实现，我们逐步提高对吸烟者的要求（这在一些国家的立法史中确已发生）。我们这里当

① “社会现实”的重要性在前面已作过讨论，尤其是通过正理与正义的对比（第1～第6章与第9章）。

然是在不同的“博弈形式”之间进行选择，但这种选择是以其能否有效地实现自由为原则的。

毫无疑问，博弈形式的特点之一在于，它能够注意到相互依赖性并防止他人的侵入性行为。可采取的博弈形式必须以直接或间接的方式通过不同人的策略组合所产生的结果得出。如果所选择的博弈形式背后的驱动力是这样一种认识，即如果导致受害人非自愿“被动吸烟”，则吸烟不被允许，或者前者必须离开以避免被动吸烟，那么对于博弈形式的选择确实取决于社会选择理论的关注焦点，也就是所产生的社会现实（或全面结果）的本质。我们必须同时考虑到行为的自由以及结果的本质，从而充分地认识自由。

这里讨论的结果是，平等和自由的内容博大精深，都具有不同的维度与方面。我们有理由不去采取一些狭隘和单一的平等或自由观，那样会忽略了平等和自由对于其他事物的关注。这种多元性也有必要成为正义理论的一部分，而这样一个理论必须注意到每一个这样的宏大理念——自由与平等——所涉及的若干不同方面。

注释

1. *Inequality Reexamined* (Cambridge, MA: Harvard University Press, and Oxford: Oxford University Press, 1992).
2. See Robert Nozick, 'Distributive Justice', *Philosophy and Public Affairs*, 3 (1973), and *Anarchy, State and Utopia* (Oxford: Blackwell, 1974); James Buchanan, *Liberty, Market and the State* (Brighton: Wheatsheaf Books, 1986), and 'The Ethical Limits of Taxation', *Scandinavian Journal of Economics*, 86 (1984). See also James Buchanan and Gordon Tullock, *The Calculus of Consent* (Ann Arbor, MI: University of Michigan Press, 1962).
3. Richard Hare, *Moral Thinking: Its Level, Method and Point* (Oxford: Clarendon Press, 1981), p. 26; John Harsanyi, 'Morality and the Theory of Rational Behaviour', in Amartya Sen and Bernard Williams (eds), *Utilitarianism and Beyond* (Cambridge: Cambridge University Press, 1982), p. 47.
4. William Letwin (ed.), *Against Equality: Readings on Economic and Social Policy* (London: Macmillan, 1983).
5. Harry Frankfurt, 'Equality as a Moral Ideal', in Letwin (ed.), *Against*

Equality (1983), p. 21.

6. 雷蒙德·格斯（Raymond Geuss）对主流政治哲学进行了有力的批驳，他指出过去许多关于正义的理论都对不同等待遇提出过主张和要求，而不是予以回避："罗马法典明确地将广泛接受的'直觉'写入其中，即视奴隶具有任何权利违背公正的基本原则"（Geuss, *Philosophy and Real Politics* Princeton，NJ: Princeton University Press, 2008), p. 74)。格斯的观点固然有一定道理（他对于权力不平等的分析指出了一个重要问题），但也需要区别拒绝将平等作为原则，和法兰克福以其他的中立价值，包括以他所认为的重要领域内的平等为理由来反对某些狭窄领域内的平等。

7. 这一问题上的马克思主义视角在莫里斯·多布(Maurice Dobb）的著作里被很好地阐述：*Political Economy and Capitalism* (London: Routledge, 1937）和 *Theories of Value and Distribution since Adam Smith: Ideology and Economic Theory* (Cambridge: Cambridge University Press, 1973)。也见科恩的著述：*Karl Marx's Theory of History: A Defence* (Oxford: Clarendon Press, 1978), and *History, Labour and Freedom: Themes from Marx* (Oxford: Clarendon Press, 1988)。我也在以下文章中对劳动价值论的描述性和评价性内容进行过分析：" On the Labour Theory of Value: Some Methodological Issues," *Cambridge Journal of Economics*, 2 (1978)。

8. On this, see my 'Liberty and Social Choice', *Journal of Philosophy*, 80 (1983), and *Inequality Reexamined* (Oxford: Clarendon Press, and Cambridge, MA: Harvard University Press, 1992)。

9. 对于这种"有效性"及其在现代社会中的作用，可见我的论文" Liberty as Control: An Appraisal", *Midwest Studies in Philosophy*, 7 (1982)。

10. John Stuart Mill, *On Liberty* (London: Longman, Roberts and Green, 1869). See also Friedrich Hayek, *The Constitution of Liberty* (Chicago, IL: University of Chicago Press, 1960).

11. See Philip Pettit, 'Liberalism and Republicanism', *Australasian Journal of Political Science*, 28 (1993); *Republicanism: A Theory of Freedom and Government* (Oxford: Clarendon Press, 1997); and *A Theory of Freedom* (Cambridge: Polity Press, 2001); and Quentin Skinner, *Liberty before Liberalism* (Cambridge: Cambridge University Press, 1998).

12. 我曾在1984年的 Dewey Lectures 中对这种多元性作过阐性，发表在 "Well-being, Agency and Freedom: The Dewey Lectures 1984", *Journal of Philosophy*, 82 (1985)，见其中的第三个演讲。

13. That was presented in my 'The Impossibility of a Paretian Liberal', *Journal of Political Economy*, 78 (1970), and in *Collective Choice and Social Welfare* (San Francisco, CA: Holden-Day, 1970, and Amsterdam: North-Holland,

1979), Chapter 6.
14. See particularly Christian Seidl, 'On Liberal Values', *Zeitschrift für Nationalökonomie*, 35 (1975).
15. See Kotaro Suzumura, 'On the Consistency of Libertarian Claims', *Review of Economic Studies*, 45 (1978); and Peter Hammond, 'Liberalism, Independent Rights and the Pareto Principle', in J. Cohen, (ed.), *Proceedings of the 6th International Congress of Logic, Methodology and Philosophy of Science* (Dordrecht: Reidel, 1981), and 'Utilitarianism, Uncertainty and Information', in Amartya Sen and Bernard Williams (eds), *Utilitarianism and Beyond* (Cambridge: Cambridge University Press, 1982).
16. See Julian Blau, 'Liberal Values and Independence', *Review of Economic Studies*, 42 (1975); Michael J. Farrell, 'Liberalism in the Theory of Social Choice', *Review of Economic Studies*, 43 (1976); Wulf Gaertner and Lorenz Kruger, 'Self-Supporting Preferences and Individual Rights: The Possibility of a Paretian Liberal', *Economica*, 48 (1981).
17. 在下文中，我引用了"Minimal Liberty", *Economica*, 59 (1992) 对此问题的讨论。
18. See Roy Gardner, 'The Strategic Inconsistency of Paretian Liberalism', *Public Choice*, 35 (1980); Friedrich Breyer and Roy Gardner, 'Liberal Paradox, Game Equilibrium and Gibbard Optimum', *Public Choice*, 35 (1980); Kaushik Basu, 'The Right to Give up Rights', *Economica*, 51 (1984).
19. See Brian Barry, 'Lady Chatterley's Lover and Doctor Fischer's Bomb Party: liberalism, Pareto optimality, and the problem of objectionable preferences', in Jon Elster and A. Hylland (eds), *Foundations of Social Choice Theory* (Cambridge: Cambridge University Press, 1986); and R. Hardin, *Morality within the Limits of Reason* (Chicago, IL: University of Chicago Press, 1988).
20. Robert Nozick, *Anarchy, State and Utopia* (New York: Basic Books, 1974), pp. 165–6. 所提到的结论是指帕累托自由的不可能性。
21. See particularly Peter Gardenfors, 'Rights, Games and Social Choice', *Nous*, 15 (1981); Robert Sugden, *The Political Economy of Public Choice* (Oxford: Martin Robertson, 1981), and 'Liberty, Preference and Choice', *Economics and Philosophy*, 1 (1985); Wulf Gaertner, Prasanta Pattanaik and Kotaro Suzumura, 'Individual Rights Revisited', *Economica*, 59 (1992).

第四部分

公共理性与民主

第15章

作为公共理性的民主

在奥尔德斯·赫胥黎（Aldous Huxley）的小说《针锋相对》（*Point Counter Point*）中，主人公西德尼·夸尔斯（Sidney Quarles）经常从家乡艾塞克斯前往伦敦，表面上看是去大英博物馆从事古印度民主的研究工作。当谈及公元前4世纪和前3世纪统治印度的封建王朝时，他向妻子雷切尔（Rachel）解释说，“这是玛雅时代的地方政府”。然而雷切尔一眼就看出这是西德尼为欺骗她而精心谋划的策略，因为她猜测他去伦敦的真正原因是为了和他的一个新情妇待在一起。

奥尔德斯·赫胥黎向我们讲述了雷切尔·夸尔斯是怎样估计事态发展的。

> （西德尼）去伦敦愈加频繁，并且在那里待的时间越来越长。在他第二次去伦敦的时候，雷切尔已经开始伤心地怀疑西德尼是否已经有了新情妇。在他第三次从伦敦回来的几天后，也就是他第四次去的前一天晚上，他开始特意抱怨古印度民主历史的高度复杂性，雷切尔才确信他已经有了新情妇。她非常了解西德尼，从而可以确信，如果他真的在阅读古印度方面的书籍，是不会在饭桌上谈论其困难的。无论如何，不会这么长久地谈论，也不会如此勉强地谈论。西德尼就像乌贼喷射墨汁那样，用一些迷惑人的说辞来掩饰他的行动。在那些关于古印度的障眼法背后，（西德尼）希望能够

悄无声息地溜到镇里去。[1]

赫胥黎的小说表明雷切尔的估计是正确的。西德尼掩饰的真正原因就是她曾经怀疑过的事情。

“墨汁”所引发的迷惑与本书的主题有重大联系。当我们假设不仅在西方，诸如古印度等其他地方也有民主的经验时，是在误导自己吗？也许这与西德尼想误导雷切尔的方式不完全相同。认为民主未在除了欧洲以外的世界其他地方获得发展的观念非常普遍，并且经常被表达出来。这种观念也经常被用来解释当代事件，比如，对伊拉克在遭受军事打击之后所面临的巨大困难和问题，有时并没有归咎于2003年因信息不畅和缺乏足够理由的军事打击，而是归咎于一些臆想出的困难，即认为民主和公共理性不适合用于像伊拉克这样的非西方国家的文化与传统。

近年来围绕民主问题所采用的修辞，使得这一问题变得十分复杂。在那些想把民主“强加”给非西方世界国家（当然，那些人认为符合这些国家的“自身利益”）的人和那些反对这种“强加”（由于尊重这些国家的“自身道路”）的人之间，存在着越来越多无法厘清的分歧。但是双方所使用的关于“强加”的表述都是很不恰当的，因为这其中隐含着一种假设，即认为民主只属于西方，把民主看作仅仅源于西方并且发展于西方的典型的“西方”理念。

然而以上观点，以及由此产生的对于世界上民主实践的可能性的悲观看法是很难站得住脚的。即使是如雷切尔所称的“关于古印度的迷惑说辞”，也并非都是虚构的，因为事实上古印度在地方民主方面有过好几次尝试（现在就更多了）。的确，要了解世界民主的根源，我们必须对世界各个地方的人们参与和公共理性的历史有所了解。我们不应该仅仅从欧洲和美洲的角度来看待民主的演化。如果我们把民主看作一种西方特有的文化产物，我们将很难理解对于参与式生活方式的普遍需求，亚里士多德对此曾有过深刻的论述。

当然，毋庸置疑的是，当代民主实践的制度结构主要是过去几个世纪欧洲和美洲经验的产物。[1] 这种认识是极其重要的，因为这些制度形式的发展具有巨大的创造性和有效性。毫无疑问，这是“西方”的一大主要成就。

然而，正如伟大的美国民主历史学家亚历克西斯·德·托克维尔（Alexis de Tocqueville）早在19世纪初指出的，尽管在欧洲和美洲发生的“伟大的民主革命”是“一个新兴事物”，这也是“历史上已知的最持久、最古老、最永恒的趋势”的表现。[2] 即使是托克维尔关于这种激进主张的进一步阐述并没有超越欧洲的范围，也没有上溯到12世纪以前，但他的主要观点却包含了一种更加广泛的相关性。在评价支持民主和反对民主的各种声音时，我们必须充分注意到在世界不同地方不断出现的参与式治理的吸引力。可以肯定的是，这种参与式治理一直以来都遭到抵触，却不断在挑战一种不经审思的观念，即认为专制在世界大部分地区都是不可触动的。具有完备制度形式的民主存在于这个世界的时间并不算长，其实践才仅有几个世纪，然而正如托克维尔所说，这表现了具有更久远历史和更广泛空间范围的社会生活的趋势。民主的批评者，不管他们如何激烈地反对，必须找到某种方式来面对参与式治理的巨大吸引力。这在今天看来仍然有重要意义，并且难以抹杀。

·民主的内容·

从本书前面几章可以清楚地看出，理解公共理性对于理解正义是多

---

① 正如约翰·邓恩（John Dunn）在其一本富有启发性的书籍（*Democracy*：*A History*（New York：Atlantic Monthly Press，2005），p. 180）中关于民主制度史的论述：

> 对于作为一种治理形式的代表民主，你可以追溯到18世纪80年代，在地图上标记其发展拓展的范围，你将看到不仅其制度形态日益趋同，而且与其对抗的其他各种国家形式逐渐遭到淘汰，尽管其最初也有很大的影响。在这整个时期内，治理形态的发展首先是由欧洲人引领的，随后在世界范围内传播，其中欧洲和美国先后运用强大的军事和经济力量予以推行。

② 见托克维尔的《论美国的民主》，第1页。乔治·劳伦斯（George Lawrence）将其翻译成了英文（*Democracy in America*（Chicago，IL：Encyclopaedia Britannica，1990））。

么重要。这种认识使我们把正义观念和民主实践联系起来，因为在当代政治哲学中，认为最好是将民主看作“协商式治理”的观点获得了广泛的支持。就像我们在引言中提到的，这一称谓可能首先是由沃尔特·白哲特提出的，但主要是约翰·斯图尔特·穆勒对这种观点进行了很好的阐发和辩护。①

当然，关于民主更古老更正式的观点，是将民主主要视为选举和投票，而不是作为这种广泛意义上的协商式治理。然而在当代政治哲学中，民主的内涵被极大地拓展了，民主不再仅仅被看作对于公共投票的要求，而是在更广泛的意义上，被看作如约翰·罗尔斯所说的“公共理性的实践”（the exercise of public reason）。的确，罗尔斯[2]和哈贝马斯[3]的作品，以及包括布鲁斯·阿克曼（Bruce Ackerman）[4]、塞拉·本哈比（Seyla Benhabib）[5]、约书亚·科恩（Joshua Cohen）[6]和罗纳德·德沃尔金[7]等人作品在内的许多新近的著述，都引发了这种对于民主认识的巨大转变。从“公共选择”（public choice）理论的先驱詹姆斯·布坎南的著作中也可以看到类似的对于民主的诠释。[8]

罗尔斯在其《正义论》一书中首先就强调：“协商式民主概念的定义就是协商本身。当公民进行协商时，他们对相关的公共政治问题相互交换意见，并提出支持理由来为其观点辩护。”[9]

就如罗尔斯自己指出的那样，哈贝马斯对公共理性的认识在许多方面都要比罗尔斯广泛。[10]在哈贝马斯的阐述中，民主要比它在罗尔斯等人的其他方法中，具有更加直接的程序形式，尽管罗尔斯和哈贝马斯在描绘公共理性的过程和结果时（如在第 5 章所讨论的），他们所采用的程序特征之间的明显差别可能会有点令人困惑。然而哈贝马斯在阐明公

---

① 在我只能将其描述为一次“名不副实”（unjustly famous）的演讲中，克莱门特·阿特利（Clement Attlee）于 1957 年 6 月在牛津引用了这个对于民主的具体描述。对于这样一个很大的议题，他忍不住开了一个小玩笑——我想如果你是第一次听到的话，会觉得很有意思：“民主意味着协商式治理，但是只有当你能去阻止人们交谈的时候，它才会起作用”（1957 年 6 月 15 日《泰晤士报》报道）。

共理性的广泛应用，尤其是关于政治语境中“正义的道德问题”（moral question of justice）和“权力与压制的工具问题”（instrumental questions of power and coercion）的同时存在上，作出了毋庸置疑的贡献。①

在对于公共理性的本质和结果的争论中，双方都存在对于彼此的误解。比如，尤尔根·哈贝马斯认为，约翰·罗尔斯的理论“将自由权利置于优先位置，而将民主过程降至次要地位”，并将自由主义者所需要的“宗教与信仰自由、保护生命、人身自由、财产”列入其权利表单中。② 然而，这里包含的财产权与约翰·罗尔斯表明的一贯立场并不一致。事实上，正如在我所看到的约翰·罗尔斯的任何一本书中，他都未对一般意义上的财产权进行辩护。③

显然，可以有各种不同的方式来看待公共理性在政治和协商道德中的作用。④然而，我在这里要阐释的主要观点不受这些差别的影响。更

① 对于关于公共理性的概念和作用的三种截然不同的一般方法，哈贝马斯进行了很有见地的评论。他将他的“程序协商观”（procedural-deliberative view）和他所称的“自由”和“共和”观进行了对比（见其“Three Normative Models of Democracy”, in Seyla Benhabib (ed.), *Democracy and Difference: Contesting the Boundaries of the Political* (Princeton, NJ: Princeton University Press, 1996)）。See also Seyla Benhabib, ‘Introduction: The Democratic Moment and the Problem of Difference’, in *Democracy and Difference* (1996), and Amy Gutmann and Dennis Thompson, *Why Deliberative Democracy?* (Princeton, NJ: Princeton University Press, 2004).

② Jürgen Habermas, ‘Reconciliation through the Public Use of Reason: Remarks on John Rawls's Political Liberalism’, *Journal of Philosophy*, 92 (1995), pp. 127-8.

③ 哈贝马斯的判断也许是受到这样的事实影响，即罗尔斯为激励机制留下了空间，而这使财产权发挥了工具作用。在其绝对公正的制度安排中，出于激励的原因，罗尔斯的确允许不平等的存在，因为这能提升最弱势群体的福利。我在第2章“罗尔斯及其超越”中回应科恩对于罗尔斯公正原则的这一特征所进行的批评时（见他的 *Rescuing Justice and Equality*, 2008），曾讨论过这个问题。在绝对公正的社会中是否应该存在基于激励的不平等，这当然是一个有争议的问题，但罗尔斯并未像罗伯特·诺齐克那样，将无条件的财产权作为自由权利的一部分（*Anarchy, State and Utopia*, 1974）。

④ See Joshua Cohen, ‘Deliberative Democracy and Democratic Legitimacy’, in Alan Hamlin and Philip Pettit (eds), *The Good Polity* (Oxford: Blackwell, 1989); Jon Elster (ed.), *Deliberative Democracy* (Cambridge: Cambridge University Press, 1998); Amy Gutmann and Dennis Thompson, *Why Deliberative Democracy?* (Princeton, NJ: Princeton University Press, 2004); James Bohman and William Rehg, *Deliberative Democracy* (Cambridge, MA: MIT Press, 1997).

重要的是，所有这些新贡献都有助于形成这样一种普遍认识，即对于民主更广泛理解的核心问题是政治参与、对话和公众互动。公共理性在民主实践中的关键作用将民主的所有主题与本书的核心主题，即正义，紧密联系起来。如果只有通过公共理性才能评价正义的要求，并且如果公共理性在其建构上就与民主理念相联系，那么正义和民主之间就都具有协商的特征，从而存在密切的联系。

然而当今政治哲学中普遍接受的（尽管政治制度学者并非总是如此）把民主看作“协商式治理”的观念，有时是与现在关于民主的讨论以及民主的旧有形式——更加严密的组织形式——的作用相对立的。以正义为导向的关于民主的制度观仅仅将民主视为投票和选举，这一观念不仅由来已久，而且还受到许多当代政治评论家的大力提倡，其中包括塞缪尔·亨廷顿。他说：“选举，公开、自由和公平的选举是民主的本质，是不可或缺的部分。”[11] 尽管政治哲学中对于民主概念的理解总体上在不断变化，但是即使是现在，许多人还是以相当狭隘的组织形式来回顾民主的历史，尤其是投票和选举的程序。

当然，投票在公共理性过程的表达和有效性方面有着非常重要的作用，但是这并不是唯一重要的问题，而只是民主社会中公共理性运行方式的一部分，我们必须承认这是很重要的一部分。事实上，投票的有效性其自身也极大地取决于与投票同时存在的其他条件，比如言论自由、获得信息的程度以及异议的自由。① 投票本身是远远不够的，这可以从古往今来专制政体中暴君往往在选举中获胜得到充分说明。困难不仅在于选举人在选举时所承受的政治和惩罚性的压力，还在于公众观点的表达会受到以下方面的影响，如新闻审查、信息隔离、恐怖氛围，以及政治对手的压制、媒体的独立性、缺乏基本公民权和政治自由。所有这些使得统治者无须动用武力就可以保证选举按其预想的方式进行。的确，

---

① 关于言论自由的重要性以及美国与此相关的讨论，见 Anthony Lewis，*Freedom for the Thought That We Hate*：*A Biography of the First Amendment*（New York：Basic Books，2007）。

即使在选举过程中不存在蓄意的高压强迫，世界上也有许多独裁者在选举中取得巨大的胜利。这主要是通过压制公众讨论、信息自由和通过制造担忧和焦虑的氛围来实现的。

·民主的有限传统·

即使我们认同对于民主的正确理解与本书所探讨的正义的分析密切相关，那么是不是在思考普遍存在并引起了全世界广泛讨论与争议的正义理念，这一以其民主形式而被视为“西方的”概念时，就没有什么多大困难了吗？可以这样问：我们难道不是在这一过程中将这一纯粹西方的政治组织特征当作世界上通向公平和正义的一般方法吗？既然公共理性对于正义的实践是如此重要，那么作为民主一部分的公共理性被普遍认为是西方的观念而具有地域局限时，我们是否还能对全世界的正义问题进行思考呢？民主基本上是起源于欧洲和美国的一种西方理念，这一得到普遍传播的观念看上去似乎有些道理，但其最终是错误和肤浅的判断。

由于缺乏一个全球性的主权国家（如在引言中讨论的），约翰·罗尔斯和托马斯·内格尔也许不会提倡全球性的正义，但是通过世界范围内民有、民治和民享的公共讨论，来推进全球正义的时候，就不会遇到其他的困难吗？对于开放的中立性的需求，使得全球视角对于在当今世界全面考虑正义问题变得非常必要，这种观点已经在本书中讨论过（尤其是在第5章“中立与客观”和第6章“封闭的中立性与开放的中立性”）。如果这种观点是正确的，而且如果全世界的人被严格分成不同的群体，其中许多都无法参与到任何公共理性之中，那么这种必要性还有可能实现吗？这是一个很大的问题，尽管它具有广泛的经验支撑，但是本书是关于正义理论的，很难对其予以回避。因此，无论是对以投票选举的方式组织的民主传统，还是对以一般的“协商式治理”组织的民主传统进行考察，其是不是典型的“西方的”概念，将是非常重要的。

当我们从公共理性这一更为广阔的视角来看民主时，我们看到的将不只是过去几个世纪以来主要产生于欧美的民生的具体制度特征，而且我们将重新评估世界许多地区不同国家的参与式治理的思想史，而不仅仅只是欧洲和北美。[12]那些对民主是一种普世价值持批评态度的文化隔离主义者，经常指出古希腊，尤其是雅典的独特作用，因为在公元前6世纪时投票以一种特殊的形式出现在那里。

·民主的全球性起源·

古希腊确实非常独特。① 它对民主的形式和我们对于民主内涵的理解都作出了十分巨大的贡献。但是如果将那种经验作为一种明显的证据，来证明民主是一种典型的“欧洲的”或“西方的”理念，这就需要我们对其进行更加批判性的审思，而不只是想当然。理解雅典民主成功开启了公开公共协商的风气，而不只是投票这一点非常重要，而且尽管投票始于希腊，但这种公共讨论的传统（在雅典和古希腊很盛行）有着更为广阔的历史。

即使就投票而言，对选举源于欧洲的文化隔离主义观持支持态度的论调也值得进一步考察。首先，试图不依据思想和行动的确切历史而是依据宽阔的地理区域来定义文明，存在根本上的困难，比如以一种非常总体化的特征来表示“欧洲的”和“西方的”。以这种方式来看待文明分类的话，甚至可以把维京人和西哥特人的后裔也当作古希腊选举传统的合适继承人（因为他们也是“欧洲血统”的一部分）。尽管古希腊人

---

① 古希腊也有各种各样的不同情形使得民主程序的出现成为可能并变得可行。正如约翰·邓恩在深刻的民主史所指出的那样，民主治理“源于2 500年前对于希腊某个地方问题的临时补救措施，曾经短暂地繁荣过，但在之后的2 000年中慢慢消散暗淡”（*Democracy: A History*（2005），pp. 13-14）。尽管我认为从公共理性角度理解的民主并没有如此短暂的兴衰史，但邓恩的观点当然还是可以应用于源于古希腊，并在伊朗、印度、巴克特里亚等国家（受到希腊的影响，下面将会讨论）获得短暂确立，但之后便迅速消退，直到近代才又重新出现的正式的民主制度。

与其东部和南部的其他古文明有着广泛的思想交流（尤其是伊朗、印度和埃及），但他们似乎没有什么兴趣与活跃的哥特人和西哥特人对话。

第二个问题与希腊投票之后实际发生的事情有关。尽管雅典当然是开启投票制度的先锋，许多亚洲地区在随后的几个世纪里也采用了投票方法，而这主要是受希腊影响，但是并没有证据表明，希腊在选举治理上的经验对希腊的西部和罗马，也就是今天的法国、德国和英国产生了直接的影响。相反，雅典民主繁荣之后的若干世纪里，在亚洲，伊朗、巴克特里亚、印度的一些城市将民主的元素融合到市政治理之中。例如，几个世纪以来，位于伊朗西南部的苏萨城（Shushan 或 Susa）都有选举产生的议会、立法会和立法会选举出来的法官。①

古印度市政民主的实践也被很好地记载了下来。这正是西德尼·夸尔斯与雷切尔的对话中所提到的著述，也是西德尼声称自己在伦敦所作研究的主题，他甚至准确地引用了相关作者的姓名。[13]安贝德卡（B. R. Ambedkar），这位 1947 年印度独立后立宪会议的宪法起草委员会主席，就广泛地论述过古印度的地方民主经验对于现代印度的民主设计的影响，如果确实存在这种影响的话。②

事实上，选举制的实践在非西方社会有过一段辉煌的历史，但正是公共理性意义上的广义民主极为清楚地表明，对于民主的文化批判，即将民主看作纯粹的地域现象是完全错误的。[14]尽管雅典在公共讨论方面有非常完善的记录，但公开的协商也在其他几个文明古国盛行过，有时甚至十分突出。例如，一些最早的公开的全体大会的具体目标就是解决在社会和宗教事务方面不同观点之间的争端，印度的佛教“理事会”就

---

① 也见 Radhakumud Mookerji，*Local Government in Ancient India*（1919）（Delhi：Motilal Banarsidas，1958）一书中关于印度地方民主治理的各种例子。

② 事实上，安贝德卡在研究古代印度的地方民主的历史之后，最终发现那些历史——而且地方性的——经验对于设计现代印度的民主宪法而言几乎没有什么价值。他认为“地方主义”导致了“思路狭隘和社群主义”，并认为“这些乡村共和体毁灭了印度”（见 *The Essential Writings of B. R. Ambedkar*，edited by Valerian Rodrigues，Delhi：Oxford University Press，2002，尤其是第 32 篇：“Basic Features of the Indian Constitution”）。

是这样的一个组织。在那里，持有不同观点的信徒聚在一起就他们之间的观点进行辩论，这早在公元前 6 世纪就已经开始了。第一个这样的理事会出现于释迦牟尼圆寂后不久的王舍城（Rajagriha，即现在的拉查基尔（Rajgir)），第二次是 100 年之后在吠舍离（Vaisali）举办的。最后一次发生在公元 2 世纪的克什米尔。

阿育王也曾试图规范并宣传早期的公共讨论规则（19 世纪《罗伯特议事规则》(Robert's rule of order）的一种早期版本），他曾在公元前 3 世纪印度帝国的首都巴特那（Patna，那时叫华氏城（Pataliputra)）主持了第三次也是最大的一次佛教理事会。① 再举另外一个历史事例，日本 7 世纪早期的佛教徒正德王子（Prince Shotoku）是其母亲推古女皇（Empress Suiko）的摄政王，他于公元 604 年制定了《十七条宪法》。这部宪法强调："重大事务的决定不能由一个人单独作出，而应该与许多人共同商议"。这与 7 世纪之后的公元 1215 年签署的《大宪章》的精神不谋而合。[15]一些评论家从这部 7 世纪受佛教影响的宪法中看到，这是日本"逐渐走向民主的第一步"[16]。《十七条宪法》解释说："当别人与我们不一致时，我们不能憎恨。因为每个人都有头脑，每个头脑都有自己的认识。他们认为对的可能是我们认为错的，而我们认为对的也可能是他们认为错的。"的确，在非西方世界的许多国家的历史中，公共讨论的重要性是一个不断出现的主题。

然而，全球历史的这种相关性并不意味着我们无法超越历史，也无法开始一段新的里程。的确，世界各地都需要以不同的方式超越过往。我们不一定非要出生在一个有着悠久民主历史的国度里，才能在今天去选择那样的道路。历史在这方面的重要性在于更为一般性的认识，即已有的传统会继续对人们的观念施加影响，给人以启发或者造成困扰，而无论我们是否受传统的影响，是希望抵制和超越传统，还是（印度诗人泰戈尔讨论得异常清晰）想要审思我们应该从中汲取什么和扬弃什么，

---

① 见第 3 章"制度与人"，也见《惯于争鸣的印度人》(2005)。

我们都无法回避传统对当代的关注和优先考量所造成的影响。[17]

因此，毫不意外的是，尽管今天确实应该更清晰地认识到，在世界各地具有远见卓识和勇敢无畏的政治家所领导的为争取民主而进行的斗争中（如孙中山、贾瓦哈拉尔·尼赫鲁、纳尔逊·曼德拉、马丁·路德·金和昂山素季），对于地方和世界历史的意识发挥着重要的建设性作用。纳尔逊·曼德拉在其自传《漫漫自由路》（*Long Walk to Freedom*）中描述了当他在少年时代看到摄政王在其位于 Mqhekezweni 的府邸所举行的地方会议的纪要的民主特征时，所受到的强烈感染和影响：

> 每一个想要发言的人都发言了。这是民主最纯粹的形式。虽然发言者之间存在着重大的层级差别，但是每个人的意见都得到了倾听，首领与下属、战士与医务人员、店主与农民、地主与劳工……自治的基础是所有人都可以自由地发表他们的观点，而且作为公民，他们的价值是平等的。[18]

曼德拉对民主的理解，几乎没有得益于他在这个由欧洲人领导的种族隔离的国家中所看到的身边的政治实践。或许这里值得回忆的是，这些源于欧洲的人群习惯于以“欧洲人”这一文化词语来称呼自己，而不是“白人”。事实上，比勒陀利亚对曼德拉关于民主的理解也几乎没有什么帮助。从曼德拉的自传里，我们看到他对民主的认识来自他对具有全球性基础的政治和社会平等的思考，也来自他从所在的小镇中观察到的参与式公共讨论的实践。

·中东是个例外吗？·

我们在重新考察过去民主特征的历史背景时，也必须重新评价中东的历史，因为有一种普遍的观点认为，该地区的国家对民主一直都是怀有敌意的。虽然对于阿拉伯世界中为民主而奋斗的人们来说，这种不断为人所称道的观念令人愤怒，而且作为一种对于历史的总结，基本上毫无意义可言。民主作为一种制度体系在过去的中东并不为人重视，这当然是无疑的，但事实上，在世界上大部分地区制度民主都还是一种非常新近的现象。

如果我们依据我们讨论过的广义民主，去寻找公共理性和对不同观点的包容，那么中东确实有着非常辉煌的历史。我们不能把伊斯兰世界短暂的军事斗争和穆斯林民族的久远历史以及穆斯林统治者政治治理的传统混淆在一起。当12世纪犹太哲学家迈蒙尼德被迫从西班牙出走时（当时更具包容性的穆斯林政权已经让位于包容性远逊于它的伊斯兰政权），他并未在欧洲而是在阿拉伯世界一个更为包容的穆斯林王国里寻求庇护，并在开罗的萨拉丁国王（Emperor Saladin）的法庭里获得了一个受人尊敬且有影响力的职位。萨拉丁当然是一位坚定的穆斯林。的确，他在十字军东征中为伊斯兰而战，而狮心王理查德（Richard the Lionheart）是他的主要对手。但是正是在萨拉丁王国，迈蒙尼德确立了他的新事业和影响。对异议的宽容度当然是实践公共理性机会的核心，而且包容的穆斯林政权在其全盛时期提供了中世纪欧洲所压制的自由。

然而，迈蒙尼德的经历并不特殊。的确，尽管当今世界充斥着穆斯林和犹太人冲突的例子，但是在穆斯林对阿拉伯世界和中世纪西班牙的统治过程中，很长时期内都是将犹太人作为社会的一分子来看待，并充分尊重其自由，有时甚至给予其领导地位。[①] 例如，玛丽亚·罗莎·梅诺考尔（Maria Rosa Menocal）在其《异彩纷呈的世界》（*The Ornament of the World*）一书中指出，到10世纪时，在穆斯林的统治下西班牙的科尔多瓦所取得的成就“与巴格达不相上下，或许更胜一筹”，因为它被称为“世界上最文明的地方”。这是阿布杜勒-拉赫曼三世

---

① 这里很重要的是，看到伊斯兰思想遗产是如何对欧洲文化的发展，以及对我们现在经常与西方文明联系在一起的许多特征的出现产生影响的。关于这一点，见 David Levering Lewis, *God's Crucible: Islam and the Making of Europe*, 570-1215 (New York: W. W. Norton & Co., 2008)。

(Caliph Abd al-Rahman Ⅲ) 及其犹太大臣哈斯代・依本・沙普鲁特 (Hasdai ibn Shaprut) 共同影响的结果。[19]

中东的历史和穆斯林民族的历史都包含了大量对于公共讨论和通过对话进行政治参与的历史。在开罗、巴格达和伊斯坦布尔周围的穆斯林王国，或者在伊朗、印度和西班牙，都有许多公共讨论的拥护者。与欧洲相比，它们对不同观点的容忍度往往很高。例如，当16世纪末伟大的莫卧尔君主阿克巴在印度发表了需要宗教和政治宽容的申明时，当他正忙于组织不同信仰者（包括印度教徒、伊斯兰教徒、基督徒、印度拜火教徒、耆那教徒、犹太教徒，甚至无神论者）之间的对话时，宗教裁判在欧洲还十分盛行。当阿克巴正在阿格拉（Agra）发表关于宽容以及宗教和民族之间需要进行对话的演说时，1600年乔尔丹诺・布鲁诺却因异端邪说在罗马被活活烧死。

当前中东，或者有点过于简单地被称为"穆斯林世界"的问题很可能很多，但是正如我在《身份与暴力》(*Identity and Violence*, 2006) 中讨论过的，对产生这些问题的原因进行深入的分析，需要对身份政治的本质和动因有更全面的了解。这需要认识到人们除了宗教身份之外还有其他身份，并认识到这样的事实，即这些身份认知包括从世俗的优先偏好到宗教差异所形成的政治利益许多因素。我们也必须注意到中东与其过去的帝制，以及与西方帝国主义的征服之间的辩证关系，后者对今天仍然有影响。作为思考当今世界政治或全球正义的一种方式，认为"中东注定是非民主的"这种错觉，既令人困惑，又会产生严重的乃至有害的误导。

・新闻与媒体的作用・

因此认为民主是一种西方的思想遗产，具有悠久和独特的历史（在世界其他地方是没有的），这一观点是站不住脚的。即使我们相当狭隘地认为民主就是公共投票，上述观点也难以成立。而当我们从公共理性的角度来看民主时，问题就更为严重了。

推进世界的公共理性需要考虑的一个核心问题是支持自由和独立的媒体，其缺乏使这一问题十分突出。当然，这一局面可以得到扭转。在这里，欧洲和美洲在过去300年里建立起来的传统已经产生了巨大的影响。源自这些传统的教训对整个世界而言都具有革命性的意义，从印度到巴西、从日本到南非，全球范围内都对自由而充满活力的媒体产生了强烈的需求。特别鼓舞人心的是，媒体的覆盖面——有时的确也包括媒体的文化——的变化的速度。①

有好几个因素使得一个健全的不受限制的媒体变得十分重要，厘清这些因素的不同贡献将十分有益。第一个——也许是最基本的——因素是关于一般意义上的言论自由，具体而言，就是新闻自由对我们生活质量的直接贡献。我们有充分的理由去希望相互沟通，去认识我们所生活的世界。新闻自由对于我们能否做到这些的可行能力尤其重要。缺乏自由的媒体和压制人们相互沟通的能力，其后果是直接降低人们的生活质量，即使那些实施压制的独裁国家具有很高的以国民生产总值来衡量的财富。

第二，在传播知识和允许批判性的审思上，新闻发挥了重要的信息作用。新闻的信息功能不仅与专门的报道相关（如关于科学进步或者关于文化创新），而且能使人们及时了解哪里发生了什么。此外，调查性新闻报道可以挖掘出一些易被忽视的，甚至不为人知的信息。

第三，在使被忽视者和弱势人群发出自己的声音方面，媒体自由有着重要的保护功能，这非常有助于人类安全。一个国家的统治者，其生活往往远离贫苦大众的悲惨境遇。他们可能经历过一场国家灾难，如饥荒或者其他的灾害，但并不会有和受害者同样的命运。然而，如果他们必须去面对媒体的公开批评，在无新闻审查的情况下面对选举的话，那么统治者也会付出代价，这就强烈促使他们及时采取行动去避免这样的

---

① 从个人经历出发，我不得不说，1964年第一次访问泰国时，我想象不出当时在那个国家处境艰难的报纸如何能够如此迅速地发展成为现今世界上最有活力的传统媒体之一，这为泰国公共讨论的影响范围作出了巨大的贡献。

危机。在下一章“民主的实践”中我会继续讨论这个问题。

第四，开明而不受限制的价值观形成需要开放的交流和辩论。在这个过程中，新闻自由是至关重要的。的确，合理的价值形成是一个交互式过程，在使这种互动成为可能的过程中新闻起着主要的作用。新的标准和优先次序（如少生孩子以形成较小的家庭的标准或者对需要男女平等的更深刻的认识）通过公共语境浮现出来，而公开讨论又在不同的地区传播新的标准。①

多数原则和保护少数人的权利之间的关系——二者都是民主实践不可或缺的部分——特别依赖于包容性价值观和优先次序的形成。从第14章“平等与自由”所讨论的“帕累托自由的不可能性”这一社会选择结果中得出的一个教训是，在使自由和自主权利与少数服从多数原则相一致的过程中，相互包容的偏好与选择是至关重要的。如果多数愿意支持少数，甚至是持不同意见的个体的权利，那么无须对少数服从多数原则加以限制，自由就可以得到保障。

第五，一个运行良好的媒体在促进公共理性方面一般都起着至关重要的作用，这对于追求正义的重要意义在本书中是一个不断出现的主题。对正义的评价不只是一项孤立的工作，也是一个互动的过程。不难看出，为什么一个自由、有活力、有效率的媒体能够显著地推动这一不可或缺的互动过程。媒体不仅对于民主十分重要，在一般意义上对于正义的追求也是如此。“非协商式正义”（discussionless justice）是一种禁锢的观念。

媒体在多个方面的作用也可以促使制度转型，以改变公共理性的实践。公共理性的效应与力量不仅依赖于对历史传统和信仰的继承，而且依赖于制度和实践所提供的讨论与互动的机会。人们常常引用“古老且不变”的文化因素的说辞，来为某个国家公共讨论的缺失进

① 第4章“声音与社会选择”中已经讨论过交流和讨论在社会选择中的作用。See also Kaushik Basu, *The Retreat of Democracy And Other Itinerant Essays on Globalization, Economics, and India* (Delhi: Permanent Black, 2007).

行“解释”，甚至辩护。与其归咎于文化，不如通过对现代独裁主义——新闻检查、出版管制、镇压异议、取缔反对党以及监禁（或者更糟）持不同政见者——的认识找到真正的原因。扫除这些障碍是民主观念作出的重要贡献。这一贡献具有内在的重要意义，但是进一步而言，如果本书所讨论的方法是正确的，那么这一点对追求正义也同样是非常重要的。

注释

1. Aldous Huxley, *Point Counter Point* (London: Vintage, 2004), pp. 343-344.
2. See particularly Rawls, *A Theory of Justice* (1971), and *Political Liberalism* (1993).
3. Jürgen Habermas, *The Structural Transformation of the Public Sphere* (Cambridge, MA: MIT Press, 1989); *The Theory of Communicative Action* (Boston, MA: Beacon Press, 1984), and *Moral Consciousness and Communicative Action* (Cambridge, MA: MIT Press, 1990).
4. 关于公共理性的所谓的自由理论得到布鲁斯·阿克曼（Bruce Ackerman）的大力支持，见 *Social Justice in the Liberal State* (New Haven: Yale University Press, 1980)。也见其辩辞犀利的文章："Why Dialogue?", *Journal of Philosophy*, 86 (1989)。
5. Seyla Benhabib, *Another Cosmopolitanism* (New York: Oxford University Press, 2006), including her exchanges with Bonnie Honig, Will Kymlicka and Jeremy Waldron. See also Seyla Benhabib (ed.), *Democracy and Difference* (Princeton, NJ: Princeton University Press, 1996). On related matters, see also Elizabeth Anderson, *Value in Ethics and Economics* (Cambridge, MA: Harvard University Press, 1993).
6. See Joshua Cohen and Joel Rogers (eds), *On Democracy* (London: Penguin, 1983), and *Associations and Democracy* (London: Verso, 1995).
7. Ronald Dworkin, *Is Democracy Possible Here? Principles for a New Political Debate* (Princeton, NJ: Princeton University Press, 2006).
8. James Buchanan, 'Social Choice, Democracy and Free Markets', *Journal of Political Economy*, 62 (1954). See also James Buchanan and Gordon Tullock, *The Calculus of Consent* (Ann Arbor, MI: University of Michigan Press, 1962).
9. John Rawls, *Collected Papers* (Cambridge, MA: Harvard University Press,

1999), pp.579–580. See also his *A Theory of Justice* (1971), *Political Liberalism* (1993), and *Justice as Fairness: A Restatement* (2001).
10. John Rawls, 'Reply to Habermas', *Journal of Philosophy*, 92 (March 1995).
11. Samuel Huntington, *The Third Wave: Democratization in the Late Twentieth Century* (Norman, OK, and London: University of Oklahoma Press, 1991), p. 9.
12. 我已经在以下著述中讨论过这些更广泛的联系,见'Democracy as a Universal Value', *Journal of Democracy*, 10 (1999); 'Democracy and Its Global Roots', *New Republic*, 6 October 2003; *Identity and Violence: The Illusion of Destiny* (New York: W. W. Norton & Co., and London and Delhi: Penguin, 2006), pp. 51–5。
13. 奥尔德斯·赫胥黎显然很熟悉古印度城市民主实践方面的文献，这从西德尼·夸尔斯向他的妻子所说的他要去大英博物馆研究的内容可以看出来。
14. 我在 *The Argumentative Indian* (London and Delhi: Penguin, and New York: Farrar, Straus and Giroux, 2005), and *Identity and Violence: The Illusion of Destiny* (New York: W. W. Norton & Co., and London: Penguin, 2006) 中，对这个问题进行过更全面的讨论。
15. 关于这些传统更充分的讨论以及相关的原始资料，见 *The Argumentative Indian* (2005) 以及 *Identity and Violence* (2006)。
16. See Nakamura Hajime, 'Basic Features of the Legal, Political, and Economic Thought of Japan', in Charles A. Moore (ed.), *The Japanese Mind: Essentials of Japanese Philosophy and Culture* (Tokyo: Tuttle, 1973), p. 144.
17. See Ramachandra Guha, 'Arguments with Sen: Arguments about India', *Economic and Political Weekly*, 40 (2005), and Amartya Sen, 'Our Past and Our Present', *Economic and Political Weekly*, 41 (2006).
18. Nelson Mandela, *Long Walk to Freedom* (Boston, MA, and London: Little, Brown & Co., 1994), p. 21.
19. Maria Rosa Menocal, *The Ornament of the World: How Muslims, Jews, and Christians Created a Culture of Tolerance in Medieval Spain* (Boston, MA, and London: Little, Brown & Co., 2002), p. 86.

第16章

民主的实践

1943年10月16日，加尔各答的报纸《政治家》(*Statesman*) 以尖锐的文字写道："印度事务大臣所了解的情况居然是错误的。"[①]它进一步写道：

> 除非有线报道对其不公平，他周四告诉国会，他知道包括加尔各答在内的孟加拉邦每周的死亡人数（被认为是死于饥荒）大概是1 000人，但是事实上死亡人数可能要多得多。所有公开的现有数据都表明确实要多得多，他的幕僚应该为其提供充分的了解渠道。[②]

两天之后，孟加拉邦的省长拉瑟福德（T. Rutherford）写信给印度事务大臣说：

> 您在众议院关于死亡人数的发言大概是基于我与总督的谈话，

---

① 与本书的其余部分相比，本章主要是经验性研究。正如我已经讨论过的，对政治哲学中的一些核心问题的理解，使我们能够对那些影响社会实现的因果关联进行解读：从正义中得出正理观。民主是怎样运作的以及如何评价民主的缺失，是本章主旨的一部分。尽管从具体经验和特定案例中获得一般的经验性认识存在着众所周知的局限性，但通过考察这些真实的经历，我们还是可以了解到一些情况。

② 1943年10月16日《政治家》发表的社论《死亡名单》(*The Death-Roll*)。关于这一主题，见我的 *Poverty and Famines: An Essay on Entitlement and Deprivation* (Oxford: Clarendon Press, 1981)，该书列出了这里所引用的全部文献。

> 但已经遭到一些报纸的严厉批评……数据低估的影响现在已完全显现，我会把现在的死亡人数调整为每周不少于 2 000 人。

那么，死亡人数究竟是多少呢？1 000 人，2 000 人，还是更多？

饥荒调查委员会在 1945 年 12 月得出的关于饥荒情况的结论是：1943 年 7—12 月期间记录的死亡人数是 1 304 323 人，而前一个五年内同期的平均死亡人数是 626 048 人，并据此推算由于饥荒造成的死亡人数超过了 678 000 人。也就是说，每周的死亡人数远非接近 1 000 人或 2 000 人，而是超过了 26 000 人。[①]

我在孩童时代见证的 1943 年孟加拉饥荒的发生，不仅是因为殖民地印度缺乏民主，而且是由于印度媒体在报道和评论上受到了严格的限制，以及英属媒体对饥荒主动采取的“沉默”（以此作为所谓的“战时策略”，因为害怕助长驻扎在印度门户缅甸的日本军队的气焰）。在媒体主动和被迫采取沉默的共同作用下，英国本土对饥荒问题的公开讨论受到了阻碍。在伦敦的议会既未讨论饥荒，也没有考虑应对的政策（直到 1943 年 10 月《政治家》披露后，才引起其对该问题的重视）。当然在英国殖民统治下的印度并没有国会。

事实上，政府政策不仅完全没有帮助，反而加重了饥荒。在没有官方救援的很多个月里，每周都有几千人死亡。而且饥荒趋于加剧，首先是因为新德里的英属印度政府暂停了印度各邦之间的粮食贸易，因此，即使孟加拉邦的粮食价格比别处高得多，也无法通过民间贸易的合法渠道来调运粮食。其次，新德里的殖民政府并没有从国外进口更多的粮食到孟加拉邦。事实上，他们根本就不想那样做。那期间的官方政策反而是在孟加拉邦寻求粮食出口。的确，一直到 1943 年 1 月饥荒将要爆发时，印度总督还在告诉孟加拉邦的省长，要求他“即使孟加拉邦自己粮

---

① 在《贫困与饥荒》（*Poverty and Famines*，1981）中，我提出饥荒调查委员会自己也严重低估了死于饥荒的总人数，这主要是因为饥荒引起的传染病在那之后的许多年里依然流行，从而使得由饥荒造成的死亡人数不断增加（附录 D）。又见我在 *The Oxford Handbook of Medicine*（Oxford：Oxford University Press，2008）中撰写的“Human Disasters”这一条目。

食短缺，也务必要将更多的粮食出口到锡兰！”[1]。

为了说明英属印度官员在这一问题上的考虑，这里必须提到的是，这些政策是基于这样的一种认识，即当时孟加拉邦的粮食产出并没有出现下降，“因此”饥荒在那里“绝不会发生”。政府对粮食产量的了解并不完全是错误的，但是其错误的饥荒理论却带来了灾难性的后果。因为随着孟加拉战事的拉开，士兵和其他作战人员加入，新建工程和与战争相关的经济活动活跃，对于食物的需求也大增。大量的人口，主要在农村，不得不以固定不变的收入面对由需求推动而引起的高昂的食物价格，结果是忍受饥饿。要确保这些弱势人群购买食品的能力，就必须通过诸如紧急就业或者公共救助等方法，来帮助他们获得更高的收入，使其具备更强的购买力。在该区域内增加粮食供应也同样会有助于缓解饥荒，尽管这次危机事实上并不是由供给下降引起的，而是由需求上升引起的。

除了殖民政府所持有的错误的饥荒理论之外，令人瞠目的是新德里当局未能注意到实际上每天都有数千人死于街头。对这样赤裸裸的事实却能熟视无睹，这些官员无疑是真正的“理论家”。在公开批评和议会压力下的民主体系，是不会允许包括孟加拉邦省长和印度总督在内的官员们这样思考问题的。①

政府政策无效的第三个原因是，政府政策在孟加拉食品再分配中所发挥的作用。政府从孟加拉农村地区高价买来食品，然后以管制价格实行定量配给，特别是对加尔各答的常住居民。这是战时政策的一部分，以减轻城市人口的不满。此项政策最严重的后果是，农村人口以其固定的低收入去面对急剧膨胀的食品价格。战争本身就导致食物从农村地区大量流出，而政府从农村地区高价买入（以“任何价格”），并低价卖给加尔各答部分人口的政策又进一步强化了这一效

① 我在 *Poverty and Famines*：*An Essay on Entitlement and Deprivation*（1981）中的第6章讨论过这些问题。

应。在那个新闻和出版受到管制的时期，以上问题没有一个在议会得到实质性的讨论。

加尔各答的孟加拉报纸在政府新闻检查制度允许的范围内尽可能地发出抗议，由于战争和士气的需要，反对声不可能很高。当然，伦敦对于这些印度本土的批评没有什么回应。直到 1943 年 10 月，伊恩·斯蒂芬斯（Ian Stephens），这位加尔各答《政治家》报社（当时是英国所有）勇气可嘉的编辑，决定打破沉默，于 10 月 14 日和 16 日分别发表了带有生动图片、措辞尖锐的社论后，伦敦的一些重要圈子才对要做什么展开了负责任的公开讨论。①前面引述的对印度事务大臣的指责就源于那两篇社论中的第二篇。这立即触动了英属印度的统治阶层，并引起了伦敦西敏寺议会激烈的讨论。这反过来迅速——在经历了很久之后——使社会救济措施 11 月在孟加拉得以施行（之前只有私人慈善活动）。饥荒在 12 月结束，部分是由于收获了新粮食，但更重要的是实行了社会救济。然而到那时为止，饥荒已经夺去了成千上万人的生命。

·预防饥荒与公共理性·

上一章已经提到，在具有定期选举、反对党派、基本言论自由和相对的新闻自由的运转良好的民主社会里（即使此时这个国家非常贫穷，食物匮乏），从未发生过大的饥荒。虽然这一认识最初受到许多质疑，但现在已经被广泛接受。②这是对于政治自由的保护力最基本方面的一

① 伊恩·斯蒂芬斯在其著作 *Monsoon Morning*（London：Ernest Benn，1966）中精彩地谈到了他在这一问题上的两难，以及最终决定优先考虑自己作为新闻人的身份。当我后来在 20 世纪 70 年代与他结识时，我立刻明白了对于那个艰难决定的记忆是如何深深地刻在他脑海中的。然而，他确实应该感到骄傲的是，正是他采取的做法，挽救了许多人的生命，并成功遏止了“死亡名单”迅速增加的势头。

② 我在“How Is India Doing?” *New York Review of Books*，29（1982）和“Development：Which Way Now?” *Economic Journal*，93（1983）中首次发表这一观点后，许多批评者（包括食品专家）提出了强烈的反对意见，并且在我的文章发表之后，《纽约书评》（*New York Review of Books*）和《经济与政治周刊》（*Economic and Political Weekly*）都就此有过激烈的争论。

个简单但又相当重要的例证。尽管印度的民主有许多瑕疵，然而由此产生的政治激励，却足以使印度独立之后再未发生大的饥荒。印度最后一次大的饥荒——孟加拉饥荒——发生于英帝国结束殖民地统治之前四年。英属印度帝国的漫长历史中不断出现的饥荒，在印度独立并建立民主制度之后戛然而止。

尽管中国与印度相比在许多经济领域取得了更大的成功，但是中国也曾像独立前的印度一样，发生过大范围的饥荒。事实上，饥荒的发生与统治形式有着特别密切的联系，比如殖民主义（如在英属印度或爱尔兰）、一党制国家（如在 20 世纪 30 年代的苏联，或者稍后的柬埔寨）、军事独裁（如在埃塞俄比亚或者索马里）。当代朝鲜曾经发生的饥荒也是这样的一个例子。[2]

是大众而不是政府承担了饥荒的直接后果。统治者从来都不会挨饿。然而当一个政府对公众负责时，以及存在自由的新闻报道和不受审查的公开批评时，那么政府也会受到极好的激励去尽自己最大的努力消除饥荒。①

除了在协商式治理中所包含的关于预防饥荒的政治激励外，还有两个具体的问题值得注意。第一，受饥荒影响或者其所威胁的人口比例越来越低——一般远低于 10%（通常比这还要低），几乎从来没有超过这一数字。因此当饥荒肆虐时，如果只有受到饥荒影响的灾民才反对政府，那么该政府依然会十分安全。对执政者而言，使饥荒成为这样一种

① 这里值得一提的是，对这一观点的适用范围有时会因以下事实而受到质疑，即一些已经开始具备某种民主选举，但是并没有其他特征能对民主进行问责的国家，也已经发生过饥荒，或者至少接近于饥荒。2005 年，许多观察家就将既有选举制度又发生过饥荒的尼日尔作为反例提出来。正如《纽约时报》的一篇社论指出的，这里需要认识到的是，为防止饥荒的激励机制只能适用于运行良好的民主社会。尼日尔不符合要求，因为民主的运转不仅仅只取决于选举（尼日尔最近已经建立起这一制度），而且基于其他能够问责的民主制度。《泰晤士报》清楚地阐述了这一基本问题："阿玛蒂亚·森正确地说过，'在世界历史上，一个民主运行良好的国家从未发生过饥荒'。运行良好是关键词。真正对其人民负责的领导人会受到强烈的激励去采取及时的预防措施。今年 6 月被布什总统在白宫称为民主楷模的坦贾（Tandeja）先生（尼日尔总统），显然需要在人道主义经济学与问责民主方面多加学习"（'Meanwhile, People Starve', *New York Times*, 14 August 2005）。

政治灾难的是公共理性的影响范围，这可以号召和动员大批公众去抗议并声讨“漠不关心”的政府，并将其赶下台。公开讨论灾难的本质，能够使受害者的命运成为重要的政治问题，并对媒体报道和公开讨论以及最终对他人——潜在的多数人——的投票产生深远影响。[①]民主的部分成就就是它有能力通过公开讨论使人们对相互之间的困境产生兴趣，并更好地认识其他人的生活。

第二点是除了其激励功能之外，关于民主的信息功能。例如，在中国“大跃进”期间所发生的问题曾经被归咎于自然灾害，公众并不了解饥荒发生的本质、规模，以及影响范围。

的确，在那个“一言堂”的社会体系中，浮夸、不实报道会误导政府决策，也会误导公众舆论。大量未能生产足够多粮食的公社或者合作社当然会意识到自己的问题。但是由于信息不对称，甚至严重扭曲，它们并不了解中国整个农村地区普遍存在的问题。没有哪个人民公社会单独承认自己失败了，甚至连最失败的人民公社都声称自己取得了巨大成功，“亩产千斤”的报道将北京政府包围。通过将那些报上来的数据加总，政府相信它们比实际上增收了一亿吨粮食，而那时正是饥荒最严重的时候。[3]

尽管中国政府承诺要消除“自然灾害”，但是它在三年困难时期并没有从根本上修正其灾难性的政策（与错误的“大跃进”相关）。值得关注的是，1962 年毛泽东召集“七千人大会”并作了如下的观察报告：

> 如果没有民主，不了解下情，情况不明，不充分搜集各方面的意见，不使上下通气，只由上级领导机关凭着片面的或者不真实的材料决定问题，那就难免不是主观主义的，也就不可能达到统一认识，统一行动，不可能实现真正的集中。[4]

---

① 所有这些与前几章所提出的观点有明显的联系，特别是第 8 章“理性与他人”和第 15 章“作为公共理性的民主”。第 9 章“中立缘由的多元性”讨论过不同类型的中立理性，也与饥荒受害者的遭遇可能激发出来的政治参与相关，其不仅包括对于合作和相互利益的反思，而且包括在公共理性的推动下，饥荒国家的幸运者对受难者所怀有的关于“有效权力”（effective power）的责任。

毛泽东在这里仅仅关注民主的信息功能，而忽视其激励作用以及建构政治自由的重要性。[①]但是十分有趣的是，毛泽东自己也承认，主观主义、不切实际的政策很大程度上是由缺乏信息联系导致的。而公共理性本可以提供这种信息联系，从而使中国避免所经历的那场灾难。

·民主与发展·

绝大部分民主的捍卫者，在民主本身是否会推动发展和提升社会福利上都十分谨慎。他们大都认为两者皆是好的目标，但是彼此之间是不同的，甚至在很大程度上是相互独立的。另一方面，民主的批评者似乎很想指出他们所看到的民主与发展之间的严重对立。持这种二分法——“你来决定：是要民主，还是要发展”——的学者们通常来自，至少最初一些学者是来自东亚国家，并且其影响不断增强，因为这一地区的多个国家在整个20世纪70年代和80年代甚至之后，都在没有推动民主的情况下在促进经济增长方面取得了巨大的成功。对于这样的一些例子的观察使人们很快得出了一个一般性的结论：与专制政体所能做到的相比，民主在促进发展方面表现不佳。难道韩国、新加坡、中国的台湾和香港不是在没有满足民主治理的基本要求的情况下（至少在其早期）取得了快速的经济进步吗？

要回答这些问题，我们要特别关注发展的内涵和对民主的诠释（尤其是投票制和公共理性各自的作用）。对发展状况的评价是与人们的生活及其真正享有的自由密不可分的。不能仅仅依据硬性指标的提升，比如国民生产总值（或者个人收入）的增长，或者工业化的进步来看待发展，尽管它们是实现目的的重要手段。它们的价值必须取决于它们对相关人的生活和自由产生什么影响，这是发展理念的核心。[②]

① 关于这一点，也见 Ralph Miliband, *Marxism and Politics* (London: Oxford University Press, 1977), pp. 149-50，他对毛泽东的政治思想的这种奇怪转变作了深入的分析和评价。

② 第11章“生活、自由和可行能力”关注过这一问题。

如果从关注人类生活这样更广阔的视角来理解发展，那么以下这一点会立即变得非常清晰，即需要通过发展和民主之间的建构性的关联，而不是仅仅通过它们的外部联系来认识它们之间的关系。虽然政治自由是否“有助于发展”这个问题经常被人问起，但是我们不能没有这样的关键性认识，即政治自由和民主权利是发展的“构成部分”，并不需要通过其对国民生产总值增长的贡献这一渠道间接地建立它们与发展之间的联系。

然而，认识到这一核心的联系之后，我们也需要对民主的后果进行分析，因为我们还必须注意到其他类型的自由（除了政治自由和公民权利之外）。例如，我们要关注经济贫困，我们确实有理由对哪怕仅仅只是人均国民生产总值或国民生产总值增长意义上的经济增长产生兴趣，因为提高实际收入能够为取得真正的重要成就扫清道路。例如，在合理分配的情况下，经济增长和消除贫困之间的一般性联系，现在已经得到了很好的认同。除了提高人们的收入之外，经济增长过程也会增加公共税收，而这些税收可用于社会目的，如教育、医疗服务和卫生保健，以及直接改善人们生活和提高人们可行能力的其他设施。的确，有时由于快速的经济增长使公共税收的增加速度要比经济增长本身快得多（例如，最近几年，印度经济每年以7%、8%或者9%的速度增长，而公共税收却大概以9%、10%或者11%的速度增长）。公共税收使得政府有机会让人们更公平地分享经济增长所带来的成果。当然，这只是潜在的可能，因为增加的公共税收的实际用途是极为重要的另外一个问题，但是经济增长确实为政府负责任地作出上述决策创造了条件。[①]

对民主和快速经济增长之间兼容性的常见的怀疑，是基于一些选择性的跨国比较。这些比较一方面特别关注东亚经济的快速增长，另一方面又特别关注印度在很长时间内其国民生产总值每年都以3%的速度温

① 关于经济增长所带来的对于资源的各种利用和浪费之间的重要对比，见我与让·德雷兹合著的 *Hunger and Public Action*（Oxford：Clarendon Press，1989）。

和增长。然而，更有价值的（至少比基于一小部分国家之间的选择性比较而得出重要结论的普遍做法要有价值）全面的跨国比较，并没有为民主不利于经济增长这种认识提供任何经验性的支持。[5]尽管印度过去常常被当作这样一个活生生的例子，来说明民主国家的增长注定要比专制国家慢得多，但现在印度的经济增长明显加快（这始于20世纪80年代，在90年代经济改革之后得到巩固，之后继续以高速增长），很难再把印度当作民主统治下经济缓慢发展的典型例子。然而与60年代或70年代相比，今天印度的民主并没有减少。[①]的确，显而易见，推动经济增长的是良好的经济氛围，而不是残酷的政治制度。[②]

·人类安全和政治权力·

此外，我们必须超越经济增长，来认识发展和追求社会福利更全面的要求。必须注意这样的大量事实，即至少在许多情况下，通过赋予受到剥夺的和处于弱势的人群表达的机会，民主与政治以及公民权利会提升其他形式的自由（如人类安全）。这是一个重要的问题，与民主在公共理性和形成“协商式治理”中所起的作用密切相关。民主在预防饥荒方面的成功是民主在促进人类安全所作出的众多贡献中的一种，但是民主也有许多其他的应用领域。[③]

民主在维护安全方面的保护力实际上要比其在饥荒预防方面广泛得多。20世纪80年代和90年代初，当繁荣的韩国或者印度尼西亚的所

---

① 为了稳定民主制度，一个国家必须保证一定水平的人均收入。对于这样一个有时受人推崇的观点，印度也是一个反例。

② 这里也要注意的是，尽管印度的经济政策几十年来都是一团乱麻，但是民主制度本身使得一些加快经济增长的必要改革成为可能，也为其创造了条件。

③ 见联合国和日本政府联合建立的人类安全委员会（Commission on Human Security）的报告：*Human Security Now*（New York：UN，2003）。我有幸和前联合国难民事务高级专员、卓有远见的绪方贞子（Sadako Ogata）博士一起担任该委员会的主席。See also Mary Kaldor，*Human Security*：*Reflections on Globalization and Intervention*（Cambridge：Polity Press，2007）.

有人的财富都在不断增加时，穷人并没有怎么去思考民主问题。但是当90年代末经济危机到来时（他们陷入了分裂），那些财产和生活受到严重影响的人们开始怀念起民主以及政治和公民权利。民主在那些国家突然成为一个主要问题，其中韩国在这方面采取了重大的改革举措。

毫无疑问，印度受益于民主的保护作用。当自然灾害发生时，它使统治者受到极大的政治激励而采取支援措施。然而，印度民主的实践和范围也还相当不完善，尽管其成就已毫无疑问地展现出来。即使这一问题是慢性长期的，而不是像饥荒问题那么急性突发，民主也使反对者有机会去寻求政策的改变。印度在学校教育、基本医疗保障、儿童营养、基本的土地改革和男女平等方面的社会政策相对滞后，这反映了缺乏旨在政治参与的公共理性和社会压力（包括来自反对党的压力），而不仅仅是政府的考虑不充分。[①]的确，在民主建设所取得的重大成就和未充分利用民主制度所提供的机会从而导致某些方面的失败上，印度都提供了一个很好的例子。有充分的理由超越选举的正义走向民主的正理。

·民主和政策选择·

对于相关社会政策的迫切需要只在印度的某些地方获得了充分的政治化。印度喀拉拉邦的经验也许是一个最清晰的例子。在那里，对于普及教育、基本医疗保障、基本的性别平等和土地改革的要求已经得到了有效的政策支持。对于这一现象的解释包括了历史的原因和现今的情况：喀拉拉邦反上层种姓运动的教育方向（现在喀拉拉邦左翼政治势力继承了这一传统）、印度特拉凡科和科钦地区（不受英属印度国内政策

① 对于永久性而非临时性的严重剥夺问题的涉及不足，也是印度新闻媒体的一个重要缺陷。印度最著名的编辑对这个问题作了分析，见 N. Ram，“An Independent Press and Anti-hunger Strategies：The Indian Experience”，in Jean Drèze and Amartya Sen（eds），*The Political Economy of Hunger*（Oxford：Clarendon Press，1990）。也见 Kaushik Basu，*The Retreat of Democracy*（Delhi：Permanent Black，2007）。

的管辖)“土著王国”的早期活动、教育传播过程中的传教活动(其影响不仅仅局限于占喀拉拉邦人口 1/5 的基督徒),以及女性在家庭事务中拥有更大的发言权(这在一定程度上与母系财产权在印度教内颇有势力的派别 Nairs 中的存在和重要性相关)。[6]很长一段时间以来,喀拉拉邦都充分利用政治活动与舆论来拓展社会机会的范围。对于民主制度的利用当然有赖于社会状况的本质。

一个显而易见的一般结论是,经济表现、社会机会、政治诉求和公共理性都是紧密相连的。在那些政治和社会诉求近来得到了更为坚定的运用的领域,可以看到显著的变化。最近几年,性别不平等问题使更多的人参与政治(通常以妇女运动为先导),这也促进了为减少社会和经济领域中的性别歧视而作出的坚定的政治努力。妇女在一些特殊领域具有突出的地位,包括政治上的领导地位,这在印度有着悠久的历史。尽管这些成绩当然是与妇女的诉求相关的(最近几年参与式政治的机会对此也有推动),但是其范围在很大程度上还局限于相对较少的一部分人口,主要是比较富有的那部分人。①当今在印度公共生活中妇女声音不断增强的一个重要特征,是其社会覆盖面逐渐扩大。印度在消除妇女地位的不平等方面依然任重道远,但是,关于妇女社会角色的越来越多的政治参与,已经构成了印度民主实践重要且具建设性的发展。

总的来说,公众对于社会不平等和剥夺问题可能存在的不满开始发挥比以往更大的作用,尽管由于派系政治将注意力转移到其他方面,这些问题好多年都未得到关注。最近出现了很多基于广义的人权要求,如受教育权、食品权(尤其是学校午餐)、享受基本医疗保障的权利、环境保护权以及“就业保障”权的有组织的运动。这些运动有助于把人们的注意力集中在具体的社会问题上,这是对媒体广泛的公开讨论的补充,而且也对重要的社会要求提出了更坚定的政治支持。

---

① 尽管印度的大部分女性政治领导人都来自城市精英阶层,但还是有一些在政治上取得巨大成就的女性领导人来自农村的下层种姓,她们是那个阶层中稍显富裕的那部分人。

民主自由当然可以增强社会正义，并带来更良好、更公正的政治。然而，这一过程并不是一个自动的过程，而是要求具有政治意识的公民的积极行动。尽管这里经验性研究所得出的教训主要是来自亚洲，特别是印度和中国，但类似的结论也可以来自其他地区，包括美国和欧洲国家。①

·少数人的权利和包容性的优先·

最后，我转向民主必须解决的最难的一个问题。民主既要关注多数原则也要关注少数人的权利，这并不是什么新的思想。虽然（上一章已经讨论过）就组织方式而言，民主通常被完全看作投票和多数原则。从公共理性这一广义视角来理解的民主（上一章讨论过）包括了投票，但远不止于此。它能够考虑少数人权利的重要性，而又不忽视作为民主结构一部分的多数人的投票。18 世纪社会选择理论的先驱孔多塞就提醒，要提防“古今共和者广泛传播的格言，即可以牺牲少数人来为多数人服务”[7]。

然而，依然存在一个问题：那些对牺牲少数人权利毫无歉疚的无情的多数人，将会使社会面临一个艰难的抉择，是尊重多数原则，还是保障少数人的权利。因此包容价值观的形成是民主体系顺利运行的核心（正如第 14 章已经讨论过的）。

相关问题也适用于民主在防止宗派暴力方面的作用。与民主可以消除饥荒这种简单的认识相比，这里的问题要复杂得多。尽管饥荒受害者只是所有受威胁人群中的一小部分，但是民主之所以能够防止饥荒，是

---

① 就参与障碍和媒体报道的覆盖范围而言，即使在世界最古老的民主社会里，民主实践依然是相当不完善的（尽管巴拉克·奥巴马当选总统，似乎是从顶层突破了一个大的参与障碍）。关于美国的民主实践的问题，见罗纳德·德沃尔金富有启发性的著述：*Is Democracy Possible Here? Principles for a New Political Debate*（Princeton，NJ：Princeton University Press，2006）。

因为少数人的困境通过公开讨论被政治化，从而能够使大多数人支持预防饥荒，毕竟一般人并没有什么特别的理由对潜在的饥荒受害者怀有冷酷的敌意或者生出仇恨。而当内部群体成员之间的敌意被极端主义分子通过谣言煽动起来时，这一过程就要复杂得多。

民主在防止群体暴力事件方面的作用，取决于包容性和互动式政治过程对于有害的社团分裂主义思想的缓和能力。这是独立后的印度所面临的一项重要任务，尤其是这个多宗教的和世俗的政体诞生于存在大量群体冲突和暴力事件的 20 世纪 40 年代。就年限而言，这段时间确实很短，但是就造成的巨大创伤和阴影而言，却十分漫长难熬。圣雄甘地已经明确地以这种形式讨论过这个问题，他在对包容性的重要性所作的阐述中，将其视为他所领导的独立运动所寻求的民主的一个关键部分。[8]

印度在这方面取得了一些成功，尽管偶尔有些周折，但民主化的政教分离通过相互包容和尊重得以存留下来。然而，这种存留并没有阻止宗派暴力事件的周期性爆发，而一些政治团体从这些分裂活动中获益。只有通过怀有超越彼此界限的更广泛的价值观，才能消除宗派煽动行为的影响。在这方面，对每个人包括宗教身份在内的多重身份的认识是至关重要的。例如，印度的印度教徒、穆斯林、锡克教徒、基督教徒不仅拥有共同的国籍，而且会有一些其他的共同身份，如根据语言、文学、职业、地域以及许多其他标准来进行的划分。①民主政治使得人们有机会去讨论这些非宗派的联系而非宗教分歧。②2008 年 11 月有穆斯林背景（几乎可以肯定是巴基斯坦族裔）的恐怖主义分子在孟买进行袭击活动

① 类似地，那些于 1994 年在卢旺达对图西族发动极端暴力事件的胡图族分子，不仅有胡图人自己的身份认同，而且与图西人有其他的共同身份，比如都是卢旺达人、非洲人，可能还都是基利加人。

② 印度超过 80%的人口是印度教徒。目前的总理是锡克教徒，执政的政治联盟（即执政党国大党）的一位领导人有基督教背景。2004—2007 年间的总统又为穆斯林（印度以前也有穆斯林总统）。因此，在那段时间里，印度的三个主要领导人中没有一个是由多数族群的成员担任的，然而在印度并没有明显的不满情绪。

之后，之所以没有出现针对印度穆斯林的恐惧反应，在很大程度上是由于袭击之后穆斯林和非穆斯林都广泛参与了公开讨论。民主实践当然能够有助于更好地认识人们的多重身份。[9]

然而，群体间差异（如种族差异）依然可以为那些想要煽动不满和暴力的人所利用，除非国家民主在群体间建立起的联系能对其予以有效的防范。[①]这很大程度上取决于民主政治能否产生宽容的价值观，而仅靠民主制度本身无法自动保证其成功。要使其他群体更好地理解某个群体的问题、困境和人道情况，积极而又充满活力的媒体至关重要。

成功的民主不仅仅能设计出所能想到的最完美的制度。它不可避免地取决于我们实际的行为模式以及政治和社会互动。将民主问题寄托在绝对完美的制度“可靠性”上，是不可能行得通的。像所有其他制度一样，民主制度的运行依赖于主体人在利用机会实现合理目标上的行为。从这些经验性的记述中得出的实际结论，与本书前面所讨论的理论问题，可以构成全面的互补。这里所列出的从经验事实中得出的结论，有力地支持了在追求正义的过程中应采用正理而不只是正义的思想主张。

注释

1.关于孟加拉饥荒以及其他的引文来源，见我的 *Poverty and Famines* (1981) 第9章和附录D。

2. 关于朝鲜饥荒，包括与专制统治的联系，见 Andrew S. Natsios, *The Great North Korean Famine* (Washington, DC: Institute of Peace Press, 2002), and Stephan Haggard and Marcus Noland, *Famine in North Korea: Markets, Aid, and Reform* (New York: Columbia University Press, 2007)。

3. See T. P. Bernstein, 'Stalinism, Famine, and Chinese Peasants', *Theory and Society*, 13 (1984), p. 13. See also Carl Riskin, *China's Political Economy* (Oxford: Clarendon Press, 1987).

4. Quoted in Mao Tse-tung, *Mao Tse-tung Unrehearsed, Talks and Letters:*

---

① 2002 年印度古吉拉特邦有组织的暴乱依然是该国政治生活中的一大污点，在那次暴乱中有近 2 000 人死亡，其中绝大多数是穆斯林。在印度其他地区，这些事件的反对者把矛头指向民主印度的现世价值观。基于选举研究的证据表明，这一暴乱确实提升了非宗教党派在其后的 2004 年大选中的支持率。

1956–71, edited by Stuart Schram (Harmondsworth: Penguin, 1974), pp. 277–8.

5. See, for example, Adam Przeworski et al., *Sustainable Democracy* (Cambridge: Cambridge University Press, 1995); Robert J. Barro, *Getting It Right: Markets and Choices in a Free Society* (Cambridge, MA: MIT Press, 1996).

6. On these issues, see my *Development as Freedom* (New York: Knopf, and Oxford: Oxford University Press, 1999). Also, Robin Jeffrey, *Politics, Women, and Well-being: How Kerala Became a 'Model'* (Cambridge: Cambridge University Press, 1992); V. K. Ramachandran, 'Kerala's Development Achievements', in Jean Drèze and Amartya Sen (eds), *Indian Development: Selected Regional Perspectives* (Oxford and Delhi: Oxford University Press, 1996).

7. Condorcet, *Essai sur l'application de l'analyse à la probabilité des decisions rendues à la pluralité des voix* (1785; New York: Chelsea House, 1972), in *Œuvres de Condorcet*, edited by A. Condorcet O'Conner and M. F. Arago (Paris: Firmin Didot, 1847–49), vol. 6, pp. 176–7. 也见 Emma Rothschild, *Economic Sentiments: Smith, Condorcet and the Enlightenment* (Cambridge, MA: Harvard University Press, 2001) 第6章关于这个以及相关问题的讨论。

8. 甘地对这一主题进行过论述，见 *The Collected Works of Mahatma Gandhi* (New Delhi: Government of India, 1960)。也见我的 *Identity and Violence: The Illusion of Destiny* (New York: W. W. Norton & Co., and London and Delhi: Allen Lane, 2006)，尤其是第165～169页。

9. On this see my *Identity and Violence: The Illusion of Destiny* (2006).

第17章

人权及其全球性

世界上每一个人，无论其国籍、居住地、种族、阶级、种姓、社团，都拥有应为其他人尊重的基本权利。这一观点非常具有吸引力。人权在道德上的巨大力量，已经被用于各种目的，从抗议酷刑、非法监禁和种族歧视，到要求消灭全球范围内的饥饿以及对医疗保障的忽视，等等。同时，仅仅因为人性而怀揣的基本人权理念，被许多批评者认为完全没有任何理性的依据。不断提出的问题是：这些权利真的存在吗？它们来自哪里？

毫无争议的是，人权作为一种一般性的信仰当然非常具有吸引力，并且作为修饰，它甚至还可以起到很好的政治效果。人们对它的怀疑或焦虑，与人权这一概念基础的"软性"（softness）或"模糊性"（mushiness）有关。许多哲学家和法学家，把关于人权的表述仅仅看成是随意的言谈（出发点是好的，甚至还值得赞赏）而没有坚实的思想基础。

在人权观念的广泛使用与对其思想基础的怀疑之间存在鲜明的对比，这并不是一个新近才有的现象。美国的《独立宣言》提出，每个人拥有"若干不可剥夺的权利"是"不言而喻"的。13 年后，即 1789

年，法国关于“人权”的宣言也宣称“人生而自由且权利平等”。① 但没过多久，杰里米·边沁在他写于 1791—1792 年间，旨在反驳法国人权学说的《无政府的谬误》（*Anarchical Fallacies*）中，对所有这些主张进行了反驳。边沁坚持认为，“自然权利只是一种胡说：所谓自然而不可侵犯的权利，既是修辞的诳语，也是高调的胡话”[1]。我想，他是指这是人为抬高的谬论。

这种对立至今依然存在。尽管人权的观念在世界事务中被不断使用，但仍有很多人仅仅将这种观念视为“空头叫卖”（边沁的另一种嘲笑式的描述）。批驳人权的观点经常是全面的，它们反对任何仅仅因为人性获得的权利，而不是因国籍等某些特定资格所获得的，与现有法律条款或“习惯法”相关的权利。

人权活动者通常对于这种怀疑特别不耐烦，这可能是由于其中许多人想去改变，而不只是解释世界（卡尔·马克思曾作出著名的经典区分）。因此，我们不难理解，在需要对世界上诸多可怕的剥夺状况进行迅速响应的情况下，这些活动者为何不愿意花时间去提供理论上的依据，以说服那些怀疑论者。这一积极的姿态有其值得称道之处，因为这可以立即运用具有普遍吸引力的人权思想来与压迫或巨大不幸进行抗争，而不必等待理论上的问题得到澄清之后才开始行动。然而，如果要使人权具有理性和持续的基础，我们就必须回应对于人权概念的质疑，并厘清其思想基础。

·人权是什么？·

认真地思考人权的本质和基础，并对长期以来——并已根深蒂固

---

① 关于人权的宣言源于法国大革命的激进思想。这次震撼世界的政治事件不仅反映了当时日益紧张的社会关系，也反映了思想上的巨大震荡。美国的《独立宣言》也反映了社会和政治观念的转型。“杰弗逊写道，不言而喻，政府仅仅只是生而平等的人们或多或少用于寻求保护其生命、自由和追求幸福权利的一个工具；他在响彻整个欧洲宫殿的一句话中说，如果政府违背了这些目的，‘人民就有权改变或推翻政府’”（Bernard Bailyn, *Faces of Revolution: Personalities and Themes in the Struggle for American Independence*（New York: Vintage Books, 1992）, p. 158）。

的——不加思考就对人权问题持批判态度的观点进行回应，是十分重要的。边沁关于“人权”只是“胡说”（如果不是“高调的胡话”）的论断，只是很多人都抱有的——或温和，或激烈——普遍怀疑的一种突出的表达。需要对这些怀疑进行认真的分析，这既是为弄清人权的地位，也是为认清它和正义之间的关联。

究竟什么是人权？如人们常问的那样，真的存在这种东西吗？不同的人通过不同的方式来表述人权问题。然而，通过考察当代这一概念的实际运用和其过往的历史，我们可以看到这些不同表述背后的基本关注。这一悠久的历史，包括了美国《独立宣言》中关于“不可剥夺的权利”的表述，18世纪法国关于人权宣言相似的主张，以及更近期的1948年联合国的《世界人权宣言》(Universal Declaration of Human Rights)。

人权的“存在”，显然不像伦敦市中心大本钟的存在，也不像法令书籍中成文的法律条款的存在。尽管人权宣言是以承认人权这一事物存在的方式来书写的，但它实质上只是关于应该做什么的强烈的道德宣言。[①]它们要求人们无条件地承认其必要性，并指出为实现这些公认的和为这些权利所体现的自由，需要做一些事情。不过，它们在以下问题上是持否定态度的，即人权是既有的合法权利，通过法规或习惯法得以彰显（将会讨论边沁对这两个不同问题的混淆）。[2]

如果这就是我们理解人权的方式，那么又会出现两个新的问题，即：它们的内容是什么？其可行性如何？内容问题是通过人权宣言进行道德判断的主题。简言之（根据现有理论和实际情况），道德判断是关

---

① 第1章“理智与客观”和第5章“中立与客观”对我们所说的“事实—价值牵连”(fact-value entanglement) 进行了一般意义上的讨论。这里重要的是看到，人权的确存在的宣言的力量，就在于其认识到应该尊重某些重要的自由，以及相应地社会应以不同的方式承担支持和推进这些自由的义务。我在后面还要对这些道德的关联作进一步的阐述。关于与这些牵连相关的方法论问题，见 Hilary Putnam, *The Collapse of the Fact/Value Dichotomy and Other Essays* (Cambridge, MA: Harvard University Press, 2002)；也见 Willard Van Orman Quinc, 'Two Dogmas of Empiricism', in his *From a Logical Point of View* (Cambridge, MA: Harvard University Press, 1961)。试图逃避这些牵连一直是经济学面临重大困境的一个原因。关于这一点可见 Vivian Walsh, 'Philosophy and Economics', in John Eatwell, Murray Milgate and Peter Newman (eds), *The New Palgrave: A Dictionary of Economics* (London: Macmillan, 1987), pp. 861-9。

于某些自由（如免遭酷刑的自由，或免受饥饿的自由）的重要性，以及相应地关于需要承担推动或保护这些自由的社会义务。[①]我们将会对这两个方面——自由和义务——进行更充分的考察（这里，我将只指出人权伦理学所主张的那些方面）。

第二个问题是关于人权宣言中所涉及的道德主张的可行性。同其支持者们提出的其他道德主张一样，人权宣言背后也隐含了某种假设，其道德主张需要接受公开的和信息充分条件下的审思。在这一点上，这里所讨论的内容与本书前面所讨论的“中立的旁观者”是相互联系的。的确，启动这一互动的、对他人的视角持开放态度的，且对可获取信息十分敏锐的批判性审思过程，是本书所探讨的道德与政治评价一般性框架的核心特征。在这一框架下，即使中立的推理留下了相当多的模糊地带和不一致的意见，其得出的可行性依然被看作人权合理与否的关键。[②]必须将审思与可行性的原则运用于具体的人权领域，我将在本章的末尾回到这个问题上来。

某个人权宣言中所带有的具有不同政治内容的道德宣言，或来自个人或来自机构，既可以是个人的评论也可以是社会的公约。它们也可以由对这些问题进行研究的特定群体彰明显著地提出，比如美国《独立宣言》的起草者，以及法国《人权宣言》的制定者，再比如起草《世界人权宣言》的联合国委员会（由埃莉诺·罗斯福领导）。这些团体的宣言也许还可以获得某种制度认可，如1948年新成立的联合国的投票。但获得宣布或认可的只是一种道德主张，而不是关于已经获得法律保障的内容。

事实上，这些关于人权的公共宣言，往往是一些新的立法动议的先声，而不是依赖于已有的法律法规。1948年《世界人权宣言》的筹划者们就明确地希望，对于人权的清楚认识可以成为新法律的范本，从而

---

① 正如朱迪思·布劳（Judith Blau）和阿尔贝托·蒙卡达（Alberto Moncada）在他们的力作 *Justice in the United States: Human Rights and the US Constitution*（New York: Rowman & Littlefield, 2006）中所指出的那样，1776年的《独立宣言》及其对于某些基本权利的认同，“就像是之后一切事物的信号灯——独立，起草宪法，建立政府机器”（第3页）。

② 由于前面，尤其是在引言和第4章“声音与社会选择”中已经讨论过的原因，部分不一致并不与本书所用的方法矛盾。下一章，也就是最后一章“公正与世界”中将对这一问题作进一步探讨。

使世界范围内的人权获得合法保护。[①]其关注的焦点是新的立法，而不仅仅是对现存法条的人性化诠释。

人权的道德宣言类似于功利主义的道德宣言，尽管人权表述的实质性内容完全不同于功利主义的主张。功利主义者是想把效用作为一切事情的最终目的，并要求政策建立在效用总和最大化的基础之上，而人权主义者则希望某些自由的重要性，以及捍卫这些自由的社会义务得到认同。尽管二者在道德诉求上存在分歧，但其斗争都是关于同一个，也是两者共有的领域，那就是道德信念与主张。这也是回答以下问题的关键：什么是人权？

这样看来，某种人权主张（比如，“这种自由很重要，我们必须认真思考我们应该做什么以帮助每个人实现这种自由”）确实类似于其他的道德主张，如“幸福很重要”，“自主很重要”，或“必须保障个人自由”。于是，“真的存在人权这样的事物吗？”这样的问题就类似于“幸福真的很重要吗？”或者“自主或自由真的重要吗？”[②]，这些显然都是可以讨论的道德问题，而且某个具体主张的可行性取决于对所主张的内容进行审思（我将在下面论述对可行性进行的考查和评价）。[③] 人权主

① 尤其是埃莉诺·罗斯福，当她领导年轻的联合国于1948年采用《世界人权宣言》时，就抱有这样的期望。玛丽·安·格伦登（Mary Ann Glendon）对这段全球性宣言的辉煌历史进行了精彩的叙述。See Mary Ann Glendon, *A World Made New*: *Eleanor Roosevelt and the Universal Declaration of Human Rights*（New York: Random House, 2001).

② 然而，为了寻求这些批判性问题的答案，我们没必要去探求一些如人权这样的道德“客体”的存在。关于道德评价的一般问题，见第1章“理智与客观”，也见 Hilary Putnam, *Ethics without Ontology*（Cambridge, MA: Harvard University Press, 2004）。

③ 决不能将宣称某种“权利”的重要性与罗纳德·德沃尔金所选择的、托马斯·斯坎伦所支持的那种解释混淆。后者认为，在定义上，权利必须胜过每种基于“什么是好的”相反的主张（Dworkin, *Taking Rights Seriously*（Cambridge, MA: Harvard University Press, 1977), and Scanlon, 'Rights and Interests', in Kaushik Basu and Ravi Kanbur（eds）*Arguments for a Better World*（Oxford and New York: Oxford University Press, 2009), pp. 68-9)。我认为，认真对待权利，需要我们认识到，侵犯这些权利是不好的——有时是十分可怕的。但这并不意味着，对一种权利主张的认同，就要求我们假定它永远可以压倒在相反方向上的其他观点（比如，基于不包含在那种权利中的某种福利或自由）。人权思想的反对者们经常将这种凌驾于一切之上的要求强加给人权思想，然后就以这些要求不合理为由对其予以忽视，这或许也就毫不令人意外了。玛丽·沃斯通克拉夫特和托马斯·潘恩并未将无条件凌驾于一切之上的要求归于人权，今天绝大多数人权活动者也并未如此。然而他们都坚持认为，必须认真对待人权，并将其纳入行动的决定因素，而不是忽略它或者轻易地将其掩盖。

义者经常要求的“存在的根据”，就类似于探求其他类型的道德主张的合理性，从功利主义到罗尔斯主义，再到诺齐克主义。由于公共审思是本书所采用的方法的核心，这也就是人权主题与本书的议题产生紧密关联之处。

·道德与法·

将对人权问题的表述与功利主义的主张都作为道德陈述进行类比，有助于澄清长久以来困扰人们的关于人权问题讨论的误区。这两种研究社会道德问题的方法有很大的不同，其间的基本相似点是很容易看到的。然而，现代功利主义的奠基者杰里米·边沁在其对法国《人权宣言》的批驳中，却完全忽略了这一联系。边沁没有将人权视角看作一种道德主张（与其采用的功利主义方法不同且相互对抗），而是在人权宣言与已获法律地位的权利之间进行比较。因此他自然也就发现，前者缺乏后者所具有的法律地位。

由于深受错误问题以及错误比较的影响，边沁迅速而简单地将人权问题置于一边。边沁说，“权利，实质权利，是法律的孩子；从真实法律中才会产生真实的权利；而从虚构出的法律中，从‘自然法’中”，只会产生“虚构的权利”[3]。不难看出，边沁对于天赋“人权”的排斥，完全取决于他对于“权利”这个词的独特使用。

边沁简单地假定，一种主张若想成为一种权利，它必须具有法的力量，而对于“权利”一词的其他任何使用（无论多么普遍）都只是一种误解。然而，就人权必定是重要的道德主张而言，其不具有法律强制力是显而易见的，但这与这些主张的本质无关。[4]适当的比较一定是在基于效用的道德观（边沁本人所拥戴的）与人权道德观之间进行的，前者认为效用具有基本的道德重要性，而自由与自主——至少在直接层面上——完全不重要，但后者是从自由和相应义务的角度上看权利的基本重要性。适当的比较一定是在以上两种道德观之间进行的。[①]

正如功利主义的道德理性认为，必须考虑相关人的效用以决定应该做什么，人权方法也要求必须通过尊重其自由与相应义务的形式，对每个人的基本权利予以充分的道德考量。相关的比较建立在这种对比的基础上，而不是在已获立法的权利的法律地位（边沁所说的“法律的孩子”是对此恰当的描述）与并无司法解释力的道德认同所带来的权利的法律地位的缺失之间进行区分。事实上，即使当边沁这位执迷于法律条款的学者，于1791—1792年忙于撰写批驳《人权宣言》的文章时，从人类自由的角度来认识权利道德属性的观念，其影响已经强烈地体现在托马斯·潘恩的《人权》(*Rights of Man*，1791，1792)、玛丽·沃斯通克拉夫特的《为男权辩护》(1790) 与《为女权辩护》(1792) 中了。[5]

从道德角度认识人权与将其作为法律要求，或者像边沁那样将其视为法律条款，都是截然不同的。当然，道德和法律权利之间确实存在某种动机上的联系。事实上，还有一种不同的方法也是以法律为导向的，但避免了边沁那样的错误。它将人权视为道德主张，以作为立法的根据。赫伯特·哈特在1955年发表的著名论文《真的存在自然权利吗?》(*Are There Any Natural Rights*?) 中提出，人们“主要在将道德权利纳入法律体系时，才会谈到它们”[6]。他又说道，权利的概念“属于道德的某个部分，它尤其是关注何时一个人的自由会受到他人自由的限制，以及什么行为可以成为法律强制的手段”。尽管边沁将权利视为“法律之子”，哈特却将人权视为法律的父母，但正是它们推动了具体的立法。[②]

---

① 自由和权利的重要性当然可以与赋予福利以权重结合起来，关于这一点可见第13章“幸福、福利与可行能力”。然而，当将效用和自由纳入道德推理时，就会产生某些一致性问题，需要专门处理。第14章“平等与自由”已对这一问题进行过讨论，也可见我的*Collective Choice and Social Welfare*（1970）第6章，和Kotaro Suzumura，“Welfare，Rights and Social Choice Procedures”，*Analyse & Kritik*，18（1996）。

② 约瑟夫·拉兹发展了将人权视为法律动议的道德基础这一视角。这可参见他尖锐但富有建设性的论文“Human Rights without Foundations”，forthcoming in Samantha Besson and John Tasioulas（eds），*The Philosophy of International Law*（Oxford：Oxford University Press，2009）。

哈特显然是对的。道德权利可以，而且实际上也经常成为新立法的基础，这是毫无疑问的。人们经常以这种方式来运用道德权利，这的确也是人权主张的一种重要的运用方式。[①]无论是否运用了人权的语言，对于某些自由应该得到尊重和在可能的情况下得到保障的主张，一直都是强大与有效的政治动员的基础，如要求妇女投票权的妇女政治运动最终取得了胜利。为立法提供灵感当然是人权道德力量发挥其建设性作用的一种方式。在这个背景下，哈特对于人权思想与其作用的辩护既富有启发，也影响深远。[②]许多现有的法律是由单个国家或多个国家制定出来的，并赋予了某些被视为基本人权的权利以法律强制力。例如，建立于1950年（在《欧洲公约》（European Convention）签订之后）的欧洲人权法庭（European Court of Human Rights），可以受理签约国个人提出的违反人权的案件。英国1998年的《人权法令》（Human Rights Act）对其予以补充，希望以此将《欧洲公约》的主要条款纳入其国内法，同时欧洲人权法庭也保证这些条款在各国的国内判决时能获得“公正满意”的结果。这种“立法路径”确实得到了积极的实践。

·超越立法路径·

然而我们可能会问：以上所述是否就是人权的全部内容？事实上，重要的是看到人权观念也可以——而且已经——通过其他几种方式，也就是除了催生立法之外的方式获得应用。承认对于人权问题的认识能够带来关于这些人权问题的新的立法，这与将人权问题的关注点完全放在什么“应该成为强制性立法的对象”上是两回事，而且将后者作为人权

① 例如，这正是不可剥夺之权利在美国的《独立宣言》中得到明确提及，并在后来的立法中得到反映的方式。这条道路已在世界上许多国家的法律史中得到实践。

② 关于托马斯·潘恩对美国消除贫困问题的公共政策的巨大影响，见 Gareth Stedman，Jones，*An End to Poverty*（New York：Columbia University Press，2005），也见 Judith Blau and Alberto Moncada，*Justice in the United States*（2006）。

的定义也会造成混淆。的确，如果人权被视为强有力的道德主张，即像哈特那样把它看作“道德权利”，那么我们当然有理由考虑用各种不同的方式来推动这些道德主张的实现。推动人权道德的方式和手段并不仅仅局限于制定新的法律（尽管有时立法是正确的道路）。例如，社会监管以及诸如人权观察、国际大赦、牛津饥荒救济委员会、医者无疆界、救助儿童会、红十字会以及行动救援等组织（许多不同类型的非政府组织）提供的活动支持，都有助于扩大人权的有效影响范围。在许多情况下，不一定需要立法。

关于适用立法路径的领域，存在一个颇为有趣的问题。我们时常假定，如果一种未获立法的人权是十分重要的话，那么最好将之形成一项明确的法定权利。然而，这很可能会成为一种错误。比如，男性主导的传统社会往往剥夺了妻子有效参与家庭决策的权利，认识并维护这一权利也许是极为重要的。尽管这一权利的倡导者正确地强调了其具有深远影响的政治和道德意义，他们很可能还是会认为将这一权利转化为一项（用赫伯特·哈特的话说）“强制性法规”是不合理的（如果丈夫未能征求妻子的意见，其结果可能是丈夫受到监禁）。可以通过其他的方式带来变化，包括媒体报道与批评，以及公共辩论与动员。[①]由于沟通、倡导、报道，以及信息充分的公众讨论的重要性，人权无须依赖强制性立法就可以产生影响。

类似地，一名口吃者在公共集会中不受轻慢或嘲笑的自由，其道德重要性也十分重要并需要保护，但这不可能成为防止违背言论自由的行为的惩戒性立法（对恶意行为的罚款或监禁）的主题。必须从其他途径寻求对这一人权的保护，比如通过开展关于文明与社会行为的教育以及公共讨论来发挥其影响。[②]人权视角的有效性，并不总是停留在其潜在

① 玛丽·沃斯通克拉夫特不会对这种看法感到意外。她讨论了很多种保障女性权利的方法，见《为女权辩护》（1792）。

② 见德鲁西拉·科尔内尔（Drucilla Cornell）在 *Defending Ideals*（New York：Routledge，2004）中对文明与相关价值的深远作用的讨论。

的立法建议的功能上。

在本书采用的方法中，人权是与人类自由的重要性建构性地联系在一起的道德主张。某种具体的主张能否被视为人权，这必须通过包括开放的中立性在内的公共理性的审思。人权可以成为许多活动的动机，从某些法律的立法和执行，到动员他人和公众的帮助以防止侵犯权利的行为。[①]这些不同的活动或分别或共同地推动了重要的人类自由的实现。重要的是要强调指出，除了立法之外，不仅有多种不同的方式可以保障并推进人权，而且这些不同的方式在很大程度上可以互补。例如，对于新的人权法的有效执行来说，公共监督以及舆论压力就能够起到颇为良好的效果。通过种种相互关联的工具以及多种方式和途径，关于人权的道德伦理可以变得更加有效。这就是为什么赋予人权一般性的道德地位十分重要的原因之一，而不是仅仅将人权的概念局限在立法的——无论是现实的还是虚构的——狭小区域内。

·以自由看待权利·

前面已经论述过，既然人权宣言是一种道德主张，它提出我们需要关注蕴涵在人权表述中的自由的重要性，那么在这些权利背后自由的重要性，必然就是考察人权问题的合适的出发点。自由的重要性不仅为争取我们自己的权利和自由，而且为关注其他人的权利和自由提供了一个根本性的缘由，这远远超越了功利主义所关注的愉悦和欲望

---

① 在1948年《世界人权宣言》之后，许多其他宣言相继产生，其中联合国经常是先行者，包括1951年签署的《预防和惩罚种族屠杀罪行的决议》(Convention on the Prevention and Punishment of the Crime of Genocide)、1966年的《公民与政治权利以及经济、社会与文化权利国际公约》(International Covenant on Civil and Political Rights and on Economic, Social and Cultural Rights)，以及1986年的《发展权利宣言》(Declaration on the Right to Development)。这一方法是受到了这种思想的启发，即通过赋予人权社会认同与被认可的地位，即便在没有强制的情况下，人权的道德力量也会在实践中变得更加强大。关于这些问题，也见Arjun Sengupta, "Realizing the Right to Development", *Development and Change*, 31 (2000) 和 "The Human Right to Development", *Oxford Development Studies*, 32 (2004)。

实现。[①]边沁将效用作为道德评价的基础，更多的是一种主张而不是合理的说明。这就需要将其基础与自由视角进行对照和比较性的评价。[7]

自由若要成为人权的一部分，必须有充分的理由以引起他人的足够重视，必须有一些相关的“门槛条件”，包括自由的重要性与影响其实现的可能性，从而使其能存在于人权的范畴之内。如果说需要就人权的社会框架达成某种一致，那么这种一致不仅只是某个个人的某种自由是否具有道德上的重要性，还有那种自由是否满足门槛条件，即是否具有充分的社会重要性，从而成为此人人权的一部分，以及使他人思考他们如何能够帮助此人实现其自由的义务。我们将对此展开全面的讨论。

出于各种原因，门槛条件可能会妨碍某种自由成为人权的主题。为了说明这一问题，我们可以认为某人——我们暂且叫她雷哈娜——以下五个方面的自由应该得到相当程度的重视：

（1）有不容他人侵犯的自由；

（2）有患病时获得基本医疗救助的自由；

（3）有不受其厌恶的邻居定期或不定期骚扰的自由；

（4）有追求宁静以享受美好生活的自由；

（5）有免于对他人恶行产生恐惧的自由（而不仅仅只是免于危害行为本身的自由）。

虽然这五种自由可能都很重要，但我们完全可以认为，第一种自由（不容他人侵犯的自由）和第二种自由（获得基本医疗救助的自由）都可以成为不错的人权主题。但一般来说，第三种自由（不受其厌恶的邻居定期或不定期骚扰的自由）并没有充足的理由跨越社会相关性的门槛而成为人权。相比之下，尽管第四种自由（实现宁静的自由）很可能对雷哈娜极为重要，但其过于内向，而且超越了社会政策的有效范围，因此也难以成为一项合适的人权主题。将宁静权排除在外，并不是说这对于雷哈娜不那么重要，而是说该自由的内容不合适，且很难通过社会援

① 第13章“幸福、福利与可行能力”对这种对比进行过考察。

助来对其产生影响。

第五种自由，涉及对他人负面行为的恐惧。在没有审思那种恐惧的原因，以及不知道如何消除那种恐惧的情况下，不能对之作出真正合理的评价。当然，有些恐惧是很自然的，如对生命的有限性这一人类困境的恐惧。不过，一些其他的恐惧却很难得到合理的解释。正如罗伯特·古丁（Robert Goodin）和弗兰克·杰克逊（Frank Jackson）在其重要的论文 *Freedom from Fear* 中所说，我们在决定是否应该"理性地惧怕"某事物之前，必须"弄清这种恐惧的可能性，其最终可能被证明离我们十分遥远"①。古丁和杰克逊正确地指出，"摆脱恐惧"，即"摆脱那些不合理地困扰着我们的过度影响是……一个极为重要却又令人非常难以捉摸的社会目标"[8]。然而不管这种恐惧是否特别理性，摆脱恐惧的自由是每个人都有理由积极去获得的，也是其他人或者社会有理由去支持的。出于医学上的考量，精神病人实施的攻击当然需要关注。从人权的视角来看，在这种情况下人们有理由提出对于医疗设备的要求：我们不能因为这种恐惧的非理性而将其排除在权利的视角之外，因为这种恐惧及其所带来的痛楚是真实存在的，而又无法仅仅通过病人的努力来消除这种恐惧。

甚至有合理的理由将消除由恐怖主义带来的恐惧置于人权的关注之下，即使这种恐惧比概率数据所揭示的更为强烈。尽管在 2001 年的纽约、2005 年的伦敦，以及 2008 年的孟买发生恐怖事件后，人们对恐怖主义暴力的恐惧被放大了，但在恐惧的大气候下，还是有些值得关注的事情。②从人权视角来看，第五种情况的合理性可以见仁见智。这在很

---

① 关于这一点，古丁和杰克逊引用了美国前副总统迪克·切尼（Dick Cheney）的"百分之一主义"（one percent doctrine）："如果恐怖分子即使有百分之一的机会获得一个大规模杀伤性武器，并且一段时期以来这一事件发生的可能性很小，美国也必须把它当作一件必然发生的事，现在就行动起来"（Robert E. Goodin and Frank Jackson, 'Freedom from Fear', *Philosophy and Public Affairs*, 35（2007），p. 249）。也见 Ron Suskind, *The One Percent Doctrine: Deep Inside America's Pursuit of Its Enemies Since* 9/11（New York: Simon & Schuster, 2006）。

② 切尼"百分之一主义"的问题不在于对那些可能仅有百分之一几率发生的恐怖事件的非理性恐惧，而在于把它当作"必然会发生的事"，这明显是不理性的，而且不会有助于作出好的决策，尤其是国家决策。

大程度上取决于具体情况，尤其是社会和国家是否可以帮助消除个人无论多么理性都无法凭一己之力消除的恐惧。①

显然，我们可以就如何决定相关的门槛条件，以及某种具体的自由是否跨过该门槛进行讨论。在对于人权的评价中，与某些自由的重要性和社会性相关的门槛分析占有重要地位。关于人权的主张中总是存在争议，批判性的审思也是我们所称的人权问题的一部分。的确，接下来将要讨论的人权主张的可行性就与中立的审思密切相关。

·自由的机会与过程·

自由是与人权理论相关的，但我现在转向关于自由的另一个不同的问题。我在前面，尤其是在第 11 章“生活、自由和可行能力”中，已经讨论过自由的“机会方面”与“过程方面”之间差异的重要性，并指出了对每一方面进行评价时所涉及的复杂问题。[9]对第 11 章中所用的例子进行一下改动[10]，可以有助于区分个人自由中涉及的实质机会与实际过程分别（尽管不一定是彼此独立的）具有的相关性。试想有这么一个年轻人，我们不妨叫她苏拉，她决定晚上和朋友出去跳舞。为了充分考虑到一些并不是这里核心问题的事项（这会使我们的讨论变得毫无必要地复杂），我们可以假定她外出并不存在特殊的安全风险，而她也对这

---

① 一个人是否可能具有免于受到国家干预危害的自由，这从“共和”自由观的角度提出了一个不同的问题，菲利普·佩迪特持这种观点（*Republicanism: A Theory of Freedom and Government*, Oxford: Clarendon Press, 1997）。这也与昆廷·斯金纳提出的“新罗马”观十分相似（*Liberty before Liberalism*, Cambridge: Cambridge University Press, 1998）。这种看待自由内容的方式并不是围绕国家干预的高度可能性，而是围绕这种使个人自由取决于他人意志的干预的可能性。我不同意这就是自由的核心内容，但是我主张在自由的不同方面为其留下一席之地（见第 14 章“平等与自由”）。正如前面讨论过的，事实上，在其后期关于自由理论演进的著作中，托马斯·霍布斯以前给予这种共和观的支持都不见了。关于此，见昆廷·斯金纳的 *Hobbes and Republican Liberty*（Cambridge: Cambridge University Press, 2008）。又见理查德·塔克（Richard Tuck）的 *Hobbes*（Oxford: Oxford University Press, 1989），以及他与 M. 西尔弗索恩（M. Silverthorne）合著的 *Hobbes: On the Citizen*（Cambridge: Cambridge University Press, 1998）。

个决定进行过反复的思考，并认为外出是明智的。

当专制的监护人决定，她不能去跳舞（“这太不合适了”），并用某种方式强制她待在家里时，我们来看一下对这种自由的侵犯所造成的威胁。为了说明在这种侵犯中存在两个截然不同的问题，试想一下这个专制的监护人决定她必须——绝对必须——出去（“你今晚必须出去——今晚不要和我们在一起——我们要招待的贵客会对你的行为和怪样子感到不舒服”）。即使在这一情况下，也明显存在对自由的侵犯，苏拉被迫去做她会选择去做的事情（她必须出去跳舞）。当我们将这两种场景，即“自己选择出去”与“被迫出去”进行比较时，很容易看到这一点。由于对苏拉施以强制行为，后者直接侵犯了其自由的“过程方面”，即使苏拉自己也会选择该行为（“想象一下与那些自负的客人待在一起，而不是和鲍勃跳舞”），其机会方面也受到了影响。因为对于机会的合理诠释就包括了选择，而且苏拉也珍视自由的选择（第 11 章“生活、自由和可行能力”已经讨论过这一问题）。

然而，如果苏拉不仅被迫去做一些他人要她去做的事，而且这也不是她自己愿意去做的，那么对于机会方面的侵犯就会更加明显和突出。将当自己也会选择出去时“被迫出去”，同被迫与乏味的客人一起待在家里进行比较，就能揭示出这种对比。这一差别主要存在于其机会方面，而不是过程方面。当被迫待在家里听颐指气使的银行家们唠叨时，苏拉以两种方式失去了自由，分别是被迫做某事而没有选择的自由和被迫做她不愿意去做的事情。

过程和机会二者都存在于人权之中。对于自由的机会方面而言，“可行能力”——实现有价值的功能的真实机会——的理念典型地是一种好的表述自由的方式，但是与自由过程方面相关的问题，则需要我们超越仅从可行能力视角看待的自由。被禁在家这一事情中所体现出的缺乏适当的程序与“正当的过程”可以成为人权讨论的主题，无论预期的公正程序的结果是否会与此有任何不同。

·完全义务和不完全义务·

在这里所阐述的一般性方法中，权利的意义最终与自由的重要性相关，后者包含机会方面和过程方面。与这些权利相联系的其他人的责任又具有什么样的作用呢？我们还是可以从自由的重要性出发，不过现在先来看看自由与义务之间的重要关联。如果自由被视为重要的（正如本书前面所讨论的那样），那么人们就有理由问，他们应该做些什么来帮助彼此捍卫和推动他们各自的自由。既然对于重要权利背后自由的侵犯——或未实现——是不好的事情（或不好的社会现实），那么即使那些并未造成此侵犯的、可以施以援手的其他人，也有理由思考他们在这种情况下应该做些什么。*n*

然而，在一个对后果敏感的道德体系中，从显而易见的（帮助另外一个人的）行为缘由跨越到产生该行为的实际责任绝不是那么简单，也无法合理地以一个直截了当的公式来概括。这里可以列出很多可能的推理，包括对一个人如何——如何有动力——一定要使其行为的缘由成为其可能的责任的基石进行评价。与此相关的一个问题是同情，就是使其他人的关切以及实现这些关切的自由进入某人自己派生出的情感。同情的作用和力量必然是对于人权概念支撑的一部分。然而，感受他人的痛苦这种形式的同情并不是帮助痛苦（或正遭受其他严重不幸或被剥夺）中的他人的缘由的真正关键所在。①

这里的基本义务必须是认真思考一个人在考虑到他人自由的重要性与影响力，以及自己的情况和可能的效果的前提下，可以做些什么来帮助另一个人实现其自由。当然，对此存在一些模糊和不同的看法，但是

① 这里，亚当·斯密对基于“同情”（sympathy）而帮助他人，与基于“慷慨”（generosity）或“公共精神”（public spirit）而帮助他人二者之间所作出的区分与此相关（*The Theory of Moral Sentiments*，1759，1790）。关于这个区别，也见本书第8章“理性与他人”。

一个人在思考自己应该做些什么，从而明确自己对于认真思考这一观点的义务上，这却很重要。提出这一问题的必要性（而不是轻松地假设我们彼此不负有任何义务）可以成为另一条更为全面的道德考量的思路的开始，而人权问题也可以在那里找到自己的位置。然而，思考不能止于此。鉴于任何人的能力与触及范围都是有限的，而且在不同类型的义务之间，以及在其他——非道义论——人们合理关注事物的要求之间存在优先次序，因此需要认真地展开其中直接或间接地包括了各种义务（包括不完全义务）的实践理性。[①]

对人权的认识并不是坚持要让每个人都来阻止一切侵犯人权的行为。相反，它是这样一种认识，即如果一个人处于某种情况下，能够做一些事来有效地阻止对这种权利的侵犯，那么他就有很好的理由去这么做，而且在决定应该做什么的时候必须考虑这个缘由。其他的一些义务或非义务性的关注，也有可能会盖过某一具体行为的这个缘由，但是这个缘由不会像“与某人无关”那样被简单地置之不理。这是一个普遍的道德要求，而不是一个能够自动生成的放之四海而皆准的行动方案的法宝。

与这些考量相关的行为选择，必须根据优先选择、权重以及评价框架来考虑不同的情况。因果分析也有很多不同的方法，尤其是当研究他人可以采取的帮助或伤害行为时。因此关于责任的具体内容可以存在许多不同，甚至是一些模糊性。然而一个理念中存在的模糊性并不能成为其不具有说服力的理由。在对一个重要概念的应用中的模糊性可以将适当的不完整性和多样性纳入对于该概念的理解（就如我在《不平等之再

---

① 第 9 章“中立缘由的多元性”和第 13 章“幸福、福利与可行能力”对与个人能力及其有效性相关的义务的重要性进行了讨论。这使我们大大超越了与虚构的“社会契约”相关的义务，后者通常只限于某人所在的社区或政体，而不适用于外部的其他人。关于全球包容性这一个一般性的问题，即不忽视外国人，也不按照某种机械公式来决定应该为外国人做什么，见 Kwame Anthony Appiah's illuminating discussion in *Cosmopolitanism: Ethics in a World of Strangers*（New York: W. W. Norton & Co.，2006）中第 10 章的精彩讨论。

考察》(1992))一书中所讨论的那样。①

的确，不能将未明确定义的义务与没有义务相混淆。相反，它们属于责任中一个很重要的类别，正如前面曾提到的，康德称之为“不完全义务”，是可以和其他更为明确具体的完全义务共存的。[12]有一个例子可以帮助我们阐明不同义务之间的区别(以及它们的同时存在)。这是发生在1964年纽约皇后区的一个真实事件：一个叫凯瑟琳(姬蒂)·吉诺维斯(Catherine (Kitty) Genovese)的女人在众目睽睽之下一再遭到致命攻击，她的大声求援没有得到任何回应。②可以说，在这个过程中发生了三件不同但相互联系的可怕事情：

(1)这个女人不被伤害的自由受到了侵犯(当然，这是最主要的问题)；

(2)肇事者不得攻击和谋杀的责任遭到了违背(侵犯了“完全义务”)；

(3)他人向受到攻击和谋杀的人提供适当帮助的责任也遭到了违背(侵犯了“不完全义务”)。

这些侵犯行为彼此关联，反映出结构化道德中权利义务相对应的复杂模式，从而有助于阐明人权的评估框架。③人权视角需要涉及这些不同的关注。④

---

① See my *Inequality Reexamined* (Cambridge, MA: Harvard University Press, and Oxford: Clarendon Press, 1992), pp. 46-9, 131-5. 我在 Maximization and the Act of Choice, *Econometrica*, 65 (1997) 中也讨论过这个问题，该文复制于 *Rationality and Freedom* (Cambridge, MA: Harvard University Press, 2002)。

② 楼上的一个目击者的确曾对着攻击者大喊“放开她”，但这一援助只限于那种单独的和隔着相当距离的情况，并且攻击发生后很久才有人打电话报警。关于这一事件及其涉及的道德与心理问题，见 Philip Bobbitt, *The Shield of Achilles: War, Peace and the Course of History* (New York: Knopf, 2002) 中的第15章“The Kitty Genovese Incident and the War in Bosnia”。

③ 在这个分析中，我没有区分基于主体的道德评价和主体中立的道德评价。像在第10章“现实、后果与主体性”中讨论的那样，可以进一步按照基于位置的评价对这里的表述进行扩展。也见我的论文“Rights and Agency”, *Philosophy and Public Affairs*, 11 (1982) 和“Positional Objectivity”, *Philosophy and Public Affairs*, 22 (1993)。

④ 那些对姬蒂·吉诺维斯遭到侵犯和谋杀采取消极观望态度的人，其义务上的失责与以下判断相关联，即他们施以援手，包括毫不延误地报警是合理的。但这并未发生：没有人站出来喝止攻击者，事情发生之后——事实上是很久之后，警方才接到报案。

法律权利的精确性往往与人权道德主张无可避免的模糊性形成鲜明对比。然而这种对比本身并不是对于包括了不完全义务的道德主张的辱没，因为一个规范性的理智思考的框架可以合理地允许各种不同情形的存在，而这些难以置于明晰的法律框架中。正如亚里士多德在《伦理学》中所说，我们必须“在该主体的性质所允许的前提下，寻找每一类事物中的精确性”[13]。

只有在其余的人——除直接置身于其中的人外——没有任何责任去做他们可以合理地提供帮助的事情的时候，才可以避免不完全义务，以及其中必然带有的模糊性。尽管就法律要求而言，那种麻木不仁也许是合理的，但在道德范畴内它却很难成立。巧的是，在某些国家的法律中，法律甚至要求向第三方提供合理的帮助。例如，在法国，针对未能向受到某种侵犯的他人提供合理的帮助，有一则法律条款叫作“漠视的刑责”（criminal liability of omission）。意料之中的是，这些法律在应用中的模糊性已经极其普遍，而且这已经成为近年来一些法学讨论的主题。[14]如果在总体上赋予了他人第三方义务一定的空间，那么这类责任的模糊性——不管是在道德领域还是在法律领域——都将难以避免。

·自由和利益·

正如这里所诠释的那样，人权宣言是对于权利中所体现的自由重要性的一种确认。例如，当一个人不受酷刑的权利得到承认以后，也就确认了每个人免于酷刑的自由的重要性①，同时也明确了他人需要思考他们可以做些什么来保障所有人免于酷刑的自由。对于一个可能的施刑者而言，这一要求是显而易见的：停止刑罚（这是一个明显的“完全义务”）。对于其他人而言，也存在一些不那么明确的责任，包括做一些在

① 正如查尔斯·贝茨（Charles Beitz）指出的那样，人权发挥了“道德标准的作用——对国内制度进行评估与批评的标准，对这些制度的改革热切渴望的标准，而且越来越成为对国际政治经济制度之政策与实践进行评价的标准”（‘Human Rights as a Common Concern’，*American Political Science Review*，95（2001），p. 269）。

那种情况下力所能及的事情（这属于更广泛的“不完全义务”的范畴）。不对人施以酷刑这一完全明确的要求，得到了更为一般性的——没有那么具体——要求的补充，即思考防止酷刑的方法和手段，并决定在这一具体情况下可以做些什么力所能及的事情。[15]

关于分别将自由和利益这两个不同的概念作为人权的基础，有一个有趣而重要的问题。与这里关注自由不同，约瑟夫·拉兹在其洞见深刻的著作《自由的道德》（*The Morality of Freedom*）中，建立了一个基于利益的人权理论：“权利将行动的要求建立在他人利益的基础之上。”[16]我发现拉兹的方法很有吸引力，这不仅只是由于我从与这位老朋友在牛津十年（1977—1987年）的讨论中获益良多，而且主要是因为他描绘出了一条颇具说服力的思考线索。[①]然而，我们不得不问，尽管将不同人的利益作为权利的基础具有一定道理，但它是否足以成为一个一般性的权利理论和具体的人权理论？我们还不得不问一个与此相关的问题：自由视角与利益视角之间有什么样的区别？

这里确实存在一些区别。我曾经在一个非人权问题的背景下讨论过这一区别的重要意义。不妨思考一下本书第8章讨论过的一个例子[②]，一个靠窗坐的人找到一个十分充分的理由将遮阳板拉下（因此自己无法享

---

① 一个类似的主张可见 Thomas Scanlon，“Rights and Interests”，in Kaushik Basu and Ravi Kanbur (eds)，*Arguments for a Better World* (2009)。关于与斯坎伦这篇文章中另一个相关的分歧，我想借此机会指出他的认识中存在的一个误解，即如果他接受我关于需要对不同的权利主张赋予“权重”的说法，那么“所需要的是对权利的排序，以决定在冲突的情况下哪一种权利优先”（第76页）。考虑到强度、情况与后果，赋予权重的数学方法有很多种，而不必让我们在所有情况下都对各种权利进行“字典式的”排序。第2章“罗尔斯及其超越”对这一问题已经进行过讨论，当时是评价罗尔斯按照字典排序（在所有情况下都与每一种不同的关注进行对比），而不是在不忽视其他事物的同时承认自由的特殊重要性，来确定自由的优先性的方法。这一问题也与赫伯特·哈特的观点相关，他认为如果相关自由的行使导致非常不利于人们福利的后果，那么可以合理地将自由的主张后置，尽管在其他情况下自由可能优先于福利的考量。非字典化的权重赋予方法可以接纳这样一种相当普遍的认识，即不需要通过纯粹的“分类法”和脱离背景、不考虑强度和后果的“权利排序”来解决各种权利主张之间的冲突。也见该书 *Arguments for a Better World* 中收录的 S. R. Osmani，“The Sen System of Social Evaluation”。

② 见第8章“理性与他人”。

受日光)，以使他的邻座能玩一种他想玩的傻瓜电脑游戏。这个靠窗乘客所找到的相关理由，并不是这个游戏爱好者的“利益”(事实上，靠窗乘客认为这一举动完全不会提高游戏者的利益，而是恰恰相反)，而是游戏爱好者做想做之事的“自由”(无论是在靠窗乘客还是在游戏者本人看来，这是否有助于他的利益)。自由和利益之间具有显著的差别。

现在让我们来看一个不同的例子，这与拉兹在对权利的研究中采用的案例更为接近。一个外地人去伦敦参加和平示威游行的自由(比如说，反对2003年美国领导的对伊拉克的军事打击)，可能会受到一些阻止潜在示威者集结的驱逐政策的侵犯(这完全是一个假想的例子，没有这样的驱逐)。如果这条禁令得以施行，这将是对那些被驱逐的人(想参加示威游行的人)的自由的公然侵犯，亦是对其权利中某些方面的侵犯，如果权利中包含了这种自由的话。在这一推理中存在直接的关联。

然而，如果权利只是建立在相关者的利益(而不是“自由”)的基础上，那么我们将不得不思考，加入这一关于伊拉克的游行示威是否符合那个人的利益。如果最后的答案是，尽管这是该名潜在示威者在政治上的首选，但参加有组织的抗议并不很符合或完全不符合他的个人“利益”，那么如果人权是基于利益考量的话，在伦敦示威的自由不能被包括在人权的范畴内。如果接受这种基于利益的权利观，作为人权基础的示威自由就会受到破坏。另一方面，如果我们认为自由是重要的，因为这给予了相关人选择(无论其选择是实现个人利益还是别的什么)和按照其优先次序生活(无论是否以利益为导向)的自主，那么基于利益的人权视角最终必然是不充分的。①

然而说到这里，我注意到，在一个更宽泛的——更大的范围内——

① 正如理查德·塔克曾经合理论述的那样，“权利理论和功利主义之间一个显著的区别是，赋予某个人一种权利并不要求我们对这个人的内在状态作任何揣测。”他继续解释说：“假如他有站在特拉法加广场的权利，那么无论是他从这种行为中感到快乐，还是产生了陀思妥耶夫斯基式的悲怆感，都无关紧要；甚至，他是否选择在某个具体的场合作出这一行为也不重要(与霍布斯比较一下，对他而言，人们是否总是寻求保全自我并不重要)”(“The Dangers of Natural Rights”, *Harvard Journal of Law and Public Policy*, 20 (Summer 1997), pp. 689-90)。

去定义“利益”是可能的，即利益指的是人们所选择追求的所有关注，无论其动机为何。事实上，通常来说，侵犯某人选择的自由就等同于侵犯其个人的利益。[①]如果将这一广义的观点作为对于利益的定义，那么在这个意义上，利益和自由之间的鸿沟将会消失。[②]如果这是对拉兹理论的正确理解，这将使我们各自所开创的方法殊途同归。

· 经济与社会权利的合理性 ·

现在，我将从对人权的总体分析，转向对人权范畴中几类特殊权利的分析。其中有一个问题是关于“经济与社会的权利”，有时也被称为“福利权”。这些权利——如人所共有的生存权和医疗权，被其支持者视为重要的“第二代权利”[③]——最近被添加到人权范畴中，从而大大拓展了人权的领域。[17]虽然这些权利并没有出现在诸如美国的《独立宣言》和法国的《人权宣言》中所列举的经典的人权里，却成为卡斯·森斯坦所称的当代“权利革命”领域的一部分。[18]

1948年的《世界人权宣言》引发了这一领域的一场革命。这个新的宣言反映了激进的社会思想在变化中的20世纪里所发生的转型。事实上，它与之前的宣言截然不同。我们也许记得，亚伯拉罕·林肯最早并没有为奴隶要求政治和社会权利，哪怕只是一些最基本的权利，例如生命权、自由权和劳动成果权。联合国的《世界人权宣言》将更多的权

---

① 我在第8章“理性与他人”、第9章“中立缘由的多元性”，以及第13章“幸福、福利与可行能力”中都对这种等同背后的推理进行了批驳。

② 事实上，约瑟夫·拉兹本人在他的《自由的道德》（1986）一书中，也探讨了利益与自由概念之间的广泛联系。尽管我看到了这二者之间的重要区别，但在这里我并不想去评价这两个不同概念的含义有多大的不同。

③ 这里使用的“福利”（welfare）一词，比将它作为一般意义上福利（well-being）（该词用于讨论幸福或福利在评价公正问题时的作用，见第13章“幸福、福利与可行能力”）的含义要狭窄和具体得多。“福利权”一般指享有养老金、失业福利以及其他此类具体的旨在减少某种明显的经济与社会剥夺状况的公共保障的权利，而且所覆盖的剥夺类型可以延伸至包括文盲和可预防的疾病。

利和自由置于它的保护范围之中。这不仅包括基本的政治权利，也包括工作的权利、受教育的权利、免于失业和贫穷的权利、参加工会的权利，甚至还有获得公正与优惠酬劳的权利。这与1776年的美国《独立宣言》以及1789年的法国《人权宣言》有限的覆盖范围截然不同。

20世纪后半期关于公平问题的全球政治越来越关注这些“第二代权利”。新时期展开的全球性对话的本质与理性思考的类型逐渐反映出对于主体性与全球责任的内容更全面的解读。[19]正如布赖恩·巴里（Brian Barry）所认为的，“《世界人权宣言》对于整个国际社会都有意义——非常重要的意义，而不只是个别国家”①。消灭全球性的贫困和其他的经济和社会剥夺状况，就成了全球人权问题研究关注的中心，而这有时是以托马斯·波格等哲学家为先导的。[20]对于这一问题与日俱增的兴趣对政策改革的要求也产生了影响。事实上，正如迪恩·查特吉（Deen Chatterjee）所指出的，“将地方性的贫困以及系统性的不公正作为严肃的人权问题，这一全球性的共识已经迫使个别国家在国内进行民主改革，并唤起了对于更为公正和有效的国际制度安排的要求”[21]。为了践行“不完全”的全球性义务，“第二代权利”对制度改革的进程产生了重要的影响。这一点已经得到明确，但更多时候是暗含的承认。

将“第二代权利”纳入人权范畴，使我们有可能将全球发展背后的道德问题与协商式民主的要求结合起来。两者都与人权，以及对于提升人类可行能力重要性的认识相关。在对这一结合作出杰出贡献的著作《全球发展伦理学》（*Ethics of Global Development*：*Agency*，*Capability*，*and Deliberative Democracy*）中，戴维·克罗克指出，因为主体性与有价值的可行能力是“人权、社会正义，以及个人和集体责任的基础，因此关于发展的道德观也将考察全球化的世界如何帮助或阻碍个人

---

① Brian Barry，*Why Social Justice Matters*（London：Polity Press，2005），p. 28. 巴里继续明确指出，他所主张的是这一重要认识的意义：“如果政府没有办法给每个人提供诸如充足的营养、住房、安全饮用水、卫生与总体健康的环境、教育与医疗保障，那么无论是以个体还是任何群体性的方式，富裕的国家都有义务通过各种方式去确保这些资源的供给”（第28页）。

和机构实现其尊重权利的这种道德义务”。他继而提出，“好的与公正的发展的长期目标——无论国内还是全球——必须是为全世界每一个人——无论其国籍、民族、宗教、年龄、性别或性取向——保障其充分的主体性与道德层面基本的可行能力。”[22]只有将这些“第二代权利”纳入其中，这种在人权框架内实现全面结合道德问题与协商式民主的激进计划才有可能。[23]

然而，纳入这些新的人权内容遭到了许多政治学者和哲学家提出的更为具体的强烈质疑。他们不仅反对在全球范围采用经济和社会权利，而且对于这些权利在一国范围内的可行性也提出了质疑。在这些反对意见中，最强烈的来自莫里斯·克兰斯顿（Maurice Cranston）和昂诺拉·奥尼尔（Onora O' Neill）。[24]我首先应该指出，反对将这些自由纳入人权的原因并不是忽视其重要性。事实上，奥尼尔对这些哲学问题的深入分析揭示了其重要性，她在很大程度上继承了康德主义的路线，探讨世界上的贫困和饥饿。[25]然而，之所以提出将这些排除在人权范畴之外，是因为包括奥尼尔在内的批评者对于人权内容和范围的诠释。

事实上，存在两种具体的批判思路，即我所称的“制度化批判”（institutionalization critique）和“可行性批判”（feasibility critique）。制度化批判着眼于经济和社会权利，认为真正的权利必须有与其相对应的明确的义务。只有当一种权利得到制度化时，这样一种对应才会存在。昂诺拉·奥尼尔清晰而有力地阐述了她的批判：

> 遗憾的是，一些关于权利的作品和言论不加注意就提出对于商品和服务的普遍权利，尤其是“福利权”，以及出现于国际宪章和宣言中其他的社会、经济和文化的权利，而没有说明是什么将每一个权利的所有者和一些具体的义务承担者联系起来的。这就使得这些权利的内容完全不清楚……一些支持普遍的经济、社会和文化权利的人，仅仅强调这些权利可以制度化，这当然没错。但问题在于这些权利必须得到制度化，否则就不会存在。[26]

为了回应这种批判，我们不得不借用已经讨论过的观点，即义务既可以是完全的，也可以是不完全的。正如姬蒂·吉诺维斯在众目睽睽之下遭受攻击的例子所表明的那样，即使经典的第一代权利，比如免于受到攻击的自由，也可以被看作对施加在其他人身上的不完全义务。经济和社会权利既可以要求完全义务，也可以要求不完全义务。关于某个具体的社会或国家——即使是赤贫的国家——能够做些什么来防止对于某些基本经济或社会权利的侵犯（比如，与饥荒蔓延、慢性营养不良或缺乏医疗相关的），存在大量的公共讨论和可能有效的压力。

事实上，社会组织所发起的一些支持性活动经常瞄准的是制度的改变，而且这些活动可以被看作在基本人权受到侵犯的社会中，个人与群体不完全义务的一部分。当然，昂诺拉·奥尼尔看到了制度对于实现“福利权利”（甚至更为一般性的经济与社会权利）的重要性，这无疑是正确的，但是这些权利所具有的道德意义也为以下这种途径提供了很好的基础，即通过推动制度以及社会态度的改变来谋求这些权利的实现。例如，可以通过推动新的立法，或者催生对于该问题严重性的更强烈的意识，来实现这些权利。[①]否认这些权利主张的道德功能就是忽视了引发这些建设性活动的思想过程，这包括为推动奥尼尔所乐见的制度改革以实现这些活动家所视为的人权而做的大量工作。

“可行性批判”和制度化批判有一些关联。它认为即使付出最大的努力，为所有人实现所提出的经济与社会权利或许也是不可行的。这本来是一个很有意思的经验观察，但是建立在这么一种不经论证的假定基础上，即人权的一致性要求这些权利必须是所有人都可获得的，就使其成为对于这些权利可接受性的一个批判。如果这一假设成立，那么许多经济与社会权利就会被立即排除在人权的范畴之外，尤其在一些更为贫穷的社会里更是如此。莫里斯·克兰斯顿这样说道：

> 传统的政治和公民权利不难建立。在很大程度上，这要求政府，并且一般说来，要求其他人不要去干涉……然而经济和社会权利的主张所带来的，完全是另一个层面上的问题。在亚洲、非洲和

① 第15章“作为公共理性的民主”和第16章“民主的实践”对公共讨论和媒体在帮助减少社会和经济剥夺方面的作用进行过讨论。

南美洲这些工业化难以开始的地方，怎样合理地去要求政府为那里数以千万计且迅速增加的人口提供社会保障和带薪休假呢?[27]

这个看上去可信的批判真的有说服力吗?我认为这是混淆了一个在道德上获得了认可的权利的内容。就像功利主义者希望效用最大化，而效用永远都有提升的空间这一事实并未影响这一方法的可行性那样，人权倡导者也希望最大化地实现得到认同的人权。[28]这种方法具有一定的合理性，因为在任何时候都需要进一步的社会改变来使越来越多的这些权利变得彻底可实现和真正地完全实现。①

事实上，如果可行性是人们获得权利的必要条件，那么不仅社会和经济权利，而且所有权利，甚至自由权，都将会毫无意义，因为要保障所有人的生命和自由不受侵犯是不可能的。保证每个人都“不受干涉”从来都不是那么简单的事（这与克兰斯顿的看法相反）。我们无法防止每天都出现的谋杀。即使作最大的努力，我们也无法阻止所有的大屠杀，如1994年的卢旺达、2001年9月11日的纽约，或更近期的伦敦、马德里、巴厘岛和孟买。因为不完全可行就放弃人权主张，其错误在于一个没有完全实现的权利仍然是权利，只是需要我们采取补救措施。未实现的本身不能使一项权利变为不是权利。相反，它会推动进一步的社会行动。将所有的经济与社会权利从人权的神圣领域中排除，而只在其中保留自由和其他的第一代权利，无异于在沙地中划出一条界线，注定将难以持久。

·审思、可行性与运用·

我现在转向人权的可行性这一尚未讨论的问题。我们该如何判断人权主张的可接受性，并如何评价它们可能面临的挑战呢?关于这些问题的争论或者辩护会如何进行?在某种程度上，我已经通过某种方式的人权定义（或者更准确地说，通过阐释隐含在人权表述背后的定义）间接

---

① 人权主张是一种动议——倡导社会变革，它并不依赖于现实的可行性。关于这一点，见我的“Rights as Goals”, in S. Guest and A. Milne (eds), *Equality and Discrimination: Essays in Freedom and Justice* (Stuttgart: Franz Steiner, 1985)。

回答了这个问题。像其他道德主张的可接受性经过了中立的审思一样，提出人权主张时也有种隐性的假设，即背后道德主张的说服力要能通过公开和信息充分条件下的审思。这包括在开放的中立条件下进行批判性审思的互动过程（包括对来自其他社会的信息和远近各处的认识持开放态度），允许就可能成立的人权内容和范围展开争论。①

认为某种自由的重要性足以使其成为一项人权，也就意味着理智的审思可以支持这一判断。事实上，这种支持在许多情况下都可以形成，但并非任何主张都是如此。我们有时可能非常接近于一种大体上的一致，尽管还不是全部接受。某种人权的倡导者可以积极地开展工作，以使他们的基本思想尽可能广泛地被接受。当然，没有人会指望世界上每个人的所思所想都完全一致，而且也没有人指望一个激进的种族主义者或性别主义者会为公共言论所改变，因为这种希望是很渺茫的。一项判断的可持续性所要求的，是当其他人在中立的基础上对这些权利主张进行审思时，普遍认识到支持这些权利主张的道理所在。

当然，我们实际上并没有在世界范围内对可能成立的人权展开公共审思。我们采取的行动是基于这样一种信念，即如果有中立的审思，那么提出的主张就会获得支持。在具有充分信息和反思能力的批评者没有进行强有力的批驳的情况下，一般都会假定该主张具有可持续性。[29]正是在这样的基础上，许多社会引入了新的人权立法，并将权力和话语权赋予了某些自由权利的倡导者，这些权利包括不同种族和性别之间的非歧视、发表合理言论的基本自由。当然，更广泛的人权意识的倡导者会要求更多的权利，而且对于人权的追求也是一个不断的互动过程。②

然而需要看到，即使对人权主张的意见一致，对于应该如何引导人权关注的焦点，依然会存在严重的分歧，尤其是在不完全义务的情况

---

① 见前面第1章“理智与客观”、第5章“中立与客观”、第6章“封闭的中立性与开放的中立性”中对公共理性与开放的中立性的讨论。

② 在赋予讨论和争议以非常重要的地位方面，联合国发布的《世界人权宣言》起到了相当关键的作用。它对于当今世界思考与行动都产生了深刻的影响。我在“The Power of a Declaration：Making Human Rights Real”，*The New Republic*，240（4 February 2009）中，对那种富有远见的行动所取得的成就进行了考察。

下。关于各种不同人权的权重关系如何，其各自要求之间如何协调统一，以及如何将人权主张与也应引起我们道德关注的其他主张结合起来，也存在争议。[30]即使接受了一揽子人权，这仍然会为进一步的讨论和辩论留下空间，事实上那正是这一问题的本质。

以人权宣言形式提出的道德主张的可行性，最终取决于对这些主张能否在无阻碍的讨论中幸存下来的判断。事实上，认识到人权与公共理性之间的关联十分重要，尤其是鉴于本书前面在一个更为一般的背景下所讨论的客观性要求（第1章和第4～第9章）。可以说，这些道德主张或其反对意见所具有的合理性，取决于它们能否在无阻碍的，且具有充分信息的讨论和审思中存留下来。

如果可以表明一项人权主张无法通过开放的公共审思，它的效力事实上就会受到严重削弱。然而与一种通常抱有的怀疑和否定人权思想的理由相反，不能仅仅因为这样一个经常提到的事实——在世界上许多不允许开放的公共讨论、不允许自由获得国外信息的专制政体中，许多这样的人权没有获得严肃的公共地位，就认为不需要这些人权。对侵犯人权行为的监督，以及“点名批评”方法的高度有效性（至少将侵犯者置于被诉地位）表明了公共理性在信息充分，允许而不是压制道德判断的时候所发挥的作用。无论是批驳还是支持某一道德主张，不受限制的批判审思都是其关键所在。

注释

1. Jeremy Bentham, *Anarchical Fallacies; Being an Examination of the Declaration of Rights Issued during the French Revolution* (1792); republished in J. Bowring (ed.), *The Works of Jeremy Bentham*, vol. II (Edinburgh: William Tait, 1843), p. 501.

2. 关于这种主张的辩论可见我的 “Elements of a Theory of Human Rights”, *Philosophy and Public Affairs*, 32 (2004)，以及 “Human Rights and the Limits of Law”, *Cardozo Law Journal*, 27 (April 2006) 将人权最终视为满足中立推理基本要求的道德主张，这些论文给这一思想的基础、范围和意义提出了一个总体框架。

3. Bentham, *Anarchical Fallacies* (1792); in *The Works of Jeremy Bentham*, vol. II, p. 523.

4. 当然，承认道德主张与法律条文这两大类别之间的总体差别，并不是否认以下可能性，即道德主张也许有助于法律内容的诠释与实质内容的增益。对于这种可能性的认同，也许与实证主义法学理论相左（关于这一点，见 Ronald Dworkin, *A Matter of Principle*, Cambridge, MA: Harvard University Press, 1985），但这并不能抹杀道德主张与法律条文之间存在的重大差异。
5. Thomas Paine, *The Rights of Man: Being an Answer to Mr Burke's Attack on the French Revolution* (1791); second part, *Combining Principle and Practice* (1792); republished, *The Rights of Man* (London: Dent, and New York: Dutton, 1906). Mary Wollstonecraft, *A Vindication of the Rights of Men, in a Letter to the Right Honourable Edmund Burke; occasioned by his Reflections on the Revolution in France* (1790) and *A Vindication of the Rights of Woman: with Strictures on Political and Moral Subjects* (1792); both included in Mary Wollstonecraft, *A Vindication of the Rights of Men and A Vindication of the Rights of Woman*, edited by Sylvana Tomaselli (Cambridge: Cambridge University Press, 1995).
6. H. L. A. Hart, 'Are There Any Natural Rights?', *The Philosophical Review*, 64 (April 1955), reprinted in Jeremy Waldron (ed.), *Theories of Rights* (Oxford: Oxford University Press, 1984), p. 79.
7. See also my 'Well-being, Agency and Freedom: The Dewey Lectures 1984', *Journal of Philosophy*, 82 (April 1985); *Inequality Reexamined* (Cambridge, MA: Harvard University Press, and Oxford: Clarendon Press, 1992); and *Development as Freedom* (New York: Knopf, 1999).
8. Robert E. Goodin and Frank Jackson, 'Freedom from Fear', *Philosophy and Public Affairs*, 35 (2007), p. 250.
9. 关于对这种差别及其深刻意义的更全面的探讨，见我的 Kenneth Arrow Lectures, "Freedom and Social Choice," included in my *Rationality and Freedom* (Cambridge, MA: Harvard University Press, 2002), essays 20–22。
10. See Chapter 11.
11. 我在"Rights and Agency", *Philosophy and Public Affairs*, 11 (1982), "Positional Objectivity", *Philosophy and Public Affairs*, 22 (1993), 以及"Consequential Evaluation and Practical Reason," *Journal of Philosophy*, 97 (2000) 中，就后果敏感型框架对于这种道德推理的作用进行了研究。
12. Immanuel Kant, *Groundwork of the Metaphysics of Morals* (1785); republished edn (Cambridge: Cambridge University Press, 1998), and *Critique of Practical Reason* (1788); republished edn (Cambridge: Cambridge University Press, 1997).
13. Aristotle, *The Nicomachean Ethics*, translated by William David Ross (Oxford: Oxford University Press, 1998), p. 3.
14. On this, see Andrew Ashworth and Eva Steiner, 'Criminal Omissions and

Public Duties: The French Experience', *Legal Studies*, 10 (1990); Glanville Williams, 'Criminal Omissions: The Conventional View', *Law Quarterly Review*, 107 (1991).

15. 我在早期的一篇文章 "Consequential Evaluation and Practical Reason", *Journal of Philosophy*, 97 (September 2000), 和联合国 *Human Development Report 2000* (New York: UNDP, 2000) 的导言部分，简要地讨论和考察了权利和义务（完全义务和不完全义务）的关系。后者基于我为其所撰写的论文 "Human Rights and Human Development"。

16. Joseph Raz, *The Morality of Freedom* (Oxford: Clarendon Press, 1986), p. 180.

17. See Ivan Hare, 'Social Rights as Fundamental Human Rights', in Bob Hepple (ed.), *Social and Labour Rights in Global Context* (Cambridge University Press, 2002).

18. Cass R. Sunstein, *After the Rights Revolution; Reconceiving the Regulatory State* (Cambridge, MA: Harvard University Press, 1990).

19. See, for example, Andrew Kuper's analysis of *Democracy Beyond Borders: Justice and Representation in Global Institutions* (New York and Oxford: Oxford University Press, 2004); see also the collection of essays edited by him, *Global Responsibilities: Who Must Deliver on Human Rights?* (New York and London: Routledge, 2005).

20. 托马斯·波格及其与合作者的著述，开启了基于广泛的人权思想与正义要求的许多政策分析领域，尤其见 Thomas Pogge, *World Poverty and Human Rights: Cosmopolitan Responsibilities and Reforms* (Cambridge: Polity Press, 2002; 2nd edn, 2008); Andreas Føllesdal and Thomas Pogge (eds) *Real World Justice* (Berlin: Springer, 2005); Thomas Pogge and Sanjay Reddy, *How Not to Count the Poor* (New York: Columbia University Press, 2005); Robert Goodin, Philip Pettit and Thomas Pogge (eds), *A Companion to Contemporary Political Philosophy* (Oxford: Blackwell, 2007); Elke Mack, Thomas Pogge, Michael Schramm and Stephan Klasen (eds), *Absolute Poverty and Global Justice: Empirical Data–Moral Theories–Realizations* (Aldershot: Ashgate, 2009)。

21. Deen Chatterjee, *Democracy in a Global World: Human Rights and Political Participation in the 21st Century* (London: Rowman & Littlefield, 2008), p. 2.

22. David Crocker, *Ethics of Global Development: Agency, Capability, and Deliberative Democracy* (Cambridge: Cambridge University Press, 2008), pp. 389–90.

23. See also Christian Barry and Sanjay Reddy, *International Trade and Labor Standards* (New York: Columbia University Press, 2008).

24. See Maurice Cranston, 'Are There Any Human Rights?' *Daedalus*, 112 (Fall 1983), and Onora O'Neill, *Towards Justice and Virtue* (Cambridge: Cambridge University Press, 1996).

25. Onora O'Neill, *Faces of Hunger: An Essay on Poverty, Justice and Development* (London: Allen & Unwin, 1986).

26. O'Neill, *Towards Justice and Virtue* (1996), pp. 131–2. See also her *Bounds of Justice* (Cambridge: Cambridge University Press, 2000).

27. Maurice Cranston, 'Are There Any Human Rights?' (1983), p. 13.

28. 伯纳多·克利克斯伯格（Bernardo Kliksberg）在 *Towards an Intelligent State* (Amsterdam: IOS Press, 2001) 中对这个问题进行了有力的讨论。

29. On this, see my 'Elements of a Theory of Human Rights', *Philosophy and Public Affairs*, 32 (2004).

30. 约翰·麦凯（John Mackie）在 "Can There Be a Rights-based Moral Theory?", *Midwest Studies in Philosophy*, 3 (1978) 中，对一些基础性的问题进行了讨论。

第18章

公正与世界

在1816年夏天处于困境的英国，功利主义哲学家詹姆斯·穆勒给与他同一时代的伟大的政治经济学家大卫·李嘉图写了一封信，内容是关于干旱对农业生产的影响。穆勒担心干旱所必然导致的惨状，“一个垂死之人在死尸上艰难爬行的场景——三分之一的人一定会死掉”。如果穆勒关于饥荒和干旱的宿命论令人侧目，那么他对于一种简单的仅仅旨在减少痛苦的功利主义的正义信念也是如此。穆勒写道：“将他们（饥饿的人们）带到街上和公路上，像杀猪那样割断他们的喉咙，这也许是一种恩赐。”李嘉图对穆勒这种愤然的思想表示了相当大的同情，就像穆勒（我首先要强调这是詹姆斯·穆勒，而不是约翰·斯图尔特·穆勒）鄙视那些误导人们说政府会来帮助他们从而散布对既有秩序不满的社会鼓吹者那样，李嘉图回信给穆勒说，他“遗憾地看到向下层社会劝告说立法机构会对其施以救济，这种劝说正在点燃他们的思想”[1]。

大卫·李嘉图对那些煽动性抗议的谴责是可以理解的，因为他和穆勒都认为，无法挽救那些受到因1816年农作物减产所引发的饥荒威胁的人们。然而，本书采用的总体方法不赞同那种指责。了解这种分歧的原因至关重要。

第一，那些能够为处于水深火热中的人们“点燃其思想”的东西，只会对政策制定和判别非公正产生积极的影响。即使不公正感最后被证明是建立在错误的基础上，也必须对其加以考察。当然，如果是建立在正确的基础上，就必须彻底探究这种不公正。而且没有进行一些调查，我们就无法确定它是错误的还是正确的。①然而因为不公正常常与阶级、性别、等级、区位、宗教、社团等固化的社会划分联系在一起，所以通常很难越过这些障碍，来对正在发生的和本可以发生的事情之间的差别进行客观的分析，这个对比对推进正义至关重要。我们只有通过怀疑、质问、辩论和审思，才能得出关于能否推进正义，以及如何推进正义的结论。就像本书所采用的这样一种通过判别不公正来研究公正的路径，一定会将“被点燃的思想”作为批判性审思的前奏。愤怒可以推动，而不是取代理智的思考。

第二，即使大卫·李嘉图是他那个时代英国最杰出的经济学家，也不应该不假思索地摒弃他所认为的那些煽动抗议者的言论。那些鼓励遭受饥饿威胁的人相信政府法律和政策能够缓解饥饿的人，实际上比对有效的社会援助持悲观态度的李嘉图更为正确。事实上，好的公共政策完全可以消除饥荒的发生。对饥荒的仔细研究表明，饥荒其实是很容易预防的，这一结果也支持了抗议者的诉求，而不是对于救助的可能性置以公式化的——有时甚至是懒惰的——不屑一顾。就像近期的经济调查所揭示的那样，在适当考虑到相关经济和政治原因多样性的前提下，一种对于饥荒原因及其可预防性的合理的经济学认识，表明了从食物角度来机械地看待饥荒问题的观点是多么幼稚。②

---

① 关于未经充分考察的理论，与其可能导致的可怕结果之间的关系，这一发展研究中的核心问题，见 Sabina Alkire，“Development：A Misconceived Theory Can Kill”，in Christopher W. Morris，*Amartya Sen*，Contemporary Philosophy in Focus series（Cambridge：Cambridge University Press，2009）。

② 我在 *Poverty and Famines*：*An Essay on Entitlement and Deprivation*（Oxford：Clarendon Press，1981）中分析了饥荒和未能获得食物（而不是本身缺乏食物）之间的关系。我在与让·德雷兹合著的书 *Hunger and Public Action*（Oxford：Clarendon Press，1989）中探讨了诸如通过公共事业项目，使人们能够获得食物的途径和方法。最近全球都有很多这样的例子，即通过公共政策来使最弱者获得必需的食物，从而防止由于严重的食物供应短缺造成饥荒。与李嘉图和穆勒专业的思考相比，“底层民众”（the lower orders）的“点燃的思想”更加接近真理。

饥荒就是很多人没有得到足够食物所导致的结果，其本身并不表示没有充足的食物。[2]可以通过包括公共就业在内的各种增加收入的方式，来迅速使出于种种原因而未能获得足够食物的人们有更强的市场购买力，以此实现经济中更平等的食物分配（一种现在经常采用的防治饥荒的方法，从印度到非洲）。这里的问题不仅仅只是大卫·李嘉图的悲观判断不成立，而且是不能不加思考就摒弃与之不同的观点。①无论这些观点最初看上去有多么不合理，也无论这些粗鲁的抗议者看上去多么聒噪，都有必要将其置于公共理性之下，而不是立刻否定不同的观点。公共理性中的开放参与对于实现公正是相当重要的。

·愤怒和理智·

对不公正的抵制，通常都是通过愤怒的辩论进行的。挫折和愤怒有助于激发我们，可是为了评价和效力，最终我们必须依赖理智的审思，来获得对这些抱怨（如果有的话）的理由以及能做些什么来解决深层次问题的可靠和可持续的认识。

女权主义先锋和思想家玛丽·沃斯通克拉夫特在“为女权辩护”的过程中，很好地说明了愤怒和理智的双重功能。②沃斯通克拉夫特在对于需要彻底摒弃女性压迫的讨论中，带有极大的愤怒情绪：

> 让妇女享有这些权利，她会具有男性的优点，因为当妇女获得解放时会变得更加完美，或者维持这种赋予妇女弱者地位的权威体系。如果是后一种情况，方便的做法是和俄国进行新的皮鞭贸易。父亲总是会在婚礼上将这作为礼物送给女婿，丈夫也会以此来管束

① 基于对全球的实证研究，我在《以自由看待发展》（1999）中讨论了精心制定的政策对消除包括饥饿在内的各种“不自由”（unfreedoms）的作用。See also Dan Banik, *Starvation and India's Democracy*（London：Routledge，2007）.

② 在这本书的前面部分，我已经讨论并多次提到沃斯通克拉夫特的著作。我对她的著作的讨论也见“Mary，Mary，Quite Contrary：Mary Wollstonecraft and Contemporary Social Sciences”，*Feminist Economics*，11（March 2005）。

整个家庭，手握其家庭唯一主宰的权杖，而不触犯任何现有的统治，因为他是家中唯一有道理的人。[3]

在关于男性权利和女性权利的两本书中，沃斯通克拉夫特的愤怒不仅仅只是出于女性所遭受的不公平，而且也针对其他受到剥夺的人群的遭遇，如美国和其他地方的奴隶。①然而，她的经典著作最终落脚于对理性的强烈呼吁。在愤怒的措辞之后，是沃斯通克拉夫特希望其反对者加以思考的理智的辩论。沃斯通克拉夫特的《为女权辩护》一书是写给塔列朗-佩里戈尔（Talleyrand-Périgord）的。在她给此人的信中，沃斯通克拉夫特重申了她对于理智的强烈信念，并以此结语：

> 先生，我希望能对法国的情况作些了解。当你们法国修订宪法以体现对于女性权利的尊重时，如果能够充分证明是理智呼唤起这种尊重，并为占人类总人口一半的群体大声呼吁公正，那么这能够证明我的原则吗？[4]

这种不公平既是沃斯通克拉夫特所处的18世纪世界的典型特征，也存在于我们当今的世界中。愤怒使我们去调查那些持续的不公平背后所隐藏的观念，但并未影响理智在其中所发挥的作用和运用的范围。尽管沃斯通克拉夫特不同寻常地把愤怒和理智放在了同一本书里（事实上，是紧挨在一起的），但如果在表达出不满和失望之后能对这种愤怒的合理基础进行考察的话（或许是由其他人进行的），那么即使仅仅是这种纯粹的表达也能够推动公共理性。

玛丽·沃斯通克拉夫特坚持对于公共理性的诉求，是我在本书中提出的正义方法的一个重要特征。与人类对于其他问题的认识一样，认识正义的要求，不再只是一个孤立的过程。②当我们思考决定如何推进正

---

① 关于沃斯通克拉夫特对埃德蒙·伯克支持追求独立的美国白人的自由，却忽视了奴隶问题的愤怒评论，第5章“中立与客观”已进行过讨论。

② 正如在第5章中讨论的那样，交流和思辨对于理解和评价道德和政治主张具有重要的作用。关于这一点，也见 Jürgen Habermas，*Justification and Application*：*Remarks on Discourse Ethics*，translated by Ciaran Cronin（Cambridge，MA：MIT Press，1993）。

义时，就存在对于不同地方和不同视角观点的公共理性的基本需求。然而，反对观点的存在并不意味着我们必须解决所有相互冲突的缘由，并在每一个问题上都达成一致。完满的解决既不是一个人其自身理性的要求，也不是包括基于理智思考的正义理论在内的合理社会选择的条件。①

·以看得见的方式实现正义·

一个首要的问题是：为什么通过公共理性达成的一致在关于正义的理论中具有特殊的地位？当玛丽·沃斯通克拉夫特向塔列朗·佩里戈尔表示，在纳入应有的考量和开放的公共理性的情况下，希望会就认识“妇女权利”的重要性形成一个总体一致的共识时，她是将这个在公共理性基础上达成的一致作为一个关键过程，来判断它是否真的推进了社会正义（可以看作为赋予“占人类总人口一半”的合法权利）。当然，很容易理解就做某事达成一致有助于推动去做这件事。那是实践层面上的作用，但是要超越这一工具价值，我们还可以问：在评价某个正义理论的可行性时，为什么一致的认识应该具有特殊的地位？

思考一下在一个密切相关的领域，即法律实践中，经常被提到的观点。经常有人提出，不仅要实现公正，而且要“以看得见的方式实现”。为什么？如果事实上已经实现了公正，那么为什么人们真正认同这一点还很重要呢？为什么要按照一个平民论者的要求（一般人可以看到正义正在实现）来对一项完全是司法性的要求（即正义已经实现）进行证明、限制或补充呢？这里是否混淆了法律的正确性和大众的认可度——混淆了法理和民主？

事实上，以看得见的方式作出公正的决策，不难猜测在对这一问题如此重视的背后所存在的一些工具原因。一方面，如果法官被看到是在

① 第 8 章“理性与他人”和第 9 章“中立缘由的多元性”考察了理性与合理性的要求。

作正确的判决，而不是搞砸一桩案子，司法一般而言是可以更加有效的。如果一项判决能够鼓舞人心并得到总体认可，那么它很有可能更容易执行。因此不难解释，自休厄特勋爵（Lord Hewart）在1923年的国王诉苏塞克斯法官案中告诫“要明显、毫无疑问地以看得见的方式实现正义”，从而首次提出“以看得见的方式实现”正义这一说法以来，它得到了响亮的回应和不断的认可。

然而很难相信，仅仅凭借其程序上的价值就能使正义的可观察性受到如此重视。当然，在执行上获得全面支持无疑是一种优势，但是认为休厄特的基本原则只是基于方便和权宜的观点就难以让人信服。超越那一层面，我们可以认为，如果其他人尽其最大努力还不能在可以理解的和合理的意义上看到一项判断的公正性，那么不仅其执行会受到不利影响，其正确性也会成为问题。在一项判断的客观性与其经受公共审思的能力之间，存在明显的关联。我在本书的前面已从不同的视角对这一问题进行了探讨。①

·缘由的多元性·

如果公共理性的重要性是本书的主要关注点之一，那么接受某项评议中存在多个合理的缘由也是如此。在一些具体的评价中，不同的缘由相互对抗，将我们引向不同的方向。当其产生了相互冲突的判断时，在对所有的缘由加以思考后，决定采用哪一个结论是一项重要的挑战。

200多年前，对于一些学者试图寻找一个唯一的标准来解释所有合理的价值，亚当·斯密就曾有过这样的抱怨：

> 通过把各种美德都归结为一种合宜性，伊壁鸠鲁放纵了一种癖好，这是一切人都会有的天然癖好，但是尤其是某些哲学家特别喜

① 详见第1章“理智与客观”、第5章“中立与客观”以及第9章“中立缘由的多元性”。

欢养成这种癖好，作为显示自己聪明才智的重要手段，也就是根据尽可能少的原则来说明一切表面现象的一种癖好。毫无疑问，当伊壁鸠鲁把各种天然欲望和厌恶的基本对象都归结为肉体的快乐和痛苦时，他已更深地沉溺于这种癖好之中了。[①]

的确，有一些思想派别或明或暗地提出，必须将所有不同的价值最终归为某一个重要源头。在某种程度上，那种探索是由对所谓的“不可通约性”（non-commensurability）的恐慌引起的，即不同的价值客体之间不可简化的多样性。这种焦虑，是基于认为存在一些妨碍判断不同客体的相对重要性的障碍，但它忽略了这样一个事实，那就是几乎所有的常规性评价都要对不同的关注对象进行优先排序，并赋予权重，评价必须根据优先次序进行是一个很普遍的认识。[②]我们清楚地知道苹果不是橙子，它们作为食物的优点在不同的维度上有所不同（从愉悦到营养），但这并未使我们每次要在两者之间选择时都犹豫不决。那些坚持认为只有在将所有价值简化为一个标准时才能决定做什么的人，明显更喜欢计算（“多了还是少了？”）而不是判断（“这个比那个更加重要吗？”）。

正义的理论需要包容多种缘由，这不仅与理论所认为的重要价值客体的多样性有关，还与理论所关注对象的类型有关，例如，关于不同类型的平等或自由的重要性。[③]正义判断必须考虑到不同的缘由和评价的重点。然而我们经常能够对不同考量的相对重要性进行优先排序，但这并不意味着哪怕是同一个人总是能够对所有不同的场景进行排序。一个人可能对某些排序十分清楚，然而对其他的比较却不十分肯定。一个人具有反对奴隶制或反对压迫女性的理由，并不意味着这同一个人一定能

---

① Smith, *The Theory of Moral Sentiments*, VII. ii. 2. 14（republished, Oxford: Clarendon Press, 1976), p. 299. 即使斯密在这里只提到了伊壁鸠鲁，他也有可能想起了好友大卫·休谟，因为后者具有功利主义的倾向。当然，这一描述也许更适用于边沁。

② 第 11 章“生活，自由和可行能力”在对不同能力的重要性进行评价时，讨论过这个问题。

③ 第 14 章“平等与自由”讨论过平等和自由范畴内必然存在的多元性。

够确定，收入税的最高税率定为40％是否比定为39％要好，抑或只是更高而已。理智的结论可以轻松地以部分排序的形式出现，就像前面所讨论过的，这一认识并不代表任何意义上的失败。

·中立的理性与部分排序·

如果不完全的解决之道能成为个人评价原则的一部分，那么对于它在公共理性所带来的影响中则起着更重要的作用。在一个群体中，不仅要考虑不同个体的部分排序，而且要考虑不同个体合理地达成了一致的共有的部分排序的不完整性。[①]玛丽·沃斯通克拉夫特认为，当人们对尊重女性基本自由的理由进行中立的考察时，他们会同意“理智呼吁这种尊重”这一观点。可以通过理智的思考，去除那些因偏见、既得利益和未经审思的成见而产生的不一致。可以达成许多这样真正具有重要意义的一致，但这并不是说，每一个社会选择问题都能够这样获得解决。

对一个明确的决策而言，缘由的多元性有时不构成问题，但在其他情况下，这却可能是一个严重的挑战。引言部分所讨论的三个小孩都要求获得长笛的例子，就表明在决定什么是公正的做法时，可能存在一个僵局。但是接受多样化的考量并不表示一定就会出现僵局。即使在三个小孩的例子中，制作长笛的那个孩子卡拉，可能也是最贫困的，或者是唯一知道如何吹奏长笛的。或者最贫困的那个孩子鲍勃遭遇的剥夺状况如此严重，他迫切需要玩具以获得体面的生活，以至于基于贫困的考量在公正的判断中占据主要位置。在许多具体的情况下，不同缘由的指向可能都一样。这样看来，正义的理念的确包括了不同的情形，某些情况下的解决方式一目了然，而某些情况下的决策却十分困难。

这样的分析所得出的一个结论就是，一个允许不一致考量存在于其中的正义理论不需要因此而使其自身也前后不一，或无法驾驭，或没有

---

① 第4章“声音与社会选择”讨论过这个问题。

用处。尽管存在多元性，还是会产生明确的结论。[①]当那种多元性所反映的不同关注具有重要的价值，而我们又无法决定其相对权重时，那么看看我们在不完全解决其相对权重的情况下能走多远，或许是一个不错的办法。[②]有时，我们可以在不牺牲每种观点的严格要求的情况下，在使理论于实际中获得极大的应用上，取得很大的进展。

相互对抗的标准会产生不同的排序，其中有共有的元素，也有不同的元素。不同优先排序所产生的各种序列的交集，或者说排序的共有元素，会在某些选择之间生成一个清晰而一致的部分排序，而其他选择则完全不能。[③]这个共有的部分排序可以被看作这一理论的确切结论。当确切结论出现时，它们就会有用，而不必在每一个涉及公正的情况下都去寻找"最好"或"正确"的选择。

除去分析上的细节后，这里的基本问题就变得很简单了，那就是需要认识到，一个完整的正义理论很可能会对不同的决策程序产生一个不完整的排序，而且一种一致同意的部分排序，在某些情况下会产生确切的结论，而在另一些情况下结论却无法明确。当孔多塞和斯密认为废除奴隶制会使世界变得更加公正的时候，他们是在对有奴隶制的国家和没有奴隶制的国家进行排序，并支持后者，也就是展示了没有奴隶制的国家的优越性——更加公正。在得出这一结论的同时，他们并没有进一步

---

① 正如卡斯·森斯坦在他具有深远影响的论文"Incompletely Theorized Agreements", *Harvard Law Review*, 108 (May 1995) 中所深刻探讨的那样，这个问题和"参与法律辩论的人努力就具体的结果达成并未完全理论化的一致"密切相关。尽管森斯坦关注的是，在没有就选择背后的理论达成一致的情况下仍然可能达成实际上的一致（这在法律和非法律决策中的确是一个重要的问题），但是我阐述的却是一个相关但不相同的问题。我在这里指出，一个宽泛的理论可以容纳相当不同的视角，所产生的不完整排序可以通过明确拒绝某些选择作出可行的决策（如果不是"最优的"决策）。

② 然而，搁置不可调和的不同观点是最后的办法，而不是第一选择，因为正如我们在第1章"理智与客观"中所讨论的那样，所有的不同意见首先需要接受批判性审查和评估。

③ 当通过了批判性审思后的多种标准所产生的交集并不包括所有元素时，有明确的数学方法可以确定在哪些决策上我们会具有明确的答案。关于这一点，见我的 *Collective Choice and Social Welfare* (San Francisco, CA: Holden-Day, 1970; republished, Amsterdam: North-Holland, 1979)；也见"Interpersonal Aggregation and Partial Comparability", *Econometrica*, 38 (1970) 和"Maximization and the Act of Choice", *Econometrica*, 65 (1997)。

提出，可以对各种制度和政策带来的各种可能性进行全面排序。可以在不对世界上的其他制度选择进行评价——同样确切——的前提下，对作为一种制度的奴隶制进行判断。我们所处的并不是一个“非此即彼”的世界。

为了避免一种可能的误解，需要强调的是，所寻求的一致接受与不同人对于理智基础上的部分排序的实际偏好，并不是同一回事。这里并没有假定每一个奴隶主都必须放弃他对于其他人的权利，而这是既有土地法所赋予他的权利。相反，斯密、孔多塞或沃斯通克拉夫特所提出的，是鉴于公共理性的要求和中立性的要求，为奴隶制辩护的理由将服从于废弃奴隶制的理由。在推动公正的各种主张背后的部分排序的基础，是各种中立的思考所共有的元素（如之前讨论的那样）。着眼于公正比较的部分排序，其基础是各种中立的理智思考所共有的结论，这与要求不同个体之间个人偏好的完全一致不是同一回事。[①]

·部分排序的适用范围·

一个社会排序要能有用，就必须涉及一些实质性的内容，但这并不需要对所有对象都进行排序。一个正义理论根本上是建立在不同排序的交集——或者说共有的集合——所产生的部分排序的基础之上。这些不同的排序出自不同的正义缘由，却都能通过公共理性的审思。在分配长笛的三种方案那个具体的例子中（引言部分已经讨论过），很可能这三种方案的排序之间无法达成任何一致。而如果一定要在那三种方案之间选择一种的话，那么这种选择所产生的部分排序不会对我们有任何帮助。

另一方面，对许多项选择进行的某种不完整的部分排序也可以带给

---

① 这与第 8 章“理性与他人”和第 9 章“中立缘由的多元性”讨论过的“理性”与“合理性”之间的区别有关。罗尔斯也提到这一区别，与他的正义原则相比（如第 2 章“罗尔斯及其超越”所讨论的），这里所能容纳的中立理性更加多元化。

我们许多启示。例如，如果我们在对公正的缘由进行批判性审思后，将选择 x 排在 y 和 z 之前，而不用在 y 和 z 之间进行排序，那么我们可以很轻松地去选择 x，而不必去解决 y 和 z 之间的冲突。如果我们不那么走运，对于公正缘由的审思并没有产生 x 和 y 之间的排序结果，而是把 x 和 y 都排在 z 之前，我们就无法仅仅依靠对于公正的考量来得到一个确切的选择。然而公正的缘由仍然会使我们完全拒绝选项 z，因为 x 和 y 都优于它。

这样的部分排序能够产生十分广泛的影响。例如，如果与能够为所有人提供不同医疗保障的许多方案相比，美国目前距离全民医保还相去甚远的现状在公正性方面差强人意，那么即使公正的缘由并没有对优于后者的所有方案都进行排序，我们还是可以出于公正的考量，拒绝接受非全民医保的现状。我们有充分的理由对基于公正的观点进行审思和批判性考察，从而发现这种视角所产生的部分排序能够在多大范围内得到应用。我们可能最后只具有部分排序，但我们没有理由不去发挥它的作用，即使它没有明确的选择指向。在医疗保障的这个例子中，我们有足够的理由去呼吁某种形式的全民医保，尽管我们无法在其他的社会选择问题上达成一致。①

·一个比较性的框架·

关于正义的辩论，如果与实用性挂钩的话，只能是基于比较的辩论。即使不能确定绝对正义的事物，我们也不能放弃比较。例如，人们会合理地一致认为，消除普遍存在的饥饿或文盲的社会政策，将有利于

---

① 理性的选择要求在更优的选择——它们彼此之间并无先后——中选出一个来，而不是因为在采用哪一个更优的选择上犹豫不决而导致在目前更糟的现状下停滞不前。布里丹的毛驴（Buridan's ass）这样一个古老的故事就说明了这个道理。驴子不能决定它面前的两堆草垛哪一堆更好，由于一直举棋不定而饿死。我在“Maximization and the Act of Choice”，*Econometrica*，65（1997）和 *Rationality and Freedom*（Cambridge，MA：Harvard University Press，2002）中对不完全排序情况下的理智与理性进行了讨论。

推进公正。但是这些政策不可能将我们所有个人提出来的，而且社会也能够接受的改进方案都囊括进来。如果我们有可能将一个绝对公正的社会的先验主义特征列举出来，那么这样的做法当然会对如何使一个现实社会理想化提出许多其他的要求，而无论这些改变能否实现。有利于推进公正的改变或改革所要求的是比较评价，而不只是寻找“公正社会”（或“公正制度”）。

如果这里的推理是正确的，那么这样一种研究正义问题的方法不仅能在理论上成立，而且在实际中也能得到应用，即便它不能明确地列举出绝对公正社会的要求（或“公正制度”的实质）。这种方法包含了这样一种认识，即各个理智而中立的判断者可以对先验主义的公正社会是什么样的（甚至是否存在）持有不同的合理看法。也许更重要的是，这种方法认识到并且允许存在这样一种可能性，即一个人如果在经过批判性审思后，还是不能抛弃除了某一项选择之外的其他所有选择的话，那么对于剩下的不同选择之间的比较，他也可能无法得出完全确切的答案。

公正是极为重要的一种思想，它在过去推动了人类的进步，将来也必将继续如此。事实上，对于扩大这一重要概念的影响而言，理智的思考与批判性的审思可以发挥很大的作用。然而，指望理智的审思可以解决所有与正义相关的问题，那就错了。既然不是所有的争论都可以通过批判性审思得到解决，如果因此就认为，在理智的审思要求得出结论性判断的情况下，我们没有足够的理由去使用公正的理念，那么正如前面讨论过的那样，这也错了。我们能合理地走到哪一步，就走到哪一步。

· 正义和开放的中立性 ·

还有一个问题就是，来自不同视角和不同地方的合理评价的范围和覆盖面有多大。需要将中立或公平问题限制在一个主权国家，或具有共同态度与偏好的某种文化范围内吗？前面已经讨论过这一问题（第5～第9章），但鉴于其对于本书所提出的研究正义的方法的重要性，这里可以对其进行一下总结。

关于正义的公共理性应该超越一个国家或者一个地区的界限，这一要求是出于两个主要的原因：出于避免偏见且公平对待他人的缘故，从而需要考虑到其他人的利益；出于避免未经充分审思的地方性价值观和认识的地域狭隘性的缘故，从而需要纳入其他人的视角来拓宽我们自己对于相关原则的认识。①

第一个理由与利益的相互依赖性有关，这在我们所生活的世界里很容易理解。美国对于纽约“9·11”恐怖袭击事件的反应，会对世界其他地方——当然包括阿富汗和伊拉克，但也会远远超出美国直接采取行动的地域——数亿人的生活产生怎样的影响？②同样，美国成功应对此次经济危机（2008—2009年写作本书时爆发的经济危机），将对与美国有贸易关系的其他国家，以及那些与美国有间接商务往来的国家产生怎样的影响？更进一步说，艾滋病与其他传染病已经跨国跨洲传播。同样，世界上某些地方开发和生产出的药物对于其他地方人们的生命和自由十分重要。还可以轻松地举出许多其他的相互依赖的方式。

互相依赖的情况还包括，一个国家对于不公正的感受对其他国家人们的生活和自由所产生的影响。1963年4月伯明翰监狱里的马丁·路德·金在一封信中写道：“任何地方的非正义都是对各地正义的一种威胁。”③对于一个国家内部非正义的不满很快会传播到其他地方，我们的

---

① 第5章“中立与客观”和第6章“封闭的中立性与开放的中立性”对这些问题进行了讨论。

② 在我们今天所处的世界历史的阶段上，战争与和平都将我们彼此奇妙地联系起来。正如埃里克·霍布斯鲍姆（Eric Hobsbawm）所说，“如果战争与和平的分界线像在世纪初那样分明的话，那么撰写关于20世纪战争与和平的文章就会更容易一些”（Hobsbawm, *Globalization, Democracy and Terrorism*（London：Little, Brown & Co., 2007），p. 19）。See also Geir Lundestad and Olav Njølstad（eds）, *War and Peace in the 20th Century and Beyond*（London：World Scientific, 2002）, and Chris Patten, *What Next? Surviving the Twenty-first Century*（London：Allen Lane, 2008）.

③ 关于金对全球正义之于局部正义的意义所进行的评价的背景，见 *The Autobiography of Martin Luther King, Jr.*, edited by Clayborne Carson（New York：Werner Books, 2001）。

"邻里"现在实际上已经遍布这个世界。[1]在当今世界，人们通过贸易与交流产生的联系十分广泛。更进一步地说，人们在文学、艺术、科学方面形成的全球联系，使我们很难再相信，能将对于各种利益与关注的充分考量限定在某个国家的范围内，而无视其他国家。

·作为正义要求的非地域狭隘性·

除了全球范围内相互依赖的利益之外，还有第二个理由，即避免地域狭隘性的陷阱，促使我们必然采取"开放的"方式来考察中立性的要求。如果对正义要求的讨论被局限在某个具体的地方——一个国家或者甚至是一个更大的区域，就可能产生这样一种危险，即忽视了许多具有挑战性，但不会出现在当地的政治讨论中，也与当地文化的主流语境不匹配的不同观点。但这些观点从一个中立的视角上看，却很值得考量。亚当·斯密想要抵制的，正是这种与国家传统和地区认识相联系的，依赖于狭隘推理的局限性。斯密是通过设计中立的观察者，并以一种思想实验的形式，即向一个无私的人——无论远近——询问他对于某种做法或程序的看法来阐述这一观点的。[2]

斯密尤其关注避免法理，以及道德和政治推理中地域狭隘性的影响。在"论习惯和风气对道德情感的影响"这一章中，他给出了不同的例子，说明当讨论被限制在一个特定的社会中时，人们的认识会是多么狭隘。

> ……杀害新生婴儿，是几乎在全希腊，甚至在最有教养和最文明的雅典人中间都被允许去做的事。无论什么时候，如果父母的境

---

① 第7章"位置、相关性和幻象"讨论过这一问题。

② 第6章"封闭的中立性与开放的中立性"考察过斯密对于中立的观察者的论述。重要的是，斯密采用中立的观察者是为了开启质询，而不是将中立的观察者作为最终的裁决人，以其作出的公式化的判断来关闭辩论的渠道。对于斯密而言，提出了许多相关质询的中立的观察者，是中立理性这个过程的一部分，本书也是在这个意义上使用这一概念的。

况使他们难以把这个婴儿养大，就可以把他遗弃在外任其挨饿，或者被野兽吃掉，父母都不受到责备或非难……延续下来的习惯在这个时候如此彻底地认可这种做法，以致不仅世人宽松的行为准则容忍了这种暴虐的特权，而且就连应当是很合理、很精确的哲学家们的理论，也被业已养成的习惯引入了歧途。在这里像在许多其他情况下一样，不去加以谴责，反而依据这种公众利益，这种牵强附会的理由支持了这种恶习。亚里士多德把这种做法说成是地方长官在许多场合应当加以鼓励的事情。仁慈的柏拉图持有同样的观点，而似乎赋予他的一切哲学著作以生命的人类之爱，并没有在什么地方指明他不赞同这种做法。[5]

亚当·斯密认为，我们必须从"一定的距离"之外来审视我们的情操。其目标不仅是考察既得利益的影响，而且是审思固有传统与习俗的麻痹性。

斯密所举的杀婴行为在今天的少数几个社会中依然存在，他所举的其他一些例子也与当今其他的社会有关。例如，他坚持必须通过"其他人的眼睛"去判断"一个惩罚是否公正"就是如此。[6]我想，在不太久以前，对于在美国南方负责秩序和安全的强势执法者来说，即使以私刑处死"罪大恶极的人"似乎也是完全公正公平的。①即使在今天，在塔利班控制下的阿富汗与人通奸的妇女被处以石刑，在中国、韩国和印度部分地区对于女性胎儿的选择性堕胎②，在中国普遍采用死刑，以及在美国同样的情况（有些地方还有公众庆祝活动），从"一定的距离"之外

① 例如，见沃尔特·约翰逊（Walter Johnson）关于美国南方对于奴隶市场的观念的研究：*Soul by Soul*：*Life inside the Antebellum Slave Market*（Cambridge，MA：Harvard University Press，1999）。

② 关于这一点，见我的"The Many Faces of Gender Inequality"，*The New Republic*，522（17 September 2001），以及 *Frontline*，18（2001）。

的审视可能对这些不同的做法都会产生一些作用。①封闭的中立性缺乏一些能使中立性成为公正思想的核心要义的东西。

远距离视角的作用对美国当前一些存在争议的问题产生了明显的影响，如 2005 年美国最高法院关于对青少年罪犯判处死刑是否适当的问题就是如此。即使是在像美国这样的国家，要求正义应该以看得见的方式实现的同时，不能完全忽视世界其他国家，从欧洲各国、巴西，到印度、日本，对此类问题的看法。最终，法院的多数裁定是不同意对未成年罪犯判处死刑，尽管可在其成年后执行死刑。②

随着美国最高法院的组成发生变化，这个判决开始受到了质疑。现在的首席大法官约翰·罗伯茨（John G. Roberts），在其任命听证会上明确表示，他支持法院的少数意见，即允许对未成年人所犯的谋杀罪行，在其成年后对其执行死刑。他说："如果我们依赖于一个德国法官来解释我们的宪法，那么任何对人民负责的总统都不会去任命该法官……然而他却在参与制定约束这个国家人民的法律"7。对此，在判决时投多数票的金斯伯格（Ginsburg）法官回应说："为什么我们不应该像读一篇某个教授的法律评论那样，轻松地看待一个外国法官的智慧呢？"8

智慧，包括其与法律的联系，当然是一个问题，而且金斯伯格正确地指出了，它既可以来自本国，也可以来自他国。③亚当·斯密曾指出与这一争论有关的一个更加具体的问题，即为了避免陷入地方或国民狭隘性，来自外部的判断尤其重要。正是出于这个原因，斯密提出要注意"其他人的眼睛"所看到的。最高法院的多数法官在否决对未成年人因

---

① 《大赦国际》（Amnesty International）报告称，2008 年已知有 2 390 人被执行死刑，其中中国 1 718 人，其次是伊朗（346 人），沙特阿拉伯（102 人），美国（37 人）和巴基斯坦（36 人）。在南美和北美两个大陆上，"只有一个国家——美国——一直保留死刑"（"报告说全世界被处以死刑的人数翻了一番"，《纽约时报》，2009 年 3 月 25 日）。

② *Roper v. Simmons*，543 U. S. 551，2005.

③ 美国最高法院的一些法官认为："在美国进行法律判决时，听取外国人及其评价是错误的。"然而美国的公民社会并没有总是忽视外国人的观点（从耶稣到穆罕默德·甘地，再到纳尔逊·曼德拉），而这对于今天法律和正义的要求具有影响。认为杰弗逊可以受到外国人的影响，但现在就不应该再去聆听美国之外的声音，是一个很狭隘的观点。

犯谋杀罪应被处以死刑时，并没有只是“听有同样想法的外国人的”（如在法庭判决时写了一张反对纸条的斯卡利亚（Scalia）法官所认为的那样）。从“一定的距离”之外进行审视，能够考虑到非本地视角可能产生的问题，非常有利于作出有根据而开明兼听的判断（正如斯密所详细讨论过的那样）。

事实上，具有地域褊狭性的价值观表面上所具有的说服力，经常是源于其对他人经验所表明的何为可行缺乏了解。斯密所描写的古希腊对于杀婴行为的顽固防卫，显然是受到他们并不知道其他社会不允许杀婴这一事实的影响，而这些社会并没有因此而陷入混乱和危机。尽管“地方知识”无疑很重要，但对于全球的了解也具有价值，并能促进就地方价值观和实践做法展开讨论。

作为亚当·斯密所提出的“中立的旁观者”的一部分，倾听来自远处的观点并不是要求我们对来自国外的每一种观点都毕恭毕敬。愿意考虑来自别处的观点和打算全盘接受这些观点，是截然不同的两回事。我们可以拒绝接受其中的许多观点，有时甚至是全部。但是其中有一些具体的观点会促使我们反思自己的，与一个国家或一个文化中根深蒂固的经验和习俗相联系的认识和看法。如果我们认真对待一些在当地看来不那么熟悉的观点，这些最初看上去“很古怪”的观点（尤其是当事实上它们的确最初是来自其他地方的时候）可能会有助于丰富我们的思考。许多美国或中国人可能并不知道这样一个会令他们感到震撼的事实，即其他许多国家（例如很多欧洲国家）没有死刑。但如果理智是重要的，通常就会有强烈的理由去对其他地方反对死刑的意见加以考察。①

·正义、民主与全球理性·

认真考虑来自各个地方不同和相反的观点并进行分析，是一个参与

① 当然，也会有类似的理由去对支持美国、中国或其他国家采用死刑的意见进行考察。

性的过程，这与前面讨论过的民主通过公共理性进行运作存在许多共同之处。[1]当然，这两者是不同的，因为民主涉及政治评估——引导我们（按照这种诠释）走向“协商式治理”，而通过注重来自外部的视角，从而进行不以自我为中心和不具地域狭隘性的审思，这在很大程度上可能是出于客观性的要求。但是两者之间具有共同的特征。事实上，即使民主的要求也可以（至少按照某种诠释而言）被视为提高政治过程的客观性的途径。[2]在这种情况下，我们不禁要问：对于全球正义的要求以及全球民主的本质和要求而言，上述这种认识意味着什么？

经常会有这样一种看似合理的观点，即在可预见的将来，的确不可能存在一个全球性的国家，更不用说一个全球性的民主国家了。确实如此，可是如果从公共理性的角度来看待民主，实现全球性民主就不再是遥遥无期的了。有影响力的言论来自好几个渠道，包括全球性机构以及非正式的交流与贸易。当然，对于全球性的辩论而言，这些渠道称不上完美，但它们的确存在，并且实际上有效地运作着，而且通过对一些有助于传播信息和创造跨界讨论机会的机构予以支持，可以使这些言论产生更大的效力。多元化的渠道丰富了这个意义上的全球民主。[3]

在这里许多机构都发挥了作用，包括联合国及其相关机构，还有公民组织、非政府组织以及部分新闻媒体。许多个人活动家所做的工作也起到了重要的作用。对其在伊拉克所采取的联盟策略的广泛批评，或许已经激怒了华盛顿和伦敦，就像部分所谓的“反全球化”抗议——当今世界最全球化的运动之一——对于全球商业活动的攻击震惊了巴黎和东京一样。抗议者的观点并非总是合理的（有时完全不合理），但是他们

---

① 见第 15 章“作为公共理性的民主”、第 16 章“民主的实践”和第 17 章“人权及其全球性”。

② 见第 15 章“作为公共理性的民主”。

③ 就像评价公正问题时十分有必要进行比较那样（也如本书通篇提出的那样），对于民主来说，其核心问题也不是描绘一个想象出来的完美的民主（即使可以在这一问题上达成一致），而是如何提升民主的影响和效力。也见第 15 章“作为公共理性的民主”和第 16 章“民主的实践”。

中的许多人的确提出了一些十分相关的问题，因而对公共理性作出了建设性的贡献。

全球关系的利益分布不仅取决于国内政策，而且与一系列的国际社会安排有关，包括贸易协议、专利法、全球卫生动议、国际教育条款、推动技术传播的设施、生态和环境制约、累积债务的处理（常由过去不负责任的军事统治者引起）、局部战争与冲突的限制。这些值得讨论的问题都可以成为包括各方批评的全球对话的丰富主题。①

即使没有一个全球性国家，积极的公众行动、新闻评论和公开讨论也都是实现全球性民主的方式。今天的挑战是要强化已有的这些参与性过程，因为全球正义的实现将在很大程度上取决于这个进程。这并不是一个可有可无的东西。

·社会契约与社会选择·

如果说对公共理性的依赖是本书所提出的正义方法的一个重要方面，那么提出有关正义问题的方式也是如此。我已经指出过，正义问题首先要关注对于社会实现的评价，也就是实际发生了什么（而不只是评价制度和安排），其次要关注推进公正所涉及的比较问题（而不是寻找绝对公正的安排），极有必要用这种框架来取代我所称的先验制度主义——当代政治哲学中绝大多数研究正义问题的主流方法背后的理念，包括罗尔斯"作为公平的正义"理论。本书采用了开放的公共理性中中

① 在法里德·扎卡里亚（Fareed Zakaria）所说的"整个世界都在发生巨大变化"的"后美国世界"（Zakaria，*The Post-American World*（New York：W. W. Norton & Co.，2008），p. 1）里，以前弱小国家的观点现在也产生了更大范围的全球影响。那当然是一个重要的变化，但是依然需要超越那些近来在经济上取得成功的国家（以不同的方式衡量，包括中国、巴西、印度及其他国家）的观点。这些国家现在有了更大的话语权，但是往往没有代表经济上较为落后的国家（包括非洲许多国家和拉丁美洲部分国家）中人们的关注和观点。在任何国家，也需要超越政府、军事领导人、商业大亨和其他身处高位，但往往不喜欢听外部批评的人的观点，从而去关注各个国家的公民社会和普通人。

立性的要求，并始终遵循引言部分提出的这一框架。

本书提出的方法主要受社会选择传统的影响（由 18 世纪的孔多塞所开创，现代的肯尼斯·阿罗所确立），并如社会选择学派那样，关注的是不同社会实现之间的评价比较。[①]在这个方面，这个方法和亚当·斯密、杰里米·边沁、约翰·斯图尔特·穆勒、卡尔·马克思的著述有着重要的相似之处。[②]

尽管这个方法的根源可追溯到启蒙思想，但它和那个时代所产生的另一个传统——以社会契约的理念对正义问题进行思考——形成了鲜明对比。契约论的传统至少可以追溯到托马斯·霍布斯，但是洛克、卢梭、康德以及当代主要的哲学家罗尔斯、诺齐克、高德（Gauthier）、德沃尔金和其他人对此也作出了很大的贡献。我采用社会选择方法而不是社会契约方法，当然并不是否认后者所产生的认识和启发。尽管社会契约传统给人以启迪，但我已表明，在为一个具有充分解释力的正义理论提供支持上，它具有很大的局限，最终成为从实践理性的角度研究正义问题的障碍。

现在被广泛使用，并成为本书出发点的正义理论，当然是约翰·罗尔斯所提出的“作为公平的正义”理论。虽然罗尔斯广博的政治分析中包含了许多其他要素，但他“作为公平的正义”所直接涉及的只是寻找公正的制度。尽管（正如前面讨论的那样）罗尔斯对于比较问题作了深刻的观察，并考虑到对于绝对公正社会的本质可能存在不同看法，但他不可避免地陷入了先验主义的窠臼。[③]

---

① 肯尼斯·阿罗开创性的著述《社会选择与个人价值》（1951）无疑对现代的社会选择理论作出了先驱性的贡献。但阿罗在该书中所提出的令人震惊的“不可能定理”，其精妙和影响使得许多读者倾向于认为，社会选择理论必须永远关注解决理性社会选择的“不可能性”。事实上，阿罗所采用的框架经过微小的有效拓展，也可以成为建设性的社会分析的基础（关于这一问题，见我的 *Collective Choice and Social Welfare*（San Francisco，CA：Holden-Day，1970；republished，Amsterdam：North-Holland，1979））。第 4 章“声音与社会选择”讨论过社会选择理论对于分析正义问题的作用和贡献。

② 之前我也已经讨论过，这里所用的方法和印度将公正看作正理而不是正义的悠久传统之间，存在相似之处。关于这一点，见引言和第 3 章“制度与人”。

③ 见引言和第 2 章“罗尔斯及其超越”对这一问题的讨论。

罗尔斯把制度作为他的正义原则的主题，然而，他对制度选择的关注并不表示他对社会现实缺乏兴趣。罗尔斯“作为公平的正义”认为，公正的制度和所有人合乎制度的行为共同导致了由制度向事务状态发生可预见的演变，这样就决定了社会现实。这与罗尔斯的意图，即通过理想化制度与相应的理想化行为的结合来实现绝对公正的社会有关。[①]在一个如此严格的行为假设并不能成立的世界里，所作的制度选择将不会产生那种所谓的公正的社会。

·差异与共性·

托马斯·霍布斯在《利维坦》里观察到一个令人难忘的现象，他看到人们的生活“污秽、野蛮、短暂”。在1651年，那是正义理论不错的出发点，而且我认为现在看来仍旧如此，因为尽管有人实现了很大的物质进步，但世界上很多其他人的生活还是如此地悲惨。事实上，这里所提出的理论在很大程度上直接关注人们的生活和能力，以及所遭受的剥夺和压迫。[②]尽管霍布斯已从对人类受剥夺的状况的深刻描绘前进到社会契约的理想主义方法（我讨论过这种方法的局限），但毫无疑问，是改善生活的动机促使霍布斯建立起了他的理论。可以说，诸如今天的罗尔斯、德沃尔金或内格尔，他们大体也是如此，尽管他们将其正义原则定位为某种安排和规则（因此是沿着正义而不是正理的方向前行），而不是直接定位为社会实现和人的生活与自由。必须认真思考不同正义理

---

① 然而，这里有一些遗漏的地方（正如之前讨论过的），因为罗尔斯并没有以完全无私的行为来杜绝激励所导致的不平等。尽管罗尔斯的平等主义思想十分明显，而且这也使我们认为他会去寻找一个不存在与激励相关的不平等的社会，并以此作为绝对的公正，但是他并没有这样做。通过允许存在基于激励的不平等（科恩对此有过合理的抱怨），罗尔斯克制了他对于行为上的要求，并以虚构的理想为代价向现实作了妥协。但是罗尔斯所作的其他行为假设又带来了现实主义的问题。第2章“罗尔斯及其超越”对这一问题进行过讨论。

② 见第10章“现实、后果与主体性”、第11章“生活、自由和可行能力”、第12章“可行能力与资源”、第13章“幸福、福利与可行能力”和第14章“平等与自由”。

论之间的联系，因为在不同理论之间的争论中，焦点往往都是其差异而不是共性。[1]

在本书即将付梓之际，我意识到我的分析也在很大程度上受到了这种诱惑，即集中于区别、着眼于对比。可是不同理论的一个共同之处是它们都关注公正这个首要的问题。无论我们的理论指向何方，我们都应该感谢最近围绕这一问题所展开的思考，而这在很大程度上归因于约翰·罗尔斯自 1958 年发表具有里程碑意义的论文《作为公平的正义》以来，在这一领域作出的开创性努力和探索。

在许多问题上，哲学研究能够并且确实产生了许多有趣而重要的成果，尽管这些与人类生活的剥夺、不公平、不自由没有太大关系。哲学就是如此。当然，对于人类在每一个领域中的认识所取得的进展，我们都会感到欢欣鼓舞。然而在更认真和全面地反思价值观、优先偏好，以及世界各个地方都有人遭受的否定、压制与羞辱上，哲学也可以发挥自己的作用。各种正义理论都要认真地对待这些问题，并对世界上的公正与不公正进行实践理性层面的思考。如果对于这个世界的广泛好奇是许多人都具有的倾向，那么对于善、真和正义的关注也会在我们的头脑中占据重要的位置，无论是明显的还是潜意识的。在如何适当地运用那种关注，不同的正义理论之间会有对抗，但是它们所追求的乃是同一事物。

多年以前，在著名的论文《作为一只蝙蝠是什么样的?》(*What Is It Like to Be a Bat?*) 中，托马斯·内格尔提出了关于心—身问题的一些基本观点。[2]对正义理论的探讨也与一个相似的问题有关：作为一个

---

① 例如，尽管我认为芭芭拉·赫尔曼对她所称的“moral literacy”的影响和重要性的精彩论述极富启发性，但我反对她的这种观点，即认为“这种帮助陌生人的方式对我们每个个人的要求，绝大部分都属于支持公正的制度这一一般性义务的范畴”(Herman, *Moral Literacy* (Cambridge, MA: Harvard University Press, 2007), p. 223)。我们希望急需帮助的陌生人可以直接要求得到本国或他国其他人的公正的考虑，而不仅仅只是通过“支持公正制度的义务”，尤其是当公正的制度来自“基于某种类似于民族或国家的，康德或自由主义的社会正义观”(Herman, p. 222)。对于那些侧重于制度，且其范围只限于一个民族或国家内部的正义观的局限，本书的引言、第 2 章和第 7 章都进行了讨论。

② Thomas Nagel, ‘What Is It Like to Be a Bat?’ *The Philosophical Review*, 83 (1974).

人是什么样的？事实上，内格尔在那篇文章中谈的也是人，只是偶尔提到了蝙蝠。他强烈反对通过对应的物理现象来认识意识和精神现象（许多科学家和哲学家都这么尝试过）。具体而言，他将意识的本质和使其与肌体运动联系起来的事物——或有因果关系或只是有关联——区分开来。[①]那些区分还是成立的，但我提出“作为一个人是什么样的”这一问题，其原因却不同，这和我们作为人所共有的感受、关切以及心智能力有关。

提出正义理论与我们人类的本性有关，这并不是说可以通过回到人性来解决不同理论之间的争论，而是说对于“作为一个人是什么样的”这一问题，不同的理论之间存在一些共识。我们也许生来就没有同情心，对他人的痛苦和羞辱无动于衷，不关心自由，甚至不能理智地思考、辩论、反对或同意。人类所固有的这些特征并没有告诉我们应该选择哪一种理论，但是这的确表明，很难消除人类社会对于正义的追求，而且可以通过不同的方式去实现那种追求。

我充分利用了刚才提到的人类的能力（例如，同情和理智思考的能力）来提出我的观点，其他人在阐释各自的正义理论时也是如此。这里并不能使不同理论之间的差异自动消失，但是令人欣慰的是，不仅不同的正义理论的支持者们有着共同的追求，而且他们在各自的推理方法中也都用到了共同的人类特征。凭借这些基本的人类能力——理解、同情、辩论，人们不一定会面对没有沟通与合作的孤独生活。我们生活的这个世界充满了各种各样的剥夺（从饥饿到被压制），这已经够糟糕的了。如果人与人之间还不能交流、回应和争论，那就更糟糕了。

当霍布斯谈到人类所处的“污秽、野蛮、短暂”的生活时，他在这

---

① 参考一下迈克尔·波拉尼（Michael Polanyi）的观点，他认为构成“较低”层次的一些具体细节的规律，不能被用来认识“较高”层次上的运行动态。他也不同意“生物学家的主流观点，即对于生命功能的机械解释，就是从物理和化学角度的解释”（*The Tacit Dimension*（London：Routledge & Kegan Paul，1967；republished with a foreword by Amartya Sen，Chicago，IL：University of Chicago Press，2009），pp. 41-2）。

句话中也同时指出了“孤独”的可怕状态。摆脱孤独不仅对人类的生活质量至关重要，而且也会有力地推动我们去认识和回应人类所遭受的其他剥夺。这里肯定蕴涵着一种根本性的力量，可以与对正义理论的讨论形成互补。

注释

1. See J. C. Jacquemin, 'Politique de stabilisation par les investissements publics', unpublished Ph.D. thesis for the University of Namur, Belgium, 1985. 让·德雷兹和我在 *Hunger and Public Action* (Oxford: Clarendon Press, 1989)，第65～68页中探讨了这封书信的不同方面。
2. See also 'Famine, Poverty, and Property Rights', in Christopher W. Morris (ed.), *Amartya Sen*, Contemporary Philosophy in Focus series (Cambridge: Cambridge University Press, forthcoming 2009).
3. Mary Wollstonecraft, *A Vindication of the Rights of Woman* (1792); in Sylvana Tomaselli (ed.), *A Vindication of the Rights of Men and A Vindication of the Rights of Woman* (Cambridge: Cambridge University Press, 1995), p. 294.
4. *A Vindication of the Rights of Woman* (1792), in Tomaselli (ed.) (1995), p. 70.
5. Smith, *The Theory of Moral Sentiments*, V. 2. 15, p. 210.
6. Adam Smith, *Lectures on Jurisprudence*, edited by R. L. Meek, D. D. Raphael and P. G. Stein (Oxford: Clarendon Press, 1978; reprinted, Indianapolis, IN: Liberty Press, 1982), p. 104.
7. Quoted in 'Ginsburg Shares Views on Influence of Foreign Law on Her Court, and Vice and Versa', *New York Times*, 12 April 2009, p. 14,
8. *New York Times*, 12 April 2009.

致谢

本书的撰写得到了许多朋友的帮助。首先，最应该感谢的就是约翰·罗尔斯，是他启发我进入了这一领域。几十年来，他一直是我的良师。即使我不赞同他的某些结论，他的思想仍旧对我产生了巨大影响。我想以这本书来纪念他，这不仅因为我从他那里受到了教诲，而且因为他鼓励我开展研究工作。

1968—1969年间，我由德里大学到哈佛大学访问，与罗尔斯及肯尼斯·阿罗共同为哈佛大学的研究生讲授一门研讨课。从那时起，我开始了与罗尔斯的广泛接触。与我以往的众多著作一样，阿罗对本书的影响同样巨大。这不仅体现在几十年来我们不断的讨论中，而且表现在我采用了他最先提出的现代社会选择理论的分析框架。

本书主要完成于哈佛和剑桥三一学院。自1987年起，我就在哈佛大学工作。1998—2004年间，我受邀回到剑桥大学担任三一学院院长。半个世纪以前，我正是在那里开始了对于哲学问题的思考。我尤其受到皮耶罗·斯拉法和C. D. Broad的影响，Maurice Dobb和Dennis Robertson则始终如一地鼓励我探索和追求。

由于我长期以来一直不断地质疑并建构自己的理论框架，以至于本书的写作耗时甚久。几十年以来，我有幸从无数人那里获得了极为有益的评论、建议、质疑以及鼓励，我要感谢他们所有人。

首先我要感谢我的妻子Emma Rothschild的帮助与指导，她从始至终地影响着本书的写作。而熟悉伯纳德·威廉斯著作的读者，则会从我对哲学问题的思考中找到他的影子。他的影响既来自我们之间多年来结下的“闲聊式的友谊”，也来自我们曾共同策划、编辑并推出的一本有关功利主义视角及其局限性的文集（*Utilitarianism and Beyond*，1982）。

我有幸能够与一些同事进行关于政治和道德哲学的深入探讨。除了罗尔斯之外，我还想感谢希拉里·帕特南和托马斯·斯坎伦多年来与我进行的多次富有启发性的交谈。与威拉德·奎因和罗伯特·诺齐克的交流也让我收获颇多，遗憾的是，他们二人皆已辞世。对我而言，执教于哈佛大学使我能够与学生和同事们展开互动，相互学习。在近十年的时间里，我每年都和罗伯特·诺齐克一起为学生授课，许多时候还有埃里克·马斯金（Eric Maskin），他们都对我的思想产生了影响。我也曾多次与乔舒亚·科恩（来自距哈佛不远的麻省理工学院）、克里斯蒂娜·乔斯（Christine Jolls）、菲利普·范帕里基斯（Philippe Van Parijs）、迈克尔·桑德尔（Michael Sandel）、约翰·罗尔斯、托马斯·斯坎伦、理查德·塔克（Richard Tuck）以及到哈佛做访问学者的考希克·巴苏（Kaushik Basu）和詹姆斯·福斯特（James Foster）等人合作教学。这些合作不仅令人愉悦，而且通过我们之间的辩论，我的思想得到进一步提炼。

我所有的论著都得益于我的学生的批评，本书也不例外。本书尤其得益于我多年来与 Prasanta Pattanaik、Kaushik Basu、Siddiqur Osmani、Rajat Deb、Ravi Kanbur、David Kelsey、Andreas Papandreou，以及后来与 Stephan Klasen、Anthony Laden、Sanjay Reddy、Jonathan Cohen、Felicia Knaul、Clemens Puppe、Bertil Tungodden、A. K. Shiva Kumar、Lawrence Hamilton、Douglas Hicks、Jennifer Prah Ruger 和 Sousan Abadian 等人的交流。此外，我还得益于同其他学生就与本书主题相关的一些问题的讨论，他们是 Luigi Spaventa、Sourin Bhattacharya、D. P. Chaudhuri、Kanchan Chopra、Luca d’Agliano、John Wriglesworth、Yasumi Matsumoto、Jonathan Riley 和 Nirvikar Singh。

我还从互动式教学中获得了许多乐趣和益处，这始于 20 世纪七八十年代。当时我在牛津大学与罗纳德·德沃尔金、德里克·帕菲特以及后来加入的杰拉尔德·艾伦·科恩共同为学生讲授一些课程——一个学生曾形容这些课程“火药味很浓”。2009 年 1 月，科恩在伦敦大学学院为我很好地组织了一次关于本书主要思想的研讨会，大家的投入勾起了我对昔日的美好回忆。这次研讨会自然也有很多持有不同观点的学者，其中就包括科恩（毋庸置疑）、乔纳森·沃尔夫（Jonathan Wolff）、劳拉·瓦伦蒂斯（Laura Valentis）、里兹·莫凯尔（Riz Mokal）、乔治·莱萨斯（George Letsas）以及斯蒂芬·格斯特（Stephen Guest）。众人的评论对我都极有帮助。（劳拉·瓦伦蒂斯在会后还友善地给我提出了一些更为深入的评论）。

尽管一套关于公正的理论必然首先属于哲学领域，但本书也从其他许多学科中借鉴了不少东西。本书涉及的一个主要领域是社会选择理论。我与这个领域中的诸多学者都曾有过交流，但难以在有限的篇幅内将其一一列举。从与肯尼斯·阿罗和铃村兴太郎合作编辑《社会选择理论手册》（*Handbook of Social Choice Theory*，该手册第一卷已发行，第二卷待出版）的过程中，我获益甚多。我也要感谢杰里·凯利（Jerry Kelly）、伍尔夫·盖特纳（Wulf Gaertner）、普拉桑塔·帕坦尼克以及莫里斯·萨尔斯（Maurice Salles）等人，因为他们在这一领域做了引领性的工作，尤其是他们为《社会选择与福利》（*Social Choice and Welfare*）这本学术期刊的创办和发展做了富有远见且孜孜不倦的工作。除了上述人士，我还要感谢 Patrick Suppes、John Harsanyi、James Mirrlees、Anthony Atkinson、Peter Hammond、Charles Blackorby、Sudhir Anand、Tapas Majundar、Robert Pollak、Kevin Roberts、John Roemer、Anthony Shorrocks、Robert Sugden、John Weymark 以及 James Foster，长期以来，我与他们就社会选择理论进行了多种形式的广泛讨论，收获良多。

在我对于公正问题，尤其是与自由和可行能力相关的公正问题的研究中，玛莎·努斯鲍姆对我的影响可谓深远。她的工作，与她对“可行能力视角”的强烈支持一道，深刻地影响了这一领域的最新进展，包括探索其与亚里士多德关于“能力”和“繁荣”的思想之间的关联，以及与人类发展、性别研究、人权之间的联系。

近年来，有相当多的知名学者对可行能力视角的适用性进行了深入的研究。他们的著述极大地影响了我的思想，限于篇幅，此处不能尽数罗列他们的名字，但下述人士不能不提：Sabina Alkire、Bina Agarwal、Tania Burchardt、Enrica Chiappero-Martinetti、Flavio Comim、David H. Crocker、Séverine Deneulin、Sakiko Fukudaparr、Reiko Gotoh、Mozaffar Qizilbash、Ingrid Robeyns 和 Polly Vizard。可行能力视角与人类发展这一新领域之间存在紧密的关联，我已故的朋友马赫布卜·乌尔·哈克对此作出了开创性的贡献，而 Paul Streeten、Frances Stewart、Keith Griffin、Gustav Ranis、Richard Jolly、Meghnad Desai、Sudhir Anand、Sakiko Fukudaparr、Selim Jahan等人也对此产生了重要影响。《人类发展与能力期刊》（*Journal of Human Development and Capabilities*）与能力视角紧密相关，《女性经济学》（*Feminist Economics*）也对这一领域饶有兴趣。每次与该期刊的主编戴安娜·斯特拉斯曼（Diana Strassman）交流女性主义视角与能力视角之间的关系时，我都会受

到诸多启发。

在剑桥大学三一学院时，我与一大批哲学家、法学家及其他一些对公正问题感兴趣的人为伴，并有幸能与 Garry Runciman、Nick Denyer、Gisela Striker、Simon Blackburn、Catharine Barnard、Joanna Miles、Aanya Kbir 和 Eric Nelson 等人交流，偶尔也会与伊恩·哈金（Ian Hacking）交流（我们在 20 世纪 50 年代还是学生的时候就相识了，有时候他会回母校）。此外，我也有幸能与一大批杰出的数学家、自然科学家、历史学家、社会科学家、法学家和人文学者进行交流。

我还受益于同其他一些哲学家（除了上文已经提及的外）的对话，他们是 Elizabeth Anderson、Kwame Anthony Appiah、Christian Barry、Charles Beitz、Isaiah Berlin（已故）、Akeel Bilgrami、Hilary Bok、Susan Brison、John Broome、Ian Carter、Nancy Cartwright、Deen Chatterjee、Drucilla Cornell、Norman Daniels、Donald Davidson（已故）、John Davis、Jon Elster、Barbara Fried、Allan Gibbard、Jonathan Glover、James Griffin、Amy Gutmann、Moshe Halbertal、Richard Hare（已故）、Daniel Hausman、Ted Honderich、Susan Hurley（已故）、Susan James、Frances Kamm、Stig Kanger（已故）、Erin Kelly、Isaac Levi、Christian List、Sebastiano Maffetone、Avishai Margalit、David Miller、Sidney Morgenbesser（已故）、Thomas Nagel、Sari Nusseibeh、Susan Moller Okin（已故）、Charles Parsons、Herlinde Pauer-Struder、Fabienne Peter、Philip Pettit、Thomas Pogge、Henry Richardson、Alan Ryan、Carol Rovane、Debra Satz、John Searle、Judith Shklar（已故）、Quentin Skinner、Hillel Steiner、Dennis Thompson、Charles Taylor，以及 Judith Thomson 等。

在法学思想方面，与下列人士（除了上文已经提及的外）的讨论也让我收获不少，他们是 Bruce Ackerman、Justice Stephen Breyer、Owen Fiss、Herbert Hart（已故）、Tony Honoré、Anthony Lewis、Frank Michelman、Martha Minow、Robert Nelson、Justice Kate O’Regan、Joseph Raz、Susan Rose-Ackerman、Stephen Sedley、Cass Sunstein 以及 Jeremy Waldron。有关本书内容的研究始于 1984 年我为哥伦比亚大学哲学系所作的关于“福利、自主与自由”的约翰·杜威讲座，而基本上终于 2008 年我为斯坦福大学所作的另一系列关于“公正”的讲座。其间我也曾经在多所大学的法学院讲授我的有关公正理论的观点。除了在哈佛大学、耶鲁大学和华盛顿大学的法学院开了几次讲座和研讨会以外，还于 1990 年 9 月在耶鲁大学法学院作了关于"客观性"的斯托尔斯（Storrs）讲座、1998年9月在西北大学法学院作了关于"公正领域"的罗森塔尔（Rosenthal）讲座，以及2005年9月在卡多佐法学院作了一次关于"人权与法律的局限"的特别讲座。①

在我最初所研究的与公正密切相关的经济学领域中，我也从与以下人士（除了上文已经提及的外）几十年来不断的交流中获益匪浅，他们包括George Akerlof、Amiya Bagchi、Jasodhara Bagchi、Dipak Banerjee（已故）、Nirmala Banerjee、Pranab Bardhan、Alok Bhargava、Christopher Bliss、Samuel Bowles、Samuel Brittan、Robert Cassen、Sukhamoy Chakravarty（已故）、Partha Dasgupta、Mrinal Datta-Chaudhuri、Angus Deaton、Meghnad Desai、Jean Dréze、Bhaskar Dutta、Jean-Paul Fitoussi、Nancy Folbre、Albert Hirschman、Devaki Jain、Tapas Majumdar、Mukul Majumdar、Stephen Marglin、Dipak Mazumdar、Luigi Pasinetti、I. G. Patel（已故）、Edmund Phelps、K. N. Raj、V. K. Ramachandran、Jeffrey Sachs、Arjun Sengupta、Rehman Sobhan、Barbara Solow、Robert Solow、Nicholas Stern、Joseph Stiglitz以及Stefano Zamagni。

我亦曾经与下列人士有过极有收获的交流，包括Isher Ahluwalia、Montek Ahluwalia、Paul Anand、Peter Bauer（已故）、Abhijit Banerjee、Lourdes Beneria、Timothy Besley、Ken Binmore、Nancy Birdsall、Walter Bossert、Francois Bourguignon、Satya Chakravarty、Kanchan Chopra、Vincent Crawford、Asim Dasgupta、Claude d'Aspremont、Peter Diamond、Avinash Dixit、David Donaldson、Esther Duflo、Franklin Fisher、Marc Fleurbaey、Robert Frank、Benjamin Friedman、Pierangelo Garegnani、Louis Gevers（已故）、W. M. Gorman（已故）、Jan Graaff、Jean-Michel Grandmont、Jerry Green、Ted Groves、Frank Hahn、Wahidul Haque、Christopher Harris、Barbara Harris White、John Harsanyi（已故）、James Heckman、Judith Heyer、John Hicks（已故）、Jane Humphries、Nurul Islam、Rizwanul Islam、Dale Jorgenson、Daniel Kahneman、Azizur Rahman Khan、Alan Kirman、Serge Kolm、Janos Kornai、Michael Kramer、Jean-Jacques Laffont（已故）、Rich-

① 杜威讲座主要由艾萨克·李维（Isaac Levi）安排，斯托尔斯讲座主要由盖多·卡拉布雷西（Guido Calabresi）安排，罗森塔尔讲座主要由罗纳德·艾伦（Ronald Allen）安排，卡多佐法学院的讲座则主要由戴维·鲁登斯坦（David Rudenstine）安排。在与他们以及他们同事的交流中，我收获很多。

ard Layard、Michel Le Breton、Ian Little、Anuradha Luther、James Meade（已故）、John Muellbauer、Philippe Mongin、Dilip Mookerjee、Anjan Mukherji、Khaleq Naqvi、Deepak Nayyar、Rohini Nayyar、Thomas Piketty、Robert Pollak、Anisur Rahman、Debraj Ray、Martin Ravallion、Alvin Roth、Christian Seidl、Michael Spence、T. N. Srinivasan、David Starrett、S. Subramanian、Kotaro Suzumura、Madhura Swaminathan、Judith Tendler、Jean Tirole、Alain Trannoy、John Vickers、William Vickrey（已故）、Jorgen Weibull、Glen Weyl，以及 Menahem Yaari。

多年来，我还曾与下列人士就与公正密切相关的问题进行过交流并受益良多，包括 Alaka Basu、Dilip Basu、Seyla Benhabib、Sugata Bose、Myra Buvinic、Lincoln Chen、Martha Chen、David Crocker、Barun De、John Dunn、Julio Frenk、Sakiko Fukuda-Parr、Ramachandra Guha、Geeta Rao Gupta、Geoffrey Hawthorn、Eric Hobsbawm、Jennifer Hochschild、Stanley Hoffmann、Alisha Holland、Richard Horton、Ayesha Jalal、Felicia Knaul、Melissa Lane、Mary Kaldor、Jane Mansbridge、Michael Marmot、Barry Mazur、Pratap Bhanu Mehta、Uday Mehta、Ralph Miliband（已故）、Christopher Murray、Elinor Ostrom、Carol Richards、David Richards、Jonathan Rilev、Mary Robinson、Elaine Scarry、Gareth Stedman Jones、Irene Tinker、Megan Vaughan、Dorothy Wedderburn、Leon Wieseltier，以及 James Wolfensohn。2005 年，在位于华盛顿的约翰·霍普金斯大学高级国际问题研究院（School of Advanced International Studies of the Johns Hopkins University），我作了三次关于“民主”的讲座。本书中，论述民主与公正的关系那部分内容（第 15～第 17 章）即是以此为基础的。这些讲座由苏尼尔·基尔纳尼（Sunil Khilnani）发起，还得到了弗朗西斯·福山（Francis Fukuyama）的支持。他们二人都给了我很好的建议。这三次讲座之后，在高级国际问题研究院还举办了数次相关的会议，其讨论同样让我很有收获。

从 2004 年 1 月至 2008 年 12 月的五年内，我在哈佛大学负责一个全新的“公正、福利与经济学项目”（Program on Justice，Welfare and Economics）。这是一个很好的机会，使我能够与那些来自不同领域，却对相似的问题感兴趣的师生进行交流。我的继任者沃尔特·约翰逊（Walter Johnson）以其卓越的领导才能保持并进一步扩大了这类交流。在离任时，我有幸获允将本书的主要思想向到场者作了讲演，收到了许多很好的反馈。

埃琳·凯莉和托马斯·斯坎伦帮助通读了本书手稿的大部分内容，并提出了许多极为重要的建议。在此，我向他们二人表示最诚挚的谢意。

包括助理费用在内的本书部分研究费用，是由剑桥大学国王学院历史与经济学研究中心（Centre for History and Economics at King's College，Cambridge）的一个有关民主的为期五年的研究项目提供的。这个项目在2003—2008年间受到福特基金会（Ford Foundation）、洛克菲勒基金会（Rockefeller Foundation）和梅隆基金会（Mellon Foundation）的共同资助。之后研究的开展则受益于福特基金会资助的“全球视野中的印度”（India in the Global World）这一研究印度思想史与当代问题之间关系的新项目。对于这些支持，我深表感激。对于协调这些项目的 Inga Huld Markan，我同样无比感谢。我也有幸能得到一些能力很强和想象力丰富的助手的协助，他们对本书兴趣盎然，并提出了许多建设性的意见，使我得以完善书中的论述和表达。为此，我尤其感谢 Pedro Ramos，他与我一起工作了一年多，对本书影响甚大。我也要感谢现在的助手 Kirsty Walker 和 Afsan Bhadelia，他们为本书付出了巨大的努力，并作出了思想上的贡献。

本书由企鹅出版社出版，在北美则由哈佛大学出版社负责出版。哈佛大学出版社的编辑 Michael Aronson 提了很多很好的建议。本书的两位匿名审稿人则给出了极具价值的评点。经多方探询，我终于得以在此指名致谢，他们是 Frank Lovett 和 Bill Talbott。由于时间紧迫，本书的编辑与出版工作是在企鹅出版社的 Richard Duguid（责任编辑）、Jane Robertson（文字编辑）以及 Phillip Birch（助理编辑）不辞辛劳的工作下完成的，我对他们一并表示深深的感谢。

千言万语也难以表达我对企鹅出版社负责本书的编辑 Stuart Proffitt 的无比感激之情。对于本书的每一章（实际上，差不多是每一页），他都提出了宝贵的意见，并建议我修改手稿里的多处内容，使其更为清晰易懂。他对本书的组织架构方面的意见，同样不可或缺。我完全能够想象，当本书终于付梓时他心中洋溢的愉悦！

阿马蒂亚·森

图书在版编目（CIP）数据

正义的理念/［印］阿马蒂亚·森著；王磊，李航译；刘民权校译. —北京：中国人民大学出版社，2012.4

（诺贝尔经济学奖得主阿马蒂亚·森文丛）

ISBN 978-7-300-15492-3

Ⅰ. ①正… Ⅱ. ①森… ②王… ③李… ④刘… Ⅲ. ①正义-理论研究 Ⅳ. ①F01

中国版本图书馆 CIP 数据核字（2012）第 058698 号

诺贝尔经济学奖得主[印]阿马蒂亚·森 अमर्त्य कुमार सेन Amartya Sen 文丛

正义的理念

［印］阿马蒂亚·森　著

王　磊　李　航　译

刘民权　校译

Zhengyi de Linian

出版发行	中国人民大学出版社		
社　　址	北京中关村大街 31 号	**邮政编码**	100080
电　　话	010－62511242（总编室）		010－62511398（质管部）
	010－82501766（邮购部）		010－62514148（门市部）
	010－62515195（发行公司）		010－62515275（盗版举报）
网　　址	http://www.crup.com.cn		
	http://www.ttrnet.com(人大教研网)		
经　　销	新华书店		
印　　刷	涿州市星河印刷有限公司		
规　　格	160 mm×235 mm　16 开本	**版　　次**	2012 年 6 月第 1 版
印　　张	27.5 插页 1	**印　　次**	2012 年 6 月第 1 次印刷
字　　数	370 000	**定　　价**	58.00 元